# 赢在专业选择

理璟升学 ◎ 主编

东南大学出版社
SOUTHEAST UNIVERSITY PRESS
·南京·

## 内容提要

本书内容包括六个模块：专业起源、专业介绍、本科阶段的学习（包含了对重点院校课程体系和核心课程的介绍）、升学与就业（给出了考研的具体方向，提供了对口就业的多个方向和在该方向上对学生学历、院校、能力的相关要求等多维度信息）、重点关注院校（根据学科评估列举重点院校并对部分院校的特色进行简单描述）、编者说。

本书运用图片和文字相结合的方式，实现了高度的可视化，阅读趣味性很高。阅读完本书的读者，对每个专业从专业本身到大学学习到升学就业都会有较为细致的了解。基于这样清晰的脉络，读者便可以结合自己的实际情况，选择想要的专业，规划美好的未来。

本书适合高中生以及家有高中生的家长阅读参考，也适合一些对专业选择感兴趣的读者阅读。

**图书在版编目(CIP)数据**

赢在专业选择 / 理璟升学主编． -- 南京：东南大学出版社，2024.3
 ISBN 978-7-5766-0002-5

Ⅰ．①赢… Ⅱ．①理… Ⅲ．①高等学校－专业－介绍－中国 Ⅳ．①G647.32

中国国家版本馆CIP数据核字（2024）第058226号

策划编辑：张丽萍　责任编辑：陈　佳　封面设计：毕　真　责任印制：周荣虎

**赢在专业选择**
Ying Zai Zhuanye Xuanze

| | |
|---|---|
| 主　　编： | 理璟升学 |
| 出版发行： | 东南大学出版社 |
| 出 版 人： | 白云飞 |
| 社　　址： | 南京市四牌楼2号　邮编：210096 |
| 网　　址： | http://www.seupress.com |
| 电子邮箱： | press@seupress.com |
| 经　　销： | 全国各地新华书店 |
| 印　　刷： | 江苏扬中印刷有限公司 |
| 开　　本： | 787 mm × 1092 mm　1/16 |
| 印　　张： | 16.5 |
| 字　　数： | 588千字 |
| 版　　次： | 2024年3月第1版 |
| 印　　次： | 2024年3月第1次印刷 |
| 书　　号： | ISBN 978-7-5766-0002-5 |
| 定　　价： | 88.00元 |

本社图书若有印装质量问题，请直接与营销部联系，电话：025-83791830

# 前　言

高考志愿填报中专业选择的重要性到底有多大？这是一个仁者见仁、智者见智的问题。虽然专业选择决定不了一切，但是每个高考生的人生或多或少都与自己选择的专业有关。那么为考生选择一个专业的准则到底是什么？其实没有一个统一的答案。但当我们把这个问题上升到一定的维度去思考的话，或许会有答案。人生当中的每一次选择都和自己生活的幸福指数密切相关，人生最幸福的事情就是一辈子做自己最喜欢做的事情。有的考生从一上大学开始就一直学自己喜欢学的内容，毕业后直接做自己喜欢做的事情；有的考生可能一辈子都在寻找自己喜欢做的事情。很显然，所有人都希望自己能成为第一种考生。

那么如何成为第一种考生呢？这里需要解决两个问题：第一是加深考生自我认识的程度，考生需要明确自己的兴趣、性格和能力；第二是增加考生对各专业的了解，需要明确知道各个专业的学习内容、学习难度、发展前景，以及对兴趣、性格和能力的基本要求。最好的专业选择应该是：喜欢学，符合个人兴趣；快乐学，符合个人性格；轻松学，符合个人能力。当两个问题都解决好后，我们通过建立专业与考生的兴趣、性格、能力之间的匹配关系，就可以为考生选出最适合的专业。

我们国家设置的大学专业将近800个，为了做出正确的选择，我们需要去了解每个专业，只有了解了每个专业，才能选择出最适合自己的专业。为此，我们编写了《赢在专业选择》这本书，目的就是帮助家长和考生去准确了解专业，最终选出与自己兴趣、性格、能力适配的专业，让孩子能赢在职业生涯的起跑线上。

作为一本大学专业解读书，本书主要有两大特色：首先是体系完整，我们从多个层面对专业进行了详细解读，包括专业起源、专业内涵、大学专业课、升学与就业、重点院校推荐等，让考生对专业有准确、全面的认知；其次是通俗易懂，通过图文并茂的形式，让考生对所介绍的专业内容有非常直观的了解，而不是枯燥的纯文字解读。

简言之，这是一本看得懂、讲得全的大学专业解读书。我们相信通过对本书的学习，考生们都能为自己选择出最适合的专业，成就自己的幸福人生。

最后需要说明的是，本书图片来自千图网、摄图网，并均已从版权所有者处获得了合法授权。在此要感谢出版社无偿提供了部分图片版权，全力支持本书的出版。

附件：本书涉及的 55 个专业的选科建议

| 专业门类 | 专业类 | 专业名称/页码 | 专业编号 | 选科建议 | 授予学位 | 修业年限 |
|---|---|---|---|---|---|---|
| 哲学 | 哲学类 | 哲学/001 | 010101 | 不限 | 哲学学士 | 4 |
| 经济学 | 经济学类 | 经济学/005 | 020201 | 不限 | 经济学学士 | 4 |
| | 金融学类 | 金融学/010 | 020203 | 不限 | 经济学学士 | 4 |
| 法学 | 法学类 | 法学/016 | 030101 | 不限 | 法学学士 | 4 |
| 教育学 | 教育学类 | 教育学/022 | 040101 | 不限 | 教育学学士 | 4 |
| 文学 | 中国语言文学类 | 汉语言文学/026 | 050101 | 历史 | 文学学士 | 4 |
| | 外国语言文学类 | 英语/031 | 050201 | 不限 | 文学学士 | 4 |
| | 新闻传播学类 | 新闻学/036 | 050301 | 不限 | 文学学士 | 4 |
| 历史 | 历史学类 | 历史学/040 | 060101 | 历史 | 历史学学士 | 4 |
| 理学 | 数学类 | 数学与应用数学/044 | 070101 | 物理和化学 | 理学学士 | 4 |
| | 物理学类 | 应用物理学/049 | 070202 | 物理和化学 | 理学学士 | 4 |
| | 化学类 | 应用化学/053 | 070302 | 物理和化学 | 理学学士 | 4 |
| | 地理科学类 | 地理科学/058 | 070501 | 地理 | 理学学士 | 4 |
| | 大气科学类 | 大气科学/063 | 070601 | 物理和化学 | 理学学士 | 4 |
| | 生物科学类 | 生物技术/067 | 071002 | 物理和化学 | 理学学士 | 4 |
| | 心理学类 | 心理学/072 | 071101 | 不限 | 理学学士 | 4 |
| | 统计学类 | 统计学/077 | 071201 | 物理和化学 | 理学学士 | 4 |
| 工学 | 力学类 | 工程力学/081 | 080102 | 物理和化学 | 工学学士 | 4 |
| | 机械类 | 机械设计制作及其自动化/085 | 080202 | 物理和化学 | 工学学士 | 4 |
| | 仪器类 | 测控技术与仪器/092 | 080301 | 物理和化学 | 工学学士 | 4 |
| | 材料类 | 材料科学与工程/097 | 080401 | 物理和化学 | 工学学士 | 4 |
| | 能源动力类 | 能源与动力工程/102 | 080501 | 物理和化学 | 工学学士 | 4 |
| | 电气类 | 电气工程及其自动化/107 | 080601 | 物理和化学 | 工学学士 | 4 |
| | 电子信息类 | 电子科学与技术/112 | 080702 | 物理和化学 | 工学学士 | 4 |
| | 自动化类 | 自动化/117 | 080801 | 物理和化学 | 工学学士 | 4 |
| | 计算机类 | 计算机科学与技术/122 | 080901 | 物理和化学 | 工学学士 | 4 |
| | 土木类 | 土木工程/130 | 081001 | 物理和化学 | 工学学士 | 4 |
| | 水利类 | 水利水电工程/135 | 081101 | 物理和化学 | 工学学士 | 4 |
| | 化工与制药类 | 化学工程与工艺/139 | 081301 | 物理和化学 | 工学学士 | 4 |
| | 矿业类 | 采矿工程/145 | 081501 | 物理和化学 | 工学学士 | 4 |
| | 交通运输类 | 交通运输/150 | 081801 | 物理和化学 | 工学学士 | 4 |
| | 海洋工程类 | 船舶与海洋工程/156 | 081901 | 物理和化学 | 工学学士 | 4 |
| | 航空航天类 | 飞行器动力工程/161 | 082004 | 物理和化学 | 工学学士 | 4 |
| | 兵器类 | 武器系统与工程/166 | 082101 | 物理和化学 | 工学学士 | 4 |
| | 核工程类 | 核工程与核技术/170 | 082201 | 物理和化学 | 工学学士 | 4 |
| | 生物医学工程类 | 生物医学工程/174 | 082601 | 物理和化学 | 工学学士 | 4 |
| | 食品科学与工程类 | 食品科学与工程/178 | 082701 | 物理和化学 | 工学学士 | 4 |
| | 建筑类 | 建筑学/182 | 082801 | 不限 | 建筑学学士/工学学士 | 5 |
| | 生物工程类 | 生物工程/189 | 083001 | 物理和化学 | 工学学士 | 4 |

续表

| 专业门类 | 专业类 | 专业名称 / 页码 | 专业编号 | 选科建议 | 授予学位 | 修业年限 |
|---|---|---|---|---|---|---|
| 农学 | 植物生产类 | 农学 /194 | 090101 | 物理和化学 | 农学学士 | 4 |
| | 动物医学类 | 动物医学 /198 | 090401 | 物理和化学 | 农学学士 | 5/4 |
| | 水产类 | 水产养殖学 /203 | 090601 | 物理和化学 | 农学学士 | 4 |
| 医学 | 基础医学类 | 基础医学 /207 | 100101 | 物理和化学 | 医学学士 | 5 |
| | 临床医学类 | 临床医学 /211 | 100201 | 物理和化学 | 医学学士 | 5 |
| | 口腔医学类 | 口腔医学 /214 | 100301 | 物理和化学 | 医学学士 | 5 |
| | 公共卫生与预防医学类 | 预防医学 /217 | 100401 | 物理和化学 | 医学学士 | 5 |
| | 中医学类 | 中医学 /220 | 100501 | 物理和化学 | 医学学士 | 5 |
| | 中西医结合类 | 中西医临床医学 /223 | 100601 | 物理和化学 | 医学学士 | 5 |
| | 药学类 | 药学 /226 | 100701 | 物理和化学 | 理学学士 | 4 |
| | 中药学类 | 中药学 /229 | 100801 | 物理和化学 | 理学学士 | 4 |
| | 法医学类 | 法医学 /232 | 100901 | 物理和化学 | 医学学士 | 5 |
| | 医学技术类 | 医学检验技术 /235 | 101001 | 物理和化学 | 理学学士 | 4 |
| | 护理学类 | 护理学 /238 | 101101 | 化学或生物 | 理学学士 | 4 |
| 管理学 | 管理科学与工程类 | 管理科学 /241 | 120101 | 物理 | 管理学学士 | 4 |
| | 工商管理类 | 会计学 /246 | 120203 | 不限 | 管理学学士 | 4 |

# 目录

**哲学**
　　——生存之上，无用之大用 ························································· 001

**经济学**
　　——社会科学皇冠上最为璀璨的明珠 ········································· 005

**金融学**
　　——市场经济的心血管 ································································ 010

**法学**
　　——文理大热门 ············································································ 016

**教育学**
　　——研究育人之道 ········································································ 022

**汉语言文学**
　　——时势造热门 ············································································ 026

**英语**
　　——最熟悉的陌生人 ···································································· 031

**新闻学**
　　——一个处于风口浪尖的专业 ···················································· 036

**历史学**
　　——以古为镜，经世致用 ···························································· 040

**数学与应用数学**
　　——从未缺席 ················································································ 044

**应用物理学**
　　——上帝的骰子 ············································································ 049

## 应用化学
—— 超级变变变 ······ 053

## 地理科学
—— 敢问路在何方 ······ 058

## 大气科学
—— 发现混沌之美 ······ 063

## 生物技术
—— 普通人的"天坑",顶级富豪的天堂 ······ 067

## 心理学
—— 人类灵魂的雕塑家 ······ 072

## 统计学
—— 大数据时代的"香饽饽" ······ 077

## 工程力学
—— 工科中的理学 ······ 081

## 机械设计制造及其自动化
—— 国民经济的"装备部" ······ 085

## 测控技术与仪器
—— 虚实之间 ······ 092

## 材料科学与工程
—— 一代材料,一代装备 ······ 097

## 能源与动力工程
—— 大国工程的心脏和血液 ······ 102

## 电气工程及其自动化
—— 热门依旧,红利已过 ······ 107

## 电子科学与技术
—— 强国根基 ······ 112

## 自动化
—— 赋予机械生命 ······ 117

## 计算机科学与技术
—— 战争的产物 ······ 122

## 土木工程
　　——成年人世界里的"乐高" ················ 130

## 水利水电工程
　　——大江大河，国之重器 ················ 135

## 化学工程与工艺
　　——生活离不开"狠活" ················ 139

## 采矿工程
　　——工业文明的基石 ················ 145

## 交通运输
　　——中国速度，天堑变通途 ················ 150

## 船舶与海洋工程
　　——强国战略、情怀专业 ················ 156

## 飞行器动力工程
　　——充满挑战 ················ 161

## 武器系统与工程
　　——保家卫国 ················ 166

## 核工程与核技术
　　——"变辐为福" ················ 170

## 生物医学工程
　　——未来超人类诞生于此 ················ 174

## 食品科学与工程
　　——舌尖上的学问 ················ 178

## 建筑学
　　——钢筋水泥的美学 ················ 182

## 生物工程
　　——关注健康、环保和能源 ················ 189

## 农学
　　——民以食为天 ················ 194

## 动物医学
　　——人与动物和谐共生 ················ 198

## 水产养殖学
——授人以渔的专业 ······ 203

## 基础医学
——不积跬步无以至千里 ······ 207

## 临床医学
——人命至重，有贵千金 ······ 211

## 口腔医学
——病从口入，疾从口出 ······ 214

## 预防医学
——万众一心，众志成城 ······ 217

## 中医学
——大慈恻隐，普救含灵 ······ 220

## 中西医临床医学
——学贯中西，博古通今 ······ 223

## 药学
——医人之药，卫人之兵 ······ 226

## 中药学
——君臣佐使，治病救人 ······ 229

## 法医学
——死生权舆，存乎一心 ······ 232

## 医学检验技术
——科技是第一生产力 ······ 235

## 护理学
——提灯天使，守护希望 ······ 238

## 管理科学
——有我是你们的福气 ······ 241

## 会计学
——你强任你强，我是财大强 ······ 246

# 哲学——生存之上，无用之大用

"哲学"（philosophy）一词源自古希腊文"philosophia"，是由"爱"（philein）和"智慧"（sophia）组合演化而来。哲学意即爱智慧，因此在古希腊，所有的学问都可以被称为哲学。

希腊雅典苏格拉底雕像

## 一、专业起源

哲学的发展由来已久，其历史可溯源到公元前6世纪，此时希腊奴隶社会经济比较发达，在东方埃及和巴比伦的影响下，其文化也得到了迅速的发展。西方哲学史在这里开始了它的第一个发展时期。古希腊哲学从神话传说中产生以后，首先集中于对宇宙本原的探讨，从最早的米利都学派到后来的毕达哥拉斯学派、爱菲斯学派、埃利亚学派和原子论者，他们一般被称为自然哲学派。哲学的历史可以追溯到古希腊时代，最著名的哲学家有苏格拉底、柏拉图和亚里士多德。在中世纪，哲学家主要是神学家，他们利用哲学来探讨神学问题，如上帝存在的证明和人类自由意志的问题。文艺复兴时期，哲学得到了重视，众多哲学家涌现出来，他们的思想对人文学科和科学研究都产生了深远的影响。

**雅典学院**

描绘古希腊哲学家柏拉图举办雅典学院之逸事。整个画面以纵深展开的高大建筑拱门为背景，描绘了共11群组的57个学者名人。画面的中心是柏拉图和亚里士多德，柏拉图指着天，亚里士多德指着地，他们边走边谈，一幅高谈阔论的样子。

现代哲学的发展可以追溯到17世纪的启蒙运动。启蒙运动提倡人类使用理性思考、独立思考和自主决策，它鼓励人们探索自然和世界，不断发展科学技术和哲学思想。到18世纪，法国哲学分为自然神论和唯物主义，探讨的核心问题是人与自然的关系，理论上则表现为思维和存在的关系。

19世纪的德国，黑格尔对本国的国家哲学作了最系统、最丰富和最完整的阐述，标志着德国唯心主义哲学运动达到了顶峰，对后世哲学流派如存在主义和马克思的历史唯物主义都产生了深远的影响。到19世纪末20世纪初，哲学与逻辑学、心理学、人类学、社会学和语言

黑格尔

人们一直在找寻生活的意义

学等学科相互影响,产生了众多新的哲学分支。

中国哲学史是哲学思想、理论在中国产生和发展的历史。其三千多年的发展历史大致可分为三个主要时期：1. 奴隶制及向封建制转变时期的哲学。当于殷周之际,为中国哲学的萌芽期。2. 封建时期的哲学,它贯穿中国封建制的确立、发展以至衰落的历史中。它包括春秋战国、秦汉、魏晋南北朝、隋唐五代、宋元、明、明清之际、清（鸦片战争前）等时期,为中国古代哲学。3. 从封建制经半殖民地半封建社会向社会主义社会转变时期的哲学。自鸦片战争至中华人民共和国成立,为中国近现代哲学。

无论是西方还是中国,哲学的历史都光辉璀璨、各有千秋。这样一门需要潜心研究的学问,你感兴趣吗？

## 二、专业介绍

晚上 10 点,走进淋浴间,站在花洒下冲淋的你,又不禁思考起一个问题：生活的意义是什么？

"生活的意义"这个问题或许是哲学中最大的问题。同一只蚂蚁相比,我们料想人类生活的意义一定与其他生物有很大的不同。但它们的区别是什么呢？有些人认为,人的生活之所以有意义,是因为我们有意识,但这是什么意思呢？这又能说明什么？难道有意识,甚至是有思想的生活一定有意义吗？哲学的问题,就是在螺旋、深入、辩证的思考和总结中不断产生新的意义。

通常来说,哲学是以各门具体科学为基础,以整个世界的普遍规律为研究对象,它涉及伦理、政治、美学、认识论、逻辑学和形而上学等方面,是一个多学科交叉的领域。哲学研究者的目标是深入研究人类行为和思想的本质和基础,探索存在的根本问题和人类生活的价值。

### 哪些学生适合学习哲学专业？

1. 对哲学感兴趣。对哲学有浓厚的兴趣是学习哲学的首要条件,只有对哲学问题感兴趣,才愿意投入时间和精力去深入学习和研究。

2. 学习能力较强。哲学是一门需要深入研究、理解和学习大量概念的学科,学生需要具备较好的理解能力、分析能力、抽象思维能力等。

3. 优秀的语言表达能力。哲学需要将复杂的思想和观点用清晰的语言表达出来。

4. 有耐心和毅力。哲学是一门需要积累和沉淀的学科,需要花费大量的时间和精力来阅读、思考、写作和研究。

5. 善于思考和质疑。哲学需要思考和质疑,这是哲学的精髓。因此,学生需要具备独立思考和质疑的能力,能够从不同角度思考和解决问题。

## 三、本科阶段的学习

### 01 大学学习课程有哪些？

| 哲学专业本科课程目录（以复旦大学为例） | | | |
|---|---|---|---|
| 通识教育课 | | | |
| 思想道德与法治 | 中国近现代史纲要 | 马克思主义基本原理 | 大学英语 |
| 计算机应用基础 | 军事理论 | 体育课程 | 心理健康教育 |
| 专业基础课 | | | |
| 哲学导论 | 中国古代文明 | 宗教学导论 | 哲学导论 |
| 专业核心课 | | | |
| 古希腊哲学 | 美学与艺术哲学基础 | 数理逻辑 | 先秦哲学 |
| 哲学阅读与写作 | 马克思主义哲学导论 | 伦理学基础 | 中国近现代哲学 |
| 专业选修课 | | | |
| 宗教哲学 | 知识论 | 推理与论证 | 科学哲学 |
| 语言哲学 | | | |

（篇幅有限,表中仅列举部分主要课程）

## 02 核心课程介绍

**形而上学**

形而上学翻译自拉丁文 metaphysica，起源于亚里士多德在同名著作中讨论的一系列问题，是西方古典哲学在无法用经验证据证明的情况下，对世界本质的猜测，是解释"存在之为存在"的一门哲学。本课程主要内容包括：形而上学是什么、形而上学实在论和唯名论、具体个别物的本性、命题和相关概念、必然性和可能性、因果、时间的本性、具体事物在时间中的持存、实在论与反实在论等。

亚里士多德

笛卡儿

**认识论**

认识论是哲学基本论域之一，是研究解释个体对知识和知识获得所持有的信念相关问题的学科，从皮亚杰到笛卡儿再到康德，历代哲学家都在研究什么是思考、什么是真实、如何确定真实等问题。

本课程所指的认识论主要是辩证唯物主义认识论，它是辩证唯物主义的重要组成部分，是关于人类的认识来源、认识本质、认识能力、认识形式、认识过程、认识规律和认识真理性问题的科学认识理论。本课程主要内容包括：西方认识论简史、反映论与先验论之争、认识意向性问题、内容与对象、感性认识与理性认识的关系、关于真理标准问题、认识论与本体论关系问题等。

**马克思主义哲学**

在资本金融全球化的现在，当代资本主义出现了经济、人权、道德等种种危机，这一再表明世界历史正沿着马克思预见的方向前进。作为马克思主义理论基础的马克思主义哲学，被公认为人文社会科学的首席学科，它既是实现无产阶级与人类自由解放的科学理论，又是一切追求进步的人们的生活智慧。本课程的目标是帮助学生撷取马克思主义哲学原理的精华，直面时代问题，批判社会疾病，剖析人的本质与价值，探求人类社会历史发展规律。本课程主要内容包括：什么是马克思主义哲学、马克思主义实践观、马克思主义辩证法、马克思主义自然观、马克思主义社会历史观、马克思主义文化观、马克思主义认识论与价值观、马克思主义人学理论等。

马克思

## 四、升学与就业

全国普通高校毕业生规模 2 000~2 500 人，2023 年开设院校 80 余所，多为"双一流"和其他重点院校。

### 01 考研方向

**学术型硕士**：哲学（马克思主义哲学、中国哲学、外国哲学、逻辑学、伦理学等）

**专业型硕士**：应用伦理

### 02 就业展望

哲学专业的毕业生就业前景并不理想，本科毕业生在就业市场上不具备竞争优势，因此许多学生会选择深造或跨专业考研。哲学专业的毕业生分布比较广泛，其主要就业方向有：

**公务员**

毕业生可在国家、省、市等行政管理部门从事管理或文字性工作，哲学专业的毕业生分析问题的能力较强，从事这方面的工作具有很大的优势。哲学专业考公务员的主要三类岗位分别是行政管理岗、政策研究岗和文化传媒岗。

**文教事业或新闻出版部门**

毕业生可到学校、科研单位或新闻出版等部门从事研究性、采编类工作，但这些单位对毕业生的学历条件等要求较高。

**高校或科研单位**
毕业生可到高校或科研单位从事科学研究工作，但一般要求硕士及以上学历。

**各类企业**
毕业生可到企业的党办、文秘、人事管理、财务管理等部门从事各类实际工作。

虽然哲学专业的就业前景并不是特别理想，但哲学专业的毕业生具备批判性思维和解决问题的能力、具备较好的文字功底和语言表达能力、具备跨学科的知识和能力等。如果毕业生想要从事与所学专业不相关的职业，可以通过多参加社会实践、实习和校园招聘等方式来增加自己的竞争力。

## 03 专业相关证书

| 相关证书 | 难度 | 报名条件 | 含金量 |
|---|---|---|---|
| 教师资格证 | 较低 | 大三及以上 | 中等 |
| 英语四六级 | 中等 | 大学在读 | 中等 |

（说明：哲学是一个基础学科，应用性不强，社会上暂无衡量其专业水平的证书可考；考生可以根据后期从事的行业考取相应证书，比如教师资格证、会计证、英语水平证书等。）

## 五、重点关注院校

哲学专业对应的硕士一级学科为哲学，部分重点院校列举如下：

**世界一流学科（哲学）**
北京大学、复旦大学、南京大学、北京师范大学、中山大学、中国人民大学、山西大学

**第四轮学科评估（哲学）**
A+：北京大学、复旦大学
A：中国人民大学、南京大学
A-：北京师范大学、吉林大学、武汉大学、中山大学

**北京大学**：985，211，"双一流"，保研率约58%。学校1914年起正式招生，建立了中国最早的哲学系，标志着现代中国哲学学科的开端；蔡元培、胡适、冯友兰、朱光潜等一系列学术大师都曾在这里执教；培养了数代优秀的中国哲学家，被誉为中国的"思想家摇篮"。

**武汉大学**：985，211，"双一流"，保研率约25%。20世纪初期，众多著名哲学家，如熊十力、方东美、洪谦、朱光潜等人曾在这里任教；马克思主义哲学和中国哲学为国家重点二级学科，哲学一级学科为湖北省重点学科，设有哲学博士后科研流动站。

**中山大学**：985，211，"双一流"，保研率约22%。教育部确定的全国哲学研究与人才培养基地之一，具有哲学一级学科博士学位授予权，国家重点学科2个（马克思主义哲学、逻辑学），全国高等学校人文社会科学重点研究基地2个（马克思主义哲学、逻辑学），国家重点培育学科1个（中国哲学）。

### 编者说

首先，哲学专业很看重院校层次，如果院校层次不高，该校哲学系的毕业生可能真的会在就业上有更多的困难。如果你真的考虑学习哲学，要看你的分数是否足够高，是否能读到层次较高的学校，建议211及以上。

其次，哲学专业比较冷门，就业领域窄、对口岗位少。除非对哲学特别有兴趣，或者家境较好、就业压力小的考生可以考虑，其他人群谨慎报考。如果家庭经济条件有限的情况下喜欢哲学，建议选择技术类专业，可以辅修哲学双学位，或者课余时间在哲学丛书中漫游。哲学专业的实用性不强，但哲学思维可以让我们用长远史观看待问题，教我们深入思考万物本源。面对当下就业如此内卷的局势，建议诸君在生存之基础上，再来研究哲学吧！

# 经济学——社会科学皇冠上最为璀璨的明珠

1931年的美国街头，满是寻求食物和找工作的人，有人为了应聘消防员，甚至点燃山火。这场发源于美国的经济危机，波及整个资本主义世界，史称"经济大萧条"。1933年推行的"罗斯福新政"大刀阔斧，力挽经济危机，给人们留下了极其深刻的印象。

经济大萧条

## 一、专业起源

我们称之为"经济学"的这门学问，起源于古希腊。大哲学家苏格拉底（前469—前399），每天黎明就起来，走到中心广场与人们进行谈论。这些人中有个贵族后裔叫色诺芬，他把每天从苏格拉底那里听到的有关奴隶主如何增加财产的思想片段记录下来，结合自己管理庄园的经验，编写了一本名为《经济论》的书（希腊文是oikonomos）。希腊文中的"经济论"一词由两部分构成：oikos是家庭，nomos是管理。可见，最初的经济学是研究家庭财产管理的学问。

古希腊贵族后裔色诺芬

在我国，"经济"一词最早见于《晋书》："足下沉识淹长，思综通练，起而明之，足以经济。"在这里，"经济"是指"经邦济世""经世济民"，即治理国家、拯救庶民的意思。由于受到封建政治制度的影响，经济学在中国古代的发展十分受限。

1776年亚当·斯密发表《国富论》，其全称为《国民财富的性质和原因的研究》，标志经济学的诞生。《国富论》是影响世界历史进程的10部书之一，是对中国近代社会影响最大的经济学译著。此书对资本主义体系进行了深入的剖析，亚当·斯密在文中详细阐述了分工理论、市场经济中的自由原则以及政府的角色，他被誉为"古典经济学之父"。而马克思并不完全认可古典经济学的"劳动价值论"，提出了"剩余价值""平均利润"等一系列概念。以《资本论》为代表的马克思主义政治经济学经典著作，深入研究社会经济运行的一般规律，深刻分析资本主义再生产过程及其内在矛盾，科学论证了社会主义必然代替资本主义的历史趋势，解释了无产阶级解放运动的性质、条件和目的，使社会主义从空想变为科学。

亚当·斯密

经济学作为一门学科出现已经有两三百年的历史。比起哲学、数学这些上千年历史的学科，它仍然是一门年轻的学科。直到最近的半个世纪，经济学才逐渐成形，形成了一套非常经典的体系，我们把它称作"新古典经济学"。2000年以后，经济学里也出现了一个重要的变化，就是实证科学的变化。在2000年以前，我们搜集和处理数据的能力有限，更多还是用构建模型的方法来认识这个世界。但2000年以后，各种数据测量手段的爆炸性出现，经济学有了重要的突破，越来越多的学者开始用实证或实验的方法来讨论具体的现实问题。

## 二、专业介绍

口红对女性吸引力十足

说到经济学，先说一种有趣的经济现象——口红效应。在美国，每当经济不景气时，口红的销量反而会直线上升。这是因为，人们认为口红是一种比较廉价的奢侈品，在经济不景气的情况下，人们仍然会有强烈的消费欲望，所以会转而购买比较廉价的奢侈品。口红作为一种"廉价的非必要之物"，可以对消费者起到一种"安慰"的作用，这种现象也叫"低价产品偏爱趋势"。

经济学是研究人类社会在各个发展阶段的各种经济活动（生产、资本、流通、交换、分配和消费等）和各种相应的经济关系及其运行、发展规律的学科。在我们的日常生活中，不可避免地会接触到经济学的理论和实践，比如购买和消费、就业与失业、生产和投资等，都遵循着经济学的规律。经济学的核心思想是物质稀缺性和有效利用资源。这个专业是极少数的将科学与人文、理论与实践相结合的专业。在大学期间会学习经济学理论、专业知识、经济方针政策和法律法规、市场经济运营知识以及实操能力。

**哪些学生适合学习经济学专业？**

1. 需要一定的数理基础。大学期间会开设很多纯数学课程，一方面它是计算机的语言基础，另一方面需要对数据进行更好的识别。

2. 有良好的沟通和表达能力（包括语言和书面表达）。需要把经济学原理转换成通俗易懂的语言进行讲述。

## 三、本科阶段的学习

### 01 大学学习课程有哪些？

| 经济学专业课程目录（以上海财经大学基地班为例） | | | |
|---|---|---|---|
| 通识教育课 | | | |
| 中国近现代史纲要 | 马克思主义基本原理概论 | 体育 | 高等代数 |
| 数学分析 | 形势与政策 | 军事理论 | 计算机编程 |
| 经济管理中的计算机应用 | 英语 | | |
| 学科共同课必修课 | | | |
| 经济学原理 | 经济法概论 | 财务会计 | 货币银行学 |
| 国际经济学 | 财政学 | | |
| 专业必修课 | | | |
| 政治经济学 | 中级微观经济学 | 概率论与数理统计 | 博弈论与信息经济学 |
| 中级宏观经济学 | 计量经济学 | | |
| 专业选修课 | | | |
| 运筹学 | 公司金融 | 财务报表分析 | 实变函数 |
| 行为经济学 | 应用计量学 | 中国经济分析 | |

（篇幅有限，表中仅列举部分主要课程）

## 02 核心课程介绍

### 宏观经济学

是什么原因导致失业率高？有没有办法降低失业率？CPI 指数上涨是什么原因引起的？为什么经济有它的运行周期？宏观经济学是从英国伟大的经济学家约翰·梅纳德·凯恩斯开始的。他在1936年出版了《就业、利息和货币通论》，指出在经济萧条、股市低迷、失业严重的时候，让政府干预经济，通过赤字和发行国债的方式把经济从大萧条中解放出来。他的理论被称为"看得见的手"，就是国家对经济的宏观调控。

最受关注的经济指标

本课程通过对各种国民经济总量相互关系的研究，揭示宏观经济运行过程中的矛盾、规律以及政府的经济政策对国民经济的影响。其主要研究内容包括对整个社会的产量、收入、价格水平和就业水平进行分析。课程系统详述和分析现代宏观经济学的基本理论和基本政策，内容包括国民收入核算与决定理论、现代货币理论、通货膨胀理论、宏观财政政策和宏观货币政策等。

### 微观经济学

现实生活中大家会发现这样的现象：超市的饮料往往比外面的小卖部要便宜几毛钱，而人们往往也会因为超市的饮料便宜而多走些路去超市购买。饮料是个价格富有弹性的商品，这类商品价格下降一点点，它的需求会出现极大的提升。超市就利用这样的价格策略来吸引客户，从而带动其他商品销售来获利。

超市饮料

微观经济学是研究经济的基本单元——生产者、消费者和资源拥有者的个体决策的科学。它要解决的基本问题是资源的配置问题。课程阐述了运行市场机制的方法，商品价格形成的过程，稀缺资源配置到产品生产中的过程，人的行为遵循的模式，市场机制的效率。它的主要内容包括供求理论、消费者行为理论、生产者行为理论等。这门课能检验自己对该专业的喜爱程度，如果对这门课一点兴趣都没有，尽早考虑转专业。

### 计量经济学

学习网课能否提高学生的成绩？关税如何影响一个国家的经济增长？明天股指的波动率如何？经济现象纷繁复杂，如何量化影响经济活动的各因素，用模型描述它们之间的复杂关系，是每个经济学家都要掌握的方法。

计量经济学是以一定的经济理论和统计资料为基础，运用数学、统计学方法与电脑技术，以建立经济计量模型为主要手段，定量分析研究具有随机性特性的经济变量关系的一门经济学学科。在经济金融理论和现象之间搭建桥梁，在描述经济现实、检验经济理论的假设、预测未来经济活动等方面发挥作用。课程内容是介绍计量经济学的基本理论、方法和应用，内容包括线性回归分析、计量经济学模型设定、违背经典假设下的计量经济学模型、虚拟变量模型、虚拟应变量模型和计量经济预测等。

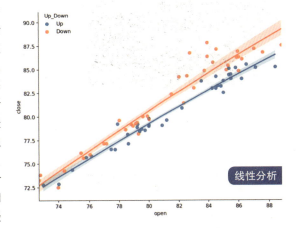

线性分析

## 四、升学与就业

全国普通高校毕业生规模 32 000~34 000 人，2023 年全国开设经济学专业的院校有近 400 所。

### 01 考研方向

**学术型硕士**：理论经济学（西方经济学、世界经济、政治经济学等）；应用经济学（国民经济学、区域经济学、财政学、金融学等）

**专业型硕士**：金融 / 应用统计 / 国际商务 / 税务 / 资产评估 / 保险（均为一级学科）

### 02 就业展望

**金融行业**

如银行、券商投行、基金公司等。毕业生去银行主要以管培生身份进入，在不同网点各部门岗位进行轮岗和技能培训，直接接触银行前台业务，比如中国人民银行、中信银行、花旗银行等。毕业生去券商投行分两个部门：一个是投行的投资银行部，主要担任承做岗（技术性岗位，负责发行材料的撰写）和承销岗（资源型岗位，负责债券发行工作）；另一个部门是券商研究所，主要从事行业研究，写行研报告，为客户提供投资报告和投资建议。

金融领域和经济学专业是完全对口的，工作环境高大上，压力很大，但有丰厚的薪资待遇和良好的职业发展前景。国内有代表性的公司有中金公司、中信证券、高盛集团等。不过现在很多金融领域的招聘都需要研究生及以上学历，院校层次也较高。如果本科毕业进入这些领域，大部分从柜台或者销售做起。

**考公考编**

财政部、税务总局、审计署、人民银行、证监会、银保监会、市场监督管理总局、财政局、统计局、区县管理委员会、街道办事处等机构都有经济学类的岗位。2023 年国考招考人数总共约 3.7 万人，其中招经济学门类专业的岗位人数有 2 万多人，经济学是近些年考公考编（即参加公务员考试或参加事业编制考试）最热门专业。如果想要稳定的工作，本科或者研究生毕业选择考公考编是个不错的选择。

**事务所和其他**

如会计师事务所、财务咨询公司、财经媒体等。在会计师事务所可以给企业做年审，办理企业上市、并购、分立、清算等业务，比如四大会计师事务所；在财务咨询公司，可以帮助公司提高财务流程效率来提升公司的绩效，比如尼尔森、盖洛普等公司；在财经媒体行业可以做金融记者和财经编辑，比如《21 世纪经济报道》《经济观察报》等。

此外，互联网、制造业、快消零售、市场零售等企业也有经济学专业学生的一席之地。从事的职位有：战略投资岗，了解各行业的发展情况并制定适合企业的发展战略；商业分析岗，就具体业务专题进行信息收集、进行全面的商业分析并提出有针对性的方案。

### 03 专业相关证书

| 相关证书 | 难度 | 报名条件 | 考试内容 | 含金量 |
|---|---|---|---|---|
| 注册会计师（CPA） | 极高 | 大四下学期报名 | 会计、审计、税法等 | 极高 |
| 精算师 | 高 | 本科在读 | 数学、经济、精算等 | 高 |
| 特许金融分析师（CFA） | 高 | 大二即可报名 | 偏金融投资方向 | 高 |
| 金融风险管理师（FRM） | 一般 | 英语四级水平 | 金融、会计、管理、法律等 | 比较高 |

## 五、重点关注院校

经济学专业对应的硕士一级学科为理论经济学,部分重点院校列举如下:

| 世界一流学科(理论经济学) | 第四轮学科评估(理论经济学) |
|---|---|
| 中国人民大学、北京大学、南京大学、武汉大学 | A+:中国人民大学、复旦大学<br>A :北京大学、南开大学<br>A-:北京师范大学、南京大学、浙江大学、武汉大学、西北大学 |

**上海财经大学**:211,"双一流",保研率约20%。学校地处上海这个国际经济中心,在财经领域学科实力和地位非常高,校友资源丰富。

**中央财经大学**:211,"双一流",保研率约20%。学校有"财经管理专家摇篮"和"财经黄埔"的美誉,本科升学率为50%左右。

**对外经济贸易大学**:211,"双一流",保研率约20%。本科毕业生赴海外名校深造比例高达40%以上。

### 编者说

经济学是社会科学中唯一被诺贝尔奖授予的学科,它是一门研究如何最有效地利用稀缺资源满足人们无穷欲望的学科,帮我们看懂国家大政方针和身边的经济现象,看懂未来的发展趋势,提供全新的思路,被誉为"社会科学皇冠上那颗最为璀璨的明珠",对人类社会的发展至关重要。

作为一门理论性比较强的学科,经济学以做理论研究为主,本科毕业的工作对口度较低。如果想在这个行业往更高层次发展,学历和院校层次要求非常高,考研是必选项。大学期间做好大学规划是非常重要的,可以多参加商业性质的创新创业活动、"挑战杯"等比赛,同时多参加专业相关的实习,找学长学姐内推,了解不同的职位,甄别自己对哪些领域感兴趣、适合做哪个方向,然后研究需要达到哪些标准才能争取到这个职位。

# 金融学——市场经济的心血管

2008年全球金融危机爆发,同年11月1日,一个自称中本聪的人在P2P Foundation网站上发布了比特币白皮书,陈述了他对电子货币的新设想——比特币就此诞生。

电子货币比特币

## 一、专业起源

从农耕时代开始,伴随着生产力的提高,商品交换逐渐出现,愈渐多样的需求,物物交换已无法满足供需双方的交易,也限制了生产活动的扩大,于是金融这个居间平台就诞生了。

公元前1800年的汉谟拉比时期,古巴比伦已经统治了两河流域,政治和经济都进入繁荣时期,百姓手里的钱多了,交易需求也变多,当时的古巴比伦寺庙管理接收捐赠和税收,积累了巨额的财富,牧师发现自己手里有这么多钱,于是向国民提供贷款,由此又开拓了货币保管和收取利息的放款业务,金融业发展的雏形也渐渐显现。我国金融业的起点可追溯到公元前256年以前的周朝,出现了办理赊贷业务的机构,《周礼》称之为"泉府"。

古巴比伦的货币 Shekel

古典经济学代表人物之一亚当·斯密

金融学独立学科的理念,最早形成于西方,叫"货币银行学"。近代中国的金融学,是从西方引进来的,有从古典经济学到现代经济学的各派货币银行学说。20世纪50年代末期,"货币信用学"的名称逐渐被广泛采用。此时,我国开始注意对金融问题进行综合分析,并结合国情提出了一些理论问题加以探讨,如人民币的性质问题、银行的作用问题、货币流通规律问题、财政收支问题等。20世纪70年代开始,我国金融学建设引来新发展,随着经济生活中金融活动作用的日益增强,金融学科被广泛重视,为金融学在我国的迅速发展创造了有利条件。

我国现代金融业中,中央银行处于主导地位。它是货币发行银行、政府的银行和银行的银行,负责制定和执行国家的金融政策,调节货币流通和信用活动,一般也是金融活动的管理与监督机构。除银行外,现代金融业中还包括各种互助合作性金融组织(如信用合作社)、财务公司(或称商人银行)、贴现公司、保险公司、证券公司、专门的储蓄汇兑机构(邮政储汇局)、金融交易所(证券交易所、黄金交易所、外汇调剂市场等)和资信评估公司等。

银行在金融业扮演重要角色

现代经济生活中，如此多元化的金融市场，如何运行？如何管理？金融学由此诞生。

## 二、专业介绍

现代社会是经济社会，而金融又是经济的中心，金融学是现代人的必修课。金融作为一种基本的经济活动，从购物、投资到理财等，已经深深嵌入我们的日常生活中。了解金融学的运作，你的世界也许会有所改变。

在经济比较低迷的时代，手上有结余的资金，是拿去买房还是投资？投资理财是买股票还是基金或债券，或存银行定期存款？以什么样的比例配置资产？在进行投资理财之前，我们需要了解相关的金融知识，比如风险评估、资产配置等，才能获得更好的收益。

货币是金融市场的衡量单位

金融学是研究价值判断和价值规律的学科。金融是货币流通和信用活动以及与之相联系的经济活动的总称。在经济生活中，信用和货币流通处于不可分割状态，研究它们本身的运动规律和它们在经济生活中的地位、作用，以及它们与其他经济范畴的相互制约关系，是金融学的基本内容。广义的金融泛指一切与信用货币的发行、保管、兑换、结算、融通有关的经济活动，甚至包括金银的买卖；狭义的金融专指信用货币的融通。所以，金融的本质，是为有钱人理财，为缺钱人融资。

**哪些学生适合学习金融学专业？**

1. 需要良好的数理分析能力、英语、计算机应用技能。从事金融业的工作需要进行大量的数据分析，复合型人才更能满足市场需求。

2. 自律，需要有意识地培养自身素养，尤其是财经素养。比如对市场的敏感度、对政策或者大事件产生的影响的分析能力，多看行业论坛。

3. 良好的沟通能力。在校主动与老师、同学沟通，合作参加比赛或创新创业项目。同时，大学期间到不同的公司岗位实习，了解具体的工作内容，认真考虑岗位适配度的问题，为未来的职业规划找好方向。

4. 善于归纳总结。工作中需要搭建自己的金融体系框架，完整的框架可以理解关联性，虽然不一定可以预测准确，但是可以输出一个相对合理的答案。

## 三、本科阶段的学习

### 01　大学学习课程有哪些？

| 金融学专业课程目录（以北京大学光华管理学院为例） | | | |
|---|---|---|---|
| 公共必修课 | | | |
| 大学英语 | 思想政治理论 | 军事理论 | 体育 |
| 计算机概论C | | | |
| 专业基础课 | | | |
| 高等数学B | 线性代数B | 经济学 | 概率统计 |
| 科学思维与实践论 | 光华第一课 | | |
| 专业核心课 | | | |
| 微观经济学 | 会计学 | 社会心理学 | 宏观经济学 |
| 组织与管理 | 营销学 | 公司财务管理 | 数据科学的Python基础 |
| 计量经济学 | 管理科学 | 证券投资学 | 金融市场与金融机构 |
| 专业选修课 | | | |
| 行为金融 | 金融中的数学方法 | 金融建模与量化投资 | 衍生品定价及应用 |
| 金融科技及区块链 | 固定收益证券 | 因果推断与商业应用 | 风险资本与创新融资 |

（篇幅有限，表中仅列举部分主要课程）

## 02 核心课程介绍

投资需要专业分析

### 证券投资学

客户提出需求，我们如何匹配投资产品？证券投资学会为你揭秘各种投资工具。

本课程以现代金融市场的运行实践为基础，阐述证券市场的组织结构和功能，全面介绍各类证券投资工具。学习后可以帮助我们更准确地了解证券市场，形成有效的金融投资知识框架，有效运用投资策略，运用理论指导实际投资活动，把握投资机会，从而实现投资目标。

课程内容有：证券投资工具、股票市场、股票的交易市场、债券市场、基金、金融衍生工具、基本分析（宏观经济、行业、上市公司）、技术分析（道氏理论、K线理论、切线理论、形态理论、技术指标理论）。

### 金融市场学

金融市场是实现货币借贷和资金融通、办理各种票据和有价证券交易活动的市场。

金融机构是指从事金融业有关的金融中介机构，为金融体系的一部分，金融业包括银行、证券、保险、信托、基金等行业。本课程主要讲述了储蓄投资的联系机制、金融体系的总体结构、金融市场的组织与运行。金融机构主要介绍商业银行、保险公司与券商三大金融机构；金融市场则具体讲解股票市场、债券市场、货币与外汇市场、金融衍生品市场等；定价与决策则包括完美市场的定价和市场有效性；另外还会介绍行为金融、内在价值、利率、资产配置与投资组合等内容。

美国华尔街

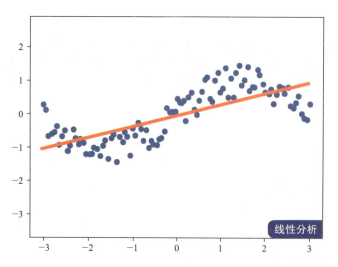

线性分析

### 计量经济学

学习网课能否提高学生的成绩？关税如何影响一个国家的经济增长？明天股指的波动率如何？经济现象纷繁复杂，如何量化影响经济活动的各因素，用模型描述它们之间的复杂关系，是每个经济学家都要掌握的方法。

计量经济学是以一定的经济理论和统计资料为基础，运用数学、统计学方法与电脑技术，以建立经济计量模型为主要手段，定量分析研究具有随机性特性的经济变量关系的一门经济学学科。它在经济金融理论和现象之间搭建了桥梁，在描述经济现实、检验经济理论的假设、预测未来经济活动等方面发挥作用。课程内容有：计量经济学的基本理论、方法和应用，包括线性回归分析、计量经济学模型设定、违背经典假设下的计量经济学模型、虚拟变量模型、虚拟应变量模型和计量经济预测等。

## 四、升学与就业

全国普通高校毕业生规模 70 000~75 000 人，全国开设金融学专业的院校超过 400 所。

### 01 考研方向

**学术型硕士**：应用经济学（区域经济学、国民经济学、金融学、产业经济学、统计学、金融工程等）

**专业型硕士**：金融（金融）

### 02 就业展望

就读的高校层次、拿到的证书、实习经历是找到好工作的重要因素，以下给出几个就业比较多的方向：

**主流岗位——银行**

银行是吸收金融学专业学生的大户，除了顶尖名校有机会进银行总部之外，大部分学校的本科生只能进分行和支行做柜员。

银行工作主要是吸储和放贷，同时销售中间产品，现在竞争比较激烈，柜员也会有一定的业绩要求。柜员的发展路径有两条：一是参与内部晋升，从柜员到高级柜员再到柜员主管；二是向营销岗转型，转型为客户经理、产品销售经理等职位。银行工作社会地位不错，福利待遇也还好，追求稳定的同学可以选择。

银行柜员

摩根士丹利

**金融机构——券商投行、基金公司等：**

券商的投行和行研是非常适合本科应届生的两个部门。市面上传闻的百万年薪就来自投行，投行部门的岗位分为承揽、承做和承销三个方向。承揽需要有企业和政府的资源；大部分毕业生刚入行只能做承做岗，负责发行材料的撰写；承销是负责销售工作。投行属于一级市场，阶段性忙碌，要在短时间内高效精准地处理大量工作，因此对个人的沟通谈判能力、执行力、多线程工作能力和团队协作能力要求很高。

行研部门主要负责上市公司的调研，写研究报告，为买方提供投资建议。行研属于二级市场，对信息的搜集能力和逻辑思维、文字表达能力、财务知识等都有较高要求，收入中上水平。代表公司有：摩根士丹利、高盛集团、中金公司、中信证券、摩根士丹利华鑫、东方花旗等。

**考公考编或其他**

海关、税务、银保监等金融机构都有很多职位需要金融学专业的人，可报考岗位中，国考、省考、事业单位编制数量依次减少。国考、省考以及像烟草、国家电网之类的福利待遇好的国企，基本只招应届生。如果想考公考编，大学期间就要好好准备，最大化利用好应届生的身份。

此外，非金融行业的国企和私企，如会计事务所、咨询公司等，利用自己的金融背景优势，进入投融资部门、资管部门，或者成为互联网企业的数据分析师、产品经理、财务分析师，未来发展前景也是不错的。

政府部门

金融行业是一个头部效应非常强的行业，头部机构订单多得做不过来，腰部机构一年可能只有几单。头部机构几乎集中于经济条件好的一线城市和东南沿海地区。北京、上海、深圳、广州，很多公司的总部都在这四个城市，哪里经济发展得快，哪里就需要金融。在就业薪酬上，金融行业平均薪酬较高，但方差很大，1%的人拿到99%的薪酬，上限很高，下限很低，行业的马太效应（二八现象）非常明显。头部券商或投行的分析师一年底薪二三十万元，三四线城市的银行柜员一个月三四千元。

## 03 专业相关证书

| 相关证书 | 难度 | 报名条件 | 考试内容 | 含金量 |
|---|---|---|---|---|
| 注册会计师（CPA） | 极高 | 大四下学期报名 | 会计、审计、税法等 | 极高 |
| 精算师 | 高 | 本科在读 | 数学、经济、精算等 | 高 |
| 特许金融分析师（CFA） | 高 | 大二即可报名 | 偏金融投资方向 | 高 |
| 金融风险管理师（FRM） | 一般 | 英语四级水平 | 金融、会计、管理、法律等 | 比较高 |

## 五、重点关注院校

金融学专业对应的硕士一级学科为应用经济学，部分重点院校列举如下：

**世界一流学科**（应用经济学）
北京大学、中国人民大学、中央财经大学、对外经济贸易大学、上海财经大学、南开大学、复旦大学、西南财经大学、辽宁大学

**第四轮学科评估**（应用经济学）
A+：北京大学、中国人民大学、中央财经大学
A ：对外经济贸易大学、东北财经大学、上海财经大学、厦门大学
A-：清华大学、南开大学、复旦大学、江西财经大学、山东大学、中南财经政法大学、西南财经大学、西安交通大学

**中央财经大学**：211，"双一流"，保研率约21%，应用经济学是世界一流学科。本科按照金融学类专业大类招生。学生进校后，在大学一年级接受基础课和通识教育；从大学二年级开始，按照学院专业分流方案，根据学生兴趣、职业发展和学习成绩进行专业选择并进入相应的专业学习。金融学类专业包含金融学、金融工程和金融科技三个本科专业。

**上海财经大学**：211，"双一流"，保研率约20%，金融学是国家级特色专业。金融学院设有银行系、保险系、国际金融系、证券期货系以及公司金融系共5个系，各专业方向均拥有学士、硕士和博士授予权。该校经济底蕴丰厚，建设质量好，地理位置绝佳。

**江西财经大学**：财经类特色院校，近3年金融学保研率约5%，升学率40%。学院开设金融学（FRM）特色方向，强化英语和数理基础。学校与中国人民大学合作成立高端学术研究平台——现代金融研究院。

### 编者说

金融学能不能学？出来好不好找工作？这是很多人关心的问题。对于自律和热爱金融的孩子来说，达到以下要求，有很大机会成为高精尖人才。

1. 大学期间熟练掌握一两门交叉学科，如计算机+数学+英语，锻炼出较强的数字分析能力，并且具备从容不迫、沉稳自信的素质。
2. 至少达到名校硕士学历，同时拿到含金量高的证书（CPA、FRM、CFA）。
3. 有过硬的相关行业实习经历。

金融学是一门实践性非常强的学科，尽可能在大学期间把市面上的投资品都亲自投资操作一遍，带着自身的实践经历，再加上理论知识，相信可以在这个行业成为佼佼者。

# 金融学类专业拓展：**金融工程**

### 金融工程专业是什么？

金融工程是个能激发人想象力的名词。包含"工程"的名词有很多，比如建筑工程让人联想到错落有致的楼宇；电力工程使人联想到澎湃汹涌的动力；生物工程令人联想到基因的奥秘；……金融工程是将工程思维引入金融领域，综合采用各种工程技术方法设计、开发和应用新型的金融产品，创造性地解决各种金融问题——约翰·芬纳蒂的定义。

某股票走势

金融工程是一门融合了金融学、数学、计算机科学的综合性交叉学科，是金融学中最复杂的学科（要研发出创新型金融工具和创造性解决方案），却又最富有吸引力的领域之一（曾被誉为"华尔街的火箭"）。

### 和金融学专业相比有什么不一样？

| 专业名称 | 学习内容 | 研究工具 | 侧重点 | 工作方向 |
|---|---|---|---|---|
| 金融学 | 金融现象的规律和本质 | 基础变量 | 经济知识 | 和人打交道 |
| 金融工程 | 计算机手段和数学模型 | 金融衍生工具 | 数理技术 | 和数据、模型打交道 |

通俗地讲，金融学主要是把钱收进来或花出去，学习如何运用经济学原理让资金融通；金融工程是利用数学工具、工程思维和编程方法研发具体的产品，如基金、大额存单、债券、股票等，解决实际生活中的金融问题。

### 金融工程专业学什么？

金融工程是个交叉学科，以设计、定价、风险管理为主要内容。专业课程包括数学、编程、金融三大块，对数理和编程要求比较高，学习难度也比较大。

以首都经济贸易大学为例，其金融工程专业的核心课程有：政治经济学、金融衍生工具、投资学、公司金融、数理金融、固定收益证券、经济学、金融计量学、金融学、金融风险测度与管理、金融工程学等。

### 金融工程专业就业前景怎么样？

1. 这个专业比较看重院校层次，"两财一贸"（中央财经大学、上海财经大学、对外经济贸易大学）或985（应用经济学学科评估靠前）毕业的，可以去证券、基金、银行这些高大上的金融机构从事金融资产定价、风险管理、量化投资等工作。

2. 一般院校的毕业生，本科毕业和金融学专业的从业平台差不多，大部分做金融产品的销售。

3. 考公务员或者事业编。每年国考、省考招聘金融类专业的职位非常多，比如中国人民银行、银保监会、证监会、税务局、社保局等都有很多职位。

# 法学——文理大热门

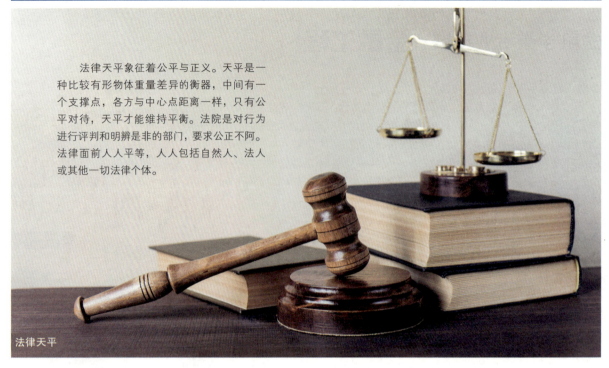

法律天平象征着公平与正义。天平是一种比较有形物体重量差异的衡器,中间有一个支撑点,各方与中心点距离一样,只有公平对待,天平才能维持平衡。法院是对行为进行评判和明辨是非的部门,要求公正不阿。法律面前人人平等,人人包括自然人、法人或其他一切法律个体。

法律天平

## 一、专业起源

你敢相信吗?法律起源于复仇!

时间回溯到原始社会,在法官或者其他统治者出现之前,由于社会的需求,演化出了例如"杀人偿命""欠债还钱"等民众默认并共同遵循的天经地义的规则。在一个未出现法律的简单社会中,有人违反了某个习惯性规范,造成了某人的伤害,就会挑起受害人及其部落的复仇本能。这种由复仇来强制执行的默示规范就是最初的法律制度形式。

复仇制度会出现"冤冤相报何时了"的情况,导致社会秩序分崩离析。随着社会经济的发展,物质基础的丰富,所有公民对秩序的渴望孕育了专门的制度规范和执行规范的人员,法就由此产生,同时出现了专业的执法者、司法者、立法者。

汉谟拉比法典

世界第一部法律典籍——《汉谟拉比法典》,它是古巴比伦国王汉谟拉比大约在公元前1776年颁布的法律汇编,是世界上现存的第一部比较完备的成文法典。《汉谟拉比法典》原文刻在一段黑色玄武岩石柱上,故又名"石柱法"。它由序言、正文和结语三部分组成,正文包括282条法律,对刑事、民事、贸易、婚姻、继承、审判等制度都作了详细的规定。

中国第一部法律典籍——朕匜(zhèn yí),内有铭文157字,铸于器盖和腹底内壁,记述了西周时期一起奴隶纠纷引发的法律诉讼的判决情况。这篇距今2 800年的审判文书,是目前我国发现最早、最完整的诉讼判决书,被誉为中国的"青铜法典"。

朕匜

中国古代法律的起源与战争军队和祀礼之间有密不可分的内在联系。"刑"起源于军事战争,最早的法脱胎于军事中产生的军法。另外,军事战争需要及时处置敌人、俘虏或其他违法犯罪行为。某些军法同时就是定罪量刑的刑法。

有法可依是建设社会主义法治国家的前提。经过多年不懈的努力,以宪法为核心的中国特色社会主义法律体系基本形成。当代中国的法律体系,部门齐全、层次分明、结构协调、体例科学。构成当代中国法律体系的主要有宪法及其相关法、行政法、民商法、经济法、社会法、刑法和程序法 7 个法律部门。行政法、民法、刑法是构成我国整体法律体系的三大组成部分,是分别用以调整国家行政管理、民事行为权利和惩罚犯罪的三个平等法律体系。

民法典是万法之母,其他法律大多是从不同角度对民事法律关系进行保护、充实和发展,刑法、行政法也不例外。

## 二、专业介绍

提到法学,你可能会想到光鲜亮丽的律师、神圣威严的法官等职业,还有浩如烟海的法学书籍,号称"世界第一考"的法考。没错!这些确实是这个专业都会经历的。当然,你的付出也会有回报,清华大学法学院张明楷教授曾说:"法学是典型的先苦后甜、胜者通吃的长线专业。"因为不需要学数学,又是有技术壁垒的专业,因此成为文理大热门。

从广义来讲,法学是我国高校现行的 12 大学科门类(未包含军事学)之一,是文理兼收的一个学科门类,它下设法学类、政治学类、社会学类、民族学类、马克思主义理论类、公安学类六个一级学科大类。

从狭义来讲,法学专业就是指法学类专业。它是研究法、法的现象以及与法相关问题的专门学问,是关于法律问题的知识和理论体系,是社会科学的一门重要学科;是为了培养掌握法学知识,熟悉我国法律和党的相关政策,能在国家机关、企事业单位和社会团体,特别是能在立法机关、行政机关、检察机关、审判机关、仲裁机构和法律服务机构从事法律工作的高级专门人才。

**哪些学生适合学习法学专业?**

1. 对"法律思维"有兴趣。在学习各种法律条例时才可以忍受它的枯燥。
2. 辩论能力和写文书能力要好。背后的支撑是逻辑能力要强,在真正的法庭上逐字逐句都要经得起推敲。
3. 需要有好的记忆能力。一学期就要学六七门部门法,要把它们记住需要非常强的时间管理能力。

## 三、本科阶段的学习

### 01 大学学习课程有哪些?

| 法学专业本科课程目录(以复旦大学法学 2+X 培养方案为例) | | | |
|---|---|---|---|
| 通识课程 | | | |
| 思想道德与法治 | 中国近现代史纲要 | 马克思主义基本原理 | 形势与政策 |
| 大学英语 | 计算机应用基础 | 大学体育 | 心理健康教育 |
| 专业基础课 | | | |
| 政治学原理 | 社会学导论 | 法理学导论 | 宪法 |
| 经济法 | 经济学原理 | 心理学导论 | 管理学导论 |
| 专业核心课 | | | |
| 中国法律史 | 刑法 | 民法 | 行政法 |
| 国际法 | 刑事诉讼法 | 民事诉讼法 | 行政诉讼法 |
| 专业进阶课 | | | |
| 国际金融法 | 国际贸易法 | 国际商事仲裁法 | 比较法 |
| 公司法 | 物权法 | 劳动法 | 侵权责任法 |

(篇幅有限,表中仅列举部分主要课程)

### 02 核心课介绍

**刑法**

德国刑法学家李斯特有句耳熟能详的名言,"刑法是犯罪人的大宪章",这句话充分说明了罪刑法定原

刑法打击犯罪

则的法理根据。刑法是影响民众最严重的法律，可预测性与确定性是刑法适用的重要条件，只有"罪"或者"刑"事先由法律明确规定，才能限制国家刑罚权的滥用和保障民众的自由。刑法不仅可以打击犯罪，也能够保障人权，与我们每个人的生活息息相关。刑法的学习对于训练刑事法治思维、增强法律意识、提高刑事法律素养和锻造专业技能、培养新时代卓越法治人才具有十分重要的意义。

本课程是系统阐述有关犯罪和刑罚的基本原理、理论和制度的课程，主要包括：刑法的概念和性质；刑法的目的和机能；刑法解释；刑法基本原则；犯罪的概念和犯罪构成；构成要件符合性、违法性、有责性；故意犯罪的停止形态；共同犯罪；罪数；刑罚基本原理；刑罚体系和种类；刑罚裁量制度；刑罚执行制度；刑罚消灭制度等。

### 民法

如何保护见义勇为者免于担责？如何防止不良物业占地侵权？这些看似细微繁杂的法律纠纷，正是民法的负责范畴。

民法是法律科学体系中的重要基础部分，是法学专业的基础课程。民法作为调整平等主体间的财产关系和人身关系的法律，深深植根于社会现实生活，是与生活联系最紧密的法律之一。它是一门"活"的法，不仅要切实反映活生生的现实生活，而且要随着现实经济生活的发展而不断发展和丰富。本课程主要包括：民法概念、自然人、人格权、法人、非法人团体与合伙、权利客体、民事权利与义务、民事法律关系、法律行为、代理时效等。

民法解决民事纠纷

### 行政法

你是否曾因为交一份表格而被四五个政府部门来回推诿？你是否曾因公权力侵占蒙受损失却求告无门？在政府职能转变的时代，我们的生活同政府的行为密切相关，与政府接触的范围更广、频次更高，与行政机构发生冲突的可能性也更大。为了解决这些冲突，维护社会公平正义，行政法应运而生。行政诉讼法明确规定，遇到政府和公民的争议性问题，只能"民告官"，而不允许"官告民"。从法律层面上已经规定了人民的利益高于一切。

"民也可告官"

本课程以行政法学基本理论为基础，旨在通过对行政法治的基本状况进行梳理，涵盖我国重要的行政理论制度，使学生通过学习增益法律知识，提高法律素养与能力，塑造学生的人文精神和法治理念，通过理论知识的教授及实践的开展，实现行政法学专业理论与行政实践实务的紧密结合。课程内容主要包括：行政权力配置、行政组织法、行政过程规制法、行政程序法、行政侵权救济法、行政诉讼法、国家赔偿法等。

## 四、升学与就业

全国普通高校毕业生规模 95 000~100 000 人，2023 年开设法学专业的本科院校 620 余所。

## 01 考研方向

**学术型硕士：** 法学（经济法学、诉讼法学、民商法学、国际法学、知识产权法等）
**专业型硕士：** 法律（法学）

## 02 就业展望

劝人学法，千刀万剐？如果你是学法学的好苗子，为什么不呢？如果这个社会没有法制，各行各业没有约束，没有人伸张正义，那才是真正可怕的事。该专业的职业方向和路径还是比较明确的，一般有以下几个方向：

### 公务员、事业单位

法学专业可以考的公务员岗位很多，法院和检察院、公安、司法、政府机关业务处、综合执法大队、监督管理委员会（银保监会、证监会）招考的法学类专业每年有一万多人。

当法官或者检察官的路径：法学毕业—法考—国考—法官/检察官助理或书记员—基层工作满5年—参加员额制法官/检察官遴选。当然，在这些单位经验积累到一定程度，再出来做律师也是可以的。但在毕业生越来越多、法学越来越卷的情况下，公务员招聘和用人单位招聘的门槛也会越来越高。

### 律师

律师这个行业具有非常明显的"二八原则"倾向，这个行业20%的人挣了80%的钱。在中国律师界，能进入"红圈所"（国内顶尖的律师事务所）的只有顶尖的1%，20%的人进入地区知名律所，80%的人进入小律所。

成为一位真正的律师之前，要确定自己的职业方向，你可能只会对某一种官司比较擅长。比如刑法律师，每天面对的都是血淋淋的真实案卷，琐碎的事务也比较多，需要具备稳定的情绪、清晰的思维和一定的抗压性；民法律师每天就是家长里短，并不是太挣钱；国际事务法是最挣钱的，但专业要求是最高的，高学历、高院校层次，还需要有丰富的经验；经济法律师为数不多，国企、事业单位、私企都需要，如果能接到企业客户的大业务，比如公司并购、公司上市，这样的律师是非常挣钱的。

当律师路径：法学毕业—法考—当地律协/司法局申请实习律师证—律所实习1年—当地律协/司法局考核—律师证。律师发展路径：实习律师—授薪律师—提成律师/挂靠律师—合伙人律师—主任律师。

### 公司法务或其他

法务是企业专属法律顾问，以处理合同、咨询、意见和争议为主，是企业风险的综合管理者。一般大企业才会有这样的岗位，例如大型国企、银行、外企，一些大型的私企内部也会设法务部门，专门处理企业所涉及的法学事务。不同行业、不同部门的收入差异非常大。以网易为例：投资并购的法务年薪160万元，加班多；日常运营的法务年薪60万元，稳定轻松。

法务和律师相比，收入稳定，没有案源的压力，但属于非营利部门，收入下限高但上限相对低些。

专业法务的职业路径：法务助理—法务经理—首席法律顾问。

### 大学老师

当大学老师的要求：博士起步，有很多院校要求具有国外留学经历。大学老师的工作相对律师工作来说压力没那么大，节假日也多，相应的薪资福利较低但比较稳定。

## 03　专业相关证书

| 证书 | 说明 |
| --- | --- |
| 国家统一法律职业资格考试（简称法考） | 不只是律师、法官、检察官、公证员需要通过该考试，从事行政处罚决定审核、行政复议、行政裁决的工作人员，以及法律顾问、法律类仲裁员也需要通过该考试 |

## 五、重点关注院校

法学专业对应的硕士一级学科为法学，部分重点院校列举如下：

**世界一流学科（法学）**
中国人民大学、武汉大学、中国政法大学、中南财经政法大学

**第四轮学科评估（法学）**
A+：中国人民大学、中国政法大学
A：北京大学、清华大学、华东政法大学、武汉大学、西南政法大学
A-：对外经济贸易大学、吉林大学、上海交通大学、南京大学、浙江大学、厦门大学、中南财经政法大学

"**五院四系**"：是新中国刚建立后成立的五所政法院校以及四所大学的法律系的简称，这几所高校的法律学科在中国法学教育界具有重要地位，对中国法制发展与法治建设具有重大影响。法学五院：中国政法大学、华东政法大学、西南政法大学、中南财经政法大学、西北政法大学。法学四系：北京大学、中国人民大学、武汉大学、吉林大学。

**中国人民大学**：985，211，"双一流"，保研率约38%。该校法学院是新中国诞生后创立的第一所新型正规高等法学教育机构，被誉为中国法学教育的"工作母机"和"法学家的摇篮"。

**华东政法大学**：法学特色本科院校，保研率约6%。它是由东吴大学法学院等9所著名高校的法律系、政治系、社会系组建。法学界有"朝阳出法官，东吴出律师"之说，可见其实力之强大。由于学校地处上海，毕业生大部分在上海工作，进入"红圈所"的非常多。

**西南政法大学**：法学特色本科院校，保研率约6%。位于重庆，是新中国最早建立的高等政法学府之一。法学是国家一流学科，学校也推出"法学+"复合型人才培养项目，拓宽了发展领域。

### 编者说

同学，当你决定选择法学的那一刻，你就要化身正义的使者。一名合格的法学生，是行走的百科全书，是世间万物的标准，是一切行为的准则。处理矛盾的是你，化解矛盾的是你，普法宣法预防矛盾的是你。无论你作为律师走入法庭，还是作为法学专业人士走入社会，你都在以己所学匡扶正义。芸芸众生，在法条的指引下，规范劳作与生活，幸福安宁得以保障，文明现代化得以滚滚向前。

# 法学类专业拓展：知识产权

专利权法

知识产权是国际贸易三大支柱之一，2022年中国授权发明专利79.8万件，在世界知识产权组织发布的《2022年全球创新指数报告》中排名提升至全球第11位。专利密集型产业GDP占比达12.44%，版权产业GDP占比达7.41%，知识产权使用费进出口总额达3 872.5亿元。

## 知识产权专业是什么？

知识产权，是关于人类在社会实践中创造的智力劳动成果的专有权利，例如发明、外观设计、文学和艺术作品，以及在商业中使用的标志、名称、图像，本质上是一种无形财产权。如今社会发展节奏越来越快，侵犯专利权、著作权、商标权等知识产权的行为也越来越多，尤其是网络侵权行为、商标抢注行为、专利垄断行为层出不穷，《我不是药神》关于专利药和仿制药之争，更是将知识产权推向了风口浪尖。知识产权领域，中国起步较晚，发展相对滞后，确实遭受了不少损失，例如维生素C两步发酵法。但也表明了这是一个非常庞大的蓝海市场，值得关注、报考和就业。

## 它和法学相比有什么不一样？

法学定位为一切法律问题，非常宽泛。而知识产权的定位和"商业""经济""行业背景""博弈"脱不了干系，定位窄很多。但又需要丰富的行业知识，所以难很多。并且，实际操作中，法学是法条的运用理解，相对来说丁是丁卯是卯，做到公平公正，维护法律的正义；而知识产权更偏向于商业利益的博弈，不到最后一步，谁都不愿意撕破脸皮，谁不想和气生财呢？

## 知识产权专业学什么？

专业基础课程主要有宪法学、法理学、物权法学等，核心课程主要是知识产权总论、知识产权管理、知识产权许可、债权法学、行政法学（含行政诉讼法）、商法学、知识产权评估、民事诉讼法学、著作权法、商标法等。

## 知识产权专业就业前景怎么样？

首都知识产权服务业协会秘书长高永懿表示，中国每万名研发人员仅有42名专利代理师提供服务，专利代理师密度是美国和日本的1/3，甚至还低于俄罗斯，工作强度远高于国外，代理师市场缺口比较大。2021年9月，中共中央、国务院印发《知识产权强国建设纲要（2021—2035年）》，将知识产权提高到国家战略层次。地区政府对专利人才的争抢也愈演愈烈，纷纷发布政府补贴、高额待遇等人才引进政策、落户政策等。但是，由于专利的特殊性，要求从业者有极强的行业背景知识，所以知识产权专业不能报考行业准入门槛高的专利代理师，而知识产权专业报考的知识产权师仅为职称考试。

知识产权专业毕业生如果想进入专利行业，要么在本科双修理工科专业，要么在研究生阶段跨考几乎不可能实现的理工科。对于一个需要过法考的学生来说，难度相当大。但如果不从事专利行业，知识产权专业毕业生完全可以从事商标和著作权事务，服务于各行各业，例如处理知识产权合同、风控、许可运营维权、价值评估、版权引进、知识产权资产管理等。只是，专利相关工作的收入相对很高，所以知识产权专业学生即使学习了和专利相关的一切法律法规，但因为执业资格考试的原因不能从事专利工作，实在可惜。未来如何，只能期待政策的修订。除此之外，知识产权就业定位和法学一致。如果考公务员或事业编制，集中在公检法、版权局、商标局、专利局、科技局等部门从事侵权、商标等执法或行政。如果当律师，集中在律师事务所、商标事务所等单位从事商标著作权等知识产权事务。此外，能招聘知识产权专业法务的都是大企业大集团，也值得考虑。最后，考虑到中国知识产权起步较晚，相关法律法规行业规范也在逐步完善，所以，如果能接受这种不确定性，知识产权专业比法学专业录取分略低，反而更具性价比。

# 教育学——研究育人之道

君子之教，喻也：道而弗牵，强而弗抑，开而弗达。
——《礼记·学记》

教师教育学生，要引导学生学习而不是强制学生学习，要鼓励学生学习而不是压抑学习热情，要启发学生思考而不是直接告诉答案。

户外的课堂

## 一、专业起源

教育学的起源可以追溯到古希腊哲学家苏格拉底、柏拉图和亚里士多德等人的思想。

苏格拉底以其雄辩和与青年智者的问答法而著名，他认为教育的目的是培养良好的公民，通过不断地对话和提问，帮助学生发现自己的错误并改进自己的行为。柏拉图则强调了教育的重要性和人类学习的潜力，他认为通过教育可以塑造人的性格和品质，使人们成为更好的人。亚里士多德则提出了自由教育的理念，强调通过自由思考和探索来培养人的智力和道德能力。

苏格拉底

孔子雕像

在中国，教育学的起源可以追溯到古代教育家孔子等人的思想。孔子是中国古代最伟大的教育家和教育思想家，他以"仁"为核心，强调了教育的价值和作用，认为教育的目的是培养君子和圣人，使他们具备高尚的品德和才干。孔子的教育思想在《论语》中有充分的反映：例如他提出了"有教无类"的思想，认为每个人都应该有受教育的机会；他还提出了"因材施教"的思想，认为应根据学生的特点和个人情况采取不同的教育方法。

近代以来，随着社会的进步和科技的发展，教育学在西方得到了更为系统和深入的发展。夸美纽斯、杜威、赫尔巴特、涂尔干等著名教育家都提出了各自的教育学理论和方法，推动了教育学的发展和完善。其中，夸美纽斯在其著作《大教学论》中提出了许多重要的教育原则和方法，例如"把一切知识教给一切人"的教育理念、班级授课制等。杜威则强调了实践和经验在教育中的作用，他认为学生应该通过实践和经验来学习，而教师则应该成为学生的引导者和合作伙伴。

20世纪以来，随着社会变革和教育需求的多样化，教育学呈现出多元化的发展趋势。各种新兴的教育理念、模式和方法不断涌现，例如开放式教育、生态教育、全人教育等。这些理念和方法关注学生的全面发展和个性差异，强调培养学生的创新精神和实践能力。

多元化实践教育

## 二、专业介绍

首先需要强调一点，教育学培养的是教育管理人才而非教师，师范类专业培养的是教师。本专业旨在培养具有良好的教育基本理论素养、较强教育教学研究与实践能力、熟悉中外教育发展史和国内外教育改革最新进展、具有国际视野的从事教育行政管理、中小学教育教学科研管理以及教育新闻、出版和媒体开发的高级教育学专门人才。教育学专业需要具备一定的社会科学和自然科学的知识基础，也需要具备一定的实践能力和教育实习经验。只是在实际就业环境的作用下，从事一线教学工作的学生占比还是很高的。

书本教育是远远不够的

**哪些学生适合学习教育学专业？**

1. 对教育领域有浓厚的兴趣和热情、有情怀心，愿意投身教育事业。
2. 有一定科学素养和批判性，能够站在未来视角思考现在的教育问题。
3. 具有人文素养和情绪，能够理解和关注受教育者的情感和需求。
4. 有考公考编或深造打算，想要去教育管理部门或学校工作。

## 三、本科阶段的学习

### 01 大学学习课程有哪些？

| 教育学专业本科课程目录（以东北师范大学为例） | | | |
|---|---|---|---|
| 通识教育课 | | | |
| 思想政治教育 | 大学外语 | 体育 | 国防教育 |
| 劳动教育 | 心理健康教育 | 信息技术 | 逻辑与批判性思维 |
| 专业必修课 | | | |
| 教育学专业导论 | 教育概论 | 课程与教学论 | 德育原理 |
| 学校管理学 | 教育研究方法 | 普通心理学 | 发展心理学 |
| 教育心理学 | 中国教育史 | 外国教育史 | 教育统计与 SPSS 应用 |
| 专业选修课 | | | |
| 教育测量与评价 | 现代教育技术学 | 教育人类学 | 西方教育思潮与流派 |
| 农村教育学 | 教育美学 | 高等教育学 | 中国当代教育史 |

（篇幅有限，表中仅列举部分主要课程）

### 02 核心课程介绍

**教育学原理**

教育学原理是研究教育现象、教育规律和教育理论的一门理论学科。以现代教育理论为理论基础，阐明教育、教学、课程、德育的内涵、特点、构成要素，阐明教育在社会和人的发展中的作用，特别是现代教育在现代社会和现代人发展中的作用，分析学制、教育目的的实质与特点。本课程的目标，是通过教学促使学生了解并热爱教育事业，提高教育科学素养，掌握教育基本理论和教育基本常识，初步形成教育基本技能，为成为合格的教师打下基础。本课程内容主要包括：教育与教育学、教育功能、教育目的、教育制度、教师与学生、课程理论与类型、课堂教学、学校教育与学生生活、班级管理与班主任工作、学生评价、教育研究、教育改革与发展等。

教育需要探索新的方式

德育是成才的重要前提

**德育原理**

德育原理是普通教育学体系中的一个重要组成部分，是教育学专业的主干课程，是研究德育现象及其规律的学科。课程的任务是研究德育理论和实践发展的历史，探索和揭示德育规律，建立科学的德育理论体系，帮助教育工作者学习与掌握德育的基本理论和方法，指导他们提高德育实践的实效性。本课程的内容主要包括：德育概述、德育的理论基础与发展、德育的必要性与可能性、德育功能、德育目的、德育主体、德育内容、德育方法、德育模式、德育环境、当代德育发展趋势等。

**教育管理学**

教育管理学是研究教育管理过程及其规律的科学，是教育学与行政管理学、工商管理学交叉而产生的重要教育科学分支，也是教育学专业的专业必修课程。本课程主要研究教育体制、教育政策、教育计划、教育人员、教育督导、课程管理、教师管理、学生管理、学校管理等内容，主要目的是让学生了解教育管理学的知识体系，掌握重点知识和技能，培养学生观察、分析和改进生活中的教育管理现象的能力，以及分析、评价和改进国家教育政策的能力，为当下的学习生活管理和未来的班级、学校管理打下基础。

教育管理

本课程内容主要包括：教育管理学总论、现代教育管理学的理论基础、教育行政体制、教育行政组织及教育行政机关工作人员、教育政策与法律、教育计划、教育督导、教育财政、教育课程管理、教师人事管理、学生管理、教育信息公开、学校管理过程等。

## 03 专业相关证书

| 相关证书 | 报名条件 | 难度 | 含金量 |
| --- | --- | --- | --- |
| 教师资格证 | 大三及以上 | 较低 | 较高 |
| 学前教育资格证书 | 中专毕业或大四及以上 | 一般 | 较高 |
| 家庭教育指导师 | 有教师资格证者 | 较低 | 一般 |
| 心理咨询师（二级、三级） | 该证书现已取消，已获证者有效 | | |

## 四、升学与就业

全国普通高校毕业生规模 5 000~6 000 人，全国约有 105 所高校开设教育学专业。

### 01 考研方向

**学术型硕士**：教育学（教育学原理、课程与教学论、教师教育、互联网教育等）
**专业型硕士**：教育（教育管理、学科教学、现代教育技术、心理健康教育、特殊教育、职业技术教育等）

### 02 就业展望

**中小学教师 & 大学编制**

教育学本科考一个学科教师资格证就可以参加教师编制招考，不管你读研期间学的是专硕还是学硕、具体什么专业方向，都是可以的。想当英语老师，可以考英语学科；想当数学老师可以考数学学科。此外，大学系统内的有编制的教师、辅导员、教辅人员（一般针对学术型硕士）也是去向之一。大学编制的教师：待遇好、社会地位也较高，是很多同学十分向往的，对于个别专业，如学前教育学、职业技术教育学、成人教育学等，普通的二本、三本学院和大专院校等是招收研究生的。但是如果要去一些非常好的大学当老师，就得读博了。高校辅导员：和辅导员最为对口的是高等教育学，其他的专业也可以，但是要求更高。

人民教师

**教育系统内的公务员**

比如教育部、教育厅、教育局、教委等机关单位的岗位招考,学术型硕士(简称"学硕")、专业型硕士(简称"专硕")都可以参加。教育部下面的一些事业单位是可以直接招应届毕业生的,此外还有各个区的教委、地方的教育局等单位都可以考虑。除此之外,研究生毕业后有了这些部门的相应工作经验后(一般为3年或以上),还可以通过省考、国考,进入更高一级的国家级单位工作。

**研究院、出版社等**

1. 相关研究院(学硕、专硕都可以)。注意一个误区,学硕或专硕都是可以搞研究的,只是学硕多了一年时间,有了更多的机会和时间去做相关研究,可以去一些相关研究院做教材或课程的开发等工作。

2. 出版社、杂志社、编辑部(和教育学相关专业,专硕、学硕都可以)。首先对教育相关学科要热爱,并且有相应文学、写作功底,此外还要有较好的专业性,比如去高等教育出版社就需要有高等教育学专业的基础。

## 五、重点关注院校

教育学专业对应的硕士一级学科为教育学,部分重点院校列举如下:

| 世界一流学科(教育学) | 第四轮学科评估(教育学) |
|---|---|
| 厦门大学、西南大学、北京师范大学、东北师范大学、华东师范大学、华中师范大学 | A+:北京师范大学、华东师范大学<br>A :东北师范大学、南京师范大学、华中师范大学<br>A-:北京大学、首都师范大学、浙江大学、华南师范大学、西南大学 |

**北京师范大学**:985,211,"双一流",保研率约37%。全国最早设立教育学硕士、博士学位授权点,最早设立教育学博士后流动站,最早拥有教育学一级学科博士学位授予权,学科综合实力居全国领先水平。中国教育科学研究的桥头堡和策源地,全国校长和教师培训的重要基地。

**华中师范大学**:211,"双一流",保研率约12%。具有从本科生到博士生完整的人才培养体系,拥有教育学一级学科博士点、硕士学位授权点和教育学博士后科研流动站,硕士和博士人才培养涵盖了教育学所有二级学科。教育学专业获批国家级一流本科专业、教育部财政部高等学校特色专业建设点和湖北省高等学校本科品牌专业。

**南京师范大学**:211,"双一流",保研率约15%。教育学属于国家一级重点(培育)学科、江苏省一级学科重点学科、江苏省优势学科,2000年拥有全国第三家教育学一级博士点。

### 编者说

千万不要把教育学专业和师范类专业混淆,师范类专业的对口就业是做教师,而教育学专业则是研究教育教学规律的专业,对口就业岗位一般是学校行政人员或教育相关部门事业单位;也可以考教师资格证再考教师编,但相对于本科学习汉语言文学、数学、英语等学科专业的学生,教育学专业学生优势更弱。有些层次较高的中小学招聘时会规定应聘者大学所学专业必须是应聘学科,这时教育学专业毕业生就会被拒之门外。

所以如果你想成为一名老师,那请报考师范类专业;如果你想研究教育,为国家的教育政策、制度改革,学校教育教学的优化提升等做出一定贡献的话,可以选择教育学专业。

# 汉语言文学——时势造热门

用"时势造热门"来形容汉语言文学专业是最适合不过了,近年来考公考编热带动汉语言文学这个专业也热了起来。有人笑称,这就是为考公考编而生的一个专业。但,你真的了解这个专业吗?

如果你特别喜欢文字阅读就来吧

## 一、专业起源

"汉语言文学是否和我们高中所学的语文一样?""汉语言文学是不是培养作家的?""汉语言文学是学习古文的吗?"围绕着汉语言文学这个学科有许多的疑问,大家对于这个研究我们母语和传统文化的学科,其实并没有一个清晰的认识。要追溯汉语言文学的起源,恐怕说个三天三夜也说不完,古人从开蒙学习的《三字经》《千字文》再到后面的四书五经,严格来说都属于汉语言文学的学习范畴。

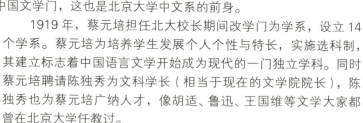

古人也从书本中获得知识

汉语言文学第一次作为学科出现在北京大学的前身之一京师大学堂的课程中,是中国大学史上最早开设的专业之一。早在1898年京师大学堂创办之初就开设了文学科目,但无独立组织形态的科系,直到1910年设立分科,成立中国文学门,这也是北京大学中文系的前身。

北京大学

1919年,蔡元培担任北大校长期间改学门为学系,设立14个学系。蔡元培为培养学生发展个人个性与特长,实施选科制,其建立标志着中国语言文学开始成为现代的一门独立学科。同时蔡元培聘请陈独秀为文科学长(相当于现在的文学院院长),陈独秀也为蔡元培广纳人才,像胡适、鲁迅、王国维等文学大家都曾在北京大学任教过。

继北京大学后,北京师范大学、复旦大学、南京大学、清华大学、武汉大学等院校均开设了文科或文学院,并设置了中国语言文学系(新中国成立后统一称为中文系),培养出了许多中国知名大作家,如丁玲、戴望舒、张爱玲和汪曾祺等。那段时期可被称为汉语言文学专业发展的蓬勃时期。

自1977年恢复高考后,汉语言文学专业又一步一步有了更加明确清晰的界限划分,逐渐形成了如今的汉语言文学专业。

## 二、专业介绍

长久以来大家对于文科、文学都有一些疑问，关于"文科无用"的讨论也在网络社交媒体广泛引起热议，文学越来越被边缘化，近年来文科考生数量也越来越少。由于我国社会发展迅速，国家的建设与社会的发展需要技术的支持，在当今社会环境下，人们难免会用带有功利性的眼光看待问题，认为文科生不像理科生上能制造宇宙飞船上九天揽月，下能设计潜水艇下五洋捉鳖，觉得文科的学习成果缺乏应用性不能给社会带来直观的价值，这种想法是狭隘且片面的。

文房四宝

中国有着五千年历史的璀璨文明，而我们的文化能经历几千年的风霜流传至今仍闪耀着光辉，正是靠着文字与语言进行传承的，学习汉语言文学正是我们传承中华民族传统文化的一种方式。开设汉语言文学专业的院校很多，这门学科旨在通过系统地学习语言和文学作品的基本理论、历史发展和研究现状，来培养学生的文学赏析能力和文艺理论素养。

· 文学并不是浮于空中，而是落到地上的，文学作品和社会、生活、经济、政治都有着交织，我们能从历史文学中总结经验、吸取教训、明白道理，也能从现代文学中窥探出社会问题，从而了解问题背后的本质原因。

· 阅读带给人精神上的满足，丰富人们内心的情感与感受，古人云"腹有诗书气自华"，读书能提升文化内涵和素养。全民阅读能提升社会整体的文明程度，这也有利于社会的安定、经济的进步。

· 在心理学中有个专业名词——"健全人格"，可以从五个维度来评估：性格（内外倾向）、人格品质（善恶）、责任感、情绪稳定性、思维开放性，只要这五个维度处在一个发展平衡、和谐的正常状态，就能判定一个人是否有健全的人格。而阅读文学便是帮助我们和谐自身发展、健全自我人格的一种方式。学习文学是一个治愈的过程，许多困扰和问题，我们能在读书中找到答案。

· 什么是有用？什么是无用？如果学习文学能让你获得价值感、体会人生的意义，那你还会说它没有用吗？

### 哪些学生适合学习汉语言文学专业？

1. 不是很擅长数学的同学。汉语言文学专业相比较其他专业学习起来较为轻松，平时课后作业少，不用学习高等数学（依据具体学校而定，有些学校大一会要求学习），考研也不需要考数学。

2. 自律性强的同学。一般来说，只要复习期间根据老师提供的知识点认真复习，考试及格还是没有问题的，但是我们并不提倡这种养老式学习方法，本着为自己负责的态度，不管你是出于爱好还是为了就业选择了这个专业，大学四年千万不要荒废了，平时多读多背多积累，有时间还可以去旁听其他自己感兴趣的专业课程。

3. 记忆能力较强的同学。汉语言文学专业在学习过程中需要大量地背诵，尤其是古代文学史和现代文学史等课程，所以对自己记忆力没有自信的同学要慎报，不然期末备考期间会被繁杂琐碎的知识点背诵给折磨疯。

4. 热爱文学的同学。汉语言文学专业在学习时要阅读大量古今中外的文学作品，这对平时就热爱文学作品的同学来说，真的可以说是来对地方了。

### 拓展

**师范类与非师范类的区别**：我们在填报志愿的时候会发现，汉语言文学专业有师范类和非师范类两种，这两种在核心专业课程的学习部分并无太大差别，只是专业教学目的和方向不同。师范类相较于普通的汉语言文学专业更多的是培养学生从事教师职业的职业素养和教学的能力，在大三、大四就会开始实践演练等。值得注意的是，在考公考编时，汉语言文学专业属于中文文秘类，而汉语言文学（师范）属于教育类，可考的岗位有所不同。如果想当老师建议选汉语言文学（师范类）专业。

**汉语言文学与汉语言的区别：** 汉语言专业聚焦在语言科学上，具体教授的是汉语的理论基础研究及应用。汉语言专业所学知识的广度不如汉语言文学专业宽，但对于语言学的研究深度要高于汉语言文学专业。两专业仅两字之差，大家在填志愿的时候一定不要搞混了。

**汉语言文学并不是培养作家的专业：** 汉语言文学专业的学生在本科学习阶段主要是学习和研究两大主要模块——语言和文学，并不是学习如何创作，如果你是怀揣着一颗"作家梦"来到这个专业，真实的情况可能会让你失望。

# 三、本科阶段的学习

## 01　大学学习课程有哪些？

| 汉语言文学专业本科课程目录（以浙江大学为例） | | | |
|---|---|---|---|
| 通识教育课 | | | |
| 思想道德与法治 | 中国近现代史纲要 | 马克思主义基本原理 | 毛泽东思想和中国特色社会主义理论体系概论 |
| 习近平新时代中国特色社会主义思想概论 | 计算机科学基础 | 大学英语 | 高等数学 |
| 专业基础课 | | | |
| 语言学基础 | 中西文化交流史 | 国际事务与中国实践 | 语言与社会 |
| 中国文学名家名作 | 世界文明史 | 哲学问题 | 文化遗产导论 |
| 专业核心课 | | | |
| 古代汉语 | 现代汉语 | 世界文学史 | 中国现当代文学史 |
| 西方文论 | 语言学基础 | 文学理论 | 中国古代文学史 |
| 专业选修课 | | | |
| 文化诗学 | 劳动与中国语言文化 | 诗经研究 | 明清诗文研究 |
| 楚辞研究 | 20世纪外国作家研究 | 当代文学思潮研究 | 音韵学 |

（篇幅有限，表中仅列举部分主要课程）

## 02　核心课程介绍

**语言学类（古代汉语、现代汉语）**

语言学顾名思义研究的是我们的母语——汉语，是一门语言工具课，极富逻辑性、严谨性和精确性。区分古代汉语与现代汉语的时间节点是五四运动。

古代汉语：在学习时以文选为纲，在学习文选的过程中与常用字和通论有机结合串联起来。文选按照时间、文体，由易到难循序渐进进行学习，如《左传》《战国策》《论语》《礼记》《诗经》《楚辞》等，主要学习这些文选中出现的古代常用字的本义、引申义、字形和字义及其近义词等，同时也要掌握研究古汉语必须具备的知识，如查字典、古今词义辨异，除此之外还会学习文字学、训诂学、音韵学等相关知识。

字典

现代汉语：主要学习现代汉语的基本知识和理论。核心内容有现代汉语的定义和特点，包括不仅限于语音、词汇、语法和修辞手法以及如何规范地使用汉语。

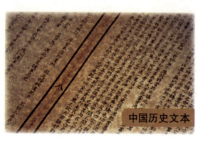

中国历史文本

**文学类（中国古代文学史、中国现代文学史）**

文学类主要介绍文学流派、作家作品和文学理论等。

中国古代文学史：主要学习内容以文学作品为主，从历史性的角度和视角来诠释文学作品在历史中的地位。学习的内容从秦汉文学开始，随着朝代变迁，依次为魏晋南北朝文学、隋唐文学、宋代文学等，最后是近代文学，按时间先后顺序进行学习。

中国现代文学史：学习内容一般从晚清时代背景分析着手，分析新文化运动之后中国文学的发展史,以十年为一节点,学习那个时代的学习思潮、文学代表人物(鲁迅、巴金、沈从文等)和作品,包括小说、散文、诗歌、戏剧等。

## 四、升学与就业

全国普通高校毕业生规模100 000人以上,2023年全国开设该专业的本科院校约630所。

### 01 考研方向

**学术型硕士:** 中国语言文学(文艺学、语言学及应用语言学、汉语言文字学、中国古典文献学、比较文学与世界文学等)

**专业型硕士:** 教育[学科教学(语文)]、汉语国际教育

### 02 就业展望

**考公考编**

有人笑称"岗位表专业筛选汉语言文学专业,出来的岗位数量和筛选前几乎一样",这当然是个夸张的说法,但汉语言文学专业确实是考公考编文科类中招的岗位最多的专业,可报考中文文秘大类专业,有的岗位专业要求也会写明只招收汉语言文学专业的学生。

文字能力很重要

因为汉语言文学学习时积累的知识点记忆量和培养的记忆能力、文字解析能力以及文字书写能力,不仅和笔试考试中的行测部分题型所考知识点吻合,而且使汉语言文学专业的学生的申论学习上手速度比其他考生快很多。除了在笔试中占据优势外,汉语言文学专业的学生所具备的文书书写能力也能在政府机构大施拳脚,每个政府部门都需要妙笔生花的"笔杆子"为单位进行文书的撰写,并且任何性质单位的任何岗位在工作中都会遇到文书工作,书写能力是在体制内工作的必备技能,也是加分项。文章写得好,很容易得到领导的赏识和器重,这对日后的晋升也很有帮助,不过俗话说得好:能力越大责任越大,"笔杆子"可能会面对大量的文书工作,任务繁重。

汉语言文学专业的考生可报的岗位有但不限于在办公室、宣传等部门从事党务、文字、行政、综合管理和日常事务工作等。其工作内容广,没有专业局限性。汉语言文学专业俗称"万金油"专业,毕业的学生就业面宽泛,但很少能找到精准对口的工作,从事的大多是和文字打交道的工作。

报纸受到冲击

**新闻、传媒类**

在报社、杂志社、出版社、电视台和广播电台等单位从事记者、编辑等工作。比较大型的报社、出版社都对院校层次和学历有要求,一般专栏性质的编辑起码要获得研究生学历。由于新媒体的出现,传统纸质媒介受到冲击,所以入职传统报社就业竞争会更加激烈,可以多多考虑新媒体传媒机构;同时从事该类职业对专业水平要求颇高,最好在大学期间多留意招聘信息,拥有该类岗位的实习经验在日后工作中会更有竞争力。

(大型报社:《人民日报》《环球时报》《中国青年报》等)

(大型出版社:人民文学出版社、中华书局、人民教育出版社等)

**教育类**

可以在中小学担任语文老师。非师范类专业的汉语言文学专业学生想要当老师需要自考教师资格证;除此之外,想要进入公办学校需要通过编制考试;本科毕业可当小学老师,任教初、高中需要研究生及以上学历。私立的学校在招聘时,在能力相同的情况下会优先录取师范类专业和重点院校毕业的学生。工资方面,贵族式私立学校教师待遇高于公立学校,但普通私立学校老师待遇不如公立学校,且公立学校有编制的老师在公积金、医保、退休金这些方面都有保障。

语文老师

**创意 / 创作类**

现在是新媒体和自媒体时代，企业都很看重网络宣传和营销，因为汉语言文学专业毕业生语言表达能力较好，可在企业内从事文案和方案策划、产品宣传；也可尝试网络自媒体账号运营、网站编辑和网文撰写等。从事这类工作不仅对文字功底要求高，对从业者的阅读量、眼界、创意、逻辑和捕捉热点的能力要求也很高；且这类工作大多养成周期较长，刚入行工资水平不高，压力较大，工作和生活也没有明显的分界点，经常性长周期加班，属于上限高下限也高的工作，要在入行前对自己做好心理预期。

创意无限也极具挑战

## 03  相关证书

| 证书 | 说明 |
|---|---|
| 教师资格证 | 若学习汉语言文学师范类专业必考，学习普通汉语言文学专业的学生将来有当老师的打算必考。一般在校大三及以上可以参加教师资格证考试，有些省份专科大二就可以参加考试（具体要看各省份的考试公告）。每年两次考试机会，笔试的时间是3月和11月，面试的时间是5月和第二年的1月（具体时间以当年考试公告为准）。 |
| 普通话水平测试证书 | 若从事教育工作须获得二级甲等及以上，一般学校会在本科期间统一组织考试，每年可考两次。 |

## 五、重点关注院校

汉语言文学专业对应的硕士一级学科为中国语言文学，部分重点院校列举如下：

| 世界一流学科（中国语言文学） |
|---|
| 北京大学、北京师范大学、复旦大学、华中师范大学、南京大学、山东大学、陕西师范大学 |

| 第四轮学科评估（中国语言文学） |
|---|
| A+：北京大学、北京师范大学 |
| A ：复旦大学、华东师范大学、南京大学、浙江大学、山东大学、四川大学 |
| A-：中国人民大学、首都师范大学、南开大学、南京师范大学、武汉大学、中山大学 |

**北京师范大学**：985，211，"双一流"，保研率约37%。其文学院的前身是中国语言文学系，创建于1902年，是中国历史最悠久的中文院系。中国语言文学不仅被评为世界一流学科，第四轮学科评估中排名也并列第一。

**华中师范大学**：211，"双一流"，保研率约12%。汉语言文学专业有公费师范（含优师计划）、非公费师范两种类型。除公费师范和优师计划外，其他类型人才培养采用中国语言文学类大类招生的方式，学习两年后进行专业分流。

**陕西师范大学**：211，"双一流"，保研率约14%。汉语言文学被评为一流学科，汉语言文学专业本科设有汉语言文学（公费师范生）、汉语言文学（拔尖基地班）、汉语言文学（师范）、汉语言文学（优师计划）方向。

### 编者说

文学即人学，所有的文学作品都是在人类社会活动中被创作出来的，解读文学也是一个剖析人物内心和分析社会现象的过程，所以学习汉语言文学能帮助同学们看待问题时怀有一颗包容、怜悯的心。

此外要注意的是：大家所说的汉语言文学专业考公考编容易只是相对于其他专业考生来说岗位多、选择面广，随着近些年大家对体制内工作的向往，考公考编的人数也在日益增加，体制内岗位数量近年来也有缩减趋势，考公考编"上岸"难度也会与日俱增，所以还是需要学生努力备考，最好提前一年开始复习准备。但如果你是从高中毕业就规划好了未来考公考编的道路，抱着"我必上岸"的决心一条路走到底，那选汉语言文学会让你离成功更近一点。

# 英语——最熟悉的陌生人

对于英语,我们并不陌生。它是我国的第一外语,2001年教育部发布相关规定,将英语纳入小学课程,从那时起,孩子们从小学就开始接触并学习英语直到大学。

但,大家真的了解英语吗?

英语学习也是有乐趣的

## 一、专业起源

英语作为一门国际语言,是我们连接世界的桥梁与通道。在创业和人生路上,英语不是决定我们成功与否的决定性因素,但绝对是帮助我们通向成功之路或者打通向上渠道的最得力的辅助工具。而我们的祖先也深谙这个道理……

清朝格格说英文视频截图

英语从清朝时期就开始进入中国,后在中国广泛传播。鸦片战争后,随着"师夷长技以制夷"观点的提出,学习英语被认为是救国的一项技能,光绪帝更是请专门的英语老师来宫中教学,带动后宫一起学英语。可能很多读者也在网上看过,一位梳着旗头、穿着花盆底的清朝格格对着镜头说英文的视频。末代皇帝溥仪是历代皇帝中最精通英语的,不仅英文字迹漂亮工整,甚至能用英语翻译四书五经。

英文笔记

十分有意思的是,我们许多人学习英语时会在旁边用拼音标注单词的读音,古代的人学习这门语言时也采用了这个方法,用中文汉字在旁边进行读音标注。

New years day= "牛爷司兑"

Last year= "拉司爷"

我国自近代开设的大学都是沿用的外国大学教育模式,都开设了外语课程,并且有的学校还会聘请外教使用外国教材用英语进行授课。新中国成立初期,由于我国与苏联交好,高校大量开设俄语专业,英语专业在中国的发展停滞不前。这一困境在20世纪50年代被打破,为了促进国家的发展以及与外国的交流,许多高校都恢复或增设了英语专业。到1984年年底,全国开设英语专业的高校达到262所。为了响应国家要培养"宽口径、应用型、复合型人才"的政策,英语成为大学的必修学科。直至今日,全国有近1 000所高校开设英语专业。

## 二、专业介绍

17世纪以来，英语在全球范围内广泛传播，时至今日已成为国际主导语言之一，在科学、政治、金融等领域占主导地位，也是被非英语母语者作为第二语言学习最多的语言，使用人口在4.61亿人以上，学习英语的人数也与日俱增。世界上许多最先进的技术和最新的研究都是使用英语发表的，较高的英语水平能帮助你在某一领域掌握最前沿的信息和资讯。学生在校攻读研究生和博士生时，很多专业也需要去大量阅读英语文献。

学习英语不仅能向内输入国外的最新研究成果与知识，还能向外输出我们中国的科技创新以及文化传统，让国外的人们更好地了解认识真实的中国，是提高我国文化软实力的方法之一。英语专业的本科阶段主要是通过系统地学习英语这门语言，让学生在听、说、读、写、评五个方面熟练掌握英语这门语言。

**哪些学生适合学习英语专业？**

1. 英语基础扎实的学生。大学英语专业和高中英语不是一个量级，大学的英语专业要进行大量的精读和背诵，并且要通过专四、专八考试，学习难度不低且不轻松，英语基础扎实的学生学习起来会较为轻松一点。

2. 自学能力强的学生。高中英语成绩好不代表能学好大学的英语专业，拥有主观能动性是学好英语的必备条件之一，不能太依赖老师和学校所教授的知识，更多的要靠自己课余的学习、积累和背诵。

3. 耐得住性子的学生。学习语言是漫长且枯燥的，且一般英语专业学生还会在本科期间要求选修第二门外语，所以建议考生在选择英语专业前对自身进行一个客观的评估，确定自己是否适合学习这个专业。

**拓展**

**其他主要语种在全球范围内使用人数的数据**

| 语种 | 使用人数及占全球人口比例 | 使用国家 |
|---|---|---|
| 日语 | 约1.25亿人，约占1.56% | 日本 |
| 西班牙语 | 约5.7亿人，约占7.13% | 西班牙和拉丁美洲（如阿根廷、智利、哥伦比亚、古巴等） |
| 俄语 | 约2.85亿人，约占3.56% | 俄罗斯、白俄罗斯、哈萨克斯坦、吉尔吉斯斯坦等 |
| 德语 | 约1.77亿人，约占2.21% | 德国、奥地利、瑞士、列支敦士登、比利时、卢森堡和意大利的博尔扎诺自治省等 |
| 法语 | 约3.72亿人，约占4.65% | 法国、摩纳哥、瑞士、比利时、卢森堡等 |
| 葡萄牙语 | 约2.6亿人，约占3.25% | 葡萄牙、巴西、安哥拉、莫桑比克、几内亚比绍、佛得角等 |

**如何学好英语**

• 英语学习不外乎理解加背诵，面对大量的背诵内容，理解就显得尤为重要。如果只是机械式地背单词是很痛苦的，所以要打好音标、词缀的基础，根据读音和词缀去背诵，提高学习效率。另外，一个单词背下来了，会拼会读不代表会使用它，只有通过不断的练习和定期复习来加深记忆。

• 想学好英语只靠老师上课教的那些内容是不够的。同学们在大学期间要培养自主学习的能力，从别人"喂饭"进步到自己"做饭"，这样才能"吃"得又饱又好。

• 兴趣是最好的老师，特别是对于语言的学习，兴趣驱动力是支撑你学好一门语言的重要因素，可以从轻松欢乐的方式入手，培养对英语的兴趣，如多听英文歌，多看美剧、英剧和英文电影等。除此之外，看综艺也不失为一个好的选择，用词简单、表达口语化，可以学会一些国外流行的网络用语。

• 阅读外文书籍，由简到难，可以先从绘本开始，随后阅读一些难度不高的书籍，如《小王子》《爱丽丝梦游仙境》，逐渐进阶到《哈利·波特》《了不起的盖茨比》等。一开始阅读会发现不会的单词太多，比较痛苦，建议遇到不会的单词不要立刻查字典，而是做上标记，先根据上下文自己理解猜测词语意思，看完一页或一章节后再统一查询，到后面你会发现书越看越快、越看越轻松。

## 三、本科阶段的学习

### 01　大学学习课程有哪些？

| 英语专业本科课程目录（以北京外国语大学为例） ||||
| --- | --- | --- | --- |
| 通识教育课 ||||
| 第二外语 | 思想道德修养与法律基础 | 大学计算机 | 大学体育 |
| 马克思主义基本原理概论 | 中国近现代史纲要 | | |
| 专业核心课 ||||
| 英语交际口语 | 英语精读 | 英语写作 | 英语语音 |
| 英语听力 | 英语语法 | 笔译口译 | |
| 专业必修课 ||||
| 英国文学 | 美国文学 | 英美诗歌 | 英美短篇小说 |
| 英美戏剧 | | | |
| 专业选修课 ||||
| 华裔美国文学 | 女性主义文学 | 《圣经》与文学 | 莎士比亚戏剧 |
| 维多利亚时期小说 | 英美生态文学 | 经典英语散文 | |

（篇幅有限，表中仅列举部分主要课程）

### 02　核心课程介绍

　　各个学校的英语专业开设课程各不相同，但课程的核心万变不离其宗，那就是听、说、读、写、译五个方面，大一学习的是入门基础课程，随着学年的增加，学习深度也会增加，对英文写作的提高以及词汇的积累都有帮助。

**听——英语听力等**
　　通过不断的练习来提高学生的英语听力能力。不要忽略对英语听力的提升，英语光会看和读是没用的，和人交流时首先必须要听懂对方在说什么才能做出回应。

**说——英语交际口语等**
　　一般是由外教进行全英文授课，通过上课和老师、同学对练来提高学生的口语流利度以及发音准确度。

**读——英美散文选读等**
　　上课会由老师带领进行英语文学的泛读和精读，对文学进行赏析，学习其文字表达方式和遣词造句，对英文文章的阅读速度的提升、写作能力的提高以及词汇的积累都有帮助。

**写——英语写作等**
　　英语写作的培养需要词汇和语法打基础，再加上大量的阅读和老师上课所教授的句式，最后通过多写多练来登上写作这座高峰。

**译——英汉互译等**
　　课堂上通过英译汉和汉译英的学习和练习，在准确无误翻译句子意思的基础上做到用优美的修辞、流畅的衔接以及恰当的语气来让翻译的句子"活过来"。

## 四、升学与就业

全国普通高校毕业生规模 100 000 人以上，2023 年全国开设该专业的本科院校约 1 000 所。

### 01 考研方向
**学术型硕士：** 外国语言文学（英语语言文学、外国语言学及应用语言学）
**专业型硕士：** 翻译（英语笔译、英语口译）、教育［学科教学（英语）］

### 02 就业展望

英语专业每年的毕业人数大概在十万人以上，如此庞大的毕业生数量和英语专业较窄的就业面导致就业竞争激烈，英语本科毕业且没有掌握其他技能的学生在市场就业竞争力很弱，工资较低，也很难找到对口工作。一般英语专业毕业生可选择的对口职业如下：

**英语老师**

英语老师

英语老师工作、收入稳定且拥有寒暑假，这些诱人的条件吸引着广大英语专业毕业生；且学习英语专业的男女比例大概在 1：9，而老师这一职业一直是女生比较青睐的，所以旱涝保收且假期多多的英语老师岗位就成了英语专业毕业生的首选工作。当英语老师需要获得教师资格证，本科毕业可教小学，研究生毕业可教初、高中。除此之外，英语和教育水平较好的还可以去线上线下的正规教育培训机构进行英语教学，尤其是一对一教学，工资收入较为可观。如果通过了雅思和托福考试，且成绩优异，也可去应聘成为雅思或托福老师：一般招聘要求雅思单科或总分不低于 7 分，托福不低于 110 分（招聘条件仅供参考）。虽然理想很丰满，但现实是每年毕业的英语专业毕业生数量巨大，且近些年出生人口持续下滑，所以，未来老师这一行业会竞争更加残酷。

**翻译人员**

现如今那些翻译软件已经能够基本满足人们日常的翻译需求，但简单的直译不仅读起来不够流畅通顺，也很难明确表达出句子的本来意思。

翻译机现在已经很强大了

好的翻译要兼备"信""达""雅"三个特质，它是由我国清末新兴启蒙思想家严复提出的。"信"指意义不悖原文，即译文要准确，不偏离，不遗漏，也不要随意增减意思；"达"指不拘泥于原文形式，译文通顺明白；"雅"则指译文时选用的词语要得体，追求文章本身的古雅，简明优雅。所以从事翻译不仅要求你的英文水平高，中文水平也不能差。

基于以上原因，无任何感情与思想的翻译软件和机器并不能代替人类，所以社会永远对高级翻译人才有需求。翻译人才从事翻译可进入政府、企业或者选择个人单干，从事的领域也可分为口译、笔译以及最难的同声传译。但此行业门槛较高：一般来说拥有专八证书是岗位基本要求，同时也会要求你通过全国翻译专业资格（水平）考试（CATTI）。

**复合型人才**

用英语作为工具实现复合提升

之前讲过"英语+"在社会上拥有较强的竞争力，可进入涉外企业工作，比如说：英语+国际经济与贸易可以从事外贸；英语+财会类/金融类可从事金融、经济领域工作；英语+计算机类可以进入互联网公司。以上工作在北京、上海和广州等大城市就业机会会多些，且收入可观，但对自身素质要求极高，不仅对口语有很高要求，对所从事该领域的专业知识也要深度了解。所以英语专业毕业生一定要不断提高自身能力和竞争力，可以通过修第二学位和考研跨考感兴趣方向来提升能力。

## 03 相关证书

| 证书 | 说明 |
|---|---|
| 专四、专八（TEM4/TEM8） | 英语专业学生必考，其他专业学生无报考资格，可看作对英语专业学生学习成果的验收。一般是大二考专四，大四考专八。有些学校要求不过专四、专八不能获得学位证书。专四、专八难度不低，对比近三年的通过率，专四接近50%，而专八仅有不到40%。 |
| 四级、六级 | 四、六级难度不大，对于英语专业学生来说不是必考的，且越来越多中国顶级院校取消毕业对四六级考试的要求，但英语专业学生可以报名四六级来检验学习成果、保持学习状态和丰富个人简历。 |
| 教师资格证 | 将来有当教师打算的必考。一般在校大三及以上可以参加教师资格证考试，有些省份专科大二就可以参加考试（具体要看各省份的考试公告）。每年两次考试机会，笔试的时间是3月和11月，面试的时间是5月和第二年的1月（具体时间以当年考试公告为准）。 |
| 全国翻译专业资格（水平）考试（CATTI） | 共有三级，考试难度大、通过率低、含金量高，从事翻译行业推荐报考。 |
| 托福、雅思 | 如果有出国打算或想丰富个人履历都可考虑报考，不过报考单次费用较高（雅思考试费2 020元，托福考试费2 100元）。 |

## 五、重点关注院校

英语专业对应的硕士一级学科为外国语言文学，部分重点院校列举如下：

**世界一流学科**（外国语言文学）
北京师范大学、北京外国语大学、复旦大学、湖南师范大学、南京大学、上海外国语大学、延边大学

**第四轮学科评估**（外国语言文学）
A+：北京大学、北京外国语大学、上海外国语大学
A ：黑龙江大学、上海交通大学、南京大学、浙江大学、广东外语外贸大学

**外语九大名校**：北京外国语大学、上海外国语大学、北京语言大学、北京第二外国语学院、广东外语外贸大学、四川外国语大学、西安外国语大学、天津外国语大学、大连外国语大学。

**北京外国语大学**：211，"双一流"，保研率约20%。北京外国语大学英语学院拥有全国最早的英语语言文学博士学位点，且为国家重点学科。英语被评为世界一流学科，且第四轮学科评估等级为A+。

**厦门大学**：211，"双一流"，保研率约24%。厦门大学在国内高校中是首批设置同声传译硕士课程的院校，其口译和双语词典研究是全国领先的，且大学综合能力强，软、硬件设施精良，就业有优势。

**对外经济贸易大学**：211，"双一流"，保研率约21%。学校以商务英语为特色。

### 编者说

学习英语专业，如果只停留在完成本科课程的程度上，在社会中是没有任何竞争力的。现在社会中并不缺乏熟练掌握英语的人才，或者说，掌握英语这门语言并不能被称为人才。因为英语就像我们讲的汉语一样，是和人交流的工具，用英文交流什么才是关键，众所周知，会说普通话并不能帮助我们在社会上立足。所以要充分发挥英语专业学生的英语特长，要善于使用它。

当你熟练掌握英语这门语言，这不是结束，而是开始，接下来要做的就是用你高强度学习了四年的英语去掌握第二项技能，提升自己。学习英语专业的同学可以在本科期间修双学位，或者日后读研选择另一个感兴趣的学科或研究方向，"英语+"能让你在社会上更有竞争力。

# 新闻学——一个处于风口浪尖的专业

媒体采访

## 一、专业起源

新闻学可以说是目前最"红"的专业之一了，可是这个"红"却有点"黑红"的意思，不仅网络上围绕着新闻学展开了世纪大战，现实生活中大家也有事没事调侃两句新闻学，现在新闻学仿佛已经沦落到狗走过都要踩两脚的地步了。那新闻学到底是不是把孩子打晕都不能报的专业呢？且听小编慢慢道来。

我们的身边充斥着新闻，我们的生活离不开新闻，新闻的产生源于人类对于获取信息的渴望。官方媒体、报社和新闻联播报道的是新闻，村口大爷大妈们闲聊的也是新闻，可以说新闻的传递从人类开始说话时就开始了。

那位士兵的路程后来演化成为马拉松

公元前490年，斐迪庇第斯是古希腊的一名士兵，是个有名的飞毛腿。在希波战争中，他为了将胜利的消息传达给雅典的同胞，负伤一口气跑了40余千米，最后将胜利的消息告诉了雅典同胞后力竭而死。后来出现的说书人、吟游诗人也是在传递新闻，那个时候的新闻多是靠口口相传，没有官方媒介进行传播。

中国古代战争中出现的狼烟、烽火和旗鼓也是传递新闻的一种方式，用于在战争中告知敌人情况和指挥进退兵，这些都是用文字以外的方式传播信息的途径。后来随着社会的发展，人类进入了文字传播新闻的时代，报纸就是最有代表性的。最早的是官方报纸，但受众并不是普通百姓。随着时代的变迁，出现了民间小报，慢慢演变成了如今的报纸，最具代表性的就是"新媒体"——《申报》。

早期的《申报》

《申报》于1872年4月30日在上海创刊，1949年5月27日停刊。它是近代中国发行时间最久、具有广泛社会影响的报纸，也是中国现代报纸开端的标志。其出版时间之长，影响之广泛，同时期其他报纸难以企及，被人称为研究中国近现代史的"百科全书""时代日记"，大大推动了新闻业在中国的发展，对社会和历史研究的影响力不言而喻。《申报》的形式从古代为了稳固封建帝制的官方报告变成了老少咸宜、雅俗共赏的民间新闻，受众也从官老爷变成了老百姓。

1918年，北京大学新闻学研究会成立，由校长蔡元培亲任会长，这标志着中国新闻学科的诞生。李大钊先生亦曾为研究会授课，青年毛泽东曾是研究会会员。2005年前后，随着中国新闻事业的蓬勃发展，大部分高校逐渐建立起专门从事新闻人才培养的新闻院系。

## 二、专业介绍

正如新闻的英文"NEWS",4个字母各代表着"北、东、西、南",很形象地说明了新闻的本质就是把各处的信息收集起来进行整合和传播。如果消息不灵通,就会形成信息壁垒。说得再直观一点,大家决定选择什么专业、上什么大学、毕业后从事什么样的岗位,这些都是依据掌握的信息所做的决定,包括大家正在看的这本书、这段文字,都是信息。信息需要整合、编辑和传播,一部宪法颁布下来,没有新闻传媒的运作,是没有人会去看和了解它的,至于怎样把宪法的解读变得有趣生动,传播变得广泛多样,这就是新闻学所要学习的东西。

新闻来自五湖四海

新闻学专业是研究新闻事业和新闻工作规律的一门学科,通过学习,学生不仅要掌握完整的知识结构,同时也要在平时进行大量的积累,并且要对社会有充分的了解,该专业旨在培养能够在各类媒体从事新闻采访、写作、编辑、评论、摄影等新闻实务的专业人员。

浙江大学传媒与国际文化学院教授吴飞说,只有通过专业的学习和训练,才能够写出最好的报道,写出符合新闻专业主义理念、符合每个人需求的好报道。否则你的写作可能变成"流言家的乐园",也可能变成"小说家的故事",而不是真实、全面、准确的信息。

### 哪些学生适合学习新闻学专业?

1. 有良好写作能力的学生。良好的新闻写作能力是新闻从业人员的基本功,从业期间需要撰写大量的稿件,高质量的稿子能帮助新闻更快地流通和传播,也是从业人员高水平专业素养的体现。

2. 性格外向、喜爱社交的学生。从事新闻业免不了和人打交道,采访就是一种社会交往活动,好的采访气氛是决定这场采访是否成功的重要因素之一,有的时候轻松愉快的采访氛围比采访问题更重要。

3. 平时热爱思考、观察力敏锐的学生。新闻敏锐度是从事新闻业必须具备的特质之一,通常新闻工作人员需要在短时间内通过观察、思考,快速确定某个事件是否有成为新闻的价值,是否能成为大家需要的、喜欢看的、对大家有帮助的新闻。

4. 有责任心的学生。如果心中没有使命感、没有责任感就不要从事新闻业。这并不是危言耸听,每个信息工作者都有为公众提供信息服务的责任,上至国家下至个人,所做的每一个决策都要依靠信息,一个国家的新闻界应当成为这个社会的灯塔。

## 三、本科阶段的学习

### 01 大学学习课程有哪些?

| 新闻学专业本科课程目录(以复旦大学为例) | | | |
|---|---|---|---|
| 通识教育课 | | | |
| 思想道德修养与法律基础 | 中国近现代史纲要 | 马克思主义基本原理 | 微积分 |
| 线性代数 | 形势与政策 | 大学英语 | |
| 专业基础课 | | | |
| 法理学I(法学导论) | 社会学概论A | 政治学通论 | 传播理论 |
| 新闻实务基础 | 战略传播 | 新闻理论 | 营销传播策划 |
| 影像技术 | 广告媒体策略 | 传播研究方法 | |
| 专业核心课 | | | |
| 新闻采访与写作 | 中外新闻传播史 | 数字传播技术应用 | 新闻传播伦理与法规 |
| 传媒经营与管理 | 跨媒体传播实验 | 数字营销 | |
| 专业选修课 | | | |
| 经典新闻作品案例解析 | 杂志编辑 | 数据新闻基础 | 深度报道 |
| 数据新闻可视化 | 融媒报道出镜主持 | | |

(篇幅有限,表中仅列举部分主要课程)

## 02 核心课程介绍

### 新闻采访与写作

采访与写新闻稿是记者的必备也是最基础的技能，一般记者的工作流程是准备、采访和写稿。该课程教授了采访的理论框架与流程以及注意事项，比如前期怎么搜集资料、编写采访大纲和采访时的谈话技巧等。采访并不是简单地和人聊天，怎样巧妙地设置问题、敏锐地捕捉到信息点和调节现场氛围，都是记者所需掌握的。采访部分结束后就是编写新闻稿，该课程同时也会教授同学新闻稿的文体、格式和撰写技巧。只有熟练掌握这两项技能，才能写出一篇优秀的新闻。

新闻采访

### 中外新闻传播史

什么是新闻

想要了解一门学科或知识，学习其历史是必不可少的步骤。该门课程通过学习国内外新闻传播的历史，让学生了解新闻的起源与发展以及新闻传播方式的演变，继而从根本上了解什么是新闻和为什么需要新闻，不仅方便以后的学习和理解，也能帮助学生更好地在心中构建起对这个职业的认知体系和责任心、使命感。

### 新闻传播伦理与法规

中央广播电视总台在 2022 年 3 月 22 日晚的梧州空难核心救援现场直播时，一名总台的记者在直播时及时捂住乘务人员证件，并示意镜头避开。该记者这一举动让许多网友感动，也收到了许多称赞。

伦理通常被应用在新闻学中去调整新闻活动中相互关系的行为规范，而法规则是一条红线，明晰了新闻活动不可触及的领域，新闻在传播过程中必须受法理的约束。如果心中没有红线和敬畏之心，行为就没有规范，不仅不能遵守记者的基本行为准则，严重的还会违反法律法规。所以不管是从理性还是感性方面，记者都需守住道德底线、遵循新闻伦理。

假新闻危害很大

## 四、升学与就业

全国普通高校毕业生规模 22 000~24 000 人，2023 年全国约有 326 所院校开设新闻学专业。

### 01　考研方向

**学术型硕士**：新闻传播学（新闻学、传播学、网络与新媒体、编辑出版学、符号学等）
**专业型硕士**：新闻与传播、出版

### 02　就业展望

随着科技的发展，新媒体的崛起，纸媒"寒冬"时代到来，小区的报箱早已锈迹斑斑被塞满广告，随着生活节奏的加快，大家也更习惯在手机上阅读新闻；在这个娱乐至死的时代，大家追逐的是那些哗众取宠、光怪陆离的事件，很多时候大家关心的是自己认为的，而不是事情真相是什么；辛苦一天，大家更喜欢的是躺在床上刷刷短视频，轻松一刻，而不是去看大篇冗长的报道。除此之外，新闻人在职场还会陷入某种尴尬的境地，那就是比起新闻专业的学生，很多媒体更喜欢学习经济学、法学等专业的学生，因为他们除了能写领域内的专业性很强的新闻稿外，还能分析目前的经济形势、能解读新颁布的法令法规。如此，我们会发现，新闻学本科所学内容和现实工作是存在脱节情况的，所以很难找到记者这种对口性很强的专业。新闻学就业方向有：

记者

**传媒类**

包括主流媒体、新媒体、自媒体等。

从事新闻媒体行业算是新闻学专业最对口的职业了。随着时代的发展，我们处于一个信息时代，毕业生除了能进入新华社、人民日报社和地方报社、出版社这种主流媒体外，也可以进入腾讯谷雨、北辰青年等新媒体公司，除此之外，也可在小红书、微博和微信公众号等平台从事自媒体工作。

**考公考编**

新闻学专业学生不仅可以报考电视台和文化教育等部门，还可以报考各级党委、政府机关及其部门的宣传科和办公室文员等岗位。这些岗位在工作中几乎不会用到专业相关知识，一般的工作有撰写公文、构思宣传标语和编写公众号文章等。

党政机关

著名的facebook

**互联网行业**

学习新闻学的同学还可进入一些互联网民企进行一些产品的推广和网文的撰写，以及新媒体的运营等工作。从事该类职业选择面广，但是这类职业对能力的要求也高，除了写文章外，一般会对美工、PS和视频剪辑等能力都有要求，如想从事这方面工作，可以在网上搜索相关免费视频来进行学习。

## 03 相关证书

值得注意的是新闻业含金量较高的记者证在大学期间没法获取，必须是进入国家批准的媒体机构从事采编工作满一年后，方可向国家相关部门申请记者证。除此之外，在申请记者证之前，必须获得采编资格证。

有数据显示，持有记者证的人数正在逐年减少。2012年11月统计中国持有记者证的人数约为24.8万人，到2017年缩减约为23.1万人，而2021年年底的统计结果显示，持证人数只有约19.4万人。

## 五、重点关注院校

新闻学专业对应的硕士一级学科为新闻传播学，部分重点院校列举如下：

| 世界一流学科（新闻传播学） | 第四轮学科评估（新闻传播学） |
|---|---|
| 中国传媒大学、中国人民大学 | A+：中国人民大学、中国传媒大学<br>A ：复旦大学、华中科技大学<br>A-：清华大学、上海交通大学、武汉大学、暨南大学 |

**中国传媒大学**：211，"双一流"，保研率约12%。中国传媒大学新闻学院的前身是1959年成立的北京广播学院新闻系，是新中国最早开展新闻人才培养和科学研究的机构之一。专业主干课程包括图片新闻报道、音视频新闻报道、新媒体概论等课程。

**中国人民大学**：985，211，"双一流"，保研率约38%。中国人民大学新闻学院始建于1955年，是中国共产党创办的新中国第一所高等新闻教育机构。在教育部开展的四次全国一级学科评估中，新闻传播学科蝉联第一且被评为"A+"。2017年，新闻传播学科进入国家"双一流"学科建设序列。

**复旦大学**：985，211，"双一流"，保研率约38%。复旦大学新闻学院前身为复旦大学新闻系，创办于1929年9月，是中国历史最悠久、名扬海内外的新闻传播教育机构（《情深深雨蒙蒙》中的何书桓、杜飞和尔豪的人物背景设定即就读于复旦大学新闻系）。复旦大学新闻学院历来重视对外交流和国际化工作，积累了充裕的海外资源。

### 编者说

新闻学成为新"天坑"专业确实有其原因，那就是新闻教育与媒体行业需求脱节情况严重。中国三大财经报（《第一财经日报》《经济观察报》《21世纪经济报道》）5年只招收了不到10名新闻学专业的学生，仅占总招聘人数的5%，其余95%均为金融、经济、法学等专业，这就释放了一个信号：缺少了行业经验的"学院派"很难在新闻业筑起专业壁垒。

清华大学在2020年5月发表声明，取消新闻学本科专业，同时扩大研究生招生规模，这也预示了未来新闻学专业可能会聚焦于高端人才的培养。专业本身并无好坏，并且专业的发展趋势谁也预测不了。新闻学专业确实应该痛定思痛，改良教育模式，打一场漂亮的翻身仗。

# 历史学——以古为镜，经世致用

1840年，鸦片战争爆发，羸弱的清政府无力抵抗西方的侵略，被迫于1842年签订了中国近代史上第一个丧权辱国的不平等条约——《南京条约》，图中描绘的是条约签订的场景。那么，中国为何会走到如此境地？这是历史学家一直研究的课题。

《南京条约》签订绘图

## 一、专业起源

如果提到中国历史学（中国史）的起源，相信很多人会立马想到司马迁以及他的著作《史记》。实际上将《史记》作为中国历史学起源的观点是错误的，因为在司马迁之前的先秦时期，就已经出现了专门记录历史的史官，也留下了很多关于历史的史书，例如《尚书》《春秋》《竹书记年》等。不可否认的是，不论是在古代还是在现代，《史记》都得到了历史学家们的关注，并被视为中国历史学发展中的一个里程碑式的作品。历史学最早产生于春秋战国，那个时候孔子就已经开始进行历史学教育，创作《春秋》著作。到汉朝司马迁父子建立更加完善的历史学体系和创作形式，历史学已经开始成为官方研究重点。

《史记》

中西方对史学的认识所经历的过程基本相同。中国古代的"史学"概念亦从对"史"的认识发展而来，或者说它最初也包含在"史"中。据瞿林东先生的研究，中国古代"史"的含义经历了史官、史书、史事、史学的发展过程。"历史学"与"历史"并不是同一样东西。当我们提到历史时，我们经常指代的是以前发生过的一系列事件，是"事实"。而历史学则不同，它所涵盖的内容要远远超过单纯的历史事实。记录事实只是历史学最基础的部分，而辨析、批判、解读、阐释事实才是历史学的真正任务。历史学家要从自相矛盾的历史记录中辨识出真正的历史事实，他们还要分析事实背后的表面原因与深层原因。

三星堆是史学家研究的热点

1899年秋，京师大学堂设立了史学堂（北京大学历史系前身），这是近代中国最早建立的史学教育科系。1949年初，北平和平解放，北京大学进入新的发展时期。1952年全国高等学校进行院系调整时，由于清华大学历史系和燕京大学历史系一部分骨干教师的汇入，北京大学历史学系的师资阵容进一步壮大，在国内外的学术地位益发突出。随着形势的发展，考古专业1983年从历史系分出，独立成系。

我国的历史源远流长，唐太宗曾写下："以铜为鉴，可以正衣冠；以人为鉴，可以知得失；以史为鉴，可以知兴替。"可见，重视历史、研究历史、借鉴历史是中华民族5 000多年文明史的优良传统。

北京大学

## 二、专业介绍

兵马俑

中山大学历史学系主任吴义雄教授表示，学好历史学必须要有博学之思、敬畏之心。博学之思是指学生必须了解天文、地理、文学、经济、管理、自然科学等知识，只有以上述学科作为基础，才能在学历史学的过程中有深刻的体会；敬畏之心是指对历史上人物与故事必须"理解之同情"，切不可以今日之标准来随意臧否古人的得失，因为彼时与今日形势不同，必须要用发展的眼光看问题，如此才能真正看清历史。

纵观古今，历史学本身就有着悠久的历史。作为一门学科，它主要以人类历史及其规律为研究对象，主要学习和掌握中国历史和世界历史发生、发展的过程，理解和弄清历史上重要人物、重大事件以及相关史实的原委、作用和影响，并力图发现和总结其中的经验和教训，为今天的社会生活提供借鉴。它是由历史、科学、哲学、人性学及其时间空间五部分有机组合而成的。历史之于人类，犹如个人之有记忆，在人类一切学科体系中具有奠基意义。历史学则是人类文明的自我反思，人类由此为自身的处境找到历史根源，并因而形成文化传统，迎接未来的挑战。

**哪些学生适合学习历史学专业？**

1. 文科学得好，对文字敏感，理解能力强，善于总结和思考。
2. 书香世家的后代，是研究史学的较佳人选，天赋和家庭的熏陶很重要。
3. 淡泊名利，性格相对内向，喜欢独处，钻研型的人适合学习历史。

## 三、本科阶段的学习

### 01　大学学习课程有哪些？

| 历史学专业本科课程目录（以北京大学为例） | | | |
|---|---|---|---|
| 通识教育课程 | | | |
| 中国古代史 | 博物馆学概论 | 宗教学导论 | 中国现代史 |
| 中国当代文学史 | 哲学导论 | 中国哲学 | |
| 专业必修课 | | | |
| 史学新生导学 | 历史论文写作 | 社会调查与史学研究 | 世界古代史练习 |
| 中国古代史（上、下） | 中国现代史 | 中国历史文选（上、下） | 欧美近现代史练习 |
| 专业核心课 | | | |
| 中国古代史 | 中国现代史 | 中国历史文选 | 世界史通论 |
| 专业选修课 | | | |
| 古希腊罗马史 | 中世纪欧洲史 | 亚洲史 | 欧洲史 |
| 美国史 | 拉丁美洲史 | 非洲史 | 外国历史文选 |

（篇幅有限，表中仅列举部分主要课程）

## 02 核心课程介绍

**中国古代史**

中国古代史指先秦时期至鸦片战争（1840年）以前的中国史学，是指通过利用史料来研究和描述人类历史的学科。它包括人们占有史料、认识历史以及历史研究、历史编纂的理论和实践。

**中国现代史**

1949年10月中华人民共和国成立至今的历史，分为新民主主义社会与社会主义社会两大历史阶段。这一时期也是中国人民建立政权、巩固政权、探索与发展中国，使中国走向富强、民主、自立的一段发展史。

**中国史学史**

中国古代史家是如何记录历史的？纪传体和编年体通史是如何产生的？中国史学史是历史学专业的必修课，主要讲授中国史学的产生、形成及发展演变历程，以及阶段性特点与史学成就，以代表性史家、史著为切入点，揭示史学与社会、史学与时代、史学与政治等因素间的互动关系。本课程内容主要包括：绪论、先秦时期史学、秦汉时期史学、魏晋南北朝时期史学、隋唐时期史学、五代两宋时期史学、辽夏金三朝和元时期史学、明及清前中期史学、晚清与民国史学、中国马克思主义史学的建立与发展等。

## 四、升学与就业

全国普通高校毕业生规模18 000~20 000人，2023年全国开设本专业的院校约有255所。

### 01 考研方向

**学术型硕士**：中国史（国学、中国古代史、中国近现代史等）、世界史

**专业型硕士**：文物与博物馆（考古学、博物馆学、文化遗产、文物保护）

### 02 就业展望

**教师**

中小学历史老师、大学历史老师，需要博士以上学历。

**研究员**

在科研机构、博物馆、档案馆、研究所从事研究员的工作。

**编辑、记者**

以史为鉴，可知兴替。历史学培养了我们博大的格局和胸襟，广博的知识让我们的思考维度也更胜一筹。毕业后可在出版社、杂志社、网站等媒体从事编辑、记者等工作。很多历史学毕业的同学因为笔杆子强、材料报告写得精彩获得领导的赏识和单位的认可。

**互联网+历史周边**

目前我国的影视、动漫、游戏业水平都在不断提升，要求内容健康向上、尊重历史、富有创意。与之匹配的策划、编剧类职位就是历史学专业毕业生可以尝试的选择，没有哪个编剧比历史学专业人士更了解历史；在当前"互联网+"的环境下，在精通本专业的基础上再学习一些计算机方面的知识，会进一步拓宽自己的就业渠道。

**直播平台**

疫情之后，全国各地的旅游行业呈火爆的态势。很多历史学专业毕业的博主，凭借深厚的文化功底，弘扬中国历史和传统文化，介绍当地的人文历史，成为"千万级大V"，收入颇丰。

### 03 专业相关证书

| 相关证书 | 难度 | 报名条件 | 含金量 |
| --- | --- | --- | --- |
| 大学英语四六级证书 | 中高 | 在校大学生 | 较高 |
| 普通话水平测试证书 | 中等 | 18周岁以上 | 较高 |
| 教师资格证 | 中等 | 大三及以上学生 | 较高 |
| 导游证（导游方向就业） | 中等 | 高中、中专及以上学历 | 中上 |
| 计算机等级证书 | 逐级增加 | 不限 | 逐级增加 |

说明：1. 篇幅所限，此处仅列举相关度较高的证书。2. 报名条件每年略有变化，实际以官方考试网发布为准。

## 五、重点关注院校

历史学专业对应的硕士一级学科主要是中国史和世界史,以中国史为例,部分重点院校列举如下:

| 世界一流学科(中国史) | 第四轮学科评估(中国史) |
| --- | --- |
| 北京师范大学、复旦大学、北京大学、中国人民大学 | A+:北京师范大学、复旦大学<br>A :北京大学、南京大学<br>A-:中国人民大学、南开大学、华中师范大学、中山大学 |

**北京大学**:985,211,"双一流",保研率约58%。其历史学系是全国各大学历史学科中历史最为悠久、总体实力最强的院系。中国古代史、中国近现代史和世界史皆为国家级重点学科,中国史、世界史在2004年、2008年和2012年全国一级学科评估中均名列榜首,并入选为国家"双一流"建设学科,在全球大学历史学科排名中也位居前列。现有历史学(中国史)、世界史、外国语言与外国历史3个本科专业。

**中国人民大学**:985,211,"双一流",保研率约38%。其历史学院以清史研究为突出特色,秦汉、唐宋和民国史的研究力量也较为雄厚。专门史、历史文献学、历史地理、史学理论和史学史等二级学科都具有各自的优势。世界史学科则以西方中世纪和近现代史方面的研究力量较强;考古学科侧重北方民族考古领域。

**北京师范大学**:985,211,"双一流",保研率约37%。其历史学科是我国最早设立的历史学系科之一,现有中国史、世界史、考古学3个一级学科,中国史入选国家"双一流"建设学科,中国古代史、史学理论及史学史2个二级学科为国家重点学科。历史学专业实行宽口径招生,自二年级起根据兴趣和修读规定选择中国史、世界史、考古学3个专业方向。

### 编者说

南京大学教授韩儒林先生曾写过一副对联:"板凳要坐十年冷,文章不写半句空。"报考历史学专业,需要对它感兴趣,潜心学习,才可以成长为高质量、多层面的专业人才,为你将来的职业发展奠定非常坚实的基础。考生在报考历史学专业时,一定要对照专业目录,看准学校的特色和培养方向,选择自己感兴趣的专业方向报考。

历史学不仅是谋生的技能,而且是立身的学问。格局胸襟、思辨能力,收集信息、整合归纳、文字表达的能力,都可以通过学习历史锻炼出来。这种综合能力会让你受益匪浅,并且会伴随你的一生。用人单位通常是需要专业对口的求职者,但综合素质强、通古博今具有大格局的人才更能成为市场的"香饽饽"。

# 数学与应用数学——从未缺席

1959年5月28日，著名数学家华罗庚在《人民日报》上发表了《大哉数学之为用》的文章，上面写道"宇宙之大，粒子之微，火箭之速，化工之巧，地球之变，生物之谜，日用之繁，无处不用数学"。

`高等数学公式`

## 一、专业起源

数学有着非常古老的历史。

几万年前，当远古智人第一次在石壁上刻下一道痕迹，表示今天狩猎了一头野兽的时候，数学诞生了。

六千年前，古埃及人发明形象数字；五千年前，两河流域出现楔形数字；四千年前，中国出现河图洛书。

说到这里就要谈到数学的三次危机了。公元前450年，第一次数学危机，希帕索斯发现了无理数，却被同学扔进了地中海。17世纪，微积分这一锐利无比的数学工具问世，许许多多疑难问题运用这一工具后解决起来变得易如反掌。但是不管是牛顿，还是莱布尼兹所创立的微积分理论都是不严格的，两人的理论都建立在无穷小分析之上，他们对作为基本概念的无穷小量的理解与运用是混乱的。因而，从微积分诞生时就遭到了一些人的反对与攻击。公元1820年，柯西给出了无穷小的数学定义，解决了第二次数学危机。1902年，罗素悖论引发了第三次数学危机，直到现在，还没有解决到令人满意的程度。

牛顿

中国数学的发展，起了个大早，却赶了个晚集。公元100年左右，中国诞生《九章算术》用"矩阵"求解线性方程组。50年后，算盘成为中国特有的计算器。中国传统数学在宋元时期达到巅峰，以后逐渐走下坡路，当代数学也是在西方数学的影响下，才重新走上世界舞台。洋务运动中，1866年清政府在同文馆内加设天文算学馆。1898年成立了京师大学堂，同文馆并入京师大学堂，而其中的天文算学馆成为大学堂的"算学门"。京师大学堂（北京大学的前身）算学门于1913年正式招生，成为我国的第一个大学数学系。

算盘体现中国智慧

到这里，同学们对于数学的发展是否有了一定的了解，对于即将进入大学的同学们来说，数学与应用数学专业是一个怎样的专业呢？

## 二、专业介绍

每到大学期末考试,一提到高等数学,很多同学就要头疼了。因为难学,高等数学常年高居各大高校挂科榜榜首。但事实上,数学学习难度高亦是数学的魅力所在。数学是研究数量、结构、变化、空间以及信息等概念的一门学科:其一方面是纯粹数学,也叫基础数学,理论性极强,专门研究数学本身的规律;另一方面,解决实际问题的应用数学也在不断地迅猛发展。纯粹数学,不深究其实用性,只以研究和探索为目的。应用数学,催生了各行各业的数学模型,以解决实际问题。数学作为基础学科,在当代各行各业中都起到决定性的支持作用。现如今,各行各业都把具体问题转化为数字模型来解决,然后根据模型结果去寻找最佳的解决方案,最后用模拟的方案去解决实际问题。数字建模已经成为自然科学、工程学、社会科学等各个领域研究或实践的最重要方法。数学类有以下几个专业:

数学与应用数学 = 纯粹数学 + 应用数学(本科生建议选择此专业)
信息与计算科学 = 数学 + 计算机(本科生建议选择此专业)
数理基础科学 = 数学 + 物理
数据计算及应用 = 数学 + 统计学 + 计算机

### 哪些学生适合学习数学与应用数学专业?

数学作为最纯粹的理科,学习难度是极高的。大学数学课堂有这样一个梗,上课只要弯腰去捡支笔,抬起头来就完全听不懂了。所以,纯数学适合热爱数学的天赋型选手去挑战。如果你的数学竞赛成绩很好,并且耐得住寂寞,一张纸一支笔能静坐一天推导公式,那你可以遨游在数学的深渊了。

## 三、本科阶段的学习

### 01 大学学习课程有哪些?

| 数学与应用数学专业本科课程目录(以山东大学为例) | | | |
|---|---|---|---|
| 通识教育课 | | | |
| 大学英语 | 数学分析 | 高等代数 | 代数和几何基础 |
| 大学物理 | 常微分方程 | 复变函数 | 实变函数 |
| 概率论 | 偏微分方程 | | |
| 专业必修课 | | | |
| 数理统计 | 泛函分析 | 抽象代数 | 微分几何 |
| 运筹学 | 拓扑学 | 数论基础 | 应用回归分析 |
| 数值分析 | | | |
| 专业选修课 | | | |
| 数据科学导论 | 最优控制 | 统计软件 | |

(篇幅有限,表中仅列举部分主要课程)

### 02 核心课程介绍

**数学分析**

数学分析又称高级微积分,分析学中最古老、最基本的分支。一般指以微积分学和无穷级数一般理论为主要内容,并包括它们的理论基础(实数、函数和极限的基本理论)的一个较为完整的数学学科。数学分析由微积分开始,并扩展到函数的连续性、可微分及可积分等各种特性,是大学数学专业的基础课程及核心课程。

## 高等代数

初等代数从最简单的一元一次方程开始，初等代数一方面讨论二元及三元的一次方程组，另一方面研究二次以上及可以转化为二次的方程组。沿着这两个方向继续发展，代数在讨论任意多个未知数的一次方程组，也叫线性方程组的同时还研究次数更高的一元方程。发展到这个阶段，就叫作高等代数。现在大学里开设的高等代数，一般包括两部分：线性代数、多项式代数。高等代数作为大学数学专业的基础课程及核心课程，是数论、离散数学等课程的先修课程。

## 解析几何

解析几何，又称为坐标几何或卡氏几何，是一种借助于解析式进行图形研究的几何学分支。解析几何通常使用二维的平面直角坐标系研究直线、圆、圆锥曲线、摆线、星形线等各种一般平面曲线，使用三维的空间直角坐标系来研究平面、球等各种一般空间曲面，同时研究它们的方程，并定义一些图形的概念和参数。

解析几何

# 四、升学与就业

全国普通高校毕业生规模 55 000~60 000 人，2023 年全国约有 538 所院校开设数学与应用数学专业。

## 01 考研方向

**学术型硕士**：数学（基础数学、计算数学、应用数学等）

**专业型硕士**：教育［学科教学（数学）］

## 02 就业展望

在大众眼中，数学与应用数学专业毕业后的就业前景无非是当老师或者搞科研，似乎太古板且就业道路狭窄。然而，这些都是偏见，数学专业学生早已是金融界、IT 界、各学科科研界的"香饽饽"，但仅限于研究生，因为数学本科生的培养方案是按照培养专业科研人员的方式进行的，并不是太应用。

一般根据研究方向，数学有不同的就业领域。

（1）科研院所。不管是基础理科例如数学、物理，还是热门工科例如计算机、电子信息领域的研究机构或者大集团的研发部门，都需要数学科研人员。工作内容一般分为理论研究和数学建模两类，收入高、工作环境好，但对个人学历、天赋等要求高。

（2）金融数学方向，主要就业在证券、银行、保险公司。工作内容为数据分析、风险评估、建立数学金融模型等。收入很高，但工作强度、工作压力非常大，适合高抗压的数学人才。IT 行业因为人工智能和物联网等发展，也在吸纳非常多的数学人才，主要工作是数据分析、算法分析等，尤其现在各行各业对算法的需求相当大。

数据分析师

算法工程师

（3）统计局、财政部、税务部、各部门信息中心、银保监会、证监会等政府机构或事业单位。这些单位会招聘数学专业毕业生，每年人数并不多但竞争压力较大，收入没有科研院所和银行证券机构高，但工作压力和强度小很多。

相对而言，当老师反而是数学专业最稳定、最安逸、收入也最低的职业了。

## 五、重点关注院校

数学与应用数学专业对应的硕士一级学科为数学，部分重点院校列举如下：

| 世界一流学科（数学） | 第四轮学科评估（数学） |
|---|---|
| 北京大学、清华大学、北京师范大学、复旦大学、吉林大学、南开大学、南方科技大学、山东大学、上海交通大学、四川大学、首都师范大学、湘潭大学、中国科学技术大学、中南大学、中山大学 | A+：北京大学、复旦大学、山东大学<br>A ：清华大学、北京师范大学、西安交通大学、上海交通大学、中国科学技术大学、南开大学<br>A-：吉林大学、哈尔滨工业大学、同济大学、华东师范大学、南京大学、浙江大学、武汉大学、中山大学、四川大学 |

**山东大学**：985，211，"双一流"，保研率约25%。该校数学为世界一流学科，其数学学院拥有中国科学院院士1人、国家杰出青年基金获得者5人，拥有密码技术与信息安全教育部重点实验室等多个科研中心。

**南开大学**：985，211，"双一流"，保研率约25%。该校数学为世界一流学科，其数学科学学院拥有中国科学院院士4人，拥有核心数学与组合数学教育部重点实验室等多个科研中心。

**北京师范大学**：985，211，"双一流"，保研率约36%。该校数学为世界一流学科，其数学科学学院拥有中国科学院院士2人、国家杰出青年基金获得者5人，拥有数学与复杂系统教育部重点实验室等多个科研中心。

**上海交通大学**：985，211，"双一流"，保研率约35%。该校数学为世界一流学科，其数学科学学院拥有中国科学院院士1人、国家杰出青年基金获得者4人，拥有科学工程计算教育部重点实验室，多物理过程数学建模、分析与计算上海市教委重点实验室等多个科研中心。

### 关于强基计划

数学作为基础学科，难度大、枯燥，并不推荐给中分以下的学生。但对于高分学生，如果想报考数学专业，编者强烈推荐强基计划。强基计划全部为985高校，包括数学、物理、化学、生物这四门基础理科，本硕博贯通培养，还降分录取。对于必须读研究生的基础理科专业，强基计划无论有没有竞赛基础，都值得报考。物理、化学、生物都如此，就不额外说明了。

### 编者说

编者作为985院校的毕业生，从小学参与各类竞赛，高考数学取得满分成绩，但大学里上的第一节数学分析课，使编者的数学价值观彻底崩塌。编者永远记得那节课，老师花了三个小时，写满四块黑板，只是论证这样一道数学题：已知 $a-b>0$，求证 $a>b$。

所以，编者很佩服数学专业学生那种严谨、极强的逻辑性以及能够沉浸学科钻研的特质。但同时也告诫高三学生，大学数学不同于高中数学，大学数学也被认为是最难的学科，那么面对前面提到的高等数学题型，你准备好了吗？

# 数学类专业拓展：信息与计算科学

在数学发展史上，计算与逻辑都是不可或缺的数学方法。计算在现代生活中应用十分广泛，天气预报、飞机与汽车设计、核实验模拟、金融分析等都离不开巨量计算。六十多年前，中国人靠算盘完成了研制第一颗原子弹过程中的大量计算。而现代化发展对计算的要求越来越高，计算机把计算能力推到了一个史无前例的高度。所以，计算的核心从"算"变成了"算法"，如何找到更快速更高效的"算法"以便让计算机的威力最大化发挥，成为信息与计算科学最核心的目标。

### 信息与计算科学专业是什么？

信息与计算科学原名计算科学，1998年教育部将其改名为信息与计算科学，是结合现代计算机的发展，强调以信息领域为背景，数学、信息、计算机管理相结合的数学类专业。就因为名字的迷惑性，导致很多学生进入该专业后直呼"坑爹"，所以也有高校陆续取消了这个专业。但是近几年的人工智能进入风口浪尖，信息与计算科学专业也有变火的趋势。

### 和数学与应用数学专业相比有什么不一样？

通俗地说，数学与应用数学是单纯地学习数学，而信息与计算科学要学习数学和计算机。从学习的内容上来说，数学与应用数学要学习纯粹数学和数学建模，以便应对科研或工作的任何数学问题。但信息与计算科学更多的是围绕"算法"关注如何利用计算机把计算的效率提高，更偏向应用领域。

### 信息与计算科学专业学什么？

信息与计算科学专业，既要学习数学的基础理论知识，也要学习C++、Python、数据结构与算法等偏应用技术的计算机知识，需要编程功底强大。和计算机学生相比，信息与计算科学最大的优势是有深厚的数学基础，能更好地应对更高级的算法应用，例如深度学习等。和数学专业相比，又多了更多编程的能力，更能应对实际应用。当然，这是理想的情况，本科想同时得到双方的优势，难度相当大，所以必须读研究生。

### 信息与计算科学专业就业前景怎么样？

想成为一名算法工程师，拿高薪，几乎是每一位信息与计算科学毕业生的理想，但难度不小。高薪决定了高门槛，也决定了工作高压力与高强度。这需要有高学历、高院校层次的支撑，也需要有扎实的数学基础，很强的编程能力，最好在校期间就参与各种算法竞赛、发表相关论文等。

如果不想太卷，数据分析师、数据挖掘师岗位也是不错的选择。收入比算法工程师稍低但入门门槛没有那么高，工作压力和强度也略低，但也接近"996"。电商、医药、制造、金融、IT等产业招募数据分析岗较多，诸如营销策略、风控内审、市场战略等岗位，前提是需要对整个行业行情有深入了解。相对来说，"码农"、运营、策划反而就业压力和强度没有那么大，毕竟门槛低。信息与计算科学毕业生的最大优势就是数学功底。

体制内的选择更少，研究院所更喜欢纯粹的数学专业，公务员考试的岗位少之又少，相比起数学（师范）专业的毕业生，信息与计算科学专业的毕业生当数学老师并无优势。

# 应用物理学——上帝的骰子

这是历史上最"聪明"的一张照片！

这29个人的平均智商在150以上，17个拿了诺贝尔物理学奖，还有人拿了不止一次。剩下没有拿过诺贝尔奖的12人，一部分人的学生拿了，一部分人的理论还暂未被证实。

总之，就是这么一群物理学家，撑起了现代物理学的整个天空。

国际著名物理学家珍贵合影

SOLVAY CONFERENCE 1927

## 一、专业起源

可以这么说，物理学史是一部宗教与神学"相爱相杀"、纠缠不清的历史。

尼古拉·哥白尼

早在公元90年，托勒密完善了"地心说"，认为地球是宇宙的中心，正好符合基督教认为的上帝创造了人类，罗马帝国教会立刻宣布"谁不服，烧死他"。1513年，哥白尼不服，出版了《天体运动论》，提出了"日心说"，很多推动者们被烧死了。17世纪初，伽利略发明了望远镜，以观测事实证明了"日心说"。随后，牛顿发现了万有引力，创建了经典力学三定律，但仍然坚信"上帝创造了最初能量"。同时，安培、法拉第、麦克斯韦等陆续完善了电学，开尔文等陆续完善了热力学后，物理学家们自豪地称"物理学的大厦已经落成，只是上面还有两朵'乌云'，后人只需简单的修补即可"。这两朵"乌云"，一朵叫以太漂移，一朵叫黑体辐射。为了驱散这两片"乌云"，爱因斯坦提出了相对论，普朗克等人提出了量子力学，于是经典物理学的大厦几乎塌了。量子论和相对论的相继出现，使新的时空观、概率论和不确定度关系等在微观和宇观领域取代了牛顿力学的相关概念，近代物理学时期到来了。

在我国，1840年鸦片战争的惨痛教训，激励国人开始"兴学救国"，通过各种方式向西方学习现代科学技术。1900年从日文翻译的《物理学》出版，我国正式用"物理学"作为Physics的学名。1913年夏，北京大学物理学门开始招收本科生，这是我国最早的物理学本科，也就是北大物理系的开端。第一届学生丁绪宝、孙国封等5人于1916年毕业，成为我国最早的物理学本科毕业生。1930年前后，全国有20多所高等院校设有物理系，其中北京大学、清华大学、浙江大学、中央大学、燕京大学等若干大学已开展物理学研究。两年后的1932年，中国物理学会在清华大学成立。新中国成立之后，我国物理学家在党和政府的领导下，独立自主地建立起了完整的物理学教育和研究体系。

北大校门

## 二、专业介绍

物理学是研究物质、能量、时间、空间等最一般的运动规律和物质基本结构的学科。其研究对象大至宇宙，小至基本粒子。和数学一样，物理学也分两个发展方向：理论物理学和应用物理学。理论物理学更偏向于建立数学模型，解释世界本质。而应用物理学是以应用为目的的物理学，目的是将理论物理研究的成果尽快转化为现实的生产力，并反过来推动理论物理的进步。所以，应用物理学也是以物理学为主要学习内容，学习了解物理的理论前沿、应用前景和最新发展动态以及相关高新技术的发展状况，掌握物理理论以及相关的工程技术知识，进行基础研究和应用技术方面的科学思维和科学实验训练，从而培养能在大中型高新技术企业、公司、科研单位、高等院校从事科研、开发、教学和管理工作的高级应用型人才。本专业的学生具有向不同领域发展的潜力和素质，特别是在交叉学科的进一步深造方面非常具有优势。

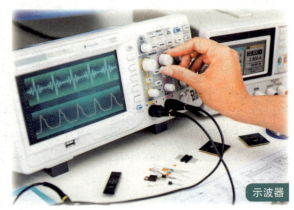
示波器

物理学类有以下几个专业：

物理学 = 理论物理学

应用物理学 = 应用物理学（本科生建议选择此专业）

核物理 =（核领域）物理学

声学 =（机械波领域）物理学

系统科学与工程 = 控制科学 + 管理科学

量子信息科学 =（量子领域）物理学

**哪些学生适合学习应用物理学专业？**

适合学习物理的同学和适合学习数学的同学可以归为一类。因为大学物理相比高中物理难度提升很多，所以单纯的"兴趣"可能会把你带进"坑"里。如果你的数学或物理成绩很好且很有耐心，一张纸一支笔能静坐一天时间进行公式推导，动手能力也不弱，你就可以遨游在物理的深渊了。

## 三、本科阶段的学习

### 01 大学学习课程有哪些？

| 应用物理学专业本科课程目录（以南京大学为例） ||||
|---|---|---|---|
| 通识教育课 ||||
| 大学英语 | 数学分析 | 高等代数 | |
| 专业基础课 ||||
| 力学 | 光学 | 大学物理 | 热学 |
| 电磁学 | 大学物理实验 | 近代物理 | 数学物理方法导论 |
| 大学化学 | 大学天文学 | | |
| 专业核心课 ||||
| 理论力学导论 | 电动力学导论 | 统计物理导论 | 光电子学 |
| 固态物理导论 | 量子力学导论 | 磁性物理与材料 | |
| 专业选修课 ||||
| 现代光学 | 模拟电路 | 机械制图 | 数字电路 |
| 单片机原理与接口技术 | 相变物理 | 晶体衍射学 | 晶体生长 |

（篇幅有限，表中仅列举部分主要课程）

## 02 核心课程介绍

### 力学

力学是研究物质机械运动规律的科学。自然界物质有多种层次，从宇观的宇宙体系、宏观的天体和常规物体，细观的颗粒、纤维、晶体，到微观的分子、原子、基本粒子。通常理解的力学以研究天然的或人工的宏观对象为主。但由于学科的互相渗透，有时也涉及宇观或细观甚至微观各层次中的对象以及有关的规律。机械运动即力学运动，是物质在时间、空间中的位置变化，包括移动、转动、流动、变形、振动、波动、扩散等，而平衡或静止则是其中的一种特殊情况。

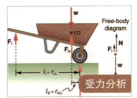
受力分析

### 热力学

热力学主要是从能量转化的观点来研究物质的热性质，它揭示了能量从一种形式转换为另一种形式时遵从的宏观规律。热力学是总结物质的宏观现象而得到的热学理论，不涉及物质的微观结构和微观粒子的相互作用。

热力传导

### 电磁学

电磁学是研究电、磁和二者的相互作用现象及其规律和应用的物理学分支学科。根据近代物理学的观点，磁的现象是由运动电荷所产生的，因而电磁学从原来互相独立的两门科学（电学、磁学）发展成为物理学中一个完整的分支学科。电磁学的整个理论体系，发展了对现代文明起重大影响的电工和电子技术。

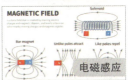
电磁感应

### 原子物理学

原子物理学是研究微观世界中原子的结构、运动规律及相互作用和核物理过程的物理学分支，包括原子的电子结构、原子光谱、原子之间或与其他物质的碰撞过程和相互作用。其在实际生活中取得非常普遍的应用，例如光谱分析、放射治疗等。

裂变反应

## 四、升学与就业

全国普通高校毕业生规模 8 000~9 000 人，2023 年全国约有 195 所院校开设应用物理学专业。

### 01 考研方向

**学术型硕士：** 物理学（声学、光学、理论物理、等离子体物理、凝聚态物理、原子与分子物理等）

**专业型硕士：** 教育［学科教学（物理）］

### 02 就业展望

在大众眼中，物理学专业毕业后的就业前景无非是当老师或者搞科研，似乎太古板且就业道路狭窄。确实，和数学专业相比，物理学专业并不能对口到金融界、IT 界等高收入行业，但在计算机硬件、半导体芯片、航空航天、大型舰船、高新材料这些领域，仍然风生水起，且仅限于研究生。理论物理学研究生就业在科研院所或高校也是不错的选择。应用物理学本科生的培养方案是按照培养专业科研人员的方式进行的，实用性不如工科。

IC 工程师

一般根据研究方向，物理学有不同的就业领域。

（1）科研院所。不管是基础理科，还是声学、核物理，还是热门工科例如计算机、电子信息领域的研究机构或者大集团的研发部门，都需要物理学科研人员，工作内容一般为数学建模，收入高、工作环境好，但对个人学历、天赋等要求高。

（2）电子科技方向。主要就业在芯片、通信、计算机、网络等热门工科领域，工作内容包括研发、销售、制造等。收入看岗位和细分行业，收入高、工作强度、工作压力肯定大，一般"996"跑不了。

各种工程类的传统工科行业也是物理学毕业生就业的主力军。相对工科专业，物理学优势是科研理论功底深、逻辑思维能力强和数学建模能力强，所以更多就业岗位是在研发、质检、项目、工艺等岗

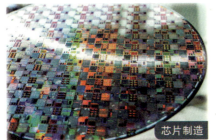
芯片制造

位。传统工程类收入没有电子科技类高,但招聘量大且工作压力没那么大,并且相对稳定。

(3)各地税务局、海关、气象部门、知识产权部门等政府机构或事业单位。这些单位会招聘物理学专业,每年人数并不多且竞争压力较大,收入没有科研院所和科技企业高,但工作压力和强度小很多。

相对而言,当老师反而是物理学专业最稳定、最安逸、收入也最低的职业了。

## 五、重点关注院校

应用物理学专业对应的硕士一级学科为物理学,部分重点院校列举如下:

**世界一流学科(物理学)**
北京大学、清华大学、北京理工大学、复旦大学、华南师范大学、吉林大学、南京大学、山西大学、上海交通大学、中国科学技术大学

**第四轮学科评估(物理学)**
A+:北京大学、中国科学技术大学
A :清华大学、复旦大学、上海交通大学、南京大学
A-:南开大学、吉林大学、浙江大学、武汉大学、华中科技大学、中山大学

**中国科学技术大学**:985,211,"双一流",保研率约46%。该校物理学为世界一流学科,其物理学院拥有两院院士(含双聘)17人、国家杰出青年基金获得者43人,拥有核探测与核电子学国家重点实验室、合肥微尺度物质科学国家研究中心等多个科研中心。

**上海交通大学**:985,211,"双一流",保研率约35%。该校物理学为世界一流学科,其物理与天文学院拥有两院院士6人,拥有激光等离子体教育部重点实验室、粒子天体物理与宇宙学教育部重点实验室、人工结构及量子调控教育部重点实验室等多个科研中心。

**南京大学**:985,211,"双一流",保研率约38%。该校物理学为世界一流学科,其物理学院拥有中国科学院院士8人、国家杰出青年基金获得者30人,拥有固体微结构物理国家重点实验室、近代声学教育部重点实验室、江苏省高技术研究重点实验室(纳米技术)等多个科研中心。

**吉林大学**:985,211,"双一流",保研率约21%。该校物理学为世界一流学科,其物理学院拥有国家杰出青年基金获得者6人,拥有超硬材料国家重点实验室、新型电池物理与技术教育部重点实验室等多个科研中心。

### 编者说

可以这么说,我们的世界是在物理学家手中发展出来的。牛顿发现了经典力学三定律后,人类进入了工业社会;法拉第发现了电磁现象后,人类进入了电气时代;贝克勒尔发现了物质的放射性,开启了核能时代。所以,如果对世界本质规律有足够的好奇,或有一些数学或逻辑的天赋,或者想在本科阶段打下扎实的理学基础去弯道超车工程类研究生,又或者看到前面那张人类历史上最"聪明"的照片后有一种发自内心的悸动,就向着物理学奔跑吧,少年!

# 应用化学——超级变变变

化学,一门"超级变变变"的学科,
在烈火中变成熟食,在炼金术中变成黄金,
在门捷列夫手中变成元素,在化肥中变成化学工业,在量子中变成不确定性。

化学试剂

## 一、专业起源

约 180 万年前,古猿第一次发现火焰并尝试取暖和烧熟食物,化学诞生了,这是典型的氧化反应。

火的使用是意外,同样意外的还有炼铜、炼铁、炼锡、炼铅,直到产生黄金和汞,于是炼金术诞生。虽然是化学的孪生兄弟,但炼金术的一生都在和化学"相爱相杀"。炼金术,中世纪的正统科学,主要解决三大问题:这玩意是啥?这玩意有啥用?这玩意能变成黄金吗?相对应的中国古代正统科学炼丹术,主要解决三大问题:这玩意是啥?这玩意能吃吗?这玩意吃下去能长生不老吗?

原始人用火

元素周期表

1799 年,拉瓦锡推翻了燃素说,建立了质量守恒定律,化学终于在与炼金术的争斗中取得胜利。紧接着,各位化学大神纷纷登场。1803 年,道尔顿提出近代原子学说。1806 年,贝采利乌斯提出有机化学理论,并发现了催化作用。1871 年,门捷列夫编制了第一个元素周期表,其作为化学界最具代表性和重要性的工具之一,展示了元素的有序性和规律性,深深吸引着科学家探索着。

在我国,5 000 年前,青铜器已经被制造出来。3 000 年前,石油就已经被发现和利用,目前保留最古老的油井距今 1 800 多年。唐朝时发明了黑火药,随后火箭等热兵器诞生。北宋的《梦溪笔谈》记载了石油化工、制盐、金属置换反应、炼钢等内容。明朝的《天工开物》记载了质量守恒、化合等理论以及火法炼锌、酶催化等。1939 年,侯德榜联合制碱法,将合成氨和制碱两大生产体系有机结合。1965 年,中科院和北大合成结晶牛胰岛素,是世界第一例人工合成活性蛋白质。之后,中国现代理论化学的开拓者和奠基人——唐敖庆,将中国的量子化学带到世界领先水平。

沈括著《梦溪笔谈》

当代，随着量子力学快速发展，诞生了量子化学。当今的常温超导材料、新能源电池、酶催化反应、基因的复制与突变、药物与受体的识别与结合，都是量子化学的研究领域。中国数学和物理学的发展是起个大早却赶个晚集，现在奋起直追。中国化学却不一样，一直矗立在世界先进行列，尤其是化学应用领域。

## 二、专业介绍

化学，单是从字面解释是"变化的科学"。化学是在原子、分子水平上研究物质的组成、结构、性质、转化及其应用的基础自然科学。化学与工业、农业、日常生活、医学、材料等均有十分紧密的联系。化学，传统地分为无机化学、有机化学、物理化学和分析化学四个分支，也成为四大核心。现代也有生物化学、高分子化学、核化学、电化学等重要分支。

化学类有以下几个专业：
化学 = 化学
应用化学 = 化学 + 化工（本科生建议选择此专业）
化学生物学 = 化学 + 生物学
分子科学与工程 = 分子领域化学 + 化工
能源化学 =（能源领域）化学 + 化工
化学测量学与技术 = 化学 + 物理 + 计算机
资源化学 =（双碳领域）化学 + 环境 + 经济管理

**哪些学生适合学习应用化学专业？**

确实对化学特别感兴趣，并且有一定天赋，例如高中阶段参加过化学竞赛并且成绩不错，有较强的动手能力，因为有大量的实验并能接受化学实验的不可控因素，同时家庭条件较好能够支持到研究生阶段，同时满足上述条件，可以考虑。补充一点，化学实验包括就业确实具有一些危险性，但又有哪些职业绝对安全呢？

## 三、本科阶段的学习

### 01　大学学习课程有哪些？

| 应用化学专业本科课程目录（以兰州大学为例） | | | |
|---|---|---|---|
| 通识教育课 | | | |
| 大学英语 | 高等数学 | 普通物理学 | 线性代数 |
| 专业核心课（很多实验课） | | | |
| 无机化学 | 有机化学 | 分析化学 | 物理化学 |
| 高分子基础 | 化工原理 | 无机及分析化学实验 | 有机化学实验 |
| 化工制图与CAD | 物理化学实验 | 仪器分析实验 | 化工基础实验 |
| 普通物理实验 | 综合化学实验 | | |
| 专业选修课 | | | |
| 精细化工 | 化工仪表及自动化 | 化学工艺学 | 化工设计基础 |
| 分离工程 | 无机合成 | 有机合成设计 | 基础有机化学反应 |
| 高分子材料与工艺学 | 波谱分析 | 药物化学 | 石油化学及油品添加剂 |

（篇幅有限，表中仅列举部分主要课程）

## 02　核心课程介绍

**有机化学**

有机化学又被称为碳化合物的化学，是研究有机化合物的组成、结构、性质、制备方法与应用的科学，是化学中极重要的一个分支。含碳化合物被称为有机化合物是因为以往的化学家们认为这样的物质一定要由生物（有机体）才能制造，然而在1828年的时候，德国化学家弗里德里希·维勒在实验室中首次成功合成尿素，自此有机化学便脱离传统所定义的范围，扩大为烃及其衍生物的化学。

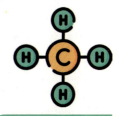

甲烷是最简单的有机物

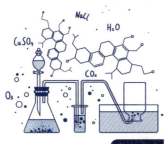

化学实验

**无机化学**

无机化学是除碳氢化合物及其衍生物外，对所有元素及其化合物的性质和它们的反应进行实验研究和理论解释的科学，是化学学科中发展最早的一个分支学科。过去认为无机物质即无生命的物质，如岩石、土壤、矿物、水等；而有机物质则是由有生命的动物和植物产生，如蛋白质、油脂、淀粉、纤维素、尿素等。1828年德意志化学家维勒从无机物氰酸铵中制得尿素，从而破除了有机物只能由生命力产生的迷信，明确了这两类物质都是由化学力结合而成。现在这两类物质是按研究领域不同而划分的，所以常常会出现某些含有碳链、有机配体的物质被划分为无机物的情况。

**物理化学**

物理化学是在物理和化学两大学科基础上发展起来的。它以丰富的化学现象和体系为对象，大量采纳物理学的理论成就与实验技术，探索、归纳和研究化学的基本规律和理论，构成化学科学的理论基础。物理化学的水平在相当大程度上反映了化学发展的深度。

实验室土壤分析

**分析化学**

分析化学是鉴定物质的化学组成（元素、离子、官能团或化合物）、测定物质的有关组分的含量、确定物质的结构（化学结构、晶体结构、空间分布）和存在形态（价态、配位态、结晶态）及其与物质性质之间的关系等，主要是进行结构分析、形态分析、能态分析。

## 四、升学与就业

全国普通高校毕业生规模28 000~30 000人，2023年全国约有439所院校开设应用化学专业。

### 01　考研方向

**学术型硕士**：理学——化学0703（有机化学、无机化学、物理化学、高分子化学与物理、化学生物学、材料化学、分析化学等）

　　　　　　工学——化学工程与技术0817（应用化学、化学工程、化学工艺、材料化学工程等）

**专业型硕士**：教育学——教育0451［学科教学（化学）］

　　　　　　工学——材料与化工0856（化学工程）

### 02　就业展望

在大众眼中，化学专业毕业后除了当老师，就天天和爆炸、有毒、腐蚀打交道，尤其是女孩子，千万别学。其实这种想法太古板，女孩子最喜欢的漂亮衣服（纺织化工）、化妆品（轻化工）、金银首饰（电化学、金属置换）、璀璨珠宝（结晶工艺）都离不开化学。更何况，我们现在天天使用的手机，玻璃后盖是硅酸盐，屏幕OLED为有机发光材料，摄像头是高分子树脂材料，主板电路采用蚀刻工艺，光刻机大量使用光刻胶等，都离不开化学。就像开篇说的，人智慧开启的标志性事件之一——使用火，就是氧化还原反应。更何况，中国本身就是制造业大国，化工行业作为中国支柱产业之一，总产值占GDP 13%以上。所以，化学相关领域提供的就业岗位非常多。

基础岗位也就是一线操作岗位并不需要太高学历，而科研岗位竞争压力大且学历要求高。这也造成了本科生高不成低不就，成为"生化环材"四大"天坑"专业的"炮灰"。所以，本科生对口就业压力不小，跨行到IT、销售甚至外卖等行业的不在少数。

如果到了研究生阶段，化学毕业生就业情况就好转很多。根据不同的研究领域，就业方向也不同。

（1）就业于科研机构或者大集团的研发部门，比较常见的有无机合成、有机合成、纳米材料、新能源电池、发酵、医学材料、药物开发等。收入不低、热门行业收入很高，工作环境不差，但对个人学历、天赋等要求高。

（2）化工、制药或材料方向，这是化学毕业生就业的主力方向。工作内容是科研—小试—中试—放大—生产线（具体在化工专业详细说明），学历越高，越容易在科研岗，环境越好，薪资越高。不同细分行业差异比较大，例如精细化工比重化工、轻化工行业利润率高很多，薪资也高很多。本科生在这里一般都是操作岗。

（3）日化或食品。相对于上一个方向，日化或食品行业偏向于薄利多销，利润率不高，所以收入没有化工、制药和材料高。但胜在稳定，所以就业竞争压力小一点。

（4）各地环保部门、药品监督管理局、市场监管局、海关、公安、海事部门、税务部门、知识产权部门等政府机构或事业单位。这些单位会招聘化学专业，但每年人数很少，竞争压力很大，收入不错并且稳定。当然，如果你想把知识传授下去，考教师资格证去当化学老师也是一种途径。

重化工生产车间

P1 实验室

精细化工生产车间

## 五、重点关注院校

应用化学专业对应的硕士一级学科为化学，部分重点院校列举如下：

**世界一流学科（化学）**
北京大学、清华大学、东北师范大学、福州大学、复旦大学、湖南大学、华东理工大学、华南理工大学、吉林大学、兰州大学、南京大学、南开大学、山东大学、上海交通大学、四川大学、天津大学、武汉大学、厦门大学、新疆大学、浙江大学、郑州大学、中国科学技术大学、中国科学院大学、中山大学

**第四轮学科评估（化学）**
A+：北京大学、清华大学、中国科学技术大学
A ：南开大学、吉林大学、复旦大学、厦门大学
A-：上海交通大学、南京大学、浙江大学、福州大学、武汉大学、湖南大学、中山大学、四川大学

**北京大学**：985，211，"双一流"，保研率约57%。该校化学为世界一流学科，其化学与分子工程学院拥有中国科学院院士10人、国家杰出青年基金获得者50人，拥有北京分子科学国家研究中心、生物有机分子工程教育部重点实验室、高分子化学与物理教育部重点实验室等多个科研中心。

**中国科学技术大学**：985，211，"双一流"，保研率约46%。该校化学为世界一流学科，其化学与材料科学学院拥有中国科学院院士（含双聘）18人、国家杰出青年基金获得者43人，拥有中国科学院能量转换材料重点实验室、中国科学院软物质化学重点实验室、精准智能化学重点实验室、生物质洁净能源安徽省重点实验室等多个科研中心。

**中国科学院大学**：中国科学院直属的高等学府，"双一流"，保研率约47%。该校化学为世界一流学科，其化学科学学院拥有中国科学院院士37人、国家杰出青年基金获得者114人，拥有分子反应动力学国家重点实验室、分子动态与稳态结构国家重点实验室、高分子物理与化学国家重点实验室等多个科研中心。

**南开大学**：985，211，"双一流"，保研率约25%。该校化学为世界一流学科，其化学学院拥有两院院士（含双聘）8人、国家杰出青年基金获得者25人，拥有药物化学生物学国家重点实验室、元素有机化学国家重点实验室、农药国家工程研究中心等多个科研中心。

## 编者说

化学专业的段子特别多。一方面，作为理学，相对数学和物理，化学的学习过程需要特别多的实验，各种试剂会产生意想不到的变化，特别有趣。另一方面，也就是这样的有趣，会让高中学生觉得"化学实验好玩＝喜欢化学＝能学好化学"。但实际学起来却发现，要背要记的东西太多了，实验过程还经常不可控，一点微小的误操作可能几小时的实验结果就完全脱离理论，更何况化学的工作环境被误解太深，"生化环材"四大"天坑"的名声被广为流传。

北京大学前校长周其凤说："化学的最迷人之处，是它在长期的实践中开阔了人类对物质世界的认识，提供了资源开发的依据，赋予人类以非凡的创造和合成化合物的能力。"依靠化学，不仅能够改造原有的化学物质，而且可以创造出自然界原本没有的化学物质。可以说，和物理这类自然科学一样，对推动现代人类文明的发展有重大作用。所以，如果你真的热爱化学，也比较擅长动手，那么化学也是一个很不错的选择。说不定未来在你手中，化学也能变得更有趣且更有用。

# 地理科学——敢问路在何方

> 地理学,真的没落了吗?
> 哈佛大学 300 多年的历史中,唯一一取消过的学科就是地理学。
> 《生活大爆炸》中谢尔顿说:"Geography isn't a real science."(地理学不是真正的科学。)
> 地理学的发展,正在不断被肢解成大气、环境、旅游、海洋、地质、水利等;和博物学一样,都兴于地理大发现和工业革命。
> 博物学已经消亡,地理学的未来到底如何呢?

大航海

## 一、专业起源

人类对于地理学的认知,始于双足,是农牧业与狩猎的产物。

地心说

2 500 年前,古希腊科学家、哲学家毕达哥拉斯提出了"地心说",认为地球是宇宙的中心,太阳等各大天体都围绕地球转。虽然"地心说"是错误的,但蒙对了地球是圆的。之后,尽管缺乏科学手段,但古人用各种办法,间接证明了地球是圆的。

15 世纪开始,随着航海时代与地理大发现、文艺复兴与第一次工业革命的到来,地理学迎来了黄金时期。地理大发现让人类重新认识脚下,而开普勒三大定律让人类重新认识天上。此刻的地理学包罗万象,历史与人文、星空观测、气候变化、环境与生态、旅游与探险、海洋资源开发、地质与矿产、水利甚至基建工程,都属于地理学。此刻的地理学,也诞生了很多"大神"。

地理大发现时期的舰队

经历过工业革命之后,走上巅峰的地理学暴露了致命问题,它太大了,大到无所不包,以至于底下的二级学科一个个都十分庞大,于是海洋科学、大气科学、地质学、水文学、地球物理学、天文学、测绘等学科纷纷独立,甚至连人文地理学都有独立之势。随着各个学科的独立,地理学四分五裂。并且人类的对外探索开始转向外太空,地球已经没有什么未知区域值得探索和研究。于是,1948 年起,哈佛大学、芝加哥大学、耶鲁大学等欧美知名大学纷纷取消地理系,并蔓延至全球,史称"哈佛地理事件"。地理学在现代科学发展中一直被质疑,而拯救地理学的偏偏就是现代科学——计算机闪亮登场。加州大学带来了地理信息系统(GIS)和遥感(RS)。GIS 通过不同的数据的差异体现地理的分布,将地理学的区域独特性和科学方法论统一到了一起。北京大学的刘瑜教授说,"GIS 超脱于自然地理学和人文地理学,是地理学的形式化"。

导航卫星

地理学科是描述不同地域差异而并没有坚实理论基础的学科,被科学界扫地出门也就很容易理解。地理学科确实有着先天的不足,在与其他学科的较量中处于不利地位。哈佛大学地理学家乌尔曼回忆当时的场景说道:"我当时感到非常孤独,因为我们实在拿不出好的成绩来支持自身。没有做出什么,却要为它而战，实在太难了。"

聊了非常多地理学的故事，就是希望同学们通过这些故事真正了解地理学的多舛命运。那么，地理科学究竟学什么呢？

## 二、专业介绍

地理科学是一门研究地球表层自然要素与人文要素的交互关系与作用的科学，研究范围十分广泛，上至大气圈对流层的顶部，下至岩石圈、水圈、生物圈，是融自然科学与社会科学于一体的综合性学科。时间和空间是地理科学研究的两个基本尺度，即地理科学研究事物或现象的时空变化。很抽象对不对？翻译一下，地理要学数学、物理、化学、生物、计算机、气象、动植物、生态、土壤、历史、人文、地质、天文甚至心理。

地理信息

虽然学得很杂，但地理科学更多是在探讨人和地的关系，还是最传统的两大体系，即自然地理学和人文地理学，有的高校也会开设经济地理学、计量地理学、地理信息学等较大分支。

地理科学类有以下几个专业：

地理学 = 自然地理学 + 人文地理学（本科生建议选择此专业）

自然地理与资源环境 = 地理学 + 资源环境科学 + 城乡规划

人文地理与城乡规划 = 人文地理学 + 经济学 + 管理学 + 城乡规划

地理信息科学 = 地理学 + 计算机（本科生建议选择此专业）

### 哪些学生适合学习地理科学专业？

古人云：上知天文，下知地理，关于地球的一切都属于地理，所以地理科学曾被称为科学之母。这导致了任何一门学科 + 地理 = 新的学科。这也导致了本科阶段，地理科学学得太杂，文理都学，但又学得不精，感觉什么都会了又什么都没有会。如果你符合下面一些特点，确实可以尝试学习地理科学：

1. 确实对地理感兴趣，爱野外、爱旅游，看着各类岩石标本能说出一大堆故事的兴趣型选手。

2. 对各类学科都热爱和了解，能轻松把握各个学科之间的关系，大量文理知识的记忆无所畏惧且游刃有余的天赋型选手。

3. 对 GPS、GIS 有兴趣，并以此为理想，从地理角度入手的职业型选手。

## 三、本科阶段的学习

### 01 大学学习课程有哪些？

| 地理科学专业本科课程目录（以首都师范大学为例） | | | |
|---|---|---|---|
| 通识教育课 | | | |
| 大学英语 | 高等数学 | 线性代数 | 概率与数理统计 |
| 专业必修课 | | | |
| 地图学 | 地质学 | 地貌学 | 气象学与气候学 |
| 水文学 | 土壤地理学 | 植物地理学 | 人文地理学 |
| 经济地理学 | 中国自然地理 | 世界地理 | 城市地理学 |
| 综合自然地理学 | 地理信息系统 | | |
| 专业选修课 | | | |
| 计量地理学 | 定向运动及地图编制 | 物候学 | 环境监测与质量评价 |
| 景观生态学 | 全球定位系统 | 境外地理实习 | 生物多样性 |
| 第四纪环境学 | 区域经济学 | 文化地理学 | 地理信息系统空间分析 |

（篇幅有限，表中仅列举部分主要课程）

## 02 核心课程介绍

**自然地理学**

丹霞地貌

自然地理学的研究对象是自然地理环境，包括只受到人类间接或轻微影响，而原有自然面貌未发生明显变化的天然环境，和长期受到人类直接影响而使原有自然面貌发生重大变化的人为环境。研究气候、地貌、水文、动植物等自然地理因素间的相互关系以及相互转化的过程。简单来说就是地理的自然要素，偏向"理"。

人文地理

**人文地理学**

人文地理学以人地关系的理论为基础，探讨各种人文现象的地理分布、扩散和变化，以及人类社会活动的地域结构的形成和发展规律。"人文"二字与自然地理学的"自然"二字相对应，泛指各种社会、政治、经济和文化现象。简单来说就是地理的人文要素，偏向"文"。

## 四、升学与就业

全国普通高校毕业生规模 12 000~14 000 人，2023 年全国约有 175 所院校开设地理科学专业。

### 01 考研方向

**学术型硕士**：地理学（自然地理学、人文地理学、环境地理学、地图学与地理信息系统、国土空间规划、自然资源等）

**专业型硕士**：教育［学科教学（地理）］

### 02 就业展望

地理科学专业，在大众看来，毕业后除了当老师，好像也没有什么就业机会。其实传统的地理学专业就业也确实如此，小部分当老师，更小部分考测绘、水务、规划等公务员或事业单位，大部分转行就业。但是，GPS、GIS、RS 等也给了地理信息技术这个方向。目前这个领域在高速发展，这个领域一般都进互联网大企业工作。

地理学是文理结合的学科，科研机构和人文社科科研机构会有少量的就业机会，但僧多粥少，起点又相当高。因为很难直接创造利润，所以这类研究机构收入并不高，但对个人学历、天赋等要求高。

除此之外，也就是地理信息相关企业招聘比较多了，但这类企业招聘看重的是计算机、电子科技、通信等能力，所以地理科学类专业经常和计算机专业竞争，就业压力也不小。这类都是 IT 行业，收入高，但"996"，工作压力也大。

最后，自然资源部、各地公安局、审计部门、税务部门、地震局、统计局、水文部门、气象部门等政府机构或事业单位会招聘地理学专业，每年人数很少，竞争压力很大，收入不错并且稳定。

相对而言，当老师也就图个稳定，但招得太少了，地理老师差不多还处于教师鄙视链底端。大量地理专业毕业生和历史专业毕业生一样，做起了导游，绝对丰富的自然、历史、人文知识使旅游业成为地理专业就业的大方向。

地震局工作

水文局工作

导游

## 五、重点关注院校

地理科学专业对应的硕士一级学科为地理科学,部分重点院校列举如下:

**世界一流学科(地理科学)**

北京大学、北京师范大学、南京师范大学

**第四轮学科评估(地理科学)**
A+:北京大学、北京师范大学
A :华东师范大学
A-:南京大学、南京师范大学、武汉大学

**北京大学**:985,211,"双一流",保研率约57%。该校地理学为世界一流学科,城市与环境学院拥有中国科学院院士3人、国家杰出青年基金获得者20人,拥有地表过程分析与模拟教育部重点实验室、国土空间规划与开发保护自然资源部重点实验室等多个科研中心。

**北京师范大学**:985,211,"双一流",保研率约36%。该校地理学为世界一流学科,地理科学学部拥有中国科学院院士1人、国家杰出青年基金获得者7人,拥有地表过程与资源生态国家重点实验室、遥感科学国家重点实验室、环境演变与自然灾害教育部重点实验室等多个科研中心。

**南京大学**:985,211,"双一流",保研率约38%。该校地理与海洋科学学院拥有两院院士(含双聘)4人、国家杰出青年基金获得者4人,拥有自然资源部国土卫星遥感应用重点实验室、卫星测绘技术与应用国家测绘地理信息局重点实验室等多个科研中心。

**南京师范大学**:211,"双一流",保研率约15%。该校地理学为世界一流学科,地理科学学院拥有两院院士2人、国家杰出青年基金获得者3人,拥有虚拟地理环境教育部重点实验室、环境演变与生态建设江苏省重点实验室、地理信息科学江苏省重点实验室、物质循环与污染控制江苏省重点实验室等多个科研中心。

### 编者说

世界那么大,我想去看看。地理学给人的无限遐想恰恰来自对我们自身所处的已知世界的未知区域的探索,绝大部分人都希望成为下一个"海贼王"。

"哈佛地理事件"之前的地理学,就像一本大百科全书,用朴素价值观去观察世界,用人文视角去记录和描述世界。而现代地理学,更需要的是逻辑与理性、数字化与物理模型,并从地表扩展到了地球空间。

所以,励志学地理学的同学,请确保你们有一颗强大的大脑,需要上知天文、下知地理,如今还要学编程;一颗强大的心脏,敢于面对残酷的现实并时刻燃起学习的激情;一双强大的手,户外可以拿着地质锤敲敲打打,室内可以在键盘上敲敲打打;还有一副强壮的身体,因为学无止境,身体是革命的本钱。

## 地理科学类专业拓展：**地理信息科学**

各种自然和人类事件都发生在我们赖以生存的地球上，每时每刻会产生数以万亿计的海量数据，这些数据中 80% 以上与空间位置相关。地理信息科学通过研究这些与地理空间发生直接或间接关系的数据的采集、存储、处理、分析、表达和服务方法，使得数据从原始的二维字符状态转变为我们容易理解的空间可视化语言，从而服务于环境、国土、规划、水利、能源、交通、居民生活等各个方面。

### 地理信息科学专业是什么？

地理信息科学是近 30 年来新兴的一门集地理学、计算机、遥感技术和地图学于一体的交叉学科，主要培养具备地理信息科学与地图学、遥感技术方面的基本理论、基本知识、基本技能，能在科研机构或高等学校从事科学研究或教学工作，能在城市、区域、资源、环境、交通、人口、住房、土地、灾害、基础设施和规划管理等领域的政府部门、金融机构、公司、高校、规划设计院所，从事与地理信息系统有关的应用研究、技术开发、生产管理和行政管理等工作的高级专门人才。

### 和地理科学相比有何不一样？

高中地理是偏文的学科，大学地理学的核心课程——自然地理学、人文地理学，也是以记忆背诵为主，但是地理信息科学的学习内容更偏向理科，需要学习大量的数学和计算机相关知识，例如离散数学、线性代数、数据结构、数据库技术、图像处理等。所以，很多理科生会用地理信息科学专业作为计算机专业的低分替代品，毕业后仍然在 IT 就业，或考研考到计算机专业。

### 地理信息科学专业学什么？

可以简单地理解为学习地理科学和计算机科学与技术，但和传统的地理科学带有明显的社会性、政治性和描述性不同，地理信息科学更偏向于学术性和数字化，所以在大学实际学习中还是以大量学习数学和计算机为主。这对部分高校从文科招入的地理科学大类的学生（例如南京师范大学）来说，未来学习和分流有一定的挑战性。

### 地理信息科学专业就业前景怎么样？

地理信息科学在本行业就业的并不多，并不是就业机会少，而是都与编程相关，而 IT 行业明显比地理信息专业相关工作薪资高。所以，地理信息科学毕业生的选择面其实很广。

如果在 IT 就业，那么工作压力大、工作强度大、竞争激烈等就业特点都存在。中国地理信息产业 2021 年总产值 7 524 亿元，近 5 年的增长率超过 10%，以民营企业为主，细分领域包括地理信息系统软件（北京超图软件等）、导航定位芯片与板卡（北斗星通等）、遥感软件（航天宏图等）、测绘仪器装备（中海达等）、导航软件与互联网地图（高德地图等）。在这样的行业环境下，如果还是留在地理信息领域就业，本科生需要在相对应的方向参加过完整的项目开发（例如 Android 架构、Socket 通信、ArcGISSDK 等），才能更有就业竞争力。

# 大气科学——发现混沌之美

普通人对大气科学的了解,除了天气预报外,恐怕就是"蝴蝶效应":南美洲亚马孙河流域热带雨林中的一只蝴蝶扇动翅膀,有可能在两周以后引起美国得克萨斯州的一场龙卷风。这就是美国气象学家爱德华·洛伦兹描述大气的混沌现象。所谓混沌,就是事物发展初期一点点微不足道的变量,可能会彻底改变发展结果。大气科学尤其如此,让我们一起来发现大气的混沌之美吧!

太空中看台风

## 一、专业起源

人类对于大气科学的认知,来源于观测气象变化。考古发掘的5 000年前的古巴比伦黏土版记载了许多天气现象的描述,这是西方最早的气象记录。公元前340年,亚里士多德汇总了以前的各种气象知识,写了《气象汇论》,这是世界上最早的气象学专著。

早期气象观测常用占星术

随着文艺复兴的到来,数学、物理学和天文学相继有突破发展,观测和实验仪器大量更新,大气科学在大量观测和实验的基础上进行理论研究,进入建立期。意大利的斐迪南二世于1653年建立了西方第一个气象观测站,并建立了欧洲气象观测网。真正推动天气预报的却是1854年的克里米亚战争,英法联军战败后发现原因竟然是飓风,而英法联军忽视了飓风移动情况。于是,天气预报、风暴警报、绘制天气图等成为一项政府日常任务,并推广到全世界。"二战"后,计算机、遥感等新技术被引进大气科学领域,典型标志就是气象卫星、天气预报自动化系统和人工干预气候。

气象卫星

聊完世界,让我们聚焦中国。中国出土的甲骨文,表明中国在3 400年前就有求雨的卜辞和有关风、云、雨、雪、雹、虹、雷等天气现象的记载。2 000多年前中国就总结出了二十四节气,主要指导农事生产、祭祀活动等。公元56年,建立了中国现存最早的气象观测台——东汉洛阳灵台,张衡在此工作数年,绘制了中国最早的星相图《灵宪图》,也发明了世界第一台测定风向的仪器——候风仪。《三国演义》中诸葛亮借东风火烧赤壁和大雾天草船借箭的故事,也是天气预报在军事领域的应用。

到了近代,中国对大气的观察和探索按下了暂停键。1915年发布了中国人制作的第一张天气图。次年,中国正式开始天气预报。新中国成立后,中国开始建立大规模的气象观测网,中国气象研究在缓慢追上世界脚步。随着气象卫星和超级计算机的到来,目前全球数值天气预报处在一超多强的态势,欧洲中期天气预报中心是当之无愧的老大,中国正在系统开发自己的数值预报模式,目前还不够成熟,所以同学们,你们做好准备了吗?

天气预报

## 二、专业介绍

大气分层模型

大气科学是研究大气的各种现象（包括人类活动对它的影响）及其演变规律，以及如何利用这些规律为人类服务的一门学科。普通人天天接触的天气预报，就是大气科学最主要最直观的一种应用形式。大气科学包含了气候学、天气学、动力气象学、大气物理学、大气化学、人工影响天气、应用气象学等分支。大气科学类有以下几个专业：

大气科学 = 大气科学（本科生建议选择此专业）
应用气象学 = 大气科学应用版
气象技术与工程 = 大气科学工程版
地球系统科学 = 地理 + 大气 + 海洋 + 生态 + 经济 + 计算机

**哪些学生适合学习大气科学专业？**

1. 确实对各类气候现象、天气变化感兴趣，爱野外、爱旅游，看着天空能说出一大堆故事的兴趣型选手。
2. 对物理尤其是流体有了解，能接受大量且枯燥的公式定理，擅长用数学建模来解决问题的天赋型选手。
3. 立志于气候观测，可以接受野外作业，可以接受24小时值班的职业型选手。

## 三、本科阶段的学习

### 01 大学学习课程有哪些？

| 大气科学专业本科课程目录（以南京信息工程大学为例） | | | |
|---|---|---|---|
| 通识教育课 | | | |
| 大学英语 | 高等数学 | 线性代数 | 概率与数理统计 |
| 大学物理 | 数理方程 | 热力学 | 复变函数 |
| 专业必修课 | | | |
| 流体力学 | 大气物理学 | 现代气候学 | 动力气象学 |
| 气象统计方法 | 数值天气预报 | 气象雷达资料处理及应用 | 气象卫星资料处理及应用 |
| 天气学分析基础 | 中国天气 | 典型天气过程分析 | 短期气候预测 |
| 大气探测实习 | 天气预报综合实习 | 临近和短时天气预报实习 | |
| 专业选修课 | | | |
| 热带天气动力学 | 大气环流 | 数值模式与模拟 | 中尺度天气动力学 |
| 天气学诊断分析 | 青藏高原气象学 | 气象资料及应用 | C语言程序设计 |
| 气象科学绘图 | 理论力学 | 数学建模 | |

（篇幅有限，表中仅列举部分主要课程）

### 02 核心课程介绍

**气候学**

气候学是研究气候特征、形成、分布和演变规律，以及气候与其他自然因子和人类活动的关系的学科。它既是大气科学的分支，又是地理学的组成部分。随着生产规模的日益扩大，气候和人类社会的关系越来越密切。为了合理地开发和利用气候资源，减轻气候灾害的影响，避免人类活动对大气环境造成的不良后果，无论是大规模的开垦、重大工程的设计和管理，还是制订各种发展规划和研究工农业的布局，都需要了解所在地区的气候特征及其演变规律。气候学的研究成果及其应用，正日益受到各方面的重视。

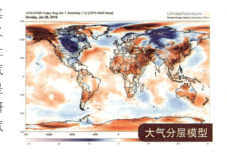

大气分层模型

## 天气学

天气学是研究天气现象和天气过程的物理本质及规律，并用以制作天气预报的学科。天气学的研究对象是整个地球大气，研究内容是大气中发生的各种天气现象及其演变规律，以及天气分析预报原理、天气预报方法。在实际工作中天气学并不是研究所有的大气物理过程，而只是研究对天气演变起重要作用的那些天气现象和天气过程，是天气分析预报的理论基础。

## 大气物理学

大气物理学是研究大气的物理现象、物理过程及其演变规律的学科。它主要研究大气中的声象、光象、电象、辐射过程、云和降水物理、近地面层大气物理、平流层和中层大气物理，既是大气科学的基础理论部分，又是环境科学的一个部分。

## 动力气象学

动力气象学是大气科学类专业的最核心课程，是应用物理学定律研究大气运动的动力和热力过程，以及它们的相互关系，从理论上探讨大气环流、天气系统和其他大气运动演变规律的学科。空气是一种流体，如果说流体力学研究的是流体运动的一般规律，那么动力气象学研究的则是发生在自转地球上并且密度随高度递减的空气流体运动的特殊规律，涉及大量数学模型和物理模型。

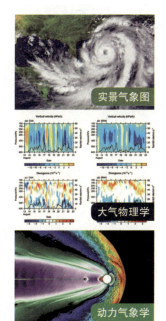

实景气象图

大气物理学

动力气象学

## 四、升学与就业

全国普通高校毕业生规模 2 000~2 500 人，2023 年全国约有 18 所院校开设大气科学专业。

### 01 考研方向

**学术型硕士**：大气科学（气象学、应用气象学、水文气象学、空间天气学、大气物理学与大气环境、遥感信息科学与技术等）

**专业型硕士**：无

### 02 就业展望

大气科学专业的就业面比较窄：

第一就业方向是各级气象局，属于中央直管的，全额事业单位，一般分为基准站（24 小时观测）、基本站（8 小时观测）、一般站（3 小时观测），目前观测已经完全自动化，各级别气象局编制均在调整。

第二就业方向是各地政府管辖的气象部门，人工影响天气中心、防灾减灾中心或预警发布中心等，也是事业单位。

第三就业方向是机场气象台。大机场的气象台属于民航局空管局，事业单位。小机场也会聘用气象人员，但属于企业行为。

此外，应急管理部门、农业局、各级林草局、生态环境部门、交通部门等也会有少量招考。由于大气科学专业毕业生在校期间学习了较多的 IT、数学建模课程，转行互联网企业的也较多。

气象局

机场气象观测

应急管理部门

## 五、重点关注院校

大气科学专业对应的硕士一级学科为大气科学,部分重点院校列举如下:

| 世界一流学科(大气科学) | 第四轮学科评估(大气科学) |
|---|---|
| 兰州大学、南京大学、南京信息工程大学 | A+: 北京大学、南京信息工程大学、中国科学院大学<br>B : 南京大学、陆军工程大学 |

**北京大学**:985,211,"双一流",保研率约57%。其物理学院拥有中国科学院院士(含双聘)21人、国家杰出青年基金获得者38人,拥有大气水循环与人工影响联合研究中心等多个科研中心。

**南京大学**:985,211,"双一流",保研率约38%。该校的大气科学为世界一流学科,是中国现代气象教育的发祥地。其大气科学学院拥有中国科学院院士3人,拥有大气与地球系统科学教育部国际合作联合实验室、中尺度灾害性天气教育部重点实验室、中国气象局–南京大学气候预测研究联合实验室等多个科研中心。

**兰州大学**:985,211,"双一流",保研率约25%。该校的大气科学为世界一流学科,其大气科学学院拥有中国科学院院士1人、国家杰出青年基金获得者3人,拥有半干旱气候变化教育部重点实验室、甘肃省气候资源开发及防灾减灾重点实验室等多个科研中心。

**南京信息工程大学**:"双一流",保研率约6%。该校的大气科学为世界一流学科,其大气科学学院拥有中国科学院院士1人、国家杰出青年基金获得者7人,拥有气象灾害教育部重点实验室、气候与环境变化国际联合实验室等多个科研中心。

**成都信息工程大学**:是原中国人民解放军西南军区气象干部训练大队。其大气科学学院拥有高原大气与环境研究中心四川省重点实验室、四川省气象灾害预测预警工程实验室等多个科研中心。

### 编者说

家长中经常流传:大气科学类专业毕业生100%就业,并且是100%有编制的。这句话放在10年前还真是事实。如今,并不是说此专业就业不好、气象局等不招人,而是要看毕业生能不能接受去比较偏远的县局或野外观测站,尤其是西北、西南地区,因为那里气候多变并且要为繁忙的亚欧大陆桥服务。如果想进一、二线城市的气象局、民航局空管局、应急管理局,研究生毕业已经是最基本的条件。好在,大气科学类专业的就业属于较高壁垒型,只有同专业的毕业生在竞争。如果跨行就业,凭借比较强的数学、物理知识和数学建模能力,转行IT业、金融业的也大有人在。

中国现代大气科学起步确实比较晚,在国际一超多强格局中处于第三梯队,研究生毕业后进研究所搞科研也是部分人的选择。所以,大气科学类专业毕业生的未来是像10年前那样美好,还是慢慢走向混沌,关键还是看同学们自己能否熬过来。

# 生物技术——普通人的"天坑",顶级富豪的天堂

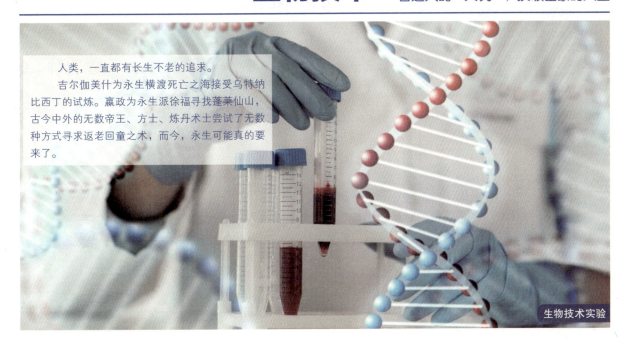

人类,一直都有长生不老的追求。

吉尔伽美什为永生横渡死亡之海接受乌特纳比西丁的试炼。嬴政为永生派徐福寻找蓬莱仙山,古今中外的无数帝王、方士、炼丹术士尝试了无数种方式寻求返老回童之术,而今,永生可能真的要来了。

生物技术实验

## 一、专业起源

生物技术,有一个比较缓慢和模糊的起源,慢慢诞生于几万年前的宠物驯化、食物发酵、粮食种植等。但有一个十分清晰且宏伟的未来,那就是改造人类自身。

你听说过美国的"蓝图计划"吗?布莱恩·约翰逊,45岁,美国亿万富翁,江湖人称"生物黑客"。他正参与一项以返老还童为目标的"蓝图计划"。目前,经过7个月的生物技术的改造,布莱恩心脏是37岁,皮肤是28岁,肺、体能是18岁,牙齿是17岁,体脂率稳定在5%~6%,遗传年龄降低了5.1岁,衰老率降低24%。而"蓝图计划"的目标是"让布莱恩的身体从里到外、从上到下都能保持18岁"。

启动"蓝图计划"前,布莱恩崛起于硅谷,虽很早实现了财务自由,但长久以来累积的工作压力使他暴饮暴食、超重、抑郁,甚至几近自杀。而拿自己当了小白鼠启动"蓝图计划"后,也只是有闲有钱任性地对抗衰老。"蓝图计划"的费用,每年至少200万美元,但这对于世界级富豪布莱恩而言如同九牛之一毛。同时,除了"蓝图计划"外,全世界一大群顶级富豪正在疯狂砸钱在生物科技领域。李嘉诚掷资2亿美元投入抗衰老企业,贝索斯(前世界首富)投资30亿美元研究"返老还童"技术,拉里·佩奇投资50亿美元"正式向死亡宣战"。对于世界富豪们来说,"花钱买命"已成常态行为,初见成果的烟酰胺腺嘌呤二核苷酸(NAD+)、β-烟酰胺单核苷酸(NMN)等一系列抗衰老产品已经火爆富人圈,哪怕价格十分高昂,一天费用在1 000元以上,也是一药难求。

输血

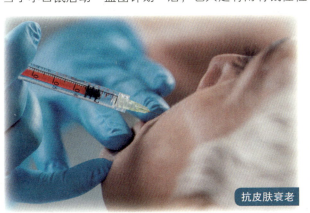

抗皮肤衰老

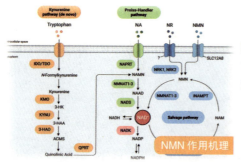

NMN 作用机理

生物，是被广大中国家长和学生嫌弃的四大"天坑"专业之首。同样是基础理科，中国现代生物学的实力远低于数学、物理、化学的实力。而恰恰被视为"天坑"的生物，却是世界顶级富豪的天堂。此前，经济学家曾经预言，"富人老了，如果谁能掌握不老技术，谁就将把握未来20年的财富流向"。

所以，同学们，你们准备好把握未来财富了吗？

## 二、专业介绍

生物学，就是研究生命现象的科学，包括生物的形态结构和功能、发育规律、物质与能量代谢、遗传变异和进化、生物多样性、分布规律及其与环境的相互关系等。生物科学的研究对象，大到整个地球生态系统，甚至以宇宙为背景的空间生物学，小到生物的分子层面。根据研究对象的不同，生物学分为动物学、植物学、微生物学、细胞生物学、组织学、分子生物学、生态学等等。此外，生物学也是农学、医学、环境科学等的基础学科。

生物学类有以下几个专业：

生物科学 = 生物科学

生物技术 = 生物科学 + 生物工程（本科生建议选择此专业）

生物信息学 = 生物 + 计算机

生态学 = 生物 + 环境

整合科学 = 数学 + 物理 + 生物

神经科学 =（神经领域）细胞生物学 + 分子生物学

生命进化树

### 生物科学、生物技术、生物工程、生物医学工程四个专业如何区分？

以开发新型冠状病毒（简称"新冠病毒"）疫苗为例：

生物科学研究新冠病毒的结构、基因组的结构与功能、基因如何编译、常见突变方向、感染和致病的分子本质等，偏向研究病毒本身。

生物技术更偏向于研究新冠病毒的基因组和刺突蛋白，以及寻找适合的病毒蛋白为靶点开发新型抗体和疫苗，偏向研究疫苗。当然理论基础来源于生物科学。

生物科学和生物技术都属于理学。

生物工程属于工学。在拿到生物技术的新冠病毒疫苗方案后，需要工业化生产，而从实验室进入工业化生产需要解决小试、中试等一系列放大问题，例如效率、成本、纯度等，这些都是生物工程来解决的。

生物医学工程也属于工学，它是研究治疗新冠病毒肺炎相关的设备。例如研究肺部感染需要拍X光或做核磁共振等，这类检查所需要的医疗器械是生物医学工程研究的范围。感染新冠后遗症有器官衰竭等，需要人造器官或人造组织进行替换，这些替换品也属于生物医学工程的研究范围。

### 哪些学生适合学习生物技术专业？

确实对生物特别感兴趣，并且有一定天赋，例如高中阶段参加过生物竞赛并且成绩不错，有较强的动手能力，能接受大量的实验及其不可控因素，同时家庭条件较好，能够支持到研究生阶段，同时满足上述条件，可以考虑。

补充一点，英语不能差，还要会一点拉丁文。因为生物命名是拉丁文，需要看懂词缀。

例如：

低聚半乳糖：galato-oligosaccharide

孟二醇：P-menthane-3, 8-diol

## 三、本科阶段的学习

### 01　大学学习课程有哪些？

| 生物技术专业本科课程目录（以北京大学为例） | | | |
|---|---|---|---|
| 通识教育课 | | | |
| 大学英语 | 计算概论 B | 数据结构与算法 | 军事理论 |
| 专业基础课 | | | |
| 高等数学 | 线性代数 | 生物统计、概率统计或心理统计 | |
| 普通化学 | 定量分析化学 | 有机化学 | 普通物理 |
| 专业核心课（每门课都配备实验课） | | | |
| 普通生物学 | 生理学 | 生物化学 | 遗传学 |
| 分子生物学 | 细胞生物学 | 基因组学数据分析 | 生物技术制药基础 |
| 专业选修课 | | | |
| 基因组生物学技术 | 合成生物学实践 | 大学生种植实践 | 组织胚胎学及实验 |
| 神经生物学科研实践 | 植物学科研实践 | 生物信息科研实习 | |

（篇幅有限，表中仅列举部分主要课程）

### 02　核心课程介绍

**普通生物学**

普通生物学，是所有和生物、医学、农学相关专业的第一门专业课，也是最基础的核心课程。从生物的基本特征和生命起源开始，到微观的生命物质、细胞结构，深入到生物体的组成、代谢、生殖、遗传变异与进化，再到各个生物个体，最后到宏观的生物分类、生态系统以及生物在农业、医药、工业等各个领域的应用。

大天鹅

**微生物学**

微生物学是在分子、细胞或群体水平上研究各类微小生物（细菌、放线菌、真菌、病毒、立克次氏体、支原体、衣原体、螺旋体原生动物以及单细胞藻类）的形态结构、生长繁殖、生理代谢、遗传变异、生态分布和分类进化等生命活动的基本规律，并将其应用于工业发酵、医学卫生和生物工程等领域的科学。

病毒

**细胞生物学**

细胞生物学是研究和揭示细胞基本生命活动规律的科学，它从显微、亚显微与分子水平上研究细胞结构与功能，如细胞增殖、分化、代谢、运动、衰老、死亡，以及细胞信号传导、细胞基因表达与调控、细胞起源与进化等重大生命过程。

细胞

**分子生物学**

分子生物学是从分子水平研究生物大分子的结构与功能从而阐明生命现象本质的科学。自 1953 年沃森、克里克提出 DNA 分子的双螺旋结构模型以来，分子生物学是生物学的前沿与生长点，其主要研究领域包括蛋白质体系、蛋白质-核酸体系和蛋白质-脂质体系。

蛋白质空间结构

## 四、升学与就业

全国普通高校毕业生规模 24 000~26 000 人，2023 年全国约有 302 所院校开设生物技术专业。

### 01　考研方向

**学术型硕士**：生物学（植物学、动物学、微生物学、细胞生物学、遗传学、生物信息学、生物化学与分子生物学等）

**专业型硕士**：教育［学科教学（生物）］

### 02　就业展望

生物学类专业就业一般是研究生起步，本科生物学毕业生除了教培行业外，并没有多少直接对口的就业机会。

研究生就业，如果是理论方向，高校、科研院所是不错的选择。如果是应用方向，生物制药、农业、医疗器械、基因测序、生物统计、生物公司、医院化验都是不错的就业方向。虽然和IT、金融不能比，但就业面比地理、大气等理科专业更广泛。和生物学相关的细分领域相当多，基本科学指标数据库（ESI）设置的22个学科中，和生物相关的学科就占半数以上，所以生物学不同的细分领域有不同的就业方向。

如果就业于科学研究机构或者大集团的研发部门，比较常见的领域有农林、育种、病毒与疫苗、基础医学、生物信息、遗传、生物制药等。收入不错，工作环境也较好，但对个人学历、天赋等要求高。

其次是生物公司，例如蛋白质提取纯化、DNA提取克隆、生物试剂盒的制作、疫苗、生物制药、有机化学分析、医学检验、细胞培养、微生物培养、育种、发酵、生物信息统计等。和实验室相比，生物公司的工作内容更杂，更偏向流水线，收入也不低。

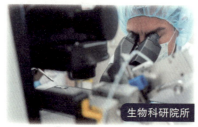
生物科研院所

传统生物就业野外科考比较多

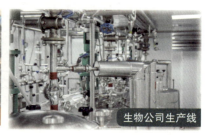
生物公司生产线

医院化验岗或药企也有招聘，但需求不多。医院偶尔也招聘基础研究相关专业的学生，例如肿瘤、糖尿病方面的等，但都需要博士，最好有海外留学经历。

最后是各地海关、公安、知识产权部门等政府机构或事业单位会招聘生物学专业学生，每年人数很少，竞争压力很大，但收入不错并且稳定。

相对而言，当老师反而是生物学专业最稳定、最安逸、收入也最低的职业了。

**补充说明：生物学类就业特殊性——实验室防护等级**

生物危害的特殊性，决定了生物学相关就业十分看重安全与防护。按照传染源的致病程度和传染率，国际一般分为四个防护等级。生物公司的防护一般也参考生物实验室防护标准。

P1 实验室：基础实验室，危害低，传染率低，基础防护即可。例如研究大肠杆菌等。

P2 实验室：基础实验室，中等危险或高传染率，有预防和治疗措施。实验室需有安全柜，基础防护即可。例如研究各类型肝炎病毒、腮腺炎病毒等。

生物技术毕业生科研或就业大部分都在P1、P2实验室或同等防护要求的生物公司进行。

P3 实验室：防护实验室，高度危险，高传染，有预防和治疗措施，必须设置一级和二级屏障。例如研究炭疽杆菌、SARS冠状病毒等。江苏省疾控中心生物安全实验室为P3实验室。

P4 实验室：最高等级防护实验室，高度危险，高传染或未知传染，必须设置完全独立的一级和二级屏障，没有预防或治疗方法。例如研究埃博拉病毒、马尔堡病毒等。中国内地仅有一个P4实验室——中国科学院武汉国家生物安全实验室。

所以，实验室相关就业，安全保护措施是很完善的，并不需要谈"生"色变。

## 五、重点关注院校

生物技术专业对应的硕士一级学科为生物学，部分重点院校列举如下：

**世界一流学科（生物学）**
北京大学、清华大学、北京协和医学院、复旦大学、河南大学、吉林大学、华中农业大学、内蒙古大学、南京大学、同济大学、上海交通大学、武汉大学、浙江大学、中国科学技术大学、中国农业大学、中山大学、西南大学、厦门大学

**第四轮学科评估（生物学）**
A+：北京大学、清华大学、上海交通大学
A ：中国农业大学、南京大学、中国科学技术大学、武汉大学、华中农业大学
A-：南开大学、东北师范大学、复旦大学、浙江大学、厦门大学、华中科技大学、中山大学、四川大学

**北京大学**：985，211，"双一流"，保研率约57%。该校生物学为世界一流学科，其生命科学学院拥有中国科学院院士2人、国家杰出青年基金获得者25人，拥有蛋白质与植物基因研究国家重点实验室、膜生物学国家重点实验室、细胞增殖与分化教育部重点实验室、生命科学联合中心等多个科研中心。

**上海交通大学**：985，211，"双一流"，保研率约35%。该校生物学为世界一流学科，其生命科学技术学院拥有中国科学院院士2人、国家杰出青年基金获得者9人，拥有微生物代谢国家重点实验室、遗传发育与精神神经疾病教育部重点实验室等多个科研中心。

**中国农业大学**：985，211，"双一流"，保研率约26%。该校生物学为世界一流学科，其生物学院拥有中国科学院院士2人、国家杰出青年基金获得者15人，拥有植物抗逆高效全国重点实验室、畜禽生物育种全国重点实验室、农业农村部土壤微生物重点实验室等多个科研中心。

**武汉大学**：985，211，"双一流"，保研率约25%。该校生物学为世界一流学科，其生命科学学院拥有中国科学院院士3人、国家杰出青年基金获得者12人，拥有病毒学国家重点实验室、杂交水稻全国重点实验室、细胞稳态湖北省重点实验室等多个科研中心。

**华中农业大学**：211，"双一流"，保研率约17%。该校生物学为世界一流学科，其生命科学技术学院拥有中国科学院院士1人、国家杰出青年基金获得者4人，拥有作物遗传改良全国重点实验室、农业微生物资源发掘与利用全国重点实验室等多个科研中心。

## 编者说

有个词叫"中产阶级"，或者叫"中等收入群体"。通常这个群体的个人以及家庭资产超过小康但并不奢侈，有稳定且较高的收入，虽然也比较忙，但医疗、养老、教育等问题都能得到解决，精神需求也处于被尊重或自我实现的层次。IT、金融等行业员工基本都处于这个层次，也是绝大部分普通人能够靠自身努力达到的社会层次。

一个健康的社会体系中，中产阶级应该占多数以上。目前而言，很多热门工科毕业生通过自己的努力都可以达到这个层次，其中也有小部分天赋、资源、运气均占优的可以继续向上突破。但是，生物学恰好缺少的就是中产阶级。

生物学毕业生不缺就业机会，生化药品生产线、销售等岗位专科生也能胜任。而高端的生物统计、生物医药、基因技术等领域的工作收入确实很高，但需要硕士甚至博士，而且需求量太少。所以，"天坑"之首名副其实，但同样，高端人才的收入也是遥遥领先的。所以，如果你觉得自身集齐了天赋、兴趣、努力、资源，且想加入顶级富豪的天堂，young man，biology need you（年轻人，生物学需要你）！

# 心理学——人类灵魂的雕塑家

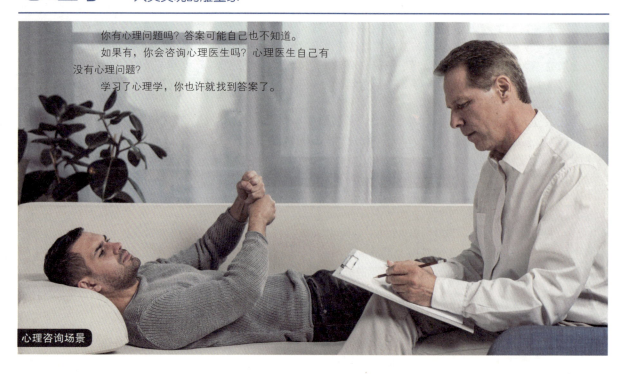

你有心理问题吗？答案可能自己也不知道。

如果有，你会咨询心理医生吗？心理医生自己有没有心理问题？

学习了心理学，你也许就找到答案了。

心理咨询场景

## 一、专业起源

心理学一词来源于希腊文，意思是关于灵魂的科学。心理学起源于古代哲学思想，哲学和宗教在发展之初就讨论了身体和心灵的关系，以及人的认识是怎样产生的问题。中国古代思想家荀子、王充，古希腊哲学家柏拉图、亚里士多德等人都有关于心灵的论述。

一般认为，万物有灵论是心理学的萌芽；亚里士多德所著的《灵魂论》是心理学的起源。

19世纪中叶以后，自然科学的迅猛发展为心理学成为独立的科学创造了条件，尤其是德国感官神经生理学的发展，为心理学成为独立的科学起了较为直接的促进作用。1879年，冯特在德国的莱比锡大学创立了世界上第一个心理学实验室，用实验的手段来研究心理现象，这被公认为心理科学独立的标志。

冯特和学生在心理学实验室

19世纪末20世纪初，产生了精神分析心理学，它既是一种精神病症的治疗方法，也是在医疗实践中逐渐形成的一套心理理论。此后心理学出现了两种主要的学派：行为主义和人本主义。行为主义者认为，人的行为是由外部刺激所决定的；而人本主义者则认为，人的行为是由内在的意愿和目标所决定的。

20世纪50年代，认知心理学开始崛起。认知心理学是对人的思维过程和信息处理进行研究的学科，主要关注人的知觉、注意、记忆、推理、解决问题等方面。到了20世纪后期，神经科学的兴起进一步推动了心理学的发展。神经科学是研究神经系统结构、功能和行为的科学，与心理学的研究对象有着很大的重叠。神经科学的兴起为心理学的发展提供了新的技术和方法，如功能性磁共振成像（FMRI）、正电子发射体层成像（PET）等神经成像技术，从生物学和生理学的角度对心理学进行研究。

马斯洛需求理论

1900年，北京大学开始心理学本科教育。1917年，在著名教育家蔡元培校长倡导下，北京大学创建了中国第一个心理学实验室。这是中国现代科学心理学的开端。1933年，北平师范大学设立教育心理组，出现最早的心理学专业雏形。1952年全国院校调整，将清华大学、燕京大学、复旦大学的心理学师资并入北京大学，合成哲学系心理学专业。1993年国家颁布《普通高等学校本科专业目录新旧专业对照表》将心理学（理科1401）与心理学教育（师范0005）合并成心理学专业。由此，心理学专业作为独立学科而诞生。

北京大学

## 二、专业介绍

有时，高强度的学习会让人产生焦虑，繁重复杂的工作让人倍感压力，不善于处理人际关系让人孤独不安，上述情况的长期发生便会让亲历者们产生不同程度的心理问题。

心理学是研究心理现象的一门科学，主要研究个体心理，包括认知、情绪和动机、能力和人格，也研究团体和社会心理，比如管理心理学、社会心理学、学校心理学等。

认知心理学实验

心理学不是依靠个人经验进行大胆猜测的哲学，也不是不借助外物就能凭空看透人心的玄学，心理学是采用客观的方法和借助先进的设备对人性进行谨慎研究，并在此基础上不断修正和发展理论的真正意义上的纯科学。

**哪些学生适合学习心理学专业？**

对人类行为和心理过程感到好奇、喜欢观察和思考、具有批判性思维和独立思考能力、喜欢帮助他人、具有良好的沟通能力和同理心的学生更适合学习心理学专业。

## 三、本科阶段的学习

### 01 大学学习课程有哪些？

| 心理学专业本科课程目录（以北京师范大学为例） | | | |
|---|---|---|---|
| 通识教育课 | | | |
| 马克思主义基本原理 | 形势与政策 | 思想道德修养与法律基础 | 综合英语阅读 |
| 综合英语听说 | 学术英语读写 | 一元微积分 | 多元微积分与线性代数 |
| 心理学导论 | 心理学经典研究 | 人体解剖生理学 | 信息处理基础 |
| 专业必修课 | | | |
| 走进心理学 | 普通心理学 | 实验心理学 | 发展心理学 |
| 社会心理学 | 教育心理学 | 生理心理学 | 心理学史 |
| 心理统计 | 心理测量 | 论文写作 | MATLAB技术 |
| 专业选修课 | | | |
| 高级实验技术 | 儿童认知与情绪研究 | 心理咨询 | 管理心理学 |
| 心理学研究方法 | 家庭心理学 | 团体辅导 | 职业心理学 |

（篇幅有限，表中仅列举部分主要课程）

## 02 核心课程介绍

**发展心理学**

研究个体从生命初始到生命结束整个过程中心理变化的规律。本课程内容集中在儿童青少年阶段的发展，主要涉及的发展主题有：感知觉与动作、认知与思维、情绪、个性社会性，以及影响个体发展的社会文化因素。

**实验心理学**

主要培养学生的研究方法与实验方面的基础，掌握心理学实验研究的基本原则与基本过程、心理学实验研究的技术与方法以及实验设计和撰写研究报告的能力。

**心理统计**

包括心理统计学基础和 SPSS 的操作及应用。心理统计学基础从理论出发，讲授关于描述统计（如集中量数、离散量数等）和推论统计（如平均数差异检验、方差分析等）等基本的心理统计知识；SPSS 软件应用则从实际操作出发，讲授关于如何使用 SPSS 进行描述统计和推论统计分析。

## 四、升学与就业

全国普通高校毕业生规模 4 000~4 500 人，2023 年年底全国开设心理学专业的院校约 74 所。

### 01 考研方向

**学术型硕士**：理学类——心理学（基础心理学、发展与教育心理学、应用心理学、健康心理学、认知神经科学）

教育学类——心理学（基础心理学、应用心理学、学校心理学、临床认知神经科学等）

**专业型硕士**：教育学类——应用心理、心理健康教育（均为一级学科）

### 02 就业展望

心理学专业毕业生的主要就业方向是心理咨询师。心理咨询师可以通过面对面或电话等方式与客户交流，了解他们的个人情况，提供专业的心理咨询和建议。他们可以在公司、学校、社区等场所提供心理咨询服务。

正规心理咨询师的职业发展比较漫长。一位心理咨询师先后会经历：学习阶段（3~4 年）→咨询师助理（1 年以上）→初级心理咨询师（3 年左右）→中级心理咨询师（10 年左右）→资深心理咨询师→专家级心理咨询师。顺利的话，一位心理咨询师需要经历起码 4 年的专业学习，200 小时的个案经历，100 小时的被督导，然后加上大小不一的课程，前后花费 20 万元或以上，才可以开始单独处理个案。成熟心理咨询师的正常收费在 600~800 元/小时，但目前社会对于心理咨询效果的认可程度较低，所以咨询个案因平台因城市因人而异。

企业员工心理健康辅导内容

**其他就业方向：**

1. 人力资源管理。包括组织管理、员工招聘、培训和发展等工作范畴。
2. 互联网企业进行用户研究。利用大数据进行统计分析，对用户心理进行推断、预测或控制。
3. 公务员。教育部门或司法相关部门对心理学人才的岗位需求较多。
4. 中小学心理健康老师。目前国家对中小学生心理健康工作非常重视，各级学校对心理老师都有需求。
5. 考博进入高校或研究所，走科研路线。

### 03 专业相关证书

| 相关证书 | 报名条件 | 难度 | 含金量 |
| --- | --- | --- | --- |
| 教师资格证 | 大三及以上 | 较低 | 较高 |
| 心理咨询师（二级、三级） | 该证书现已取消，已获证者有效。 | | |
| 人力资源管理师（初、中、高） | 大二及以上 | 一般 | 较高 |
| 社工证 | 大四毕业 | 较低 | 一般 |

## 五、重点关注院校

心理学专业对应的硕士一级学科为心理学，部分重点院校列举如下：

**世界一流学科（心理学）**

北京大学、北京师范大学

**第四轮学科评估（心理学）**
- A+：北京大学、北京师范大学、华南师范大学
- A ：华东师范大学、西南大学
- A-：天津师范大学、南京师范大学、浙江大学、华中师范大学、陕西师范大学

**北京师范大学**：985，211，"双一流"，保研率约37%。国家世界一流心理学科建设单位，唯一一个心理学一级学科国家重点学科单位；在教育部学科排名中，心理学科连续多年排名全国第一；"精神病学与心理学"和"神经科学与行为科学"进入ESI世界前1%。

**西南大学**：211，"双一流"，保研率约15%。心理学部是西南大学重点建设的研究型学部，国家重点学科为基础心理学，设有心理学博士后科研流动站、心理学一级学科博士学位授权点。

**南京师范大学**：211，"双一流"，保研率约15%。1920年，南京高等师范学校设立心理学系，这是我国建立的第一个心理学系。该系已经形成了心理学历史与理论、认知神经科学、教育心理学、心理咨询与治疗、心理测评等在国内有较大影响的五个团队方向，综合实力居全国前十（来自2012年教育部学科评估），成为江苏省心理学基础和应用研究的领军力量，在国内外心理学界产生了重要影响。

### 编者说

心理学在我国还是一个刚刚兴起的行业，行业的成熟度不够高。近些年，由于经济的快速发展而引起的各种心理问题呈爆发式增长，大众对心理咨询与治疗的需求也在日益增长。然而受到传统思维的影响，大众对心理服务的认可程度比较低，不少人把心理问题等同于精神疾病。在很多三线以下城市，有严重心理问题的患者家属认为，与其寻求心理咨询服务，不如去寻求神明的庇护。所以，心理学类专业目前整体上还属于偏冷门专业，虽然发展空间较大，但目前就业形势较为复杂，入行需谨慎！

国内设有心理学专业的大学一般分为3种：一是师范类学校，主要侧重于教育心理学，比如北京师范大学、华南师范大学等；二是综合性大学，更加注重研究，比如北京大学、复旦大学等；三是医学类院校，更偏向于医学心理学，如南方医科大学等。

医学心理学出身的从业者成为心理医生，可以接诊神经症和精神病等范围的病人，具有处方权；其他心理专业出身的从业者都属于心理咨询师范畴，无处方权和神经症及精神病人的接诊权。

# 心理学类专业拓展：应用心理学

依托实体医疗机构建设互联网医院，……推动构建覆盖诊前、诊中、诊后的线上线下一体化医疗服务模式。推广应用人工智能、大数据、第五代移动通信（5G）、区块链、物联网等新兴信息技术，实现智能医疗服务、个人健康实时监测与评估、疾病预警、慢病筛查等。
…………

健全社会心理健康服务体系，……推广精神卫生综合管理机制，……提高常见精神障碍规范化诊疗能力，鼓励上级精神卫生专业机构为县（市、区、旗）、乡镇（街道）开展远程服务。

——2022年5月《国务院办公厅关于印发"十四五"国民健康规划的通知》

心理咨询场景

### 应用心理学专业是什么？

应用心理学研究心理学基本原理在各种实际领域的应用，包括工业工程、组织管理、市场消费、社会生活、医疗保健等各个领域，主要分类方向包括教育和学校心理学、临床和咨询心理学、管理心理学、消费心理学、工业和组织心理学、康复心理学等。例如：临床和咨询心理学为解决人们在学习、工作、生活、保健和防治疾病方面出现的心理问题或心理危机提供有关的理论指导和实践依据，使人们的认知、情感、态度与行为等方面有所改变，以达到增进身心健康，更好地适应社会、环境与家庭的目的。

### 和心理学专业相比有什么不一样？

1. 研究对象不同。心理学是一门研究人类心理现象及其影响下的精神功能和行为活动的科学，兼顾理论性和应用性；应用心理学强调应用性和实践性，它运用心理学的原则和理论解决其他领域实际问题。

2. 研究方法不同。心理学主要采用实验法、观察法、调查法、案例分析法等来收集和分析数据，验证或建立假设，形成或修正理论；应用心理学主要采用咨询法、辅导法、训练法、评估法等方法来提供服务，帮助个体或团体实现目标，改善状况。

3. 就业方向不同。心理学毕业生大多选择继续深造或从事教育、科研工作；应用心理学除深造以外，很多选择从事教育、咨询、管理等工作，就业领域更宽。

### 应用心理学专业学什么？

除了心理学基本理论如普通心理学、发展心理学、认知心理学、人体解剖学之外，还需要学习教育心理学、犯罪心理学、咨询心理学、临床心理学、变态心理学等各应用领域相关的课程。

### 应用心理学就业前景怎么样？

心理学和应用心理学专业在本科阶段学习的内容差异不是很大，这两个专业本科毕业生就业岗位很少，就业较难，都需要读研甚至读博再出来就业。主要就业领域有：学校心理老师、心理咨询师、企业人力资源管理岗位、互联网大企业用户研究人员等。

学校心理老师属于有编制人员，需要取得教师资格证后参加教师招聘考试入编，工资待遇和学科老师一样，工作内容是给学校中小学生提供心理健康课程、组织家长和学生的心理健康活动等，工作对口且稳定，是很多应用心理学毕业生的较佳选择。

心理咨询师方向也属于应用心理学毕业生就业的主方向，一般需要在取得硕士学位后经过系统的咨询技能的培训方可上岗，岗位从实习咨询师到初级咨询师再到中级咨询师等循序渐进，一般从业 8~10 年渐入佳境，每小时咨询费用可达到 600~800 元甚至更多。不过目前国内心理咨询市场处于培养阶段，咨询量有限，一、二线城市中高级咨询师月薪在 3 万 ~5 万元。

入职互联网大企业做用户研究也是主流选择，该类岗位对学生的院校层次和个人能力都有较高的要求，发展空间很大，名校本科毕业生在一线城市互联网大企业工作 3~5 年后，年收入可达 30 万元。

# 统计学——大数据时代的"香饽饽"

你能想象吗?
和法学起源于复仇类似,统计学起源于赌博。

赌场筹码

## 一、专业起源

统计学来源于生活,西方最早的统计学起源于赌博,可以追溯到 500 多年前的意大利卡尔达诺教授。卡尔达诺天资聪慧但好赌,赌博 40 多年。但和普通赌徒不一样,卡尔达诺是带着数学家头脑去观察去思考的,并且发表了统计学第一部著作《论赌博游戏》。为纪念卡尔达诺的开创之功,现在第三代区块链技术便以卡尔达诺命名,并推出加密货币卡尔达诺币,以为纪念。

卡尔达诺币

而真正促进统计学飞速发展的却是政府。同时期的欧洲正是资本主义手工业高速发展时期,以往农场主经济时代的经验已经无用,为了统治方便,欧洲各个国家开始了最原始的统计工作,包括经济、人口、物资的统计,并形成了现代统计学。所以,统计学的诞生和经济与政治密不可分,它更像是数学在概率和数理统计方向的超级应用版,这也是很多国家都把统计学从数学中独立出来的原因。

我国从 20 世纪初(清朝末年)开始发展统计教育,最早设立统计学系的是国立重庆大学和国立复旦大学,国立重庆大学 1937 年建立了会计统计系,国立复旦大学在三四十年代首批招收统计学专业学生百余人。80 年代改革开放后,经济类院校统计专业都在进行改革和探索。到 1992 年,国家标准局公布的科技和科研成果统计的学科分类目录中,首次将统计学从经济学中独立出来,成为与经济学、数学等并列的一级学科。

## 二、专业介绍

统计学是通过搜索、整理、分析数据等手段,以达到推断所测对象的本质,甚至预测对象未来的一门综合性科学。其中用到了大量的数学及其他学科的专业知识,它的使用范围几乎覆盖了社会科学和自然科学的各个领域。

例如,对国家而言,人口普查、农业收成、经济状况、就业失业,都需要统计后作出科学的分析和决策。

对企业而言，保险精算、风险监控、ISO 认证、顾客行为分析等，也离不开统计学。国庆等节假日期间，通过统计可以预测游客流量、入住率、出行率，相关部门好提前准备。医药行业，癌症和哪些不良生活习惯有关，哪些药疗效更好，离不开统计学。还有经典的孟德尔遗传定律，也是基于豌豆杂交实验的统计。所以，统计学就是一门需要大量使用数学工具的具有很强应用性的学科。统计学类有以下几个专业：

统计学 = 统计学全能版（本科生建议选择此专业）
应用统计学 = 统计学单一版
数据科学 = 统计学 + 计算机
生物统计学 = 生物 + 基础医学 + 统计学

此外还有经济统计学。经济统计学属于经济学门类，毕业授予经济学学士学位，而不是理学学位。

统计学专业大致分为三个方向：数理统计方向偏向研究概率等随机因素，经济统计方向研究经济问题，应用统计方向研究医疗数据等其他统计问题。统计学专业一般都设在理学院、统计学院里。应用统计学偏向经济统计等实际运用方向，不太涉及数理统计等理论学习，部分学校会把应用统计学专业放在经管学院里。

### 哪些学生适合学习统计学专业？

因为统计学涉及大量的数学，所以数学要好。当然数学好不代表数学分数考得高，如果你逻辑推理不错，也很适合学统计学。

## 三、本科阶段的学习

### 01 大学学习课程有哪些？

| 统计学专业本科课程目录（以厦门大学为例） | | | |
|---|---|---|---|
| 通识教育课 | | | |
| 大学英语 | 数学分析 | 高等代数 | 解析几何 |
| 常微分方程 | 概率论 | 复变函数论 | 实变函数 |
| 力学 | 热学 | | |
| 专业基础课 | | | |
| 数理统计 | 随机过程 | 统计计算 | 应用线性模型 |
| 精算数学 | | | |
| 专业选修课 | | | |
| 抽样调查 | 多元统计分析 | 时间序列分析 | 精算模型 |
| 金融数学 | 数值最优化 | 非参数统计 | 抽象代数 |
| 算法与数据结构 | 偏微分方程 | 数学建模 | 微分几何 |

（篇幅有限，表中仅列举部分主要课程）

### 02 核心课程介绍

**概率论**

概率论是研究随机现象数量规律的数学分支。随机现象则是指在基本条件不变的情况下，每一次试验或观察前，不能肯定会出现哪种结果，呈现出偶然性。例如，掷一硬币，可能出现正面或反面。典型的随机现象有掷骰子、扔硬币、抽扑克牌以及轮盘游戏等。

**数理统计**

数理统计是以概率论为基础，研究大量随机现象的统计规律性。描述统计的任务是搜集资料，进行整理、分组，编制次数分配表，绘制次数分配曲线，计算各种特征指标，以描述资料分布的集中趋势、离中趋势和次数分布的偏斜度等。推断统计是在描述统计的基础上，根据样本资料归纳出的规律性，对总体进行推断和预测。

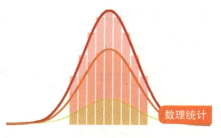

**随机过程**

随机过程是一连串随机事件动态关系的定量描述。在研究随机过程时，人们透过表面的偶然性描述出必然的内在规律并以概率的形式来描述这些规律。从偶然中悟出必然，正是这一学科的魅力所在。在天气预报、运筹决策、经济、安全、人口、可靠性等很多领域都要用到随机过程。

## 四、升学与就业

全国普通高校毕业生规模 10 000~12 000 人，2023 年全国约有 269 所院校开设统计学专业。

### 01 考研方向

**学术型硕士**：理学类——统计学 0714（经济统计、数理统计、应用统计、数据科学与人工智能、金融统计与风险管理等）

经济学类——统计学 0270（经济统计学等）

**专业型硕士**：经济学（应用统计学）

### 02 就业展望

统计学毕业生这几年的就业越来越好，以往的统计工作往往是政府行为，随着大数据时代的来临，统计学更是发生了革命性变化。各行各业都产生了海量数据，这些数据都需要统计学挖掘分析，才能成为有价值的信息资产。所以说计算机和大数据彻底带火了统计学。本专业主要的就业方向有以下三类。

**政府机关和事业单位**

不管是几千年前还是大数据时代，政策发布前都需要大量数据统计。所以不仅仅是统计局，几乎各个政府机关和事业单位都需要大量统计学人才。你知道各类国家机关招募统计专业人才做什么吗？

统计局：国家数据、人口普查、统计年鉴等。

总工会：调查了解工人群体情况。

文联：文艺界相关人事、工资、社保等。

侨联：侨眷、海外侨胞相关的人事等。

发改委：对于社会发展领域重大问题的相关数据统计与分析。

工信部：企业运行监测统计调查和经济运行分析研判。

公安部：公安民警相关人事等。

人力资源部：就业失业相关的市场调查、统计与分析。

自然资源部：自然资源的数据检测、运行、评估等。

税务部门：税费服务综合分析。

海关：海关综合分析。

**银行、保险、证券等金融行业**

主要从事金融行业的用户分析、风险分析。金融行业是高收入、高压力、高学历行业，有"五大行"（中国工商银行、中国农业银行、中国银行、中国建设银行、交通银行）、深圳发展等商业银行，君安证券等一系列企事业单位。

**IT 和咨询行业**

主要是在互联网公司做数据挖掘的数据科学家或分析师。高收入、高压力，并且 IT 行业确实存在迭代交替过快的现象。或者可以在市场调查公司、咨询公司以及各公司的市场调研、人力资源和质量监测部门工作，主要从事问卷设计、整理和分析数据、撰写数据报告等工作。电信三巨头（中国移动、中国电信、中国联通）、各大地产商、各行的龙头企业都有大量招聘。

## 五、重点关注院校

统计学专业对应的硕士一级学科为统计学,部分重点院校列举如下:

**世界一流学科(统计学)**
北京大学、东北师范大学、华东师范大学、南开大学、厦门大学、中国人民大学

**第四轮学科评估(统计学)**
A+:北京大学、中国人民大学
A :南开大学、东北师范大学、华东师范大学、厦门大学
A-:北京师范大学、东北财经大学、上海财经大学、浙江工商大学、中国科学技术大学、江西财经大学

**中国人民大学**:985,211,"双一流",保研率约38%。该校统计学为世界一流学科,其统计学院为全国拥有理学、经济学、医学三大门类统计学专业最齐全,拥有国家政府统计研究院、教育部人文社会科学重点研究基地应用统计科学研究中心等多个科研中心。

**华东师范大学**:985,211,"双一流",保研率约22%。该校统计学为世界一流学科,其统计学院拥有统计与数据科学前沿理论及应用教育部重点实验室等多个科研中心。

**南开大学**:985,211,"双一流",保研率约25%。该校统计学为世界一流学科,其统计与数据科学学院拥有中国科学院院士1人,拥有核心数学与组合数学教育部重点实验室、天津市医药数据分析与统计研究重点实验室等多个科研中心。

**东北师范大学**:211,"双一流",保研率约23%。该校统计学为世界一流学科,其数学与统计学院拥有国家杰出青年基金获得者1人,拥有应用统计教育部重点实验室等多个科研中心。

### 编 者 说

可以这么说,除了统计学,理学门类下的其他专业都有应用窄而本科就业难的特点。一方面,统计学可以理解成数学的超级应用;另一方面,得益于大数据时代的到来,越来越多的行业需要数据处理和分析,统计学的黄金时代已经到来。当然,想就业层次更好、收入更高,还是需要研究生学历。

最后送给大家一段统计学大神的话:

All knowledge is, in final analysis, history. 在终极的分析中,一切知识都是历史。

All sciences are, in the abstract, mathematics. 在抽象的意义下,一切科学都是数学。

All judgements are, in their rationale, statistics. 在理性的世界里,所有的判断都是统计。

——拉奥(C. R. Rao)

# 工程力学——工科中的理学

同样是针对各类自然现象,理科偏向基础理论的研究,而工科更偏向应用领域,更注重实践能力,但工程力学属于工科却偏向理论研究,那么,工程力学到底学什么呢?

结构复杂的钢结构

## 一、专业起源

工程力学的诞生源于一桩桩真实发生的工程事故。

美国塔科马海峡大桥于1940年7月1日通车,是当时世界上第三长悬索桥。通车后,大桥桥面会时不时上下震荡,震荡幅度能达到数米。工程人员尝试增加缆索及液压缓冲装置去减小震荡,但都没有效果。11月7日上午,在仅仅8级海风下,大桥路面的一侧突然掀了起来,承受着大桥重量的吊索接连断裂,仅仅通车4个月零7天的大桥轰然倒塌。大桥坍塌后,美国组建了一个事故调查委员会,包括力学专家冯·卡门(20世纪最伟大的航天工程学家,我国著名力学家钱伟长、钱学森的导师)。调查发现,塔科马海峡大桥的设计存在缺陷,当风通过大桥时,会形成高速旋涡,对桥身产生一个反复交替的侧向力,引发了强烈共振,导致大桥倒塌。1950年重建的塔科马海峡大桥,是由冯·卡门亲自参与设计,将力学与工程学结合,弥补了原先的设计缺陷,一直沿用至今。

塔科马海峡大桥

塔科马海峡大桥就是工程力学一个教科书级别的案例。人类在几千年的工程实践中,会发现一些比较莫名其妙的变形、裂纹、断裂的情况。一开始只是工程学家和施工人员进行修修补补,直到一桩桩类似塔科马海峡大桥倒塌这类恶性工程事故后,工程师们将这些问题交给了理论力学家们来解决。专家们之后陆续发现,如果在工程早期,将理论力学融于工程设计后,工程项目就会避免出现很多问题。于是,便诞生了一个新专业——工程力学。

中国工程力学的起源和发展,有一个具有美好回忆的古代、一个困难重重的近代和一个欣欣向荣的现代。早在3 000多年前,中国古人已经知道共振、杠杆、力、运动这类最基础的工程力学知识和应用。但近代的落后,导致了各个领域一步慢步步慢。1912年,罗忠忱在唐山铁道学院开创了中国工

繁忙的亚欧铁路

程力学的教学。同年，冯·卡门首次访华帮助清华大学建设中国第一个风洞。30年后，钱伟长、钱学森等力学专家陆续回国，中国工程力学开始追赶世界步伐。而如今，随着中国到全世界进行大工程建设，工程力学专家也随着大工程的脚步走出中国、走向世界。

## 二、专业介绍

工程力学专业是理论力学与工程学的紧密结合，用理论力学的研究理论和实验方法，解决工程上与力学相关的问题，包括振动、变形、断裂、疲劳、破坏等等。除了前面提到的塔科马海峡大桥这类桥梁工程领域，几乎所有制造业都离不开工程力学的支持。例如，以人类登月、建立空间站、航天飞机等为代表的航天技术；以10倍以上音速的高超音速导弹、起重重量突破600吨的民航机为代表的航空航天技术；全长超50公里、可抗16级台风、8级地震的跨海大桥为代表的大型基建工程；全长几千公里，抗压几十兆帕，被誉为"国民大动脉"的油气管道；甚至人造关节、假牙、骨折后外部固定的石膏，都离不开工程力学的参与。

跨海大桥

所以，工程力学可不是想象中的摆摆杠杆、定定滑轮、画画图纸，而是深度使用计算机，针对各种领域的工程问题进行数学建模，为各类工程制造提供理论和试验支持。

**力学类有以下几个专业：**

  理论与应用力学 = 力学

  工程力学 = 力学 + 工程学（本科生建议选择此专业）

**哪些学生适合学习工程力学专业？**

工程力学专业需要大量学习数学和物理学。首先要有一点点兴趣或天赋，看到各种数学方程、各种受力分析图纸时，保持激情澎湃不退缩。其次要有一点点耐心和恒心，工程力学虽然属于工科门类，但却是工科中的理学，学习会涉及大量的理论，而不像绝大部分工科一样有着非常多有趣的实验和实习来调节枯燥的理论学习，所以毅力是必须的。最后要有一点点家庭的支持，工程力学算是冷门专业，本科就业并不友好，需要读研究生，所以家庭能给予的财力以及时间支持也很重要。

补充一点，工程力学就业方向有很多，并不都是和重型机械或户外工程打交道，所以并不妨碍女生学习。不过，男生在空间思维、工程学领域确实会比女生稍微有一点点优势。当然，物以稀为贵啊！

## 三、本科阶段的学习

### 01  大学学习课程有哪些？

| 工程力学专业本科课程目录（以哈尔滨工业大学为例） ||||
|---|---|---|---|
| 通识教育课 ||||
| 大学外语 | 微积分 | 代数与几何 | 大学物理 |
| C语言程序设计 | 现代工业制图技术 | 概率论与数理统计 | |
| 专业基础课 ||||
| 理论力学 | 复变函数与积分变换 | 数理方程 | 计算方法 |
| 电工与电子技术 | 材料力学 | 航天技术概论 | |
| 专业核心课 ||||
| 弹性力学 | 流体力学 | 结构动力学 | 计算力学 |
| 实验力学 | 飞行器结构力学 | 分析力学 | 复合材料力学 |
| 专业选修课 ||||
| 材料力学性能分析 | 飞行器优化设计 | 空间飞行器动力学与控制 | 非线性振动基础 |
| 故障诊断概论 | 现代控制理论 | 材料热力学与相变原理 | 空气动力学 |
| 航天器结构设计 | 导弹飞行力学 | 传热学 | |

（篇幅有限，表中仅列举部分主要课程）

## 02　核心课程介绍

**弹性力学**

弹性力学是研究弹性物体在外力和其他外界因素作用下产生的变形和内力。人类很早就已经知道和利用弹性力学，例如古代的弓箭。近现代，弹性力学也广泛应用于建筑、机械、化工、航天等工程领域，例如高转速的轮机主轴的减震、摩天大厦的抗地震、承重柱剪力墙的设计等，都是弹性力学的现代应用。

轴承

**流体力学**

流体力学是研究在各种力的作用下，流体本身的静止状态和运动状态以及流体和固体界壁间有相对运动时的相互作用和流动规律。人类早期是在治水中诞生出流体力学的萌芽，从大禹治水到李冰父子的都江堰都是流体力学在中国的早期利用。近现代，流体力学开枝散叶，与人类生产生活息息相关，例如以地球大气、水、岩浆领域的地球流体力学，以船舶、江河领域的水动力学，以燃烧、热能变化领域的爆炸力学等，都是流体力学的交叉学科。

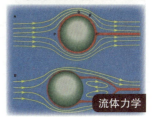
流体力学

**计算力学**

计算力学是利用计算机和各种算法，解决力学中的实际问题。近代力学的基础理论在100多年前就已经完成，但实际应用中，由于工程力学问题相当复杂，计算量过于庞大，而很难得到精确答案。而计算机的出现，解决了这个难题。目前用计算力学解决实际问题的步骤是，先用工程力学建立数学模型，再用数学编辑最合适的算法，然后用计算机进行数值计算，最后运用工程力学试验对结果进行审核。可以说，计算力学就是数学建模的过程。

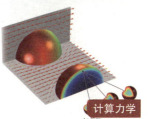
计算力学

## 四、升学与就业

全国普通高校毕业生规模 4 000~4 500 人，2023 年全国约有 86 所院校开设工程力学专业。

### 01　考研方向

**学术型硕士**：力学（工程力学、流体力学、固体力学、一般力学与力学基础等）
**专业型硕士**：无

### 02　就业展望

大部分本科毕业的工科毕业生就业并不困难，但工程力学恰恰相反，本科生的就业前景非常狭窄和古板，除很小部分当老师外，大部分都在机械、建筑、土木、水利等重工业行业的一线操作、施工岗位或销售岗。这类行业与岗位，薪资并不高，环境也一般，不少还是户外工作。也因为工程力学需要大量学习数学、物理、计算机等基础学科，所以也有相当一部分毕业生转行到 IT、金融等高收入行业就业，同时也是高压力行业。

一线操作岗位

工程设计与监理

到了研究生阶段，工程力学就业就风生水起了，航空航天、大型舰船、高新材料、车辆、国防等，都是研究生的主战场。不同的力学方向都有相对应的就业市场。如果是航空航天、大型舰船、国防等行业，基本都是国资委下属的央企，收入不错并且稳定，一般985、211或行业背景院校校招的机会都不少。而高新材料、车辆、机械这些领域的民企比较多，和央企相比就业压力大，更卷一点，但门槛低，收入上限反而更高。

和本科生的基础工作不一样，研究生一般从事的都是工程师工作，根据行业以及自己方向的不同，有专攻建筑物的结构承重体系的结构工程师，对幕墙工程的设计工作及辅助施工的幕墙设计师，对道路桥梁、建筑物、船舶的骨架设计与计算的钢结构设计师，对普通设备开发和结构设计的机械工程师，对汽车车身、底盘、震动、噪声等分析与设计的 CAE 工程师，对太阳能光伏支架的安全计算、载荷计算的光伏结构工程师，等等。工程力学的每个方向都有对应的工程

力学实验室

师，跟着国家基建的脚步不愁没有就业机会。

此外，科研院所或高校也是不错的选择，胜在稳定，追求高收入也可以去大集团的研发部门。这类工作对个人学历、天赋等要求高，往往都是博士起步。

最后是各地税务部门、公安部门、知识产权部门、水利部门、地震局等政府机构或事业单位会招聘力学类专业，每年岗位并不多，且因为和物理学、数学一起竞争，竞争难度反而较大，收入并不高，但胜在稳定、压力小、强度小。

## 五、重点关注院校

工程力学专业对应的硕士一级学科为力学，部分重点院校列举如下：

| 世界一流学科（力学） | 第四轮学科评估（力学） |
|---|---|
| 北京大学、清华大学、北京航空航天大学、大连理工大学、哈尔滨工业大学、南京航空航天大学、宁波大学、西安交通大学 | A+：北京大学、清华大学<br>A：哈尔滨工业大学、西安交通大学<br>A-：北京航空航天大学、天津大学、大连理工大学、南京航空航天大学 |

**西安交通大学**：985，211，"双一流"，保研率约32%。该校力学为世界一流学科，其航天航空学院拥有国家杰出青年基金获得者4人，拥有机械结构强度与振动国家重点实验室、力学国家级实验教学示范中心、国际应用力学中心等多个科研中心。

**哈尔滨工业大学**：985，211，"双一流"，保研率约32%。该校力学为世界一流学科，其航天学院拥有两院院士9人、国家杰出青年基金获得者11人，拥有特种环境复合材料技术国家重点实验室、深空探测着陆与返回技术国防重点学科实验室等多个科研中心。

**北京航空航天大学**：985，211，"双一流"，保研率约31%。该校力学为世界一流学科，其航空科学与工程学院拥有两院院士6人、国家杰出青年基金获得者8人，拥有国家计算流体力学国防科技重点实验室、流体力学教育部重点实验室等多个科研中心。

**大连理工大学**：985，211，"双一流"，保研率约19%。该校力学为世界一流学科，其工程力学系拥有中国科学院院士3人、国家杰出青年基金获得者5人，拥有工业装备结构分析优化与CAE软件全国重点实验室、结构优化理论与应用国际联合研究中心等多个科研中心。

**南京航空航天大学**：211，"双一流"，保研率约20%。该校力学为世界一流学科，其航空学院拥有两院院士（含双聘）10人、国家杰出青年基金获得者7人，拥有航空航天结构力学及控制全国重点实验室、直升机动力学全国重点实验室、非定常空气动力学与流动控制工业和信息化部重点实验室等多个科研中心。

### 编者说

大学力学老师经常会讲一个经典案例：有个煤矿发现承载电梯的梁有问题，放任不管可能会引起重大安全事故，可逐一检查每个零件都没发现问题，由此困扰了很长时间。机缘巧合下遇到一位力学老师，老师只看一眼即指出，"你们的工字钢放倒了"，问题果然得到解决，这就是力学之美。作为工科中的理学，工程力学既有理论力学深奥的知识，又有工程学接地气的解决实际问题的能力。

# 机械设计制造及其自动化——国民经济的"装备部"

机械测量器具

## 一、专业起源

机械始于工具。早在史前时期,人类就已广泛使用石制和骨制的工具。后来又有了用于搬运重物的杠杆、绳索、滚棒和水平槽等简单工具,如古埃及建造金字塔时就已使用这类工具。当简单的工具不能够满足使用需求时,更加复杂的机械就出现了,例如螺旋泵、水轮机等。此外,古代还有各种机械武器,如弩、投石车等。

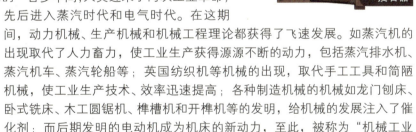
投石器

从18世纪中叶到20世纪初的一百多年间,人类迎来了两次工业革命,先后进入蒸汽时代和电气时代。在这期间,动力机械、生产机械和机械工程理论都获得了飞速发展。如蒸汽机的出现取代了人力畜力,使工业生产获得源源不断的动力,包括蒸汽排水机、蒸汽机车、蒸汽轮船等;英国纺织机等机械的出现,取代手工工具和简陋机械,使工业生产技术、效率迅速提高;各种制造机械的机械如龙门刨床、卧式铣床、木工圆锯机、榫槽机和开榫机等的发明,给机械的发展注入了催化剂;而后期发明的电动机成为机床的新动力,至此,被称为"机械工业的心脏"的机床工业已初具规模。

蒸汽火车

20世纪中期开始,机械的制造与电子、冶金、材料、物理和光电等其他科技领域广泛结合,创造了许多新工艺、新材料和新产品,其中最关键的是计算机数控技术的应用,由此诞生的数字控制机床,使机械产品走向精密化、高效化和自动化。

机床加工

## 二、专业介绍

讲到机械,很多人第一时间会想到机器轰鸣的流水线,身着工装的操作工人,印象不是很好。但我们的生活却又处处离不开机械,例如我们日常乘坐的汽车、火车、地铁、轮船,工程中使用的叉车、铲车、起重机,设备需要的轴承、齿轮、密封件,加工需要的金属切削机床、锻压机械、铸造机械,甚至我们使用的手机、空调、电冰箱,等等,都需要机械的设计制作加工。

游标卡尺测量轴承

机械设计制造及其自动化，顾名思义，它包括机械的三个方面，即机械的设计、机械的制造、机械的自动化。也就是说，它是一门结合了传统机械结构的设计、加工、制造，并与现代计算机科学、信息科学和自动化技术融合的交叉学科，学生要学习机械设计、机械制造、机械电子及自动化等方面的基础理论和专门知识。所以，该专业就是培养机械行业的人才，为国民经济制造装备。

**哪些学生适合学习机械设计制造及其自动化专业？**
1. 数学、物理成绩较好，喜欢动手操作的考生。
2. 拥有创造性思维，责任感较强，思维活跃的考生。
3. 具备一定空间想象能力的考生。
4. 机械设计有时候很枯燥，更适合有耐心和细心的考生。

## 三、本科阶段的学习

### 01 大学学习课程有哪些？

| 机械设计制造及其自动化本科课程目录（以哈尔滨工业大学为例） | | | |
|---|---|---|---|
| 通识通修课程 | | | |
| 微积分 | 代数与几何 | 大学物理 | 大学计算机—计算思维导论 |
| 概率论与数理统计 | 中国近现代史纲要 | C++语言程序设计 | 画法几何及工程制图基础 |
| 专业基础课 | | | |
| 理论力学 | 材料力学 | 传热学 | 电工技术 |
| 电子技术 | 机械工程制图 | 互换性与测量技术基础 | |
| 专业核心课 | | | |
| 机械原理 | 机械设计 | 机械制造技术基础 | 机械工程材料及成形技术基础 |
| 机电系统控制基础 | 机械工程测试技术基础 | 机械振动基础 | |
| 专业选修课 | | | |
| 数控技术 | 制造系统自动化技术 | 工程机械金属结构 | 机械系统机构设计与结构 |
| 工程机械设计基础 | CAD/CAM 技术基础 | 机械制造装备设计 | 精密和超精密加工技术 |

（篇幅有限，表中仅列举部分主要课程）

### 02 核心课程介绍

**机械原理**

当我们驾驶一辆汽车的时候，轻轻转一下方向盘，就可以让轮胎跟着转动；踩一下油门，就能够让发动机提高转速；踩一脚刹车，就能够实现制动；切换挡把，就能够让汽车前进后退；这些让我们用起来非常方便的功能，需要应用到很多基本的机构才能完成，例如平面连杆机构、齿轮机构、凸轮机构等，那么，这些机构是如何协调工作的，又是如何构成一个机器来运行的，这就是机械原理要讲授的内容。一般我们把机构和机器合称为机械，因而机械原理是一门研究机构和机器的学科，其主要组成部分为机构学与机械动力学。

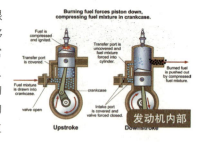

发动机内部

本课程内容包括机构的结构分析，平面机构的运动分析，平面机构的力分析，机械的效率和自锁，机械的平衡，机械的运转及其速度波动的调节，连杆机构及其设计，凸轮机构及其设计，齿轮机构及其设计，齿轮系及其设计，其他常用机构，工业机器人机构及其设计和机械传动系统方案的设计。

**机械设计**

生活中有很多机械设计，比如自行车、汽车、电梯、飞机、钟表等，都包含了机械设计。以自行车为例，包含五大系统：导向系统、驱动系统、制动系统、支撑系统、变速系统。不同的自行车，采用不同的零部件、不同的连接方式，就决定了车辆的性能和应用场景。因而，根据不同的需求，如何设计出最好的机械，这就是机械设计要讲授的内容。

本课程主要研究一般工作条件和常用参数范围内的通用机械零部件的工作原理、结构特点、基本设计理论和设计计算方法，以及机械系统方案的设计与选择。机械设计的努力目标是：在各种限定的条件（如材料、加工能力、理论知识和计算手段等）下设计出最好的机械，即做出优化设计。课程主要内容有：机械设计概论、螺纹连接、其他常用连接、齿轮传动、蜗杆传动、离合器及制动器、弹簧、机架零件及机械传动系统方案设计等。

绘制机械图

涡片加工

**机械制造技术基础**

机械设备都是由若干零部件组成的，包括各类齿轮、螺母、弹簧等零件，以及联轴器、离合器、制动器等部件，这些零部件在设计出来后，都需要通过加工制造出来，而如何制造加工，就是机械制造技术基础要讲授的内容。

机械制造主要是指利用机床进行的加工过程，例如车削、铣削、刨削、磨削等，制造出较为简单的构件。

本课程包括机械制造过程的基础知识、金属切削与磨削原理、金属切削刀具与数控刀具基础、机床夹具设计原理、机械加工质量的影响因素分析及其控制、机械加工工艺规程设计、机器的装配工艺等。

## 四、升学与就业

全国普通高校毕业生规模 95 000~100 000 人，开设此专业院校 550 余所，近几年就业率区间在 85%~90%，属于就业率较高的专业。

### 01 考研方向

**学术型硕士**：机械工程（机械制造及其自动化、机械电子工程、机械设计及理论、车辆工程等）

**专业型硕士**：机械（机械工程、车辆工程、工业设计工程、农机装备工程、机器人工程等）

### 02 就业展望

网络上弥漫着机械类专业的劝退声音：就业环境差、工资待遇低等，这确实是目前制造业的普遍现状，但是我们也有注意到，目前整体就业比较难，而机械广泛应用于工业生产、运输、航空航天、能源等各个制造行业，无论是生产制造型企业还是研发设计型单位，只要使用设备、生产线，就需要机械专业的人才来设计、安装和维护生产设备，因此机械专业的学生不乏就业岗位。同时，机械设计制造及其自动化专业更加强调了对电子、自动化和计算机的学习，进一步拓宽了就业面，在制造业立国的大背景下，尤其是各国争先恐后地布局先进制造业，相信机械类专业的就业环境会逐步好转。

**设计研发岗**

研发部门是一家公司的技术核心，一个公司想要有较好的发展，机械设计工程师是必不可少的。这类工作对毕业生的要求比较高，一般起点都是硕士学历。去向单位包括大疆、美的、中车等各类装备制造企业，也包括各类军工集团和科研院所，如中国航天科技集团、中国兵器上海航天八院、中国电科第 14 所、中航工业南京机电液压工程所等。

工程师在设计机械产品

但千万不要以为机械设计工程师只是天天对着电脑画图就可以，因为机械设计工程师的理论基础和经验积累是相当重要的，所以你必须沉得住气，耐得住寂寞，熬夜加班是常态，当你熬出师的时候，工资收入便不会太低，虽然比不上计算机等热门专业，基本年薪也能到 20 万~30 万元，名牌大学的硕士如果研究方向比较热门，年薪甚至能到 40 万元以上。

**机械工程技术岗**

大多数人毕业可能都进不了设计院，还是会进入冶金、汽车、工程机械等行业的工厂，从事一线生产工

机械加工

作,主要包括机械设备的安装、维护、保养,对生产工艺进行分析改良,参与生产线上的机械产品的加工生产等。这一类岗位以本科学历为主,基本上所有的毕业生刚进厂都要从基层工人做起,比较辛苦,工作环境也不太好,噪声大,满身油污。去向单位包括上汽集团、一汽集团、长安汽车、徐工集团、三一重工等机械制造企业。此外,也包括食品、饮料、烟草等其他加工制造业,用于设备维护,以此提高生产效率和产品质量。

薪资待遇根据企业不同有较大差异,例如中国烟草,福利待遇相对较好,是目前非常热门的就业单位。但该类岗位毕业生普遍工资较低,大多月薪为5 000~6 000元。

**机械产品的销售岗**

一个公司,哪怕产品再好,卖不出去也毫无意义,所以销售部门在公司的地位是非常高的,往往掌握着一个公司的命运。销售入门比较简单,对学历没有太高要求,而且机械专业毕业生具备相关机械专业方面的技术知识,从事机械类产品销售工作会更有优势。去向单位包括三一重工、浙江大黄蜂等机械设备制造企业以及各类代理销售的贸易公司。具体薪资水平和业绩挂钩,下限很低,上限也很高,适合抗压能力强、善于与人打交道的同学。

机械产品展销会

但要注意的是,刚工作的年轻人不是很建议直接去做销售,因为,技术转销售还算容易,可是一旦刚毕业做了销售却发现自己没有销售天赋,再想回来做工程师就非常难了。所以推荐毕业工作几年有一定工作经验且适合做销售的人去做。

### 03 专业相关证书

| 证书 | 说明 |
| --- | --- |
| 国际注册机械工程师（ICME） | ICME认证系统,是知识、能力及经验的认可与证明。拥有ICME证书的专业技术人员,不仅证明了他们掌握机械领域的原理和知识的程度,而且也证明了他们在实践中的能力水平和创新意识。 |
| 中国机械工程师资格认证（ACME） | 由中国机械工程学会开展,面向全国各行业机械工程类专业技术人员,实行"培训—考试—认证"三分离的工作机制。 |
| CAD工程师认证证书 | CAD工程师的一种认证证书,证明持证人可利用计算机及其图形设备进行设计工作。 |
| 数控车工证书 | 一种专业技能证书,证明持证人具备数控车床操作、编程和维护等相关技能。 |

## 五、重点关注院校

机械设计制造及其自动化专业对应的硕士一级学科为机械工程,部分重点院校列举如下:

**世界一流学科**（机械工程）
浙江大学、重庆大学、华中科技大学、西安交通大学、东南大学、大连理工大学、湖南大学、清华大学、上海大学、哈尔滨工业大学、上海交通大学、西北工业大学

**第四轮学科评估**（机械工程）
A+：清华大学、哈尔滨工业大学、上海交通大学、华中科技大学
A ：北京理工大学、天津大学、大连理工大学、浙江大学、西安交通大学

**哈尔滨工业大学**：985,211,"双一流",保研率约34%。创造了许多中国第一,如我国第一台弧焊机器人和第一台点焊机器人、第一台数控超精密加工机床、第一台空间在轨维护机器人等。

**华中科技大学**：985,211,"双一流",保研率约27%。机械设计制造及其自动化专业包含智能制造、机器人、先进电子制造、测控仪器等方向,设有两个特色班：机械卓越计划实验班、机械本硕博实验班。

**大连理工大学**：985,211,"双一流",保研率约24%。众多研究成果在国家重点领域的研究所和企业得到转化应用,助力长征五号飞天、C919大飞机首飞、"玉兔"登月、南水北调、西气东输等国家重大科技工程。

## 编者说

制造业是立国之本,是一个国家经济发展的重要支柱,同时也创造了大量的就业岗位。随着中国制造业的升级转型,对于相关人才的需求不仅仅是"进厂打螺丝"这么简单,由于机械专业的同学在本科时学习领域较为广泛,不仅有机械原理、机械设计等传统课程的学习,也有计算机、编程等课程的学习,所以在研究生阶段也可以转向其他研究方向,例如人工智能相关算法方向、智能机器人研究方向、医工交叉方向、机器视觉/计算机视觉方向、新能源车辆研发方向、硬件开发方向(嵌入式开发、芯片设计等)等。所以大家也不必谈机械色变,相比文科专业在考编道路上疯狂内卷,以及计算机的高分火爆,机械能够为大家在毕业后就提供一份体面以及不错薪资的工作。

# 机械类专业拓展:**车辆工程**

世界经济发展轨迹表明:无论有什么重大发明和发现,汽车工业的重要经济地位和在社会生活中发挥的巨大作用始终没有改变。许多国家的历史还证明:发展汽车工业是其强国富民的必由之路。

### 车辆工程专业是什么?

车辆工程专业是一门涉及汽车、摩托车、轮船等交通工具的设计、制造、运行和维修的学科,是机械工程领域中的一个重要分支。随着社会经济的不断发展,交通运输行业得到了快速发展,车辆工程专业也成为热门专业之一。

随着智能化时代的到来,智能驾驶、无人驾驶等技术已经开始应用于实际生产中。因此,在未来几年内,人工智能、自动化等技术将成为车辆工程专业毕业生的必备技能,也因此衍生了智能车辆工程专业。此外,环保、节能等方面也是未来车辆工程发展的重要方向。该专业培养的人才可以从事汽车设计、制造、销售、服务等多个领域的工作。

车辆制造

### 和机械设计制造及其自动化相比有何不一样?

两个专业本科阶段的核心课程有很大重合,主要区别在于:机械设计制造及其自动化更基础、更宽泛,主要培养机械设计、制造工艺、机械自动控制等方面的专业技能。而车辆工程更专注于汽车机械装备的研发,主要培养汽车、机械等机械装备的组成、设计、制造、运用等专业技能。

### 车辆工程专业学什么?

车辆是一个集多学科于一体的工业产品。车辆工程是研究汽车、机车车辆、军用车辆及其他工程车辆等陆上移动机械的理论、设计及制造技术的工程技术学科。它不但涉及力学、机械、材料、化工专业,而且已经延伸到计算机、电子技术、测试计量技术、交通运输等相关专业。现代汽车技术正在逐步实现电子化、网络化,利用如车轮防抱死系统、电子稳定系统等电子系统,使驾驶变得越来越安全、智能。

以江苏大学的车辆工程专业为例,主要学习内容包括:车辆及零部件现代设计与试验技术、车辆振动噪声控制、车辆安全与节能技术、车辆电子控制技术、车辆结构动态设计与轻量化技术、混合动力和纯电动汽车整车匹配及关键零部件技术等。

该专业的主要课程包括工程图学、机械原理及设计、工程力学、电工电子学、计算机基础及应用、汽车制造工艺学、汽车构造、汽车工程学、车身结构与设计、汽车试验学等。其中,汽车构造、汽车工程学、车身结构与设计等为该专业的特有课程。

#### 车辆工程专业就业前景怎么样？

车辆专业的毕业生就业前景非常广阔，既可在汽车及零部件制造企业，也可在工程机械、拖拉机、轨道车辆及零部件设计制造企业工作，还可从事汽车销售、汽车服务、汽车维修等工作；专门从事车辆技术设计研发的科研单位，如中国汽车技术研究中心（天津）、中国汽车工程研究院（重庆）等，也是毕业生的好去处。

毕业生的主要工作区域位于汽车产业比较发达的长三角地区，此外，还包括汽车产业较强的北京、天津、广州、武汉、重庆、长春、福州、郑州、南昌、合肥等城市。

## 机械类专业拓展：新能源汽车工程

随着我国新能源汽车市场的蓬勃发展，新能源汽车工程专业将迎来更加广阔的发展空间。目前，我国在新能源汽车生产和销售方面位居全球第一，在市场上占据优势地位。这为新能源汽车工程专业提供了巨大的就业机会和发展潜力。

新能源汽车

#### 新能源汽车工程专业是什么？

新能源汽车工程专业定位于新能源汽车动力系统优化设计与分析、新能源汽车匹配技术、新能源汽车智能控制技术、电机驱动与控制技术、车用燃料电池动力系统、新能源汽车设计理论、混合动力汽车驱动理论及控制技术、纯电动汽车整车匹配及关键零部件技术等方向，涉及机械工程、动力工程及工程热物理、电气工程、机械工程、材料科学、力学、化学等多个学科，并融合了相关学科的最新进展。培养能在新能源汽车工程领域从事设计制造、零部件开发、生产、实验的工作，拥有工程知识和能力储备的高层次应用型人才。例如：新能源汽车相关产品的研发、试验、生产装配、检测、运维等。

#### 和机械设计制造及其自动化专业相比有何不一样？

该专业是研究新能源汽车的新兴专业，以机械工程、电气工程和车辆工程为主干学科，侧重新能源汽车的结构、动力系统、动力电池的设计制造。

#### 新能源汽车工程专业学什么？

以江苏大学为例，本科生主要课程包括工程图学、机械原理及设计、工程力学、电工电子学、单片机原理、智能控制理论、新能源汽车构造、新能源汽车理论、新能源汽车设计、新能源汽车动力系统总成技术、新能源汽车智能控制技术、车用动力电池技术、汽车混合动力技术等。其中比较核心的课程有新能源汽车构造、新能源汽车设计、新能源汽车动力系统总成技术、新能源汽车智能控制技术等。

#### 新能源汽车工程专业就业前景怎么样？

该专业方向的就业前景非常广阔，主要工作区域集中于苏、浙、沪等经济发达的长三角地区，毕业生就业行业涉及新能源汽车、汽车零部件、动力系统等著名企业和科研院所，如上汽集团、一汽集团、吉利汽车、蔚来、博世集团、潍柴动力等。

# 机械类专业拓展：**智能制造工程**

新一代信息技术和新一代人工智能技术与制造业的深度融合，正在引发制造业广泛和深远的变革。"中国制造2025"，其主攻方向就是智能制造，中国正在从制造大国向制造强国转型，急需智能制造工程相关的专业技术人才。

智能制造车间

### 智能制造工程专业是什么？

智能制造是由智能机器和人类专家共同组成的人机一体化智能系统，在制造过程中能够进行分析、推理、判断、构思和决策等智能活动，集成了智能化设计与制造、智能装备、工业机器人、工业物联网、人工智能、大数据、智能运维管理等关键技术，融合了机械工程、控制工程、计算机科学和管理科学等多个学科的最新发展技术，是典型的多学科交叉融合专业。

### 和机械设计制造及其自动化专业相比有何不一样？

智能制造工程是一个机械、自动化、计算机等专业知识交叉的新兴专业，作为一个系统工程，强调智能化设计与制造、智能装备、工业机器人、工业物联网、人工智能、大数据、智能运维管理等关键技术的集成。

### 智能制造工程专业学什么？

数学类课程（概率论、工程数值分析、工程优化设计）、设计制造类课程（三维设计与工程制图、机械设计、数字化设计与仿真、数字制造及应用、智能机床与制造系统）、自动化类课程（现代控制工程、传感器与智能检测技术、单片机与嵌入式系统）、机器人及智能软件类课程（机器人学、机器人控制、人工智能、智能生产线仿真技术）等。

### 智能制造工程专业就业前景怎么样？

我国正在从制造大国向制造强国迈进，智能制造已成为高端制造业竞争的主战场，迫切需求大量智能制造专业人才。该专业依托于智能制造的新技术、新业态、新产业、新岗位，其相关智能设备的研发、产品设计、软件服务、数据管理和测试验证等岗位，正在形成巨大的专业型人才、跨学科人才和系统级人才需求的缺口，该专业培养的专业人才将在未来的制造业转型升级和经济社会发展中发挥重要的作用。

学生毕业后可在机械、汽车、电子、轻工、纺织、医药等领域相关科研机构、企业从事产品/产线的设计、研发、系统集成、安装调试、运行维护、技术管理和服务销售等工作，也可继续深造攻读智能制造、机器人工程、机械工程及相关学科的研究生，具备向研究应用型（硕士）以及创新型、研发型高端人才（博士）发展的潜力。

# 测控技术与仪器——虚实之间

我们经常用小型无人机拍摄美丽的风景，无人机的作用远不止于此，其在测量、救灾、农业、军事领域均有应用。先进的无人机可以实现对周围障碍物的测量感知并做出规避动作，这里就要用到测控技术和对应的硬件啦。

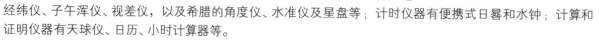

无人机

## 一、专业起源

仪器仪表发展已有悠久的历史。说到仪器，不得不提我们古代的四大发明之一——指南针，古代叫司南，其主要组成部分是一根装在轴上的磁针，磁针在天然磁场的作用下可以自由转动并保持在磁子午线的切线方向上，磁针的南极指向地理南极（磁场北极），利用这一性能可以辨别方向。它常用于航海、大地测量、旅行及军事等方面。

司南

文艺复兴时期，随着自然科学的发展，早期的"科学仪器"也以不同的背景和形式逐渐形成，精密仪器开始登台。这时的天文仪器主要有赤道经纬仪、子午浑仪、视差仪，以及希腊的角度仪、水准仪及星盘等；计时仪器有便携式日晷和水钟；计算和证明仪器有天球仪、日历、小时计算器等。

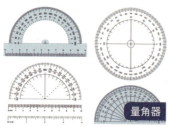

量角器

到1650年之后，新型的精密仪器不断地被制造出来。如测量用的圆周仪、量角器，航海用的高度观测仪和反向式八分仪，绘图和校仪用的分度尺和绘图仪，还有经纬仪、气泡水平仪、新型望远准镜、测探仪、海水取暖器、玻意尔制造的比重计、摆钟等等。这些精密仪器为17世纪以后自然科学的发展提供了重要保障，是科学技术发展的标志，也为科学仪器的进一步发展打下了良好的基础。

近现代仪器的开端在18世纪初，由于科学研究和科学课堂的需求，制造者们开始设计和生产标准的仪器和配件。仪表工匠与其他制造者联合起来，制造了光学、气动、磁力和电力等方面的仪器，从此将仪器与仪表正式结合起来，使仪器仪表融为一体，成为一个专门的学科。现代随着X射线、γ射线的发现，其超强穿透力这一特性使仪器的功能与概念被进一步推向更深的领域，出现了如X光检查机、线宽检测仪等先进检测仪器设备。20世纪初，电子技术的发展使各类电子仪器快速发展，如今普及的电子计算机，便是从这时开始崛起的。同时，随着工业化程度的不断提高，各行各业的电子仪器也如雨后春笋般出现，如计量、分析、生物、天文、汽车、电力、石油、化工仪器等。

B超检查

## 二、专业介绍

测控技术与仪器,测量是手段,控制是目标,仪器是工具。门捷列夫曾说过:"没有测量,就没有科学。"小到生产过程自动控制,大到火箭卫星的发射及监控,古人用司南指路,今人用卫星导航,这些都是仪器。人们用测量认识世界,用仪器走进科学。

天文望远镜的诞生,开辟了天文学研究的新纪元;正是由于X射线衍射仪的发明,人们才认识了DNA的双螺旋结构;扫描隧道显微镜的发明,推动了纳米科技的发展。截至2019年,诺贝尔物理学奖、化学奖、生理学或医学奖中,直接因科学仪器而获奖的项目总数为42项,占12%;有68.4%的物理学奖、74.6%的化学奖和90%的生理学或医学奖的研究成果,是借助各种先进的科学仪器完成的。从上天到入海,基础研究和产业技术进步的重大进展,往往是以实验仪器和技术方法的突破为先导。仪器的制造水平和对先进仪器的需求,反映了一个国家的经济发展水平。

天文望远镜

提到测控技术与仪器专业,许多人会理解成这是学习操作仪器进行测量和控制的专业,这是对该专业的误解。在现代信息时代背景下,测控技术与仪器与时俱进地成为一个将高新技术集成于一体的前沿概念,仪器类专业是计量、材料、机械、电子、光学、计算机、自动控制、人工智能等诸多学科的交叉专业。典型的例子包括物联网、大数据、人工智能等。第一,我们需要有特殊的传感器来获取各种数据;第二,通过数据分析处理方法获取其中蕴含的有用信息;第三,需要有相应的通信及处理设备来分析、整合信息,并通过图像、声音等方式输出,方便人类生活;第四,这些信息又可以通过控制设备实现对外界的控制,实现人们所需要的各种功能。这都是这个专业所涉及的学习内容。

### 哪些学生适合学习测控技术与仪器专业?

1. 该专业注重理论与实践的结合,要求具备一定的数理基础和动手能力。
2. 学习的知识面比较广,需要有很好的自主学习能力。
3. 关注不同院校的侧重方向,比如有些学校侧重计算机编程,有些侧重无损检测,学生可根据自己的兴趣报考不同的方向。

## 三、本科阶段的学习

### 01 大学学习课程有哪些?

| 测控技术与仪器本科课程目录(以北京交通大学为例) | | | |
|---|---|---|---|
| 综合素质教育平台课 | | | |
| 思想道德修养与法律基础 | 中国近现代史纲要 | 马克思主义基本原理 | 形势与政策 |
| 学生综合素质实践 | 军事理论 | 大学体育 | 大学生心理健康 |
| 学科基础课 | | | |
| 大学物理 | 物理实验 | 工科化学 | 电工技术 |
| 工程光学 | 工程力学 | 工程图学基础 | |
| 专业核心必修课 | | | |
| 机械设计基础 | 模拟与数字电子技术 | 嵌入式系统原理及应用 | 信号与系统 |
| 自动控制原理 | 传感器原理及应用 | 计算机控制技术 | 智能测控系统设计 |
| 专业拓展选修课 | | | |
| 误差理论与数据处理 | 物联网与大数据 | 光电检测技术 | 机器视觉检测技术 |
| 无损检测技术 | 机器人技术基础 | 自动控制元件 | 无人系统感知与控制技术 |

(篇幅有限,表中仅列举部分主要课程)

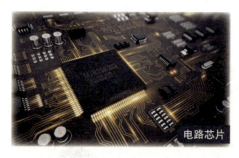

电路芯片

## 02　核心课程介绍

**模拟与数字电子技术**

当今社会可谓是"电子信息社会"，电子技术已深入工业、农业、国防、教育、医疗等方方面面，在国民经济和社会发展中具有举足轻重的地位，也将对社会未来的发展产生巨大的影响。

本课程主要涉及两大方向——模拟电子技术和数字电子技术。模拟电子技术紧密围绕信号的放大、运算、产生、处理与变化和电能形式转化，主要包括半导体二极管及其基本应用电路、双极型晶体管及其基本放大电路、场效应管及其基本放大电路、集成运算放大器的单元电路、集成运算放大器基本应用电路、放大电路中的反馈、信号发生电路、信号的处理与变换和直流电源等。数字电子技术是信息时代的基石，是"数字化"的支撑技术，在全球电子信息化的进程中起着巨大的推动作用，主要包括逻辑代数基础、门电路、组合逻辑电路、触发器、时序逻辑电路、半导体存储器、数字系统的分析和设计、可编程逻辑器件、脉冲波形的产生与整形以及模－数和数－模转换电路等内容。

**信号与系统**

万物互联的时代，繁多的电子设备是如何进行相互连接的？一个简单的声音信号是如何传递万里的？大型工业系统内各种信号各司其职，而不相互混淆的原理是什么？

信号与系统课程是电子、通信、计算机、自动控制、信息处理等电类专业技术基础课程，以大学物理、高等数学、工程数学、电路为基础，又是后续技术基础课程和专业课的基础，具有承前启后、继往开来的作用。本课

5G 通信

程主要包括信号与系统的基本概念、连续系统时域分析、连续信号频域分析、连续系统频域分析、连续系统的复频域分析、复频域系统函数与系统模拟、离散信号与系统时域分析、离散信号与系统 Z 域分析、状态变量法等内容。

**传感器原理及应用**

传感器

你知道汽车的安全气囊是如何弹出的吗？你知道高速列车是如何测速的吗？自动门是如何工作的？在我们的生活中大量地使用了各种类型的传感器，传感器技术是信息技术的源头，是信息时代的三大关键技术之一。

传感器是信息获取的首要环节，它将各种物理量、化学量和生物量等非电量信号转变为电信号的装置。通过传感器人们可以利用计算机对非电量的对象实现自动测量、信息处理和自动控制。本课程的主要任务是：使学生了解传感器技术的发展概况；了解检测技术的基本概念和基本理论，理解传感器的一般特性，包括静态特性和动态特性；掌握传感器的定义、分类，重点掌握各种常用传感器的工作原理和应用，以及在具体被测环境下选取合适的传感器的基本方法。

## 四、升学与就业

全国普通高校毕业生规模 16 000~18 000 人，2023 年开设测控技术与仪器专业的院校约 274 所。

### 01　考研方向

**学术型硕士：** 仪器科学与技术（精密仪器及机械、测试计量技术及仪器）、控制科学与工程（检测技术与自动化装置、模式识别与智能系统）

**专业型硕士：** 电子信息（控制工程、仪器仪表工程）

### 02　就业展望

测控技术与仪器专业是就业面最宽的专业之一。由于信息获取是一切自动化的开始，也是信息技术的开始，因此一切涉及自动化、信息技术的领域，都是测控技术与仪器专业毕业生的就业领域。但是，正因为

就业面广，与其他相近专业竞争没有太大的优势，所以拿着本科文凭去就业，并不是一个明智的选择。读研后的岗位还是不错的，可以当智能传感工程师、测试工程师、测控集成工程师、各类仪器仪表产品设计工程师、机器视觉检测技术工程师等。这类工作同时对计算机的要求较高，工作地点可以选择北京、上海、深圳这样的一线城市，工作机会较多。

该专业毕业生主要进入以下四个领域：

### 自动化控制领域

测控技术与仪器在自动化控制领域中起到重要作用。自动化控制系统需要各种传感器、仪器和设备来实时监测和控制物理量，如温度、压力、流量等。从工业生产到智能家居，测控技术与仪器都是必不可少的。去向单位包括各类仪器仪表生产制造企业，如便携式工业检测仪器生产商德图仪器、奥谱天成、威盛电子，水表仪器生产商三川智慧、宁波东海集团，校验仪生产商深圳胜利仪器，远红外测温仪生产商希玛仪器等。

编程工人

注意，控制仪器对于行业的依附性是很强的，如果选择了化工、材料等制造领域的仪器研发，工作环境是很糟糕的，测绘、测量等领域的仪器工作环境相对优越。在长三角或珠三角工业集中区，仪器/仪表工程师的薪资每月1.5万~2.0万元。这类工种越老越吃香，资深仪器系统工程师月薪可达4.0万~6.5万元。

### 医疗仪器领域

医疗仪器是仪器仪表的一个重要分支，其细分程度和关联就业规模是其他方向仪器仪表所不能比的。在医疗仪器领域，测控技术与仪器被广泛应用于诊断、治疗和监测设备中。例如，心电图机、血压计、血糖仪等设备都需要测控技术与仪器来实现精确的测量和数据处理。知名公司有欧姆龙、鱼跃、强生、美敦力、乐普等。

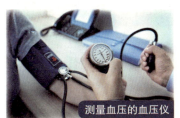

测量血压的血压仪

在仪器领域，医疗仪器因为关系到人们的生命安全与健康，其精密程度是比较高的。医疗仪器类似药品，研发周期比较长，投入使用以后更新迭代速度是比较慢的。所以医疗仪器的生产制造工程师收入待遇不如设计研发工程师，前者收入约1.0万~1.3万元/月，后者收入约9万~12万元/月。因为是"精密"仪器，工作地点多数是无尘车间，环境相当优越，且精度高、密度高、周期长，对于从业者的学历要求和心智要求都是比较高的。

### 通信领域

测控技术与仪器在电子通信领域中发挥着重要作用。例如，无线通信设备的测试和校准需要使用各种测量仪器，如频谱分析仪、网络分析仪等。这个领域的尖端技术在军工方向，在此我们不展开阐述，重点说一下民用。用四个字来形容仪器在通信的应用，即"智、全、精、快"。相较于医疗仪器，通信领域的仪器具有长距离、复杂性的特点，诸如雷达探测系统、气象探测系统等，都需要将信息数字化、可视化，所以仪器在通信领域的应用是和电、电子密切相关的。该领域的就业也是测控技术与仪器专业就业面最宽的领域。依托于5G、6G等通信技术和芯片，光缆等硬件水平的提升，通信仪器的技术更新是比较快的，该领域的就业需要学生具备较扎实的数理基础，从容应对技术的更迭。

通信巨头高通

就业企业有中电科思仪、苏州联讯仪器、上海信尔立、德州仪器（TI）、罗德与施瓦茨公司、白鹭电子、安立等。就业岗位有针对终端的，研究覆盖低频到毫米波的综合测试仪；针对基站的，研究信号发生器、信号分析仪；针对网络测试的，研究数通分析仪、网络测试仪和误码仪等。工作环境良好。普通通信测试仪器工程师收入月薪在0.6万~1.5万元，资深工程师月薪在1.5万~2.0万元。

### 能源与环保领域

测量风速的气象仪器

能源与环保领域对测控技术与仪器的需求也很大。例如，太阳能和风能发电装置需要使用测控技术与仪器来监测和控制发电效果，石油开采需要用仪器测试黏度和脱水，煤矿开采需要用仪器测试井下温度和气压保障安全，环境监测设备也需要使用测控技术与仪器来实时监测空气质量等指标。自动化控制领域、医疗领域仪器的应用偏室内，仪器在能源与环保领域的应用更偏向于户外，因此对仪器本身的材料和性能稳定性要求较高，调试检测频次较高，该领域的就业环境比较辛苦，风吹日晒是常有的事。就业企业有深圳新葳、苏州艾彼飞电子、瑞典SKF、上海宇通、美国格雷沃夫、德力西集团、希玛仪表等。分析仪器应用工程师、环保仪器运维工程师月薪在0.6万~1.2万元，钻井液仪器工程师月薪在0.6万~0.8万元，仪器仪表研发工程师月薪为1.5万~2.0万元，高级仪器仪表设计专家月薪为3.0万~3.5万元。

## 五、重点关注院校

测控技术与仪器专业对应的硕士一级学科为仪器科学与技术，部分重点院校列举如下：

**世界一流学科**（仪器科学与技术）

清华大学、北京航空航天大学

**第四轮学科评估**（仪器科学与技术）
A+：清华大学、北京航空航天大学
A ：天津大学
A-：哈尔滨工业大学、上海交通大学、东南大学、重庆大学

**清华大学**：985，211，"双一流"，保研率约60%。精密仪器系成立于1932年，是我国历史最悠久的工科院系之一。有保研、直博资格，院系有2名工程院院士。

**北京航空航天大学**：985，211，"双一流"，保研率约31%。仪器科学与光电工程学院源于1952年北航建校伊始成立的飞机设备教研室，1958年为满足"两弹一星"惯性制导的急需，创建了航空陀螺及惯性导航研究室，1997年改称精密仪器及机械学科。以航空航天为特色，围绕"四个面向"，在先进惯性器件与系统、精密光机电测试、航天器姿态测量与控制、先进传感技术等方向上取得了一批重大成果。

**天津大学**：985，211，"双一流"，保研率约24%。该校建立了我国第一个测量仪器本科专业。精密仪器与光电子工程学院是全国唯一仪器类国家级试点学院。全国高校仪器仪表类专业教材编审委员会（1963年）和教育部仪器类专业教学指导委员会主任单位。学院建有国内精密测试领域唯一的全国重点实验室（与清华共建）。面向国家重大需求与科学前沿问题，在二年级后分类培养测控仪器、科学仪器两个方向的专业人才。

---

### 编者说

打铁还需自身硬。这个"硬"有两层意思：一是国内测控仪器的技术水平，二是学习该专业学生的个人水平。

在国民经济运行中，仪器仪表是"倍增器"，对国民经济有着巨大的辐射作用和影响力。测控技术与仪器、仪表广泛用于制造业、能源、环保、航空、航天、国防工业以及科学研究等部门，是观察、测量、计算、记录和控制自然现象与生产过程的工具。然而，就目前我国仪器、仪表领域的发展状况来看，还与发达国家存在着较大差距。在高端科学仪器和大型超精密仪器上，我国95%还依靠进口。一些国防专用精密仪器和涉及战略高技术的高端仪器，依旧无奈于国外的技术封锁。这是问题，也是机遇。诸如质谱、光谱、色谱等分析仪器，国内有不少厂商都在做，当测控仪器的核心技术水平像芯片一样逐渐硬核崛起时，该专业的就业也将迎来一片"蓝海"。仪器专业需要很大的知识量，而且需要精通从光学、机械到电路、软件等的知识，这对学生来说是巨大的挑战。习得本领，自身硬气，在仪器的细分领域也会有一个很好的就业。

# 材料科学与工程——一代材料，一代装备

2023年7月，韩国的物理学家声称，制造出世界首个室温常压超导体——LK-99，消息一出，震惊世界，该材料将具备划时代的意义。

但无奈的是，这次事件最终被证明是一场闹剧，但这也足以看出人类对终极材料的孜孜追求。

低温超导实验

## 一、专业起源

材料、能源和信息并列为现代科学技术的三大支柱。整个人类文明的发展史，可以看作是新材料、新能源的利用史。人类对材料的认识和利用能力，决定着社会的形态和人类生活的质量。新材料是科学技术进步的基础，其他领域的革新和突破都必须依赖材料的新旧更替。科学技术整体的进展，对材料的品种和性能提出了更高的要求，反过来刺激了新材料技术的发展。所以，一部科学技术发展史也称得上是一部材料发展史。人类使用材料经过了以下几个时代：

**石器时代和青铜器时代**

旧石器时代的材料以木、石为主，主要有石斧、薄刃斧、手镐。弓箭是旧石器时代材料运用的高峰，是晚期智人成为地球主人的标志用具。新石器时代的材料使用：一是出现了磨制石器，改进了形制和性能；二是发明了陶器（举世闻名的兵马俑、宜兴紫砂壶都是陶器），这是人类最伟大的进步（经济形态从采集、渔猎过渡到农牧业）。

两千多年前，人类在寻找石器时发现了铜矿石，开采后砸碎筑炉冶炼，制成大量的生活用具、礼器、生产工具和武器，从此人类步入青铜时代。商代是中国青铜器的鼎盛时期，在技术上达到了当时的世界高峰，例如四羊青铜方尊，其整体采用块范法浇铸，显示了高超的铸造水平，被史学界称为"臻于极致的青铜典范"。

四羊青铜方尊

**第一次、第二次工业革命——材料进入钢铁、水泥时代**

第一次工业革命时期的钢铁、棉花等的出现使工业生产普及，纺织业、机械制造业、轨道交通业进入繁盛时期。第二次工业革命时钢铁复合材料等的研发使得电气工业、汽车业、石油工业、化学工业迅速发展。正是因为有了钢铁工艺的革新，才有蒸汽机的轰鸣；有石化工业的兴起，才有了飞机、汽车、邮轮的驰骋。

发明塑料的人真是个天才

**第三次工业革命——进入纳米、石墨烯等新材料时代**

第三次工业革命起始于20世纪50年代，以计算机的发明、信息化和通信产业的变革为标志。在这次革命中，科技竞争成为国家竞争的主战场，与之相关的有核工程材料、生物高分子材料、高温合金、航空航天材料、半导体材料等。正是因为有了半导体工业的出现，才有了互联互通

的虚拟世界。

迄今为止，人类发明创造的材料超过数万种，它们是美好生活的基础、制造强国的底盘、全球竞争的利器。人类把自然的馈赠加工成材料的历史已有几千年，历经石器、陶器、铜器、铁器，再到塑料、橡胶、半导体。如今材料的研制水平和产业化规模直接决定了一个国家的制造实力和装备水平。求木之长者，必固其根本。欲厦之高，必牢其基础。制造强国必是材料强国。

## 二、专业介绍

超级工程港珠澳大桥

2018年，港珠澳大桥通车，在大桥应用的多项关键技术中，材料的防腐蚀技术尤为重要，大家知道海水有强大的腐蚀性，而深入海底的桥墩是钢筋水泥材质，海水中大量的氯离子会给钢铁带来电化学腐蚀，而其中阳极总是失去电子的一方，科研人员采取铝这种活泼金属牺牲阳极，同时加以环氧树脂粉末为核心的防腐涂层来双层保证钢管桩的抗腐蚀性能，从而让大桥获得超过120年的使用年限。

材料科学与工程始于1865年美国麻省理工学院成立之初的地质与采矿学科，后来学科经过发展逐渐衍生出冶金专业，之后从冶金专业中分化出金属材料专业，随着化工学科中陶瓷材料和高分子材料的并入，最终形成材料科学与工程专业。它是一个涵盖材料结构、性能、加工、制备和应用等方面的学科。

材料科学与工程是一个涉及材料学、工程学和化学等方面知识的较宽口径专业。该专业以材料学、化学、物理学为基础，主要研究材料成分、结构、加工工艺与其性能和应用。

### 哪些学生适合学习材料科学与工程专业？

1. 该专业需要具备良好的物理、化学学科基础。在材料科学与工程领域取得重大科研成果通常需要很长时间，只有考研读博，将来就业范围才更广。所以家庭条件好、不急于就业的学生，更适合报考该专业。

2. 实验较多，接触各种化学试剂，更适合男生学习。

3. 该专业对师资力量和实验室要求较高。院校层次更高的学校，专业的学习更扎实，就业机会更多。

4. 视力。根据《普通高等学校招生体检工作指导意见》：任何一眼矫正到4.8、镜片度数大于800度的考生不宜就读材料类专业；患有轻度色觉异常（俗称色弱）不能录取的专业中就包括材料类中的高分子材料与工程专业。另外，患有色觉异常Ⅱ度（俗称色盲）不能录取的专业中除了高分子材料与工程外，还包括了材料类中的材料物理、冶金工程、无机非金属材料工程等专业。

## 三、本科阶段的学习

### 01 大学学习课程有哪些？

| 材料科学与工程本科课程目录（以西安交通大学为例） | | | |
|---|---|---|---|
| 通识教育课程 | | | |
| 思想道德修养与法律基础 | 中国近现代史纲要 | 马克思主义基本原理概论 | 形势与政策 |
| 大学英语 | 大学体育 | 国防教育 | 工程经济学 |
| 大类平台课程 | | | |
| 高等数学Ⅰ | 大学物理 | 大学化学 | 理论力学 |
| 材料力学 | 机械制图 | 物理化学 | 电工电子技术 |
| 专业必修课 | | | |
| 材料科学基础 | 材料工程基础 | 材料性能 | 高分子物理与化学 |
| 材料研究方法 | 固体物理导论 | | |
| 专业选修课 | | | |
| 金属材料学 | 陶瓷材料学 | 高分子材料学 | 智能材料 |
| 有机功能材料 | 无机非金属纳米材料 | 聚合物复合材料 | 生物材料 |

（篇幅有限，表中仅列举部分主要课程）

## 02　核心课程介绍

### 材料科学基础

材料是人类文明的物质基础，科学技术的进步在很大程度上依赖于人们对材料科学的认知和新材料的探索。

材料科学基础是材料科学与工程专业最重要的专业基础课，是进行后续专业课学习的基石。本课程讲解金属和合金、陶瓷、玻璃、橡胶等各类材料，使学生了解并掌握材料科学中的共性规律，为将来进行新材料设计及研发奠定必要的理论基础。

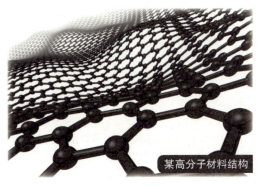
某高分子材料结构

本课程主要内容包括：材料的原子结构、理想的完整晶体结构、存在各种缺陷的不完整晶体结构、材料组织结构的转变规律、材料凝固的基础理论、材料制备方法和工艺、固体材料的扩散及材料在受力变形时材料组织和结构的转变规律等。

### 材料工程基础

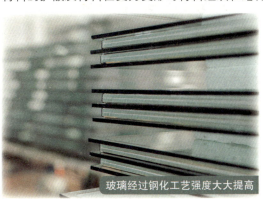
玻璃经过钢化工艺强度大大提高

气体流动、热量传递和物质迁移，这些在我们生活中无时无处不在的现象，也是材料制备和加工过程中普遍存在的现象。

材料制备与加工过程的研究是材料研究领域的一个主要方面，这个过程要经过许多的物理和化学过程。不同材料由于其结构、性质及工艺要求的不同，制备与加工过程由各自不同的单元操作过程组成。无论哪种材料，其不同生产过程均需要遵循共同的工程原理，包括流体流动（动量传递）、热量传递、质量传递等。

本课程的主要任务是阐明材料的制备、加工、强化、改性的基本工艺原理、方法和质量控制，使学生在先期掌握材料科学基础理论的前提下，进一步系统掌握材料工程领域内主要材料的制备方法、成形加工、强化工艺、改性技术及其质量控制的基础知识，以拓宽学生有关材料的知识面，为以后专业方向的课程学习奠定良好的基础。

课程主要内容包括：钢铁冶金的原理、方法以及冶金质量控制；铸造、金属塑性成形及焊接等热加工成形技术及其对材料质量的影响；热处理及表面技术及其对材料性能的改变；粉末冶金的基本原理、工艺及应用，以及对材料组织性能的影响；简介快速凝固、溶胶凝胶法、3D打印等材料制备新技术的原理、技术及组织性能特点等。

### 材料性能

为什么有些充电头可以给手机快速充电，有些充电头充电会慢？这里都涉及材料的性能。材料对国民经济和国防建设起着关键性的支持作用，是高新技术的主要组成部分。

材料性能学的主要任务是建立材料结构和性能之间的联系，介绍表征材料各种重要性能（如力学、热学、光学、电学等）的本征参数，各种重要性能的原理及微观机制，这些本征参数的来源，及性能和材料的组成、结构和组织间的关系，以及各种性能之间的相互制约与变化规律。材料性能是联系材料微观结构与宏观性能的一门重要课程，既是材料科学与工程学科的重要研究内容，也是材料生产和应用的重要基础，是材料科学与工程专业学生必不可少的学习内容。

充电器

本课程主要内容包括材料的受力形变、断裂强度、断裂韧性、热学性能、光学性能、电导性能、介电性能等。

## 四、升学与就业

全国普通高校毕业生规模 18 000~20 000 人，目前全国约有 250 所院校开设材料科学与工程专业。

### 01 考研方向

**学术型硕士：** 材料科学与工程（材料工程、材料学、材料加工工程、材料物理与化学等）

**专业型硕士：** 材料与化工（材料工程）

### 02 就业展望

一说到材料相关专业，很多家长都会谈"材"色变，觉得材料是人们常说的"天坑"专业。对材料类专业了解后再做出的专业选择才最科学。传统的材料行业包括金属冶炼、金属制造、玻璃、电缆、混凝土、陶瓷、涂料等，这些材料大多与建筑、房地产、城市规划等相关，发展趋势受到一定的限制。但是高科技新兴行业的兴起，也势必带起一波材料热，比如芯片、半导体、显示器面板、新能源电池、通信、汽车等。我们国家想要成为工业强国，不再做世界工厂，让中国制造不再是"廉价"的代名词，不再在材料装备上被卡脖子，材料科学必会承担极为重要的部分。由于材料的应用越来越广泛，辐射到各个行业和各个领域，材料与机械、电子、化工、建筑、能源、生物、冶金、交通运输、信息科技等行业交叉衍生出了很多方向。

**行业相关企业**

生物医用材料方向可到医疗器械、介入医疗类相关单位，如：生产血管支架的吉威医疗、乐普医疗，生产人工关节的爱博医疗，生产牙套的正丽科技等。电子信息材料方向可到智能存储、芯片研发相关单位，比如中芯国际、华为海思、紫光展锐等，这些企业在芯片研发领域具有一定的知名度和影响力。新能源材料方向可到清洁能源、储氢储能类相关单位，比如中国华电、大唐集团、长江电力、宁德时代等。高性能混凝土材料方向可到重大工程、基础建设相关单位，比如华新水泥、中建西部建设、上海建工、北京建工等。本科生毕业就业不太理想，大多从事销售、生产、流水线的工作，就业待遇不会很突出，想实现高收入，学历一定要高。

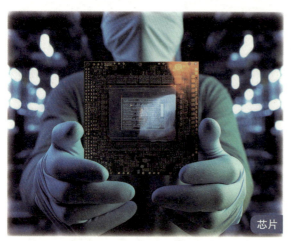

芯片

**高端研发岗位**

研究一种新材料需要漫长的周期，也需要雄厚的资金支持，一般只有大企业才具备这样的实力。

大企业匹配高层次的人才，对学历有一定的要求。比如理想汽车招聘的非金属材料研发专家，学历要求博士以上，工作地点在上海，薪资可以达到 50 万 ~80 万元 / 年；惠生工程，高分子材料合成工程师要求硕士以上学历，同时要求具有英语写作能力和口语能力，薪资可以达到 2.0 万 ~3.5 万元 / 月。

研发岗位基本上都要加班，很多时间都要待在实验室。虽然每年材料专业也会招收女生，但从健康和家庭的角度出发，建议女生量力而行。

新能源汽车

## 五、重点关注院校

材料科学与工程专业对应的硕士一级学科为材料科学与工程,部分重点院校列举如下:

**世界一流学科**(材料科学与工程)
清华大学、北京航空航天大学、武汉理工大学、北京科技大学、哈尔滨工业大学、上海交通大学、浙江大学、西北工业大学、北京理工大学等 32 所高校

**第四轮学科评估**(材料科学与工程)
- A+: 清华大学、北京航空航天大学、武汉理工大学
- A : 北京科技大学、哈尔滨工业大学、上海交通大学、浙江大学、西北工业大学
- A-: 北京理工大学、北京化工大学、天津大学、东北大学、中国科学技术大学、中南大学、华南理工大学、四川大学、西安交通大学

**上海交通大学**:985、211,"双一流",保研率约 35%。材料科学与工程学院有中国工程院院士 3 人,专业方向:复合材料、生物材料、材料结构功能一体化、相变理论及其应用、先进热处理和表面工程、现代塑性成形及其数字化制造、精密液态成型、信息材料及其制备、先进材料制备技术、焊接(材料)制造科学及系统、高温和纳米材料等。技术成果成功应用于航空、航天、船舶海洋及核电等重大工程装备。其毕业生就业在传统的机械、钢铁、汽车、微电子、封装、制造等行业。

**武汉理工大学**:211、"双一流",保研率约 16%。材料学科底蕴深厚,尤其是水泥、陶瓷等建筑材料实力非凡。现有中国科学院院士 1 人、中国工程院院士 2 人。有 4 个国家级实验室,其中 3 个与材料相关(材料复合新技术、光纤传感技术、硅酸盐建筑材料国家重点实验室)。学生面向建材建工、交通、汽车三大行业就业的比例 50% 以上,面向新兴产业就业 35% 以上。

**北京科技大学**:211、"双一流"保研率约 19%。原北京钢铁学院,中国科学院/工程院院士 4 人,诞生新中国第一个金相及热处理专业、新中国第一个金属物理专业,是新中国材料专业发源地,深度参与了"长征"、"北斗"系列、"嫦娥"、"蛟龙"、航母、"两机"专项、高铁等"大国重器"关键部件的研发工作。毕业生就业去向遍布航空航天、装备制造、电子信息、能源动力、钢铁冶金等多个行业。

### 编者说

成"材",得是那块"料"。"生化环材,四大天坑"这样的传言大家都听过,很多同学可能对材料专业望而却步。而实际上,近些年随着半导体和新能源的崛起,材料学专业在逐渐"脱坑"。

材料类专业的学习难度不低,主要是有很多物理课程和化学课程,呆在实验室的时间也很长。相关课程虽没有数学系那么烧脑,但是要把学科都理解透彻还是有难度的。因各行各业都可能涉及材料问题,所以材料的细分方向非常多,而且各个方向的研究内容差别较大。材料类专业的专业壁垒属于中等偏高的,外行不容易进入,但是行业一旦不行了,内行也很难出去。所以,学习材料类的专业压力不仅仅在于学习本身,还在于选择的方向和未来风口的契合程度。比如,研究金属方向的同学,薪酬待遇远不如半导体方向,选择大于努力在这时会充分体现。

材料是国家"十四五"规划中明确提出要大力发展的产业,同时在各省人才目录中多次出现,从顺势而为这个角度看,这个专业的前景是有的。科技、军工、制造业的需求;材料专业就业与学习的独特性;是否适合自己就读,成为理想的"材子""材女";……有兴趣的同学要好好思量了!

# 能源与动力工程——大国工程的心脏和血液

能源动力,是人类体力的无限扩展,取之于自然,终又以文明的式样璀璨于自然。

新能源

## 一、专业起源

太阳是人类最原始的能量来源,原始时期,人类对能源的需求全部来自太阳辐射所带来的光热。

约180万年前,人类开始使用火。火是人类掌握的第一项技术,火的使用把人同动物区分开来。人类用薪柴燃烧煮食和取暖,并使人能在夜间活动。火作为一种能源,也被用于煅烧矿石、冶炼金属、制造工具,这极大提升了当时人类的生存条件,使人类走向了与其他哺乳类动物完全不同的进化之路。

**第一次工业革命**——发明了蒸汽机,以煤为主要能源

公元17—18世纪,英国人发现从煤炭中提炼焦炭的方法,焦炭从此成为主要的工业燃料持续到20世纪。从18世纪开始,新式排水泵发明后,煤矿中的水开始容易排出矿井,掀起了全球采煤的狂潮。随着蒸汽机的发明,机械动力开始大规模代替人力,低热值的木材已经满足不了巨大的能源需求,煤炭以其高热值、分布广的优点成为全球第一大能源。这也随之带动了钢铁、铁路、军事等工业的迅速发展,大大促进了世界工业化进程,煤炭时代所推动的世界经济发展超过了以往数千年的时间。

蒸汽机

石油被称为工业血液

**第二次工业革命**——发明了内燃机和电动机,以石油、天然气、电力为主要能源

19世纪中叶,基于英国物理学家法拉第发现的电磁感应现象,发电机、电动马达等电气技术开始快速发展,世界由"蒸汽时代"跨入"电气时代",内燃机的发明解决了长期困扰人类的动力不足问题,由蒸汽轮机作动力的发电机出现后,煤炭被转换成更加便于输送和利用的二次能源——电能。

1859年,世界第一口现代石油开采井在美国宾夕法尼亚州的泰特斯维尔开始出产原油。石油工业由此发端,世界进入了"石油时代"。1948年,沙特阿拉伯发现了世界目前已知储量最大的油田——加瓦尔油田。石油作为一种新兴燃料不仅直接带动了汽车、航空、航海、军工业、重型机械、化工等工业的发展,甚至影响着全球的金融业,人类社会也被飞速推进到现代文明时代。

**第三次工业革命**

原子能、电子计算机、空间技术和生物工程的发明和应用为主要标志。核能作为清洁能源开始进入我们

的生活。

  1954 年，苏联在奥布林斯克市建造了世界上第一座实验性核电站，美国在宾夕法尼亚州的希平港建立了世界上第一座商用核电站。1992 年，日本实现了光伏发电系统同电力公司联网。光伏、风能、核能以及可燃冰、氢能源等新能源的快速崛起也被称为第三次能源革命。我国的核能发电目前已经占到国内发电总量的近 5%。随着各国加大减碳排放力度，太阳能和风能发电能力在全球范围内扩大。可以看到，一次次的工业革命，也是能源的革命，更高效、更廉价、更环保的能源逐步替代了原有的能源。

大亚湾核电站

  地球上的自然资源是有限的，随着社会的发展，经济生活需要的能源和动力在不断地增加，能源的来源和技术发生更替是大势所趋，这也是我们能源动力专业同学的使命。

## 二、专业介绍

  能源是人类赖以生存的物质基础，动力是维系现代工业运行的基本条件，节能环保是社会可持续发展的可靠保障。能源动力领域及相关的工业部门是关系国家繁荣发展、人民生活改善、社会长治久安的国际前沿科技领域和国民经济支柱产业；能源动力领域的人才培养对推动中国能源供给革命、能源消费革命和能源技术革命具有重要意义。

储能设备

  比如：发动机是汽车和飞机的心脏，从以煤为能源的蒸汽机到以石油为能源的内燃机和以电能为能源的电动机，能源在变、动力技术也在变，能源来源和技术的改变都让动力有了大幅度地提升。

  能源与动力工程专业研究的就是如何把大自然存在的如太阳能、风能、化石燃料、水能、生物质能等各种能源安全、清洁、高效地转换成工业上和社会生活需要的电能、机械能等能量并储存，也就是应用能源来产生动力供人们使用。

**哪些学生适合学习能源与动力工程专业？**

  有较好的空间想象能力，能在无图状态下构思，实现实物转图纸的能力。数学、物理要好，化学影响不大。就业时会涉及制造、安装、检修等相关岗位，相对更适合男生报考。

## 三、本科阶段的学习

### 01  大学学习课程有哪些？

| 能源与动力工程本科课程目录（以山东大学为例） | | | |
|---|---|---|---|
| 通识课程 | | | |
| 思想道德修养与法律基础 | 中国近现代史纲要 | 马克思主义基本原理概论 | 当代世界经济与政治 |
| 大学英语 | 计算思维 | 大学体育 | 军事理论 |
| 学科平台基础课程 | | | |
| 高等数学 | 线性代数 | 概率论与数理统计 | 复变函数及积分变换 |
| 大学物理 | 大学化学 | 理论力学 | 材料力学 |
| 专业必修课 | | | |
| 工程热力学 | 传热学 | 流体力学 | 自动控制原理 |
| 工程燃烧学 | 机械制图 | 机械设计基础 | 金属工艺学 |
| 专业选修课 | | | |
| 能量转换系统与设备 | 热力系统与供热工程 | 人工环境工程 | 发动机构造 |
| 内燃机原理 | 能源管理工程 | 燃料电池原理与应用 | 汽车排放与控制技术 |

（篇幅有限，表中仅列举部分主要课程）

## 02 核心课程介绍

### 工程热力学

工程热力学是研究热能有效利用以及热能与其他能量转换规律的科学，也是能源动力类专业的必修主干课。

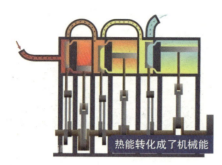
热能转化成了机械能

工程热力学不仅为学生学习专业课程提供基础理论知识，培养学生的工程素质，而且也为日后从事有关热能利用、热设计、热管理和热控制等方面的工程技术工作奠定基础。课程的主要内容有：基本概念，基本定律（热力学第一定律和第二定律），工质的热力性质（理想气体、实际气体及湿空气），热力过程（压气机内的热力过程及喷管内的热力过程），热力循环（动力循环及制冷循环）等。

### 传热学

传热学是研究在温差作用下热量传递规律的一门学科。从现代楼宇的暖通空调到自然界风霜雨雪的形成，从航天飞机重返大气层时壳体的热防护到电子器件的有效冷却，从一年四季人们穿着的变化到人类器官的冷冻储存，无不与热量的传递过程密切相关。

课程主要内容包括：导热、对流和热辐射三种热量传递方式的物理概念、特点和基本规律，综合应用这些基础知识正确分析工程实际传热问题的方法，计算各类热量传递过程的基本方法，典型的工程传热问题计算方法，间壁式换热器热力设计方法；强化或削弱热量传递过程的方法，切实可行的强化或削弱传热的措施。

空调制冷

### 流体力学

在燃气轮机的燃烧室里，流体力学不仅用于燃烧产物的传输和混合过程，还要考虑燃烧产生的高温高压气体对燃烧室内壁的侵蚀和磨损。此外，燃烧室内的湍流效应也会影响燃烧效率和推力产生的稳定性。

本课程主要任务让学生掌握流体在静止或运动过程中的力学特性，培养学生利用流体力学知识解决实际工程或科学问题的能力。本课程主要内容包括：流体及其主要物理性质、流体静力学、流体运动基础、流体动力学的积分方程分析、相似原理和量纲分析、势流、黏性流体动力学基础及管道流动、绕流物体黏性不可压缩流动、可压缩流动基础等。

燃气轮机

## 四、升学与就业

全国普通高校毕业生规模 18 000~20 000 人，2023 年开设能源与动力工程专业的本科院校超过 210 所。

### 01 考研方向

**学术型硕士**：动力工程及工程热物理（储能科学与工程、氢能科学与工程、热能工程、工程热物理、动力机械及工程等）

**专业型硕士**：能源动力（电气工程、动力工程、核能工程、储能技术等）

### 02 就业展望

能源与动力工程专业是就业面较宽的专业之一。该专业是多门科学技术的综合，在能源、电力、汽车、船舶、航空航天工程、农业工程、环境工程等诸多领域都有广泛的应用。不仅涵盖锅炉、热力发电机，还包括汽轮机、燃气轮机等流体机械，以及水利机械、空调工程、制冷及低温工程等。

### 发电厂和电力施工单位

主要是火电、核电及热电联产电厂,有五大发电集团(华能集团、大唐集团、华电集团、国家能源集团、国家电力投资集团)及六小发电集团(国投电力、三峡集团、华润电力、中国广核集团、中国节能环保集团和中国核工业集团),福利待遇好,基本都是校招,社招很少。去发电厂主要岗位就是集控运行、巡检等。但需要提醒一下,部分电厂工作远离市区,生活上没有那么便利,有时候需要倒班,需要做好心理准备。

电力施工单位,例如中国能源建设股份有限公司,主要从事发电厂项目的工程施工管理、系统调试等,和土木工程的同学接触密切,虽然做施工收入尚可,但跟着项目到处跑,辛苦也是真的。

发电厂

### 燃气类能源公司

比如新奥燃气、华润燃气,岗位主要是燃气技术岗,工作内容主要有工程设计、工程管理、管网及接收站运营等方向。薪资0.5万~1万元/月,五险一金,有年终奖,偶尔加班,有时周六需要上班。

### 制冷工程师、暖通工程师

生活中缺不了燃气

主要工作负责暖通系统(冷水机组、水泵、精密空调、水系统等)的日常运行维护管理,制定系统持续优化方案及节能减排方案等工作。各互联网大厂、三大移动通信商都有相应工作岗位,这类工作要求高,收入高,社会平均薪酬水平0.6万~1万元/月,比如万达、吾悦地产等,主要从事商业地产项目建设管理工作(暖通方面)。这个方向也是性价比较高的一个就业方向,福利待遇和电厂方向就业不相上下。

工程师

### 设备生产厂家

制造业

生产锅炉、汽轮机等发电设备,比如哈尔滨锅炉厂、东方锅炉厂、东方电气集团、上海电气集团等;生产压缩机、泵类等设备;生产制冷设备,比如格力、大金、美的等;生产发动机,包括汽车发动机、航空发动机、燃气轮机等。硕士以上可以从事研发岗位的相关工作,大企业的学历要求会更高一个层次。除了研发还能从事制造企业的生产管理、工艺改进设计类,以及售前工程师(销售技术支持)、售后工程师(技术回访、售后调试维护、销售)等工作。此外,还有新能源车、轨道交通设备生产厂家(新能源、轨道交通方向都是比较热门的),比如中车集团的岗位——能源与动力工程师,主要完成车载储能装置、车载供电、牵引、制动等车辆能源与动力系统相关的技术工作,中车集团这类企业热衷于每年春季秋季的校招,值得考虑。

## 03 专业相关证书

| 证书 | 说明 |
|---|---|
| 注册公用设备工程师 | 可以从事暖通空调、给水排水、动力等专业工程设计及相关业务活动的高级专业技术人员,是含金量很高的一个证书。 |

## 五、重点关注院校

能源与动力专业对应的硕士一级学科为动力工程及工程热物理,部分重点院校列举如下:

**世界一流学科（动力工程及工程热物理）**
清华大学、西安交通大学、浙江大学、天津大学、华中科技大学

**第四轮学科评估（动力工程及工程热物理）**
A+：清华大学、西安交通大学
A ：上海交通大学、浙江大学
A-：天津大学、华北电力大学、哈尔滨工业大学、华中科技大学

**西安交通大学**：985，211，"双一流"，"九校联盟"之一，被誉为"东方MIT（麻省理工学院）"，保研率约33%。西部第一校，办学历史悠久，是我国能源动力类多个专业的创始地，创建了我国第一个锅炉专业、第一个汽轮机专业、第一个汽车制造专业、第一个制冷与低温专业、第一个压缩机专业，首开储能科学与工程专业。研究集中在能源动力、能源环境、能源化工等领域，新能源、核能是特色。

**天津大学**：985，211，"双一流"，保研率约24%。学校有内燃机燃烧学国家重点实验室、中低温热能高效利用教育部重点实验室、地热研究与培训中心。在先进内燃动力、地热能太阳能发电、低碳综合能源系统、燃料电池、制冷热泵、无人驾驶、先进储能等诸多领域，取得了重大理论与应用成果。

**华中科技大学**：985，211，"双一流"，保研率约28%。主要围绕化石能源的低碳高效安全利用和污染物深度联合脱除、能源终端利用优化与节能、可再生能源、先进动力装置等方面开展科学研究和人才培养。拥有煤燃烧和低碳利用全国重点实验室，热能方向实力强劲。

### 编者说

"力"动中国，"源"梦新时代。能源与动力工程，一个走在机械前端的传统工科专业，就业面广，是工科专业中学习难度适中的专业之一。人口激增，环境污染，能源短缺。能源与动力工程专业的研究对象就占了能源与环境两席，祖国建设方方面面都需要能源与动力。全球变暖，碳中和，碳达峰，人类对环境的日益重视，能源得到科学应用需要的技术会在未来很多年因需要而被不断突破。新能源的异军突起，撬动了汽车、石油、材料等诸多产业链条。随着科技的不断进步，更多能源相关的专业，会随着需要和技术的进步在未来有所作为。

# 电气工程及其自动化——热门依旧，红利已过

学了电气工程及其自动化，怎么连家里坏了的电水壶也不会修啊？拜托！我是电气工程不是电器工程！

听说电网系统是金饭碗，去电网上班要不要爬杆啊？若是输配电岗位，爬杆太正常啦！什么？你说你恐高？那……也只能克服了！

爬电线杆铺设电线

## 一、专业起源

说到电，自然界最常见的便是闪电。数万年的雷雨天，远古的人类可能亲眼看见闪电从天空划下，劈断大树、引发山火、撕裂空气并发出震耳欲聋的声音。很显然，闪电中隐藏着巨大的能量。人类对电的认知也经历了一个漫长的过程，我们最熟悉的事件也许就是富兰克林雷雨天放风筝引电了。

到了 1831 年，法拉第将一个封闭电路中的导线通过电磁场，导线转动有电流流过电线，法拉第因此了解到电和磁场之间有某种紧密的关联，他建造了第一座发电机原型。

1870 年以后，科学技术发展突飞猛进，各种新技术、新发明层出不穷，并被迅速应用于工业生产，大大促进了经济的发展。先是德国人西门子制成发电机，尔后比利时人格拉发明电动机，电力开始用于带动机器，成为补充和取代蒸汽动力的新能源。1879 年，发明大王爱迪生改良了灯丝材质，实用型电灯点亮了世界。与此同时，电力工业和电器制造业迅速发展，人类跨入了电气时代，这便是第二次工业革命的缩影。

闪电

进入 20 世纪以后，电力的使用让世界各地的生产力不断提高，但同时期因处于战乱，我国的电力工业得不到系统发展。到 1921 年，整个国家也仅有上海、江苏、东北等地区的大城市有电。1945 年以前，中国电力工业发展依然缓慢。

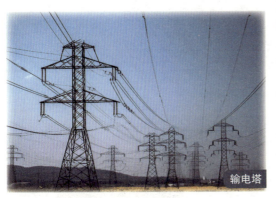

输电塔

1949 年新中国成立以后，国家垄断经营电力，电价由国家统一制定，电力建设由中央政府单一投资。到 1978 年，我国初步形成了华北、东北、华东、华中、西北五个跨省电网和多省份独立省网，尽管电力工业发展迅速，但依然无法满足经济的快速发展。"80 后""90 后"及他们的父辈们，应该都有过夏天停电后，点起蜡烛或煤油灯，聚在一起听故事的"美好回忆"吧。

进入21世纪以后，我国的电网系统和电气技术迎来了巨大的发展。世界银行公布数据显示，截至2015年我国电力覆盖率达到100%，已基本解决全国人民用电问题。近年来，以特高压直流输电为代表的西电东送工程、引领世界水电的白鹤滩水电站、超越美国的舰船综合电力系统、福建舰航母的电磁弹射等相继涌现。目前，在电气技术领域，我国堪称世界第一，是真正的遥遥领先。

## 二、专业介绍

变电箱

电气工程及其自动化专业是学习电力行业的相关内容，既学习如发电、变电、输电、配电，将电能送入千家万户和工厂，也学习电力电气设备的制造及检测维修的相关知识。其领域既涉及强电（电压高、电流大、功率大、频率低），也涉及弱电（电压低、电流小、功率小、频率高）。强电为电力设备提供电力支持，如驱动电动汽车行驶、带动风扇的转动、点亮家中的台灯。弱电的作用则是信号处理，如电脑、手机使用的网络信号，电视台信号塔发出的广播信号等。

总之，该专业是强电与弱电相结合的专业，要求掌握电机学、电力电子技术、电力系统基础、高电压技术、供配电与用电技术等知识领域的核心内容，培养具有工程技术基础知识和相应的电气工程专业知识，具有解决电气工程技术分析与控制问题基本能力的高级工程技术人才。

### 哪些学生适合学习电气工程及其自动化专业？

电气工程及其自动化专业学习的是电路、电磁、电机等与电相关的知识，只要对理工科感兴趣的学生都可以学习，如果物理成绩和数学成绩好就更好了。

## 三、本科阶段的学习

### 01 大学学习课程有哪些？

| 电气工程及其自动化专业本科课程目录（以华北电力大学为例） | | | |
|---|---|---|---|
| 工程基础课 | | | |
| 高等数学 | 概率论与数理统计 | 线性代数 | 复变函数与积分变换 |
| 大学物理 | C/C++ 程序设计 | 工程制图 | |
| 专业类基础课 | | | |
| 电路理论 | 电路实验 | 电力电子技术 | 模拟电子技术基础 |
| 自动控制理论 | 微机原理与接口技术 | | |
| 专业类核心课 | | | |
| 电力系统分析 | 电力系统继电保护原理 | 高电压技术 | 电气一次设备及系统 |
| 选修模块（ABCD） | | | |
| 高电压综合实践 | 电网和变电站电气设计 | 继电保护整定计算与综合实验 | 电力电子技术综合实践 |

（篇幅有限，表中仅列举部分主要课程）

### 02 核心课程介绍

**电机学**

所谓电机，俗称"马达"，是指依据电磁感应定律实现电能转换或传递的一种电磁装置，分为电动机和发电机。

电机学就是以电机为研究对象的一门课程，是理工科高校电气类非常重要的技术基础课，在专业基础课和专业课之间起着承上启下的作用，是学生学习后续专业课（如电机设计、电机控制、电力系统分析、电力拖动等）的课程基础，在培养学生电气问题的综合分析与解决能力方面占有重要的地位。

小型马达

## 电磁场理论

何为电磁场？电磁学里，电磁场是一种由带电物体产生的一种物理场。处于电磁场的带电物体会感受到电磁场的作用力。电磁场与带电物体（电荷或电流）之间的相互作用可以用麦克斯韦方程和洛伦兹力定律来描述。

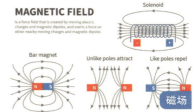
磁场

电磁场理论是研究电磁场中各物理量之间的关系及其空间分布和时间变化的理论。该理论的要点在于：变化的磁场可以激发涡旋电场，变化的电场可以激发涡旋磁场，电场和磁场不是彼此孤立的，它们相互联系、相互激发组成一个统一的电磁场。电磁场对物质的影响与物质的性质有关。电磁场理论不仅是物理学的重要组成部分，也是电工技术的理论基础。

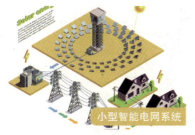
小型智能电网系统

## 电力系统分析

什么是电力系统？它是由发电、变电、输电、配电和用电等环节组成的电能生产与消费系统。电力系统的主体结构有电源（水电、火电、核电等发电厂）、变电所、输电、配电线路和负荷中心。电力系统分析这门课主要学习电力系统稳态分析、电磁暂态分析及稳定性分析的基本概念、基本模型和基本计算方法，为后续的电力系统系列课程的学习和今后从事电力系统的相关工作打下坚实的基础。

# 四、升学与就业

全国普通高校毕业生规模 95 000~100 000 人，2023 年全国开设该专业的本科院校在 600 所以上。

## 01 考研方向

**学术型硕士**：电气工程（电力系统及其自动化、电机与电器、电力电子与电力传动、轨道交通电气化与信息技术）

**专业型硕士**：能源动力（电气工程）

## 02 就业展望

提到电气工程及其自动化的就业，大家第一个想到的就是去电网。事实上，即便是规模庞大的国家电网，连同其下属省级分公司、直属分部以及直属单位，一年的招聘需求也就在 2 万人左右，可该专业的毕业生一年有 10 万之巨，并且招聘需求年年下降，毕业生人数年年增加。所以，学电气的你，再不能只盯着电网啦。

### 电网公司

提到电网公司，首先想到的自然是国家电网和南方电网，事实上，我国还有 15 家地方电网在支撑中国电力事业的发展。当然，作为央企的国家电网和南方电网实力自然更加雄厚，尤其是国家电网公司，其在资产、供电人口、营收、利润方面更是一骑绝尘。

一直以来，进入电网公司工作都令人羡慕。薪水高，福利好，又稳定，简直就是父母辈眼中的"金饭碗"。尤其是在二、三线城市，电网的整体待遇和一线城市比相差无几，让电网工作更显优势，部分地区应届本科生年薪资可达 15 万元以上。所以，每年无数学生想挤进电网也就不奇怪了。

输电塔特写

进入国家电网需要经过网上报名、简历筛选、统一笔试、面试等流程，是否能够最终录用会和你的院校特色（如原电力部直属高校华北电力大学、东北电力大学等）、院校层次、学历水平以及专业知识水平息息相关。

### 发电集团

2002 年以前，电网公司和发电集团还是一家，同属于原国家电力公司，后根据国务院印发《电力体制改革方案》，将输配电产业和发电产业进行分离，才有了现在的两大电网公司和五大发电集团。

火力发电

其中"五大集团"是指国家能源投资集团、中国华能集团、中国华电集团、中国大唐集团、国家电力投资集团。此外还有"六小集团",是指国投电力、中国广核集团、三峡集团、华润电力、中国节能环保集团、中国核工业集团。这 11 家发电集团在行业内被称为"五大六小"。

如今,发电集团对学历和院校层次的要求也很高,如果你是一所普通院校的本科,进入难度会比较大。那既然是发电集团,很多工作岗位就是在发电厂了,比如运行、检修、调试、环保、试验等,薪资待遇因不同电厂的经济效益而有差异,经济发达的地区员工的年薪有 20 万元,经济不景气地区员工的年薪只有几万元。但是无论你在哪里,电厂上班刚进去都是要倒班的,身体要扛得住。此外,除火电厂的地理位置不算太偏,水电、风电、核电的发电厂通常是很偏僻的。综上,大多数情况下,能去电网的还是尽量不要去发电集团了。

### 电力设计院

电力设计院有"六大",分别是华北院(北京)、东北院(长春)、中南院(武汉)、西北院(西安)、华东院(上海)、西南院(成都)。

与 2002 年电力体制改革一样,2011 年国资委将国家电网公司、南方电网公司省级(区域)公司所属辅业单位分离,并与四家中央电力设计施工企业重组,组建了两家实力相当、融设计施工业务于一体的综合性电力建设集团,分别是中国电力建设集团和中国能源建设集团。

画设计图

六大电力设计院现均属于中国能源建设集团。电力设计院主要业务是电力和能源规划咨询、勘测设计、工程承包、装备制造、投资运营等。除了这六大省级设计院还有多如牛毛的市级和县级设计院。就和建筑设计院一样,因为电力基建前些年的迅速发展而快速饱和,如今很多设计院的薪资并不高,优点是相对稳定。如果你的院校层次和专业实力很不错,能去电网的还是尽量不要去设计院了。

西门子

### 电气自动化企业

外企知名的有 ABB 集团、西门子、施耐德电气、艾默生、三菱电机等,国内知名的有特变电工、东方电气、上海电气、超威电源、中科电力装备等。

以 ABB 集团为例,主要业务包括但不限于:(1)生产电气设备,如变压器、开关、断路器、电缆等并提供相关服务;(2)为世界各地的输配电网络和发电厂提供全套系统和服务;(3)为客户提供仪器仪表、自动化产品和工业流程优化解决方案,服务于石油、天然气、电力、化学、制药、制浆、造纸、金属、矿产、船舶和涡轮增压等行业。这些电气自动化企业对院校层次的门槛要求不会那么高,但扎实的专业知识、灵活的思维方式、创新进取的精神都是在企业工作中不可或缺的。尤其是在外企中,优秀的企业文化和轻松的工作氛围会带给年轻人更多的机会,个人能力越强,薪资待遇越好,晋升速度越快,如果你是个技术宅,这里可比电网适合你。但如果你还没想好,可以先去电网再去这些名企,毕竟校招那么好的机会不要放过了。

## 03 专业相关证书

| 相关证书 | 难度 | 报名条件 | 含金量 |
| --- | --- | --- | --- |
| 注册电气工程师 | 极高 | 大专/本科学历+工作年限 | 很高 |
| 一级建造师(机电工程) | 较高 | 大专/本科学历+工作年限 | 较高 |
| 二级建造师(机电工程) | 中等 | 大专/本科学历+工作年限 | 中等 |
| 监理工程师 | 中高 | 大专/本科学历+工作年限 | 中上 |
| 注册安全工程师(中级以上) | 中高 | 大专/本科学历+工作年限 | 中上 |

说明:1. 篇幅所限,此处仅列举相关度较高的证书;2. 报名条件每年略有变化,实际以官方考试网发布为准。

## 五、重点关注院校

电气工程及其自动化专业对应的硕士一级学科为电气工程，部分重点院校列举如下：

**世界一流学科（电气工程）**
清华大学、西安交通大学、华北电力大学、华中科技大学、浙江大学、重庆大学、湖南大学、河北工业大学

**第四轮学科评估（电气工程）**
A+：清华大学、西安交通大学
A ：华北电力大学、华中科技大学
A-：哈尔滨工业大学、浙江大学、重庆大学、海军工程大学
B+：天津大学、沈阳工业大学、上海交通大学、东南大学、南京航空航天大学、山东大学、湖南大学、西南交通大学

**西安交通大学**：985，211，"双一流"，保研率约33%。电气工程学院的主要学科方向有：先进电工材料与输变电装备、新型电力系统与多能转换存储、脉冲功率与等离子体技术、生物电磁与医工交叉。学校聚焦我国能源变革的重大需求，以解决我国电工领域未来发展中的瓶颈问题、关键问题为核心。

**华中科技大学**：985，211，"双一流"，保研率约28%。电气与电子工程学院主要研究方向覆盖了电能生产、传输、应用、变换、检测、控制和调度、管理等全过程。通过学科交叉融合，开辟了一批新兴前沿学科方向，如电能存储、脉冲功率、脉冲强磁场、磁约束聚变、等离子体医学、加速器及应用、先进电工材料与器件等。

**华北电力大学**：211，"双一流"，保研率约11%。电气与电子工程学院的前身为1958年建校之初的电力工程系，1961年哈尔滨工业大学发电厂电力网及电力系统、高电压技术和动力经济与企业组织三个专业整体并入，电气工程及其自动化和智能电网信息工程专业是国家级特色专业。

### 编者说

作为当下最炙手可热的专业之一，电气工程及其自动化的学习内容硬核、就业口径宽泛，是名副其实的好专业。但每年数万的毕业生让整个行业光速内卷，亦如十年前的土木对比当下的土木，没有哪一个行业和专业是经久不衰的。所以，编者还是想说：电气工程，热门依旧、红利已过。

# 电子科学与技术——强国根基

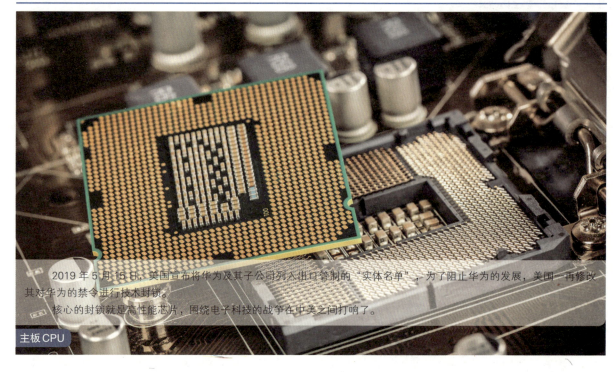

2019年5月15日,美国宣布将华为及其子公司列入出口管制的"实体名单",为了阻止华为的发展,美国一再修改其对华为的禁令进行技术封锁。

核心的封锁就是高性能芯片,围绕电子科技的战争在中美之间打响了。

主板CPU

## 一、专业起源

1906年美国的德弗雷斯特在弗莱明的二极管中放进了第三个电极——栅极,而发明了电子三极管,从而树立了早期电子技术上最重要的里程碑。又经过五年研究改进,从1911年开始了使用电子技术的时代。所以,电子技术是一门新兴科学。由于电子技术的成本高、制造繁、体积大、耗电多,从1948年美国贝尔实验室的几位研究人员发明晶体管以来,在大多数领域中已逐渐用晶体管来取代电子管。

电子管

1948年用半导体材料做成的第一只晶体管,叫"半导体器件"或"固体器件",1951年做成了商品,这是出现分立元件的又一个里程碑。晶体管是现代电器的最关键的元件之一。晶体管之所以能够大规模使用是因为它能以极低的单位成本被大规模生产。

晶体管

1958年,基尔比(Kilby)发明了"固体电路",以后被称为"集成电路"。1960年集成电路处于小规模集成阶段,每个半导体芯片上有不到100个元器件。后陆续经历了中规模集成、大规模集成阶段,1960年至1980年的20年间,芯片上元器件的"集成度"增加了1 000 000倍,每年递增率约为2倍。在超大规模集成电路中,几十平方毫米的芯片上有上百万个元器件,已经进入"微电子"时代,大大促进了先进科学技术的发展。

集成电路

## 二、专业介绍

小到儿童玩具、电动牙刷、家用电器,大到高铁、飞机、航母、火箭、空间站,全都需要电子科学与技术的支撑。从民用电器到航空航天、军事装备,电子设备都在发挥着无可替代的重要作用。一个国家的电子信息类技术的先进性,也意味着这个国家的科技、工业和国防的实力水平。

电子科学与技术专业培养具备物理电子、光电子与微电子学领域内宽广理论基础、实验能力和专业知识，能在该领域内从事各种电子材料、元器件、集成电路乃至集成电子系统和光电子系统的设计、制造和相应的新产品、新技术、新工艺的研究、开发等方面工作的高级工程技术人才。

**哪些学生适合学习电子科学与技术专业？**

电子科学与技术及相关专业，对物理、数学和英语都有较高要求，学科交叉性强，专业学习难度较高，适合有兴趣、有能力、有意志的同学。

中国空间站

## 三、本科阶段的学习

### 01 大学学习课程有哪些？

| 电子科学与技术本科课程目录（以华中科技大学为例） | | | |
|---|---|---|---|
| 学科基础课程 | | | |
| 微积分 | 大学物理 | 软件技术基础 | 电路理论 |
| 数字电路与逻辑设计 | 模拟电子技术 | 信号与线性系统 | 量子力学 |
| 专业核心课程 | | | |
| 固体物理 | 半导体物理 | 电磁场与电磁波 | 电子材料物理 |
| 集成电路设计基础 | 电子器件基础 | 微电子工艺学 | 现代化学基础 |
| 专业选修课程 | | | |
| 人工智能导论 | 嵌入式系统原理与设计 | 工程制图 | 固体离子学 |
| 电磁兼容技术 | 射频/微波技术基础 | 纳米材料与器件 | 电子封装与表面组装技术 |

（篇幅有限，表中仅列举部分主要课程）

### 02 核心课程介绍

**电子器件**

本课程讲解电阻、电容、激光器等电子元件的原理和特点，培养学生开发和利用这些器件的能力。这是一门针对电子电气类专业的本科生、研究生或者从事通信或集成电路研究与开发工作的技术人员开设的专业主干课程。内容主要包括模拟与数字电路以及超大规模集成电路与系统中的核心电子器件——场效应管和双极晶体管的工作原理和基本特性、光通信中半导体激光器以及探测器、太阳能电池和以PN结为基础的高频和大功率器件的工作原理及其基本特性。

通过本课程的学习，同学们可进一步分析其他各类新型电子器件的性能及在电路中的应用，为进一步学习有关专业课程或进行相关的研究与开发打下必要的基础。

电子器件装配流水线

**VLSI 设计基础**

VLSI 就是超大规模集成电路的英文简称，本课程讲解 VLSI 的设计技术，让学生学习超大规模集成电路的设计原理和技术。

VLSI 设计基础课程教学内容为超大规模集成电路设计的基础理论与基本方法，从互补金属氧化物半导体（CMOS）集成电路的主流技术介绍入手引入 VLSI 设计技术基础，包括 CMOS 器件基础、组合逻辑电路、时序逻辑电路、存储器设计。

VLSI 设计工程师在工作

**半导体物理基础**

本课程讲解半导体物理特性，而半导体是一类具有半导体性能（导电能力介于导体与绝缘体之间，电阻率约在 $1mΩ·cm$ ~ $1GΩ·cm$）、可用来制作半导体器件和集成电路的电子材料。通过半导体物理基础课程的学习，掌握半导体物理的基本物理概念、模型以及各种特性，学会半导体物理学理论分析和处理问题的手段和方法，为学生学习其他专业课（电子器件、集成电路等）以及今后从事微电子或其他电子行业的工作打下一个理论基础。

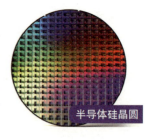

半导体硅晶圆

## 四、升学与就业

全国普通高校本科毕业生规模 12 000~14 000 人，目前全国约有 210 所院校开设电子科学与技术专业。

**01 考研方向**

**学术型硕士：** 电子科学与技术（微电子学与固体电子学、物理电子学、电路与系统、电磁场与微波技术等）

**专业型硕士：** 电子信息（集成电路工程、新一代电子信息技术、通信工程等）

**02 就业展望**

电子科学与技术专业，属于热门专业，社会需求大，就业薪资高。

**高校、研究院所**

电子科学与技术专业人员科研场景

这些单位从事电子科学与技术的教学与研究。工作稳定，薪资水平较高，但这些单位对学历要求较高，一般要读到博士。比如，电子科技大学、西安电子科技大学等高校，以及中国电子科技集团公司电子科学研究院及其下属的太原西北电子装备技术研究所、南京电子技术研究所等，都是我国重要的电子科学与技术研究机构。

**高端制造业**

芯片生产无尘车间

从事电子材料、元件、集成电路、集成电子系统、光电子系统、通信工程、互联网系统和多媒体系统的设计、制造和研发、调试等。国家对电子科学与技术的发展很重视，投入也很多，对应行业的薪资水平也很可观。本科生就业一般情况年薪 15 万元左右，建议继续读硕士，可以有更好的工作能力和发展空间。国内相关行业公司有华为、中兴通讯、中芯国际、紫光集团、长电科技、中环股份、华天科技、小米等公司。由于有华为公司的引领，中国的电子科技产业将会有一个新的发展天地，前景美好，未来可期。期待有一天中国在电子科学与技术产业实现遥遥领先。

**03 专业相关证书**

必备大学英语四六级，根据自身发展需要可考工程师职称证书等。

## 五、重点关注院校

电子科学与技术专业对应的硕士一级学科为电子科学与技术，部分重点院校列举如下：

| 世界一流学科（电子科学与技术） | 第四轮学科评估（电子科学与技术） |
|---|---|
| 东南大学、电子科技大学、北京大学、上海交通大学、南京邮电大学、中山大学 | A+：西安电子科技大学、电子科技大学<br>A：北京大学、清华大学、东南大学<br>A-：北京邮电大学、复旦大学、上海交通大学、南京大学、浙江大学、西安交通大学 |

**电子科技大学：** 985，211，"双一流"，保研率约 23%。电子科技大学以电子信息技术为核心，电子类专业全国第一，通信工程全国第二。学校围绕现代电子学与电子信息技术，覆盖了电子科学与技术的主流方向，形成了从电子信息材料、器件、电路到系统完善的人才培养体系。

**西安电子科技大学**：211，"双一流"，保研率约22%。电子科学与技术专业第四轮学科评估为A+，学校是以电子与信息学科为特色的解放军创立的第一所工程技术学校。

**东南大学**：985，211，"双一流"，保研率约25%。电子科学与技术在全国第五轮学科评估中进入顶级序列。《中国大学及学科专业评价报告》中，东南大学电子科学与技术专业连续多年位居全国第一，在2023年U.S.News世界大学电气与电子工程学科排名中名列第4位。

### 编者说

电子科学与技术专业是前沿学科，现代社会的各个领域及人们的日常生活等都与电子信息技术有着紧密的联系。根据原信息产业部分析，"十五"期间是我国电子信息产业发展的关键时期，电子信息产业仍以高于经济增速两倍左右的速度快速发展，产业前景十分广阔。未来的发展重点是电子信息产品制造业、集成电路等产业。电子科学与技术专业大有可为，社会需求大，薪资水平高。但本科水平与社会紧缺人才还有较大差距，因此仍然建议读研读博，成长为祖国需要的高端人才，为中华民族复兴大业做出更大贡献。

## 电子信息类专业拓展：电子信息工程

### 电子信息工程专业是什么？

电子信息工程是研究电子信息的采集与处理问题，实现信号的电子电路传送、处理和储存。电子信息工程专业在当今社会中无处不在，比如移动互联网、物联网、无人机、海洋舰船通信导航、卫星、航空航天等。这些只是电子信息类专业发展和应用的主要部分。

通信基站天线

### 和电子科学与技术专业相比有何不一样？

电子科学与技术专业研究的方向侧重于物理理论及技术应用，主要是物理电子、光电子与微电子学领域；而电子信息工程专业侧重信息产生、信息传输、卫星通信、光纤通信、个人通信等方面的理论和工程应用。

### 电子信息工程专业学什么？

由于电子信息工程专业侧重于信息处理方面，所开设课程主要有：自动控制原理、微波技术、天线技术、嵌入式原理与应用、数据结构、随机信号处理、数字图像处理、统计信号处理、雷达原理雷达系统等。

### 电子信息工程专业就业前景怎么样？

建议本科生考研，可报考信号与信息处理、电路与系统、电磁场与微波技术等专业的学术型硕士研究生，或报考电子与通信工程专业的专业型硕士研究生，可从事电子信息科学技术、电磁场与微波技术的开发、工程设计、技术服务和管理工作。该专业较热门，就业市场需求较大，薪资水平较高，就业地区主要有北京、上海、深圳、西安、南京、广州等。就业单位主要有中国电子信息产业集团、中国航天科技集团、中国兵器工业集团、中国航空工业集团、中国船舶集团、中国移动、中国电信、中国联通、中兴通讯、大唐电信、贝尔、摩托罗拉、三星、华为、阿里巴巴等企业，以及政府机关、科研院所等。

## 电子信息类专业拓展：通信工程

### 通信工程专业是什么？

通信，简单理解就是信息的传递。现代的通信方式十分多样，如电话、传真、卫星通信、网络通信（微

通信工程师调试设备

信、QQ、E-mail）等。通信工程属于电子信息类的一个重要分支。通信工程关注的是通信过程中的信息传输和信号处理的原理和应用，并运用各种工程方法对通信中的一些实际问题进行处理。

#### 和电子科学与技术专业相比有何不一样？

电子科学与技术专业研究的方向侧重于物理理论及技术应用，主要是物理电子、光电子与微电子学领域；通信工程专业关注的是通信过程中的信息传输和信号处理的原理和应用。

#### 通信工程专业学什么？

由于通信工程专业侧重于通信，所以开设课程有：通信原理、通信电子线路、数字信号处理、信息论、交换与通信网、无线通信原理、光纤通信系统等。

#### 通信工程专业就业前景怎么样？

随着互联网、物联网、5G等新技术的不断发展，通信工程师的需求量也将不断增加，薪资水平也处于较高层次。通信工程师主要负责通信网络的规划、设计、建设、调试和维护，包括电信网络、互联网、移动通信网络等各种通信系统的设计、开发和运营。通信工程师的就业方向非常广泛，主要包括电信运营商、网络设备制造商、互联网公司、金融机构、政府机构等。

## 电子信息类专业拓展：**人工智能**

#### 人工智能专业是什么？

人类和动物的区别就是人类会制造和利用工具。现如今人类已经会制造智能机器了，但机器智能还处在比较低端的层次。人工智能的目标是让机器拥有像人一样甚至超越人的智能，从而让机器为人类服务，造福人类和社会。现如今，ChatGPT所展现出的语言合成、图像生成、内容推荐等能力令人惊叹，凸显出人工智能的大幅度进步。人工智能实际应用于机器视觉、指纹识别、人脸识别、视网膜识别、虹膜识别、掌纹识别、专家系统、自动规划、智能搜索、定理证明、博弈、自动程序设计、智能控制、机器人学、语言和图像理解、遗传编程等。

语言模型 ChatGPT

#### 和电子科学与技术专业相比有何不一样？

电子科学与技术专业研究的方向侧重于物理理论及技术应用，主要是物理电子、光电子与微电子学领域；而人工智能专业则是一门多学科交叉的新兴学科，深度融合自动化、计算机、电子信息、通信、数学统计等各专业领域的知识，更侧重于机器学习算法和数据训练。

#### 人工智能专业学什么？

由于人工智能专业侧重于机器学习算法和数据训练，所以主要课程有：人工智能概论、机器学习、认知计算、模式识别、深度学习、知识工程、人工智能系统实验、自然语言处理等。

#### 人工智能专业就业前景怎么样？

人工智能专业社会需求量较大，就业前景很好，但要求层次也较高，建议读硕士。毕业后能在IT、智能制造、电子信息、现代服务、金融、证券、政府机关等领域从事软件开发、软件管理、机器学习算法实现及应用、深度学习模型训练和应用、智能软件开发与维护、人工智能产品设计与研发、人工智能咨询等工作。国内企业腾讯、小米、百度、阿里巴巴、京东、美团、滴滴、字节跳动、海康威视等公司都需要人工智能方面的人才。

# 自动化——赋予机械生命

一台完整的家用轿车,约有3万个零部件,需要经历冲压、焊装、涂装、总装等数个环节。制造它需要多久?一个月,两个月?事实上,流水线上平均每5分钟下线一台全新的轿车。这,得益于自动化技术的发展。

自动化机械臂

## 一、专业起源

自动化技术形成时期是在18世纪末,1788年英国机械师瓦特发明了离心式调速器(又称飞球调速器),并把它与蒸汽机的阀门连接起来,构成蒸汽机转速的闭环自动控制系统。这项发明开创了近代自动调节装置应用新纪元,对第一次工业革命及后来控制理论的发展有重要影响。

离心式调速器

1833年,英国数学家C.巴贝奇在设计分析机(现代电子计算机前身)时首先提出程序控制的原理。但直到20世纪以前,这种自动化机械的制造大多还是源于机械师本身的经验,此时,自动化技术发展较为缓慢。进入20世纪以后,工业生产中广泛应用各种自动调节装置,促进了对调节系统进行分析和综合的研究工作。1939年世界上第一批系统与控制的专业研究机构成立。

"二战"盟军飞机

时间来到第二次世界大战,因为各国对强大军事技术的追求,逐渐形成了经典控制理论并设计出了各种精密的自动调节装置,开创了系统和控制这一新的科学领域。这一新的学科当时在美国被称为伺服机构理论,在苏联被称为自动调整理论。

20世纪40年代,电子数字计算机的发明开创了数字程序控制的新纪元。该发明为60—70年代在控制系统中广泛应用程序控制和逻辑控制以及广泛应用电子数字计算机直接控制生产过程奠定了基础。

70年代以后,自动化开始向复杂的系统控制和高级的智能控制发展,并广泛地应用到国防、科学研究和经济等各个领域,实现更大规模的自动化,例如大型企业的综合自动化系统、全国铁路自动调度系统、国家电力网自动调度系统、空中交通管制系统、城市交通控制系统、自动化指挥系统等。

现如今,自动化将在更大程度上模仿人的智能,自动化机器人已在工业生产、海洋开发和宇宙探测等领域得到应用,专家系统在医疗诊断、地质勘探等方面取得显著效果。工厂自动化、办公自动化、家庭自动化和农业自动化将成为新技术革命的重要内容,并得到迅速发展。

自动化生产线

## 二、专业介绍

商场里的自适应扶梯

那到底什么是自动化呢？简单来说就是利用自动运转的机器来代替人力完成工作。这个世界上有大量重复的、无趣的、繁重的、危险的工作，而利用自动化的机器，可以极大地提高生产效率。

有时我们在逛大型商场时会发现，没有人使用的扶梯在缓慢地运行着，而当我们踏上扶梯的那一刻，它便自动加速把我们送达想去的楼层，兼顾到了无人时的省电和有人时的高效，这就是一种适应性的自动化。

自动化专业以自动控制理论为主要理论基础，以电子技术、计算机信息技术、传感器与检测技术等为主要技术手段，对各种自动化装置和系统实施控制，是计算机硬件与软件结合、机械与电子结合、元件与系统结合、运行与制造结合，集控制、计算机、电气、机械为一体的综合性学科专业。我国作为世界工厂，各行各业都离不开自动化，所以有人说这是一个"万金油"专业。

**哪些学生适合学习自动化专业？**

1. 作为强工科专业，自动化专业与众多学科有所交叉，比如计算机、电子信息等。所学知识量非常大，适合工科思维尤其是数学、物理成绩较好的学生。

2. 自动化专业在本科阶段有很多的实操环节，适合动手能力比较强的学生，如果你喜欢拆拆拼拼一些小电器，那这个专业很适合你。

3. 女生也可以学，相对机械、化工这类工科专业，自动化算是友好的。但工作环境中男生较多，也会辛苦一些，如果这些都能接受，女生也是可以选择这个专业的。

## 三、本科阶段的学习

### 01 大学学习课程有哪些？

| 自动化专业本科课程目录（以西安交通大学为例） | | | |
|---|---|---|---|
| 数学和基础科学课 | | | |
| 高等数学 | 复变函数与积分变换 | 线性代数与解析几何 | 大学物理 |
| 离散数学 | 大学化学 | 生命科学基础 | 概率统计与随机过程 |
| 专业大类基础课 | | | |
| 大学计算机 | 程序设计基础 | 数据结构与算法 | 工程制图 |
| 电路 | 模拟电子技术基础 | 数字逻辑电路 | 信号与系统 |
| 专业核心课 | | | |
| 数字信号处理 | 自动控制原理 | 计算机原理与嵌入式系统设计 | 运动控制系统 |
| 专业模块选修课程 | | | |
| 过程控制与系统 | 工业机器人先进控制技术 | 数字图像与视频处理 | 人工智能导论 |

（篇幅有限，表中仅列举部分主要课程）

### 02 核心课程介绍

**自动控制理论**

主要研究如何调整动态系统特性的理论，早期是以反馈理论为基础的自动调节原理，主要用于工业领域控制。"二战"后，形成了完整的自动控制理论体系，是以传递函数（描述线性系统动态特性的基本数学工具）为基础的经典控制理论。而到了20世纪50年代，美、苏两个超级大国进行了激烈的太空竞赛，这类诸如把卫星发射到精确轨道的问题是经典控制理论难以解决的，控制理论由此发展起来。自动控制理论课程立足于时间域的状态空间理论，主要学习系统的状态方程建立及解法，系统的能控性、能观测性和稳定性，最优控制理论等。

在轨卫星

**数字信号处理**

2023年最火的手机莫过于遥遥领先的华为Mate 60 pro,其搭载了最新的国产芯片。我们日常的手机通话就应用了数字信号处理技术,将通话的人声模拟信号转化为数字信号进行传输,到达终端后再转化为声音信号,从而实现通话功能。所以数字信号处理是一项将声音、图片、视频等模拟信息转化处理成数字信息的技术,简称为DSP。自动化在大学里有一门很难学习的章节,即傅里叶变换,数字信号处理中,我们会学习并使用这一重要的数学工具。

华为mate 60 pro

Java语言

**计算机编程**

现代自动化控制是基于计算机、控制器、传感器和执行设备等实现的。计算机编程即编写程序代码,将人类的想法通过计算机语言编写成计算机能识别的语言。在我们步入大学之后,会遇见很多种类的编程语言如Java、Basic、Python、C语言、C++等。而控制器控制着指令的执行和数据的传输,是计算机执行程序的关键部分。在自动化的实际应用中,已经形成较为成熟的编程控制产品,比如PLC(可编程逻辑控制),是一种具有微处理器的数字电子设备,用于自动化控制的数字逻辑控制器,可以将控制指令随时加载存储器内存储与运行。

## 四、升学与就业

全国普通高校毕业生规模50 000~55 000人,2023年全国有超490所院校开设自动化专业。

### 01 考研方向

**学术型硕士**:控制科学与工程(仪器科学与技术、精密仪器及机械、测试计量技术及仪器等)

**专业型硕士**:电子信息(控制工程)

### 02 就业展望

提到机械、土木、化工、电气这类专业,总是可以联系到对应的行业,但自动化这个"万金油"另说,借用某大学自动化学院院长的一句话:"自动化这个专业,没有对应的行业。"作为老牌工科专业,是不是"学好自动化,走遍天下都不怕"?我们来看下自动化专业的就业状况。

**高端软件方向——科研机构、互联网大厂**

自动化本科学习内容多而杂,4年的时间只能学完课程但无法精通,高端就业本科根本不够,必须进行深造。所以,如果你是985高校毕业或较厉害的211高校毕业的硕士,大概率你和强校计算机硕士的去处一致,成为一名算法工程师从事譬如软件开发、人工智能、嵌入式开发、智能芯片开发、机器深度学习和数据挖掘等工作,主要去向单位如华为、百度、阿里、英特尔、字节跳动、京东、大疆、小米、西门子、海康威视等。科研机构和互联网大厂基本都在一线或者准一线城市,工作环境舒适但强度较高,薪资待遇很好,年收入一般不低于30万元。需要指出的是,这两年软件方向竞争加剧,控制专业进入大厂难度提高不少。

算法工程师

嵌入式工程师

**热门硬件方向——高端龙头企业**

如果是普通一本院校硕士毕业,很难去到科研机构或互联网大厂的软件、算法之类岗位,但嵌入式开发工程师问题不大,所以就业时不想先从基础生产开始干起,考研就很有必要了。硬件方向主要有现场可编程门阵列(FPGA)、嵌入式、芯片、集成电路等。国家目前对于芯片等领域是鼓励支持的,按目前2023届秋招情况来看,硬件方向找工作确实更加容易拿到高薪。主要去向单位如大疆、中兴通讯、海康威视、比亚迪、经纬恒润、北方华创等。工作环境良好,强度较高,薪资待遇略低于软件方向但风口更好。

**搬砖入门方向——生产制造企业**

普通本科院校本科毕业的一部分学生，他们对口去向是做一名机械设计工程师或者自动化工程师，编写自动化控制项目方案书，PLC 编程，CAD 制图，与其他部门共同完成产品的设计、开发、测试是工作的主要内容。主要去向单位如外资的松下、西门子、三菱、ABB 以及国内的海尔、美的、格力、福耀玻璃等，更多的本科毕业生会进入普通的中小规模民营生产制造企业从事设计和生产工作。工作环境自然是不如那些从事算法和研发的，强度不低但薪资待遇一般，需要不断磨炼专业技能和学习管理能力，后期可以选择更好的企业跳槽或者独立带项目。至于考公考编，自动化专业可选择的岗位十分狭窄，通常情况下这不是一个理想的职业规划。

简而言之，名校硕士研究算法，重点学校搞嵌入式，普通本科就以 PLC 和机械为主。

## 03 专业相关证书

| | 难度 | 报名条件 | 含金量 |
|---|---|---|---|
| 计算机等级考试二/三/四级 | 逐级增加 | 无特别限制 | 中等 |
| 计算机技术与软件（初级、中级、高级） | 逐级增加 | 无特别限制 | 较高 |
| 注册电气工程师 | 极高 | 大专/本科学历+工作年限 | 很高 |
| 一级建造师（机电工程） | 较高 | 大专/本科学历+工作年限 | 较高 |
| 二级建造师（机电工程） | 中等 | 大专/本科学历+工作年限 | 中等 |

说明：1. 篇幅所限，此处仅列举相关度较高的证书；2. 报名条件每年略有变化，实际以官方考试网发布为准。

## 五、重点关注院校

自动化专业对应的硕士一级学科为控制科学与工程，部分重点院校列举如下：

**世界一流学科**（控制科学与工程）
清华大学、哈尔滨工业大学、浙江大学、北京航空航天大学、北京理工大学、东北大学、上海交通大学、东南大学、西安交通大学、南京航空航天大学

**第四轮学科评估**（控制科学与工程）
A+：清华大学、哈尔滨工业大学、浙江大学
A ：北京航空航天大学、北京理工大学、东北大学、上海交通大学、国防科技大学
A-：哈尔滨工程大学、东南大学、山东大学、华中科技大学、中南大学、西安交通大学、广东工业大学、火箭军工程大学

**西安交通大学**：985，211，"双一流"，保研率约33%。该校的自动化注重视觉工程与新型智能系统，信息获取、处理与融合，信息物理融合系统等国际学术前沿的基础理论和工程应用，并面向航空航天、能源、电力、网络信息安全等领域的国家重大需求。

**哈尔滨工业大学**：985，211，"双一流"，保研率约30%。该校的自动化方向在于高精尖项目，全面服务于探月工程、载人航天工程、高分对地观测等国家重大科技专项工程，形成了鲜明特色和独特优势，在微小卫星、激光通信、复合材料、控制理论等领域享有盛誉，成为推动中国航天事业进步的重要力量。

**北京理工大学**：985，211，"双一流"，保研率约20%。该校是全国最早设立自动控制专业的高校之一，学院控制科学与工程学科下设控制理论与控制工程、模式识别与智能系统、导航制导与控制、智能感知与运动控制、智能信息处理与控制、电气工程与控制六个方向，设有博士后流动站。

## 编者说

本科自动化专业的学生得知道,你们的课程非常多,学习压力也很大,学习的内容涉及多个工科领域。所以,"万金油"既是一个优势,也是一个劣势。学生应在学习中找到自己喜欢的专业方向,如嵌入式系统与机器人、过程控制、运动控制、人工智能等。当然,光有本科阶段的学习是远远不够的,考研升学、出国深造也是不错的选择,工作后更要在行业里多实践、多学习才行。找工作时,院校层次和学历水平尤为重要,"985"硕士和普通本科毕业之间的就业差距巨大。总之,这不是一个暴富的专业,而是一个可靠的专业,既是传统老牌的工科专业,也是经久不衰的硬核专业。

# 自动化类专业拓展:**机器人工程**

机器人被誉为"制造业皇冠顶端的明珠",其研发、制造、应用是衡量一个国家科技创新和高端制造业水平的重要标志。当前,机器人产业蓬勃发展,正极大改变着人类生产和生活方式,为经济社会发展注入强劲动能。

——《"十四五"机器人产业发展规划》

人形机器人

### 机器人工程专业是什么?

谈及机器人,我们总是不禁联想到科幻电影中穿越时间的终结者,来自塞伯坦星球的变形金刚,抑或又软又暖的治疗机器人大白。如此高端的机器人依照目前的科技水平还无法制造,但现如今是人工智能时代,依托于强大的算法、先进的制造,总有一天,科幻也能照进现实。

机器人工程专业是典型的新工科专业,在 2016 年才被教育部批准成为本科新专业,也是一个交叉性很强的学科,虽归属于自动化类专业,但很难说完全归属于哪个独立的学科。国内各高校开设的机器人工程专业培养方向各具特色,这主要是依托于不同院校的特色和行业背景,主要方向有机械工程专业、自动化专业、电气工程专业等。目前,机器人分为四类,即工业机器人、服务机器人、仿生机器人和智能机器人。

### 和自动化专业相比有何不一样?

本科阶段整体区别不大,自动化专业更侧重学习自动控制系统和理论,学习内容更宽泛。机器人工程专业更侧重机器人的软件、硬件和系统集成应用等,学习内容更专一些,带有机械风格。

### 机器人工程专业学什么?

大致分两类:电气与计算机类(AI 机器人)和机电类(机械电子与机构)。机器人工程专业是个交叉学科,每个学校的行业背景和优势学科各不相同,培养方案和课程体系也各有特色。例如,浙江大学机器人专业开设在控制科学与工程学院,北京航空航天大学则开设在机械工程及自动化学院,中国矿业大学开设在机电工程学院。各校本科阶段的培养模式和课程也是有差异的。

### 机器人工程专业就业前景怎么样?

机器人工程专业的人才需求主要集中在工业机器人整机制造企业、服务机器人研发制造企业、特种机器人研发制造企业,以及相关产品和服务的销售公司。机器人工程专业是近几年的热门专业之一,未来的就业前景是比较广阔的,随着产业结构升级的逐步深入,机器人将大量走进生产环境,这个过程必然需要大量的专业人才。

# 计算机科学与技术——战争的产物

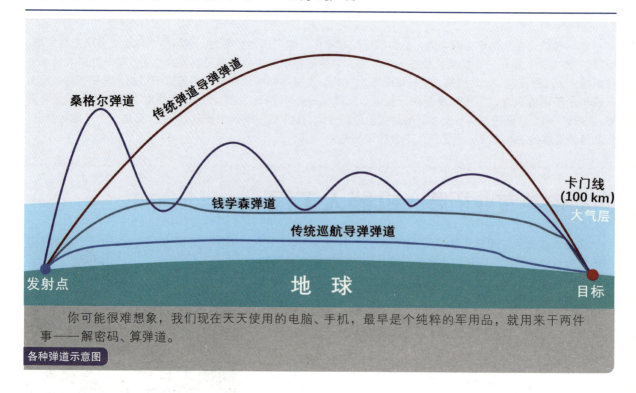

你可能很难想象,我们现在天天使用的电脑、手机,最早是个纯粹的军用品,就用来干两件事——解密码、算弹道。

各种弹道示意图

## 一、专业起源

"二战"期间,美国和德国都需要精密的计算工具来计算弹道和破解电报获取情报。当时美军的弹道研究实验室每天要为陆军提供六张火力表,每张火力表包含几百条弹道,每条弹道都是复杂的非线性方程,只能用数值的方式进行近似计算,当时美国军方雇佣 200 名计算员大约两个月才能计算完成,而在战争期间,时间就是胜利,按这种速度可能计算结果出来,战争都已经打完了,所以催生了计算设备。在当时的大环境和美军的资助下,宾夕法尼亚大学的莫克利(J. W. Mauchley)和他的学生艾克特(J. P. Eckert)于 1946 年建造了第一台通用计算机(ENIAC),将计算弹道的时间缩短至 30 秒内。

冯·诺伊曼

同年,美籍匈牙利数学家、计算机科学家约翰·冯·诺伊曼,总结了早期计算机理论的思想,提出的冯·诺伊曼体系结构,明确规定用二进制替代十进制运算,并将计算机分成五大组件,为现代计算机理论提供了逻辑框架。我们目前使用的计算机都是基于这个原理制造的。

Apple II

随着电子元器件的进一步发展,计算机的性能和可靠性进一步提升,体积和重量大大减小,计算机也因此能够走进普通人的生活里,成为个人使用的工具。在 20 世纪 70 年代末和 80 年代初,苹果公司的 Apple II 和 IBM 的 IBM PC 等个人计算机成为家庭和办公场所中的常见工具,推动了计算机的普及和应用。到了 20 世纪 90 年代,互联网的广泛应用使得计算机之间的联网成为可能。随着互联网的迅速发展,信息时代全面来临,计算机成为人们获取和交流信息的重要工具。目前,计算机的性能依旧在不断提升,而伴随着人工智能的发展,计算机也深深地融入我们的生活。

## 二、专业介绍

很多人以为学习计算机就是修电脑,真的是这样吗?当前,计算机技术已经深刻改变了世界和我们的生活方式,不仅仅是导弹、卫星等高大上的领域,我们日常工作生活中计算机无处不在,例如工作中的数据处理、分析和加工等，日常生活娱乐中的刷视频、网络购物、网络社交，甚至包括目前快速发展的远程医疗、智能家居、无人驾驶，都与计算机息息相关。

程序员

该专业是计算机类中偏基础的专业，不仅要在硬件端研究如何更好地设计、制造计算机，也要在软件端更好地研究新系统、设计新软件、开发新功能。因此，计算机科学与技术专业的学生需要全方面地学习计算机的基本原理、软硬件相关知识，能运用所掌握的理论知识和技能，从事计算机科学理论、计算机系统结构、计算机网络、计算机软件及计算机应用技术等方面的科研、开发与教育工作。

**哪些学生适合学习计算机科学与技术专业？**

1. 数学基础扎实。要想学好这门专业，就需要能够理解和运用大学数学中的微积分、线性代数和离散数学等知识，在计算机领域中进行建模、算法设计和数据处理，因此就要求学生有较好的数学基础。

2. 逻辑思维能力。计算机中的编程问题和设计算法要求学生具备良好的逻辑思维和问题解决能力。

3. 持续学习的能力。计算机领域的技术更新非常快，学生需要具备持续学习的能力，需要不断学习新的技术和知识，掌握领域的最新发展动态，并能够将其应用于实际工作中。

4. 编程能力和兴趣。如果学生在正式学习计算机之前，就已经具备一定的编程能力和兴趣，那对于后期的学习来讲会更加适应，也能够学习得更加深入。

## 三、本科阶段的学习

### 01 大学学习课程有哪些？

| 计算机科学与技术专业本科课程目录（以南京大学为例） | | | |
|---|---|---|---|
| 通识通修课程 | | | |
| 微积分 I | 线性代数 | 大学物理实验 | 大学英语 |
| 思想道德修养与法律基础 | 形势与政策 | 中国近现代史纲要 | |
| 学科平台课程 | | | |
| 程序设计基础 | 计算机程序的构造和解释 | 计算机系统基础 | 数据结构 |
| 操作系统 | 计算机网络 | 离散数学 | 算法设计与分析 |
| 专业核心课 | | | |
| 数据库概论 | 编译原理 | 计算机图形学 | 概率论与数理统计 |
| 软件工程 | 计算机组成与设计 | 软件质量保障 | |
| 专业选修课 | | | |
| 高级程序设计 | 汇编程序设计 | 机器学习导论 | 高级 Java 程序设计 |
| 软件测试 | 人机接口技术 | IOS 智能应用开发 | 数字图像处理 |

（篇幅有限，表中仅列举部分主要课程）

### 02 核心课程介绍

**计算机组成原理**

相信很多人买电脑的时候，都会选择各种配置，如处理器、显卡、主板、内存等，然后再选择安装操作系统。对于使用者来说，把它们装起来会用就可以。但是，你知道各个部件的工作原理以及如何发挥出更好的性能吗？这门课不仅告诉你计算机是如何工作的，还可以帮助你更好地理解、设计和优化计算机系统。

计算机的组成

在计算机中，硬件的构成与设计是相当重要的，因为单个硬件设备的效率和性能都会影响整个系统的运行速度。而计算机设计则包括了计算机硬件结构设计、电路设计、芯片设计、编程语言等方面。这对于能否充分挖掘计算机性能十分重要，本课程主要内容包括：计算机系统概论、指令系统、主存储器、存储系统、总线与输入输出系统、数据的表示与运算、中央处理器、控制器等。

## 算法与数据结构

算法就是未来

相信很多人在使用软件的过程中都有这样的感受，有的软件占用内存很小，有的则很大，有的运行起来很流畅，有的运行起来很卡顿。而有的软件经过升级优化后，内存会变小，也会变得更流畅。为什么会有这些区别和变化呢？实际上我们在计算机上使用的各类程序，本质就是数据结构＋算法，也就是说我们所接收到的各种图像、声音原本都是一组组数据，然后利用一系列有效、通用的步骤来对这些数据进行计算从而得到我们想要的结果。而采用哪种数据结构和算法，直接关系着程序的运行速度与内存占用。

数据结构和算法是计算机科学的基础，它们对于理解和构建高效的计算机程序至关重要。什么样的程序才是好的程序？好的程序设计无外乎两点："快"和"省"。"快"指程序执行速度快，高效；"省"指占用更小的内存空间。在实际应用中，需要根据具体的问题和数据性质选择合适的数据结构和算法。

本课程研究计算机处理数据的结构特性，学习线性表、树、图等常用数据结构的逻辑结构与存储结构；学习分治递归、动态规划、贪心算法等典型算法，掌握分析与推导算法效率的方法。通过对本课程的学习，能够解决非数值计算与工程应用问题，达到选择或设计恰当的逻辑结构、存储结构及相应的算法水平，为学生进一步学习理论和解决实际工程应用问题打下坚实的基础。

## 操作系统

操作系统是一组主管并控制计算机操作、运用和运行硬件、软件资源并提供公共服务来组织用户交互的相互关联的系统软件程序。它的设计目的是让人们更加方便高效地使用计算机。

对于计算机来说，操作系统是一个资源分配器，它管理、调度、分配各种资源，使计算机更加高效地运行。根据运行的环境，操作系统可以分为桌面操作系统、手机操作系统、服务器操作系统、嵌入式操作系统等。常见的包括我们目前个人使用的 PC 端操作系统，主要是苹果公司的 MacOS、IOS 和微软公司的 Windows 以及安卓等。

操作系统界面

本课程主要内容包括操作系统的构造原理、每个模块应完成的功能以及实现这些功能常用的方法。学完这门课程可以使学生能够更清楚地了解到计算机内部如何将用户的作业输入到计算机，计算机又如何在内部存储、管理以及运行（处理）这些作业，直到输出结果为止。

## 四、升学与就业

全国普通高校毕业生规模 100 000 人以上，2023 年全国开设该专业的本科院校约 980 所。

### 01　考研方向

**学术型硕士**：计算机科学与技术（计算机系统结构、计算机软件与理论）、软件工程（数据科学与工程、人工智能、信息与计算科学等）、网络空间安全

**专业型硕士**：电子信息（计算机技术、软件工程、人工智能、大数据技术与工程等）

### 02　就业展望

说到计算机，大家自然会联想到"码农"、"996"、掉头发、裁员、35 岁危机等，但实际上计算机的就业岗位很多，就业面也非常广泛，并非所有学生都去互联网大厂。不夸张地说，目前的各行各业都需要计算机的人才，去向广泛。

**高薪技术岗——互联网行业**

目前互联网行业缺少高端开发人才，所以如果你是本科毕业，互联网大厂进去的难度较大，只能去一些中小企业从事基础软件开发、系统维护、软件测试等工作。而如果你的学历是研究生，尤其是 985、211 院校毕业的，那么不仅有机会进入大厂，从事的岗位也更加高端，包括系统架构师、算法工程师、云计算工程师、人工智能工程师等；主

谷歌公司

要去向单位如腾讯、阿里、谷歌、字节跳动、哔哩哔哩等互联网大厂以及万户网络、中企动力等软件开发公司。办公地点通常是一线或准一线城市，工作环境、福利待遇等都非常好，但是高收入也意味着高强度，需要有较高的抗压能力和时间管理能力。

**普通技术岗——各行各业**

目前各行各业都走在信息化的道路上，因此，如果你只是一名本科生，或者非名校毕业，你除了考虑去一些对口的中小型互联网企业，也可以去一些传统企业的信息部门从事基础软件开发、系统维护、网络搭建等工作。这一类公司不以 IT 作为营收，压力相对小的互联网公司要小一些，但是缺点就是对于 IT 的技术要求没有那么高，没有新技术的接触，对于吃青春饭有上进心的程序员不利，对于混日子的程序员来说还是不错的，最起码非常稳定而且加班相对来说也更少一些。

敲代码的程序员

**稳定铁饭碗——体制内就业**

国有企业、事业单位、政府部门都需要大量的计算机毕业生，虽然待遇方面可能不如互联网大厂，但是工作相对轻松一些，也不要担心因行业发展而带来的岗位变动，适合对收入要求不高、求稳定的同学。需要注意的是，这些部门由于工作稳定，是当下的就业热门，竞争也非常激烈，同时对学校、学历有较高要求。去向包括国有企业的 IT 部门，如电信、移动、联通三大运营商和中国工商银行、农业银行等各大银行；各大事业单位，如中小学、医院、上海计算机软件技术开发中心、高性能计算技术研究中心等；政府机关单位，如海关、国税、档案局、网信办等。

政府部门

## 03 专业相关证书

| 类型 | 证书 | 主办单位 |
| --- | --- | --- |
| 国内认证 | 浙江大学计算机程序设计能力考试证书 (PAT) | 浙江大学计算机科学与技术学院 |
| | 全国计算机等级考试证书 (NCRE) | 教育部教育考试院 |
| 国内认证 | 计算机技术与软件专业技术资格 ( 水平 ) 考试证书 ( 软考 ) | 人社部、工业和信息化部 |
| | 通信专业技术人员职业水平证书 | |
| | 全国计算机应用水平考试证书 (NIT) | 教育部（教育考试院）、各地省教育厅 |
| | 全国高校计算机考试证书 (CCT) | 各省（区、市）教育厅 |
| | 国家信息安全水平考试证书 (NISP) | 中国信息安全测评中心 |
| | 注册信息安全专业人员证书 (CISP) | |
| | CCF 计算机软件能力认证证书 (CCF CSP) | 中国计算机学会 |
| 企业认证 | RHCE 红帽认证证书 | 红帽（Red Hat） |
| | Cisco 思科认证证书 | 思科（Cisco） |
| | 华为认证证书 | 华为 |
| | 阿里云认证证书 | 阿里云认证中心 |
| | IBM 认证证书 | IBM 认证中心 |
| | Adobe 国际认证 (ACP 证书 ) | Adobe 中国授权培训中心 (AATC) |
| | 微软认证证书 | 微软（Microsoft） |
| | Oracle 认证证书 | 甲骨文公司（Oracle） |

## 五、重点关注院校

计算机科学与技术专业对应的硕士一级学科为计算机科学与技术，部分重点院校列举如下：

| 世界一流学科（计算机科学与技术） | 第四轮学科评估（计算机科学与技术） |
|---|---|
| 北京大学、浙江大学、华中科技大学、南京大学、东南大学、清华大学、哈尔滨工业大学、上海交通大学、西安电子科技大学、新疆大学、中国科学技术大学、北京邮电大学、北京航空航天大学、国防科技大学 | A+：北京大学、清华大学、浙江大学、国防科技大学<br>A ：北京航空航天大学、北京邮电大学、哈尔滨工业大学、上海交通大学、南京大学、华中科技大学、电子科技大学 |

**浙江大学**：985，211，"双一流"，保研率约34%。计算机科学与技术以及软件工程专业均被评为A+，先后培养出了以中国科学院院士吴朝晖和中国工程院院士潘云鹤、陈左宁、陈纯为代表的一大批优秀人才。

**西北工业大学**：985，211，"双一流"，保研率约30%。结合航空航天特色，历史上曾成功研制出我国第一台机载计算机、第一台微程序控制的小型通用计算机、第一块航空大规模专用集成电路芯片、第一个工程数据库管理系统等，获得过全国科学大会奖和国家科技进步奖。

**电子科技大学**：985，211，"双一流"，保研率约25%。"两电一邮"（电子科技大学、西安电子科技大学、北京邮电大学）之一，学校以"电子科技"命名，电子类学科实现全覆盖。充分发挥电子科技大学在电子信息领域内的学科优势，体现了计算机软硬件、通信、电子工程和数学等多学科融合的特点。

**北京邮电大学**：211，"双一流"，保研率约25%，"两电一邮"之一，业界口碑良好。就业行业包括电信运营商、设备和服务供应商、互联网、金融等，就业单位大多为世界500强和中国100强的大型企业，例如三大电信运营商、华为等。

### 编者说

相信每一位即将学习计算机的同学都听过以下江湖传言，"程序员是碗青春饭""程序员35岁就失业"……不可否认，IT行业确实以年轻程序员为主体，但同样不可否认的是，"老"程序员独有的丰富行业经验、创造力、前瞻性，才能让公司走得更扎实、更久远。而且，计算机不仅包括编程，还有硬件设计、网络通信、信息安全等诸多领域，这些领域都需要经验积累和知识沉淀，这是年轻人做不到的。总之，不管哪个行业，危机都是有的，毕竟职业晋升就是金字塔，越往上位置越少，机会在变少，需要靠个人的能力和成长。所以，IT行业，淘汰的不是人云亦云的"35岁"，而是不能拥抱变化、拥抱新技术的人，只在工位上机械性地敲代码是万万不行的，要让你的能力和经验匹配你现有的岗位需求，成为公司的"宝藏"。

# 计算机类专业拓展：**软件工程**

软件是新一代信息技术的灵魂，是数字经济发展的基础，是制造强国、网络强国、数字中国建设的关键支撑。发展软件和信息技术服务业，对于加快建设现代产业体系具有重要意义。

——《"十四五"软件和信息技术服务业发展规划》

### 软件工程专业是什么？

我们和软件并不陌生，每一天，我们都在使用各种软件，包括微信、QQ等聊天工具，美团、饿了么等生活软件，腾讯视频、爱奇艺等视频软件，WPS、Office等办公软件。这些软件无不丰富了我们的生活，也提高了工作效率。但与此同时，我们依旧需要不断开发、设计能够帮助到我们的各类新软件。

软件工程属计算机类专业，是 2002 年教育部新增专业，采用工程的概念、原理、技术和方法来开发、维护软件，把管理技术与开发技术有效地结合起来，以计算机科学与技术学科为基础，强调软件开发的工程性，涉及程序设计语言、数据库、软件开发工具、系统平台、设计模式等方面，培养能够从事软件开发、测试、维护和软件项目管理的高级专门人才。

程序员

### 和计算机科学与技术专业相比有何不一样？

计算机科学与技术专业对基础理论课程更为看重，并且核心课程都与科研相关，更适合学生未来进行学术研究。而软件工程的核心课程有更多和职业发展、技术应用相关的课程，比如软件工程与质量、程序设计实践、软件工程素养、面向程序设计的硬件基础、系统编程等，更适合学生未来直接就业。

### 软件工程专业学什么？

以浙江大学为例，软件工程专业的核心课程有：离散数学及其应用、数据结构基础、高级数据结构与算法分析、面向对象程序设计、计算机系统原理、数据库系统原理、操作系统原理、操作系统分析与实验、软件工程基础、计算机网络基础项目管理与案例分析、软件需求分析与设计、软件体系结构、人机交互工程。

除此之外，浙江大学软件工程专业还结合学院的科研和应用特色，开设了软件开发技术、金融信息技术、信息安全技术三个应用领域方向课程。各校软件工程专业根据培养体系、专业侧重等不同情况，课程设置也有所差异，考生可具体查看各校详细专业和课程设置情况。

### 软件工程专业就业前景怎么样？

软件工程专业的毕业生主要面向两类就业岗位：一类是各种规模的 IT 企业，从事项目管理、软件设计、软件开发和质量保证等相关工作；另一类是进入对 IT 技术依赖度很高的金融、电信等行业的 IT 部门，从事这些行业的业务软件的开发、测试、维护等相关工作。

例如，南京大学软件学院就业率连续多年 100%，位居各院系前列，就业单位主要有微软、英特尔、百度、腾讯、阿里巴巴、华为、摩根士丹利等知名 IT 企业和金融类企业，85% 以上的学生在上海、杭州、南京、苏州、深圳、北京等地就业，本科生平均入职年薪近 20 万元。

# 计算机类专业拓展：**信息安全**

进入 21 世纪以来，随着信息技术的不断发展，信息安全问题也日益突出。如何确保信息系统的安全已成为全社会关注的问题。但由于中国专门从事信息安全工作的技术人才短缺，阻碍了信息安全事业的发展。信息安全专业是具有发展前途的专业。

### 信息安全专业是什么？

信息安全，简称"信安"，是指保持信息的保密性、完整性、可用性以及真实性、可核查性、不可否认性和可靠性等。听起来"高大上"，似乎有点高深莫测，实际上，在信息化的今天，我们接触到的信息安全实例比比皆是，

信息安全

比如我们日常使用的智能手机的指纹解锁、身份证办理时录入的指纹、拥有"黑科技"的虹膜识别技术、支付宝等软件在线交易时生成的动态验证码、电脑上的防火墙等。

信息安全属于计算机类专业,是研究信息获取、存储、传输和处理中的安全保障问题的一门学科。它主要学习和研究密码学理论与方法、设备安全、网络安全、信息系统安全、内容和行为安全等方面的理论与技术,是集数学、计算机、通信、电子、法律、管理等学科为一体的交叉性学科。

### 和计算机科学与技术专业相比有何不一样?

计算机科学与技术专业更加看重计算机的基础理论,探究计算机底层是怎么工作的,研究出更好的计算机;信息安全是计算机科学与技术专业的一个重要分支,主要研究计算机和网络安全的保障技术和方法。

### 信息安全专业学什么?

信息安全专业的核心课程包括:程序设计与问题求解、离散数学、数据结构与算法、计算机网络、信息安全导论、密码学、网络安全技术、计算机病毒与防范等。主要实践课程包括:密码学实验、网络安全技术实验、计算机病毒与防范实验、数据结构与算法课程设计、计算机原理课程设计、数据库系统原理课程设计、计算机网络课程设计、操作系统课程设计、信息安全课程设计等。

以中国科学技术大学为例,信息安全专业是高度融合的学科,其课程特点是偏重计算机和数学。其中,计算机类课程有操作系统、数据库基础、计算机网络、编译原理和技术、网络安全、计算机安全等;数学课程有近世代数与数论、数理逻辑与图论等。

### 信息安全专业就业前景怎么样?

毕业生可在政府机关、国家安全部门、银行、金融、证券、通信等领域从事各类信息安全系统、计算机安全系统的研究、设计、开发和管理工作,也可在 IT 领域从事计算机应用工作。毕业生去向包括:在信息安全的专业机构、科研院所、高等院校、大型企业中的信息安全研发机构从事研究开发工作;在提供信息安全产品和信息安全系统服务的各类单位从事技术开发工作;在各类企事业单位和政府部门从事信息安全服务工作;在党政部门、各级互联网管理部门、企事业单位的网站管理部门从事信息安全管理工作等。

# 计算机类专业拓展:**数据科学与大数据技术**

数据是新时代重要的生产要素,……大数据产业是以数据生成、采集、存储、加工、分析、服务为主的战略性新兴产业,是激活数据要素潜能的关键支撑,是加快经济社会发展质量变革、效率变革、动力变革的重要引擎。

——《"十四五"大数据产业发展规划》

……面对世界百年未有之大变局和新一轮科技革命和产业变革深入发展的机遇期,世界各国纷纷出台大数据战略,开启大数据产业创新发展新赛道,聚力数据要素多重价值挖掘,抢占大数据产业发展制高点。

### 数据科学与大数据技术专业是什么?

进入互联网时代,大数据的应用涉及生活的方方面面。例如,今日头条通过算法匹配个人更偏爱的信息内容,淘宝根据消费者日常购买行为等数据进行商品推荐,电子地图根据过往交通数据为车辆规划最优路线等。甚至用户的搜索习惯和股市都有很大关系。

在谈到大数据的时候，人们往往知道的就是数据很大，但大数据≠大的数据，大数据技术的意义不在于掌握庞大的数据信息，而在于对这些数据进行专业化处理，通过"加工"实现数据的"增值"，更好地辅助决策。数据科学与大数据技术是 2015 年教育部公布的新增专业，主要研究计算机科学和大数据处理技术等相关的知识和技能，从大数据应用的三个主要层面即数据管理、系统开发、海量数据分析与挖掘出发，对实际问题进行分析和解决。

## 和计算机科学与技术专业相比有什么不一样？

计算机科学与技术专业要求学生具有从事计算机及相关领域中的计算机应用系统分析、设计、开发、应用、维护和管理的基本能力和创新素养，而数据科学与大数据技术专业要求学生具备宽厚扎实的数学、统计学、计算机科学等基础知识，掌握数据科学与人工智能相关方法及数据思维能力。

## 数据科学与大数据技术专业学什么？

数据科学与大数据技术是一门实践性很强的新兴交叉复合型学科，在数学、统计学、计算机三大课程基础上，交叉融合其他的专业知识技能。以对外经济贸易大学为例，学校在数学、统计学、计算机知识体系模块中又增加了体现学校特色的财经类行业应用和外语模块，以提升学生的行业应用能力和国际化水平。

具体专业知识结构包括数学、统计学、计算机和大数据分析四大模块。其中，数学包括数学分析一、数学分析二、高等代数、离散数学等课程；统计学包括概率论与数理统计、多元统计分析、随机过程等课程；计算机包括数据结构、计算机组成原理、操作系统、数据库系统原理、C++ 程序设计、Java 程序设计、Python 与大数据分析、科学计算与 Matlab 应用、R 语言等课程；大数据分析包括数据科学导论、机器学习与数据挖掘、信息检索与数据处理、自然语言处理、智能计算、推荐系统原理、大数据分析技术基础、数据可视化、大数据存储与管理、大数据分析实践等课程。

## 数据科学与大数据技术专业就业前景怎么样？

数据科学和大数据技术在各行各业都有广泛的应用。金融行业需要分析风险和市场趋势，医疗保健行业需要进行疾病预测和个性化治疗，零售业需要进行用户行为分析和系统推荐，制造业需要进行生产优化和质量控制。随着大数据往各垂直领域延伸发展，对统计学、数学专业的人才，以及数据分析、数据挖掘、人工智能等偏软件领域的人才需求越来越大。

数据科学与大数据技术专业的学生主要有三大就业方向：大数据系统研发类、大数据应用开发类和大数据分析类，具体岗位如大数据工程师、大数据分析师等。毕业生可在政府机构、企业等单位从事大数据管理、研究、应用开发等方面的工作。

大数据分析师是用适当的统计分析方法对收集来的大量数据进行分析，强调的是数据的应用，统计层面内容会多一些。比如做产品经理，可以通过数据建立金融模型，来推出一些理财产品。而大数据工程师则侧重于技术，主要是围绕大数据平台系统级的研发，偏开发层面。

# 土木工程——成年人世界里的"乐高"

你看过央视大型纪录片《超级工程》吗？其中就有我国最高的摩天大楼——上海中心大厦，它的建造过程令人惊叹，这是工程师们关于垂直城市的大胆想象，是"魔都"上海的地标性建筑。超级工程的背后是与之息息相关的土木工程专业。

上海摩天大楼

## 一、专业起源

土木工程是一个很古老的专业，它的名字就透着浓浓的历史气息。在我国，最初的土木工程可以追溯到大约 8 000 年以前。那时候人类的祖先大多还生活在洞穴里，阴冷、潮湿，终日不见阳光，还时不时被野兽突袭。为了避免野兽侵袭，祖先们构木为巢，像鸟一样住在树上，逐步创造出原始的木架结构——木骨架结构——夯土坯和木构架为主体的建筑，实践着"土木工程"的梦想。到了公元前 20 世纪，已有夯土的城墙。勤劳智慧的人民创造出了许许多多世界瞩目的文明古迹，如雄伟壮丽的万里长城、巧夺天工的赵州桥、故宫、都江堰水利工程等，都让人叹为观止。

故宫房梁

金字塔

土木工程在世界其他国家也有比较悠久的历史。欧洲在 8 000 年前就开始采用晒干的砖，6 000 年前凿琢自然石，3 000 年前采用烧制砖。其中最为世人瞩目的就是古埃及人民的不朽杰作——著名的埃及金字塔。在欧洲建筑史上的各个时期，往往都有一些成就较高、影响较大的建筑，代表着该时期建筑发展的主流，如古希腊的各种神庙教堂、古罗马的竞技场等。

说到现代土木建筑工程，其时间跨度从 20 世纪中叶到现在。"二战"结束以后，科学技术突飞猛进，土木建筑工程进入新时代。首先表现出进一步大规模工业化，后期则是现代科学技术的进一步渗透。在建筑材料上，高强混凝土、高强低合金钢、高分子材料、钢化玻璃等新型材料和功能材料被大量应用。在结构理论上，现代计算机强大的计算和绘图能力，使得力学分析和计算结果更加科学。在建筑技术上，机、电、液一体化，计算机模拟仿真技术使土木建筑工程的发展进入了新的历史时期。

土木工程作为一门独立学科的开端，可以在法国的桥梁和公路兵团于 1716 年成立的基金会中看到。1747 年，法国首先成立了国家桥梁和公路学校。而在我国，19 世纪为了学习和引进西方的科学技术，一些有识之士纷纷创办培养科学技术人才的学校，其中包括培养土木工程人才的学校。1895 年创办的天津北洋西学学堂（天津大学的前身），是中国最早一所培养土木工程人才的学校。此外，陆续建成的山海关北洋铁路官学堂（西南交通大学的前身）、南洋公学（上海交通大学的前身）、同济德文医学堂（同济大学的前身）等都是较早设立土木工程学科的学校。

## 二、专业介绍

土木工程是建造各类工程设施的科学技术的统称。它既包括所应用的材料、设备，所进行的勘测、设计、施工、维护等技术活动，也包括工程建设的对象，即建造在地上或地下、陆上或水中，直接或间接为人类生活、生产、军事、科研服务的各种工程设施。

鸟巢

我们的先人们更多采用土石和木材作为建筑材料，这就是土木工程名称的来源。后来也有人戏称土木工程是"又土又木"的专业，其实不然。随着科学技术的发展和人类建造经验的积累，现在土木工程专业的理念和技术已经焕然一新。除了土木，更多的新型建筑材料已经被广泛应用到各个领域。例如房屋、道路、铁路、运输管道、隧道、桥梁、运河、堤坝、港口、电站、机场、海洋平台等，都离不开土木工程。可以说，土木工程装饰了我们的世界，改变了我们的生活。

### 哪些学生适合学土木工程专业？

土木工程所涉及的内容不仅仅是工程实践施工，还包括工程设计、结构力学、地质勘察、高等数学、工程材料、工程力学、桥梁结构、地下结构、建筑设备、工程设计等课程，总体来说与工程各方面的内容都有涉及，是一个集数学、力学、测量学、建筑学为一体的综合专业。土木工程专业要求学生的知识面要广泛，知识水平要高。

1. 可以接受出差，长期在项目所在地工作和生活；
2. 具有很强的实际动手能力，因为这个专业具有很强的实践性；
3. 能吃苦，富有创造性，毕竟我们的目标是从事技术性的工作，而不仅仅是到工地"搬砖"。

## 三、本科阶段的学习

### 01 大学学习课程有哪些？

| 土木工程专业本科课程目录（以清华大学为例） | | | |
|---|---|---|---|
| 通识教育课程 | | | |
| 思想政治理论课 | 体育 | 外语 | 写作与沟通 |
| 军事理论 | 数学类 | 物理 | 计算机类 |
| 专业主修课 | | | |
| 结构力学 | 混凝土结构 | 钢结构 | 土木工程CAD技术基础 |
| 房屋建筑学 | 地震工程与动力学基础 | 基础工程 | 土力学 |
| 专业核心课 | | | |
| 结构力学 | 工程结构荷载及可靠度设计 | 结构设计原理 | 土木工程试验 |
| 拓展选修课 | | | |
| 钢结构原理与设计 | 土力学地基基础 | 混凝土结构原理与设计 | 结构美学 |
| 自然建筑与自然城市 | 弹性力学与有限元基础 | 结构概念设计 | 建筑设计 |

（篇幅有限，表中仅列举部分主要课程）

### 02 核心课程介绍

**结构力学**

观察自然界中的天然结构，如植物的根、茎和叶，动物的骨骼，蛋类的外壳，我们不难发现它们的强度和刚度不仅与材料有关，而且和它们的造型有密切的关系。很多工程结构是设计师受到天然结构的启发而创制出来的。南京牛首山佛顶宫非常建议大家去看一看，巨大的"榴莲"设计用到的就是结构力学。这

南京牛首山

个依山而建的建筑，在设计之初的方案就是和山体脱开，为的是不受地壳运动的挤压和影响。其次是顶部做镂空设计，不装玻璃。一方面节约了成本和维保费用，另一方面保证了安全性和稳定性。

结构力学是固体力学的一个分支，主要研究工程结构受力和传力的规律，以及如何进行结构优化的学科，它是土木工程专业和机械类专业学生必修的学科。结构力学研究的内容包括结构的组成规则、结构在各种效应作用下的响应，包括内力的计算、位移计算，以及结构在动力荷载作用下的动力响应的计算等。

**结构设计原理**

跨海大桥的桥墩是怎么建成的？那么长的桥如何保证坚固？遇到狂风暴雨时，桥面在晃动，风雨过后却能安然无恙？这些伟大而杰出的设计在这门学科里都能找到答案。有消息称，在山东蓬莱到大连旅顺之间将建设一条深海隧道，设计全长 123 公里，目前已经进入前期准备阶段。这一跨度也将使得渤海海峡跨海通道成为世界最长的海底隧道。

超级工程港珠澳大桥

这门课程以概率理论、材料力学、土木工程材料学、土木工程实验和国家现行设计标准和规范为基础，课程主要包含建筑结构和桥隧结构的作用荷载、结构设计方法、混凝土结构材料的物理力学性能和指标、钢筋混凝土和预应力混凝土基本受力构件的设计原理等内容，是土木工程专业和邻近专业（如工程造价和地下工程）本科生必修的专业课。

**土木工程试验**

地基缺陷的比萨斜塔

1998 年 2 月 20 日上午，湖北巴东县焦家湾正在施工的大桥突然坍塌，11 人当场死亡；1999 年 1 月 4 日，重庆綦江彩虹桥建成仅 3 年，整体坍塌，40 人死于非命；云南省耗资 3.8 亿元人民币修建的云南省昆禄公路，开通 18 天，路基沉陷、路面开裂……这些"豆腐渣"工程令人心痛。罗马不是一天建成的，大楼也不是想搭多高就搭多高。在任何一个项目的建设过程中，都需要反反复复进行各种试验，确保建设质量过关和人民的生命安全。这门课程包括结构试验设计、结构试验加载方式、结构试验量测技术、结构静载试验、结构动载试验、结构模型试验等模块的学习。这门课程可以培养学生运用结构力学理论分析问题和解决问题的能力，增加学生结构可靠度检测方面的学习，为学生将来进入工作岗位参与结构现场检测提供必要的认知能力。

## 四、升学与就业

全国普通高校毕业生规模 90 000~95 000 人，2023 年全国有约 565 所院校开设土木工程学专业。

### 01 考研方向

**学术型硕士**：土木工程（岩土工程、结构工程、市政工程、桥梁与隧道工程等）
**专业型硕士**：土木水利（土木工程、水利工程、市政工程等）

### 02 就业展望

近两年，随着城市建设的提速和公路建设的不断增加，土木工程专业的就业形势持续走高。找份工作，对大多数土木工程专业毕业生来讲并非难事。但就业质量与经济周期直接相关。如果国家经济景气，就会有大量的项目开工建设，土木工程专业毕业生的就业就会水涨船高。如果经济不景气，比如遇上金融危机，许多项目就会出现融资困难、资金链断裂等问题，项目只能停工或者缓建，那么土木工程专业的毕业生就会有一定的就业风险。这个行业更适合男生进入，最好要心怀"好男儿志在千里"的理想抱负，因为一个项目从建设初期到完工交付，需要付出大量的时间和精力，需要全力以赴跟着项目走。土木工程主要就业方向有：

**工程技术方向**

比如建筑业。中国比较知名的建筑公司有好几个，比如说中国建筑股份有限公司（简称中建）、中国中铁股份有限公司、中国铁建股份有限公司、中国交通建设股份有限公司、中国电力建设股份有限公司以及中国能源建设股份有限公司等。中建管辖着八个基建局，分别是中建一局、中建二局、中建三局到中建八局，其中一、二局在北京，三局在武汉，四局在广州，五局在长沙，六局在天津，七局在郑州，八局在上海。想进八局不容易，其招聘时比较看重院校层次，学历要求统招本科及以上，需要持有执业资格证书和专业技术资格证书，英语要好，协调能力、谈判能力都要很强。薪酬待遇相对比较好，新人进入应该超过 5 000 元 / 月。工资收入包括基本薪酬 + 岗位津贴 + 区域补贴，福利方面有五险二金 + 补充医疗保险 + 带薪年休假等。

甲方

**设计、规划及预算方向**

代表职位有项目设计师、结构审核、城市规划师、预算员、预算工程师等；代表单位有工程勘察设计单位、房地产开发企业、交通或市政工程类政府机关职能部门、工程造价咨询机构等。随着咨询业的兴起，工程预决算等建筑行业的咨询服务人员也成为土建业内新的就业增长点。工作环境相对轻松，待遇优厚。前提是你要有丰富的行业经验，持有相关的证书。提升自身综合能力才能"卷得动"。

**质量监督及工程监理方向**

建筑设计

比如监理工程师，在建筑、路桥监理公司以及工程质量检测监督部门工作。工程监理是一个新兴的职业。监理行业自诞生以来就面临着空前的发展机遇，并且随着国家工程监理制度的日益完善有着更加广阔的发展空间。

**公务员**

比如市住建局、资源规划局、交通局、农业农村局、审计局等，每年都会有一定的职位对土木工程专业开放，但学历要求基本都在研究生以上，具体岗位招录每年会有变化，有兴趣的同学可以持续关注。公务员办公环境舒适，收入相对稳定。

**教学科研**

路桥、建筑行业的飞速发展带来的巨大人才需要使得土木工程专业师资力量的需求随之增长，但需要注意的是，这些行业的竞争一般较为激烈，需要求职者具有较高的专业水平和综合素质。各地的薪资标准有一定差异，具体薪资以实际为准。

## 03 专业相关证书

| 相关证书 | 难度 | 报名条件 | 含金量 |
| --- | --- | --- | --- |
| 注册结构工程师 | 中上 | 本科及以上学历 + 工作年限 | 中上 |
| 注册建筑师 | 中上 | 大专 / 本科学历 + 工作年限 | 中上 |
| 注册建造师 | 中上 | 大专 / 本科学历 + 工作年限 | 中上 |
| 造价咨询工程师 | 中上 | 大专 / 本科学历 + 工作年限 | 中上 |
| 注册安全工程师 | 中上 | 大专 / 本科学历 + 工作年限 | 中上 |
| 注册岩土工程师 | 中上 | 大专 / 本科学历 + 工作年限 | 中上 |
| 注册造价工程师 | 难 | 大专 / 本科学历 + 工作年限 | 高 |
| 注册监理工程师 | 难 | 大专 / 本科学历 + 工作年限 | 高 |

说明：1. 篇幅所限，此处仅列举相关度较高的证书；2. 报名条件每年略有变化，实际以官方考试网发布为准。

## 五、重点关注院校

土木工程专业对应的硕士一级学科为土木工程，部分重点院校列举如下：

**世界一流学科（土木工程）**
同济大学、东南大学、清华大学、北京工业大学、哈尔滨工业大学、浙江大学、上海交通大学、武汉大学、重庆大学、广西大学

**第四轮学科评估（土木工程）**
A+：同济大学、东南大学
A ：清华大学、北京工业大学、哈尔滨工业大学、浙江大学
A−：天津大学、大连理工大学、河海大学、湖南大学、中南大学、西南交通大学、解放军理工大学

土木工程专业比较受认可的院校有"老八校"和"新八校"之分：

建筑"老八校"有：清华大学、东南大学、同济大学、天津大学、华南理工大学、重庆大学、哈尔滨工业大学、西安建筑科技大学；

建筑"新八校"有：浙江大学、湖南大学、沈阳建筑大学、大连理工大学、深圳大学、华中科技大学、上海交通大学、南京大学。

**同济大学：** 985，211，"双一流"，保研率约32%。学校是教育部直属并与上海市共建的全国重点大学。土木工程连续四年软科世界排名第一，上海东方明珠、金茂大厦、环球金融中心等地标性建筑，都有同济人的身影。

**东南大学：** 985，211，"双一流"，保研率约25%。学校是教育部直属并与江苏省共建的全国重点大学，2017年入选世界一流大学建设A类高校名单，是建筑"老八校"和"四大工学院"（东南大学、华南理工大学、华中科技大学、大连理工大学）之一。

**清华大学：** 985，211，"双一流"，保研率约59%。清华大学土木工程系成立于1926年，是该校历史最悠久的系科之一。清华土木的毕业生在行业内都是前10%的佼佼者。2022年清华大学的土木专业被划入了提前批，不可以转专业。

### 编者说

众所周知，中国被誉为"基建狂魔"，每年全球水泥销量约为40亿吨，中国就消耗了约20亿吨，从天量的水泥消耗中足见中国基建的庞大规模。不但规模大，质量也越来越高，超级工程更是比比皆是。如世界最大的水利枢纽工程——三峡工程、拥有空前的施工难度和顶尖的建造技术的港珠澳跨海大桥、被吉尼斯评为"世界最高桥"的北盘江跨江大桥、世界上最大的直径达到500米口径的球面射电望远镜（FAST），等等。

随着我国"一带一路"倡议的推进，基建项目也在国外遍地开花。未来在走出国门这条路线上，土木工程专业将迎来新的发展。故土木工程专业虽暂时"遇冷"，但长远来看，对外的基建投资将拉动内需，未来就业将迎来转机。编者认为，如果选择了土木，就要学好专业课，重点提高个人综合素质，提升外语水平以及计算机应用水平，打铁还需自身硬！借用梁思成先生的话：愿选择土木工程专业的学子可以有所专而又多能，精于一而又博学。

# 水利水电工程——大江大河，国之重器

更立西江石壁，截断巫山云雨，高峡出平湖。
——毛泽东《水调歌头·游泳》

译文：我在长江西边竖起大坝，斩断巫山多雨的洪水，让三峡出现平坦的水库。

此图是世界上规模最大的水利工程——三峡水利枢纽工程，它集防洪、发电和航运、水资源利用和生态环境保护功能于一体。

三峡大坝

## 一、专业起源

在人类创造文明的过程中，科学与技术扮演了最重要的角色，自然是人类文明史中的一个重要组成部分。人类修建水利工程就是一项伟大的科学，中国古代文明灿烂辉煌，人口众多，因而自古重农，历代无不将"水利灌溉、河防疏浚"列为首要工作。

中国是水旱灾害频繁发生的国家，而农业在国民经济发展中具有决定性意义，水利又是农业的命脉。在我国几千年文明史中，勤劳、勇敢、智慧的中国人民同江河湖海进行了艰苦卓绝的斗争，修建了无数大大小小的水利工程，有力地促进了农业生产。同时，水文知识也得到了相应的发展。

大运河

在现代水利的发展史上，我国先后投入上万亿元资金用于水利建设，水利工程规模和数量跃居世界前列，水利工程体系现已逐步形成，江河治理成效卓著。从地理位置上看，有黄河流域的龙羊峡水电站、三门峡水利枢纽，有长江淮河流域的白鹤滩水电站、洪泽湖大堤、各地泄洪区建设，有东南沿海及珠江流域的大藤峡水利枢纽工程等。

21世纪以来，以三峡、南水北调工程投入运行为标志，我国水利发展进入快车道，先后建设了小湾、龙滩、水布垭、白鹤滩等一级工程，建设技术逐渐成熟。现如今，我国更加关注巨型工程和超高坝的安全，注重生态保护，在很多水利水电相关领域居于国际领先地位。在国际水利水电建设市场上，我国拥有一半以上的国际市场份额。

都江堰

1915年，河海工程专门学校创建于南京，它是我国第一所培养水利人才的高等学府，开创中国水利教育的先河，是河海大学的前身。1951年，在我国的北方，中央人民政府水利部部水利学校在北京创建，并最终发展成为华北水利水电大学。此外像天津大学、武汉大学、西安理工大学、三峡大学等，它们在水利水电工程方面也颇具实力。该专业的建设在我国高等教育体系中十分完善。

## 二、专业介绍

大坝

水利水电工程是以力学、水文学等为基础,研究水利水电工程建设相关的基本理论及工程设计、施工管理方法,研究消除水灾、科学利用水资源及水能资源的综合性学科。本专业培养学生具有水工程、水资源、水生态、水环境、水灾害、水管理及水经济等水科学与水利工程技术的综合知识和能力。这个专业包括水资源的再生及合理利用、水系的开发、河道的开发。比如南水北调,让南北方人民可以共饮长江水。比如世界上规模最大的三峡水电站,在发挥防洪、航运、水资源再利用等巨大综合效益前提下,累计生产数千亿千瓦时绿色电能。

**哪些学生适合学习水利水电工程专业?**

1. 可以接受出差和野外工作,甚至去遥远的地方援建;
2. 具有很强的实际动手能力,因为这个专业具有很强的实践性;
3. 有一定的钻研能力,遇到具体工程问题,要能够提出合理有效的解决方案。

## 三、本科阶段的学习

### 01 大学学习课程有哪些?

| 水利水电工程专业本科课程目录(节选自河海大学水利水电工程指导性教学计划) | | | |
|---|---|---|---|
| **公共必修课** | | | |
| 思想道德修养与法律基础 | 中国近现代史纲 | 马克思主义基本原理概论 | 形势与政策 |
| 大学英语 | 大学体育 | 军事理论 | |
| **学科平台课** | | | |
| 高等数学 | 几何与代数 | 大学物理 | 大学化学 |
| 概率论与数理统计 | 理论力学 | 材料力学 | 结构力学 |
| 工程制图基础 | 水利工程制图 | 测量学 | 工程地质 |
| **专业主干课** | | | |
| 水力学 | 土力学 | 钢筋混凝土结构 | 钢结构 |
| 工程水文学 | 工程经济 | 水资源规划及利用 | 水工建筑物 |
| 水电站 | 工程施工 | 水利水电工程管理 | |
| **专业提升课** | | | |
| 河流动力学 | 结构动力学 | 城市水务工程 | 电工学及电气设备 |
| 防灾减灾学 | 工程泥沙及河流管理 | 可再生能源工程 | 泵站工程 |

(篇幅有限,表中仅列举部分主要课程)

### 02 核心课程介绍

**水力学**

它是水利类各专业的一门主要技术基础课,主要内容包括液体运动的一般规律、相关概念与理论,通过分析计算方法和实验技术,能解决蓄水容器、输水管渠、挡水构筑物、沉浮于水中的构筑物,如水池、水箱、水管、闸门、堤坝、船舶等的静力荷载计算问题,以及给水排水、道路桥涵、农田排灌、水力发电、防洪除涝、河道整治及港口工程中的水力学问题。另外,可以将水力学用于高浓度泥沙河流的治理、高水头水力发电的开发、输油干管的敷设、采油平台的建造、河流湖泊海港污染的防治等。

船闸

## 土力学

地铁施工造成的地面沉陷，冻胀变形造成的房屋开裂，过量开采地下水造成的大面积沉降，这些均源于土的变形。我国1998年遭遇了洪水，出现了多次险情和几次大坝决堤，这都是由渗透破坏引起的灾难。土力学是研究土体在力的作用下的应力－应变或应力－应变－时间关系和强度的应用学科，是工程力学的一个分支。其主要内容包括土的组成、土的物理性质及分类、土的渗透性及渗流、土中应力、土的压缩性、地基变形、土的抗剪强度、土压力、地基承载力、土坡和地基的稳定性、土在动荷载作用下的特性。

防止滑坡的结构

## 水工建筑物

小型水电站

"水工建筑物"是水利水电工程专业的一门专业必修课，讲授多类常见和主要水工建筑物的作用功能、工作特点、构造特点、设计理论与方法，水利枢纽布置的特点和影响因素，以及水工建筑物运行管理知识，为将来从事水利水电工程勘测、规划、设计、施工及管理等技术工作打下基础。常见的水工建筑如水利大坝，建筑材料多由水泥、粉煤灰、外加剂、砂石料、钢筋、钢材等组成。随着高分子合成材料的发展而出现的橡胶大坝，可通过闸门控制水库库容及发电水头；方便蓄水，调节水位和流量；因为抗腐蚀性，可用于沿海岸防浪或挡潮。橡胶坝在我国被广泛采用，山东临沂小埠东拦河橡胶坝是目前世界上最长的橡胶坝。

## 四、升学与就业

全国普通高校毕业生规模8 000~9 000人，目前全国约有97家院校开设水利水电工程专业。

### 01 考研方向

**学术型硕士**：水利工程（水文学及水资源、水力学及河流动力学、水利水电工程、港口、海岸及近海工程等）

**专业型硕士**：土木水利（水利工程、土木工程、农田水土工程、市政工程等）

### 02 就业展望

水是人类赖以生存的资源，电力是社会发展的主要能源。正值国家水资源紧缺，这个专业出来的人才很厉害，是我们国家储备战略人才的专业。此外，水利类中的水文方向，如果考编可以进入水务局、水文局等。水利类专业的专业壁垒属于中等偏高的，工科属于应用学科，它们之间的壁垒都是比较高的。如果想要进入本专业，那么自己要下不少功夫去学习水利类的专业课和相关软件。

**业主单位、设计单位**

业主单位如三峡开发总公司、二滩水电开发公司等。这些单位是水电工程的投资单位，官网会不定期发布校园招聘信息，一定要密切关注。待遇相对较好，工作轻松，但是同样是在工程现场或者水电站工作，远离城市。

设计单位如水电设计院等，由于前些年水电开发项目较多，因此这些单位待遇不错，但工作辛苦。以南京水利科学研究院为例，根据查询南京水利科学研究院官网得知，博士毕业生月薪在1万~2万元，还有福利与奖金和国家补贴。南京水利科学研究院博士毕业生享受的是省厅公务员的工资福利保障。但随着水利输电项目持续开发，目前人才供应大于实际需求的情况已经出现，需要根据实际情况选择。

业主单位

**监理单位、施工单位**

建筑工程监理单位的资质等级分为甲、乙、丙三级，不同资质等级的建筑工程监理单位承担不同的建筑工程监理业务。如中咨工程建设监理公司，具有甲级工程咨询资质。由于水电项目的特殊性，国家强制规

施工现场

定必须要有监理。监理单位的人也是常年待在工地,但是工作比施工单位轻松。

施工单位主要是各地的建设工程有限公司、各水电工程局等施工单位。大部分水工专业毕业生都会去这类单位。工作辛苦,普通工种待遇较低;特殊工种待遇优厚,但风险较大,如潜水作业人员。由于处在水电建设的第一线,可以接触到很多工程实践,所以很容易积累大量经验,而这些具有大量工程实践经验的人才正是业主单位、设计单位所需求的,跳槽比较简单。建议往项目经理方向发展,收入较高。毕业两年后可考二级建造师。五年后可以报考一级建造师。这类职业工作地点不固定,工作环境相对较差。

此外还可以报考各级政府水利、水务公务员岗位,在水利部,省水利厅,市、县水利(水务)局登记机关单位工作。

### 03 专业相关证书

| 相关证书 | 难度 | 报名条件 | 含金量 |
|---|---|---|---|
| 注册土木工程师 | 很高 | 大专/本科学历+工作年限 | 很高 |
| 造价工程师 | 很高 | 大专/本科学历+工作年限 | 较高 |
| 建造师 | 中等 | 大专/本科学历+工作年限 | 中等 |
| 注册建筑师 | 中高 | 大专/本科学历+工作年限 | 中上 |
| 监理工程师 | 中高 | 大专/本科学历+工作年限 | 中上 |

说明:1. 篇幅所限,此处仅列举相关度较高的证书;2. 报名条件每年略有变化,实际以官方考试网发布为准。

## 五、重点关注院校

水利水电工程专业对应的硕士一级学科为水利工程,部分重点院校列举如下:

**世界一流学科(水利工程)**

清华大学、河海大学、武汉大学

**第四轮学科评估(水利工程)**
A+:清华大学、河海大学
A :天津大学、武汉大学
B+:中国农业大学、大连理工大学、郑州大学、四川大学、西安理工大学

**清华大学**:中华学子的"梦中情校",工科类C9院校,985,211,"双一流",保研率约59%。硕士毕业的话,可以去国有企业、民营企业和地方政府。如果可以读到水利水电工程博士,适合体制内和科研方向的就业,比如各类研究院、南水北调集团、黄河工程局、长江水利委员会、水利部门等。

**天津大学**:985,211,"双一流",保研率约24%。水利水电专业属于建筑工程学院,研究生有水利工程一级学科硕士点和博士点,也就是说水利工程下涉及的所有方向都有研究生授权点,包含5个主要研究方向,即水文学及水资源、水力学及河流动力学、水工结构工程、水利水电工程和港口、海岸及近海工程。

**河海大学**:211,"双一流",保研率约17%。河海大学源于1915年由近代著名爱国实业家、教育家张謇创办的河海工程专门学校,是中国第一所培养水利人才的高等学府,开创了中国水利高等教育的先河。

### 编者说

水利类专业的学习难度是比较大的。学水利的可以搞土木,但是学土木的很难搞水利,所以水利的内容不比土木简单。在培养周期方面,水利类专业属于中等。本科就业大概率是去水利水电开发项目当施工员,水利项目大都在野外的深山老林中。如果不抗拒搞施工,那么本专业本科毕业是肯定能找到工作的。只是工作环境、生活环境确实比较糟糕。大家对于水利类专业的抱怨主要集中在以下方面:工地在野外、加班太多、夕阳行业、出差多、考公难度大。所以,就读水利类专业,要有以上心理准备哦。

# 化学工程与工艺——生活离不开"狠活"

化工与每个人的生活息息相关,从天上的飞机、海上的轮船、地上的火车和汽车,到日常使用的家电、手机、服装、化妆品等,涉及衣、食、住、行方方面面。据统计,人一生要"吃"掉551千克石油,"穿"掉290千克石油,"住"掉3 780千克石油。但同时,很多人谈"化工"色变,认为它是高科技,是"狠活"。那么,化工真是如此吗?

化工反应罐

## 一、专业起源

化工和化学同宗同源,也经历了制陶、酿造、染色、冶炼、制漆、造纸、制作火药和肥皂等阶段。

第一家典型的化工厂是在18世纪40年代于英国建立的硫酸厂。同时期的工业革命又促进了酸、碱、苯胺、乙炔、乙醛、醋酸、酚醛树脂等一系列化学品的发展。20世纪初,化工迎来真正的大规模发展。科技、军事、民用需求使得合成氨、石油化工、高分子化工、精细化工等大爆发。而进入IT时代,信息化学品、高性能合成材料、新能源化工、节能材料等专用化学品也迎来了全新发展。

石油炼化

聊完世界,让我们聚焦中国。中国的化学,特别是化工,一直矗立在世界前沿,哪怕是百年动荡时期,也可圈可点。

1926年,范旭东开办的永利碱厂,被誉为"中国工业进步的象征";1939年,侯德榜联合制碱法,将合成氨和制碱两大生产体系有机结合,极大提升了生产效率并降低了损耗。新中国成立后,化工产业发展迅猛。2010年,中国化工业产值达5.23万亿元,跃居世界第一,并一直蝉联。但"世界第一"的背后,也存在不少代价,廉价劳动力、能源与资源高消耗、高端产品不足都是困扰中国化工产业进一步发展的因素。同时,对化工存在偏见的大有人在,很多人在享受高科技的同时,却又追求100%纯天然。这本身就很矛盾。毕竟,现代人已经完全离不开高科技,离不开"狠活"。那么,如果想立足祖国化工事业,想用更多的高科技改善我们的生活的话,我们应该怎样学习呢?

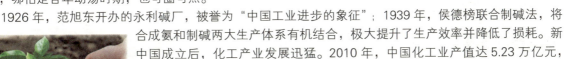

化肥

## 二、专业介绍

化学工程与工艺就是研究化学工业生产过程中的共同规律,并用化学方法改变物质组成或性质来生产化学产品的一门工程学科。简单点说,化学是在实验室里面合成出新产品,而化工是在工厂里面把实验室的新产品用工业化标准

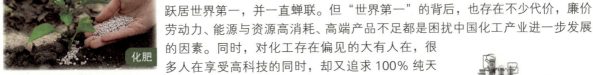

化工装置

生产出来。这里会有个误解，例如实验室想得到纯食盐，可以用烧碱和盐酸反应的方法制取，那工业生产是不是用成吨的烧碱和盐酸反应得到纯食盐呢？如果这样做的话，普通人连盐都吃不起了。所以，从化学到化工，中间有极其重要的工业研发过程，即小试—中试—放大。

**什么是小试—中试—放大？**

工艺研发是从实验室到车间、从研发到大规模生产的必要过程。工艺研发在化工生产过程中直接关系到化学合成反应途径的次序以及条件，包括配料比、温度、反应时间、搅拌方式、后处理方法和精制条件等。用烧碱和盐酸反应制取食盐，因为实验室环境条件比较稳定单一、试管内反应相对充分，所以对于搅拌方式等没有过多要求，反应过程中的放热或吸热也因材料很少并不影响反应结果。但是，化工生产过程就完全不一样了。反应中温度、压力的变化都能引起爆炸，反应中不搅拌或搅拌方式不对也能引起原材料结块堵塞。所以，化工学习的就是如何从实验室到生产线，一般要经历小试—中试—放大三个过程。

小试：对实验室方法进行开发和优化，包括缩短、优化实验室的合成路线，简化工艺流程；降低反应成本，用工业纯代替分析纯，寻找抗杂质干扰的方法；反应废弃物的回收再利用，符合安全和环保标准。

中试：在小试成熟后，优化反应路线，使之和工业设备相互匹配，寻找各步化学反应的最佳反应条件，则可能随工业设备等外部条件的不同而改变。进行物料等成本核算,确定搅拌等要求，以及"三废"、冷却水、热水等处理方法。

放大：也叫大试、小批量生产，工业化生产前最后一步。优化和确定整个生产流程中的每个细节，优化物料成本与人员，使工艺与设备最终契合。

小试

中试

放大

**哪些学生适合学习化学工程与工艺专业？**

所谓"生化环材"四大天坑中的"化"指的是化学，而不是化工，因为化工并不难就业。所以，不像学化学，学化工并不需要家庭的额外支持。其余的要求其实和学化学差不多，例如化学成绩不差、动手能力强、不反感实验、有理工科系统性思维等。当然，研究生毕业生就业会更好。

## 三、本科阶段的学习

### 01 大学学习课程有哪些？

| 化学工程与工艺专业本科课程目录（以华东理工大学为例） | | | |
|---|---|---|---|
| 通识教育课 | | | |
| 高等数学 | 概率与数理统计 | 大学物理 | 无机化学 |
| 有机化学 | 物理化学 | 化工原理 | |
| 专业基础课 | | | |
| 化工热力学 | 化学反应工程 | 化工设计 | 分离工程 |
| 化工工艺 | 化工过程分析与开发 | 计算机化工应用 | 传递过程 |
| 化工自动化仪表 | 化工过程安全 | | |
| 专业选修课 | | | |
| 专业外语（化工） | 生物工程概论 | 高分子科学基础 | 材料结构表征及应用 |
| 分子模拟基础与应用 | 聚合物成型加工概论 | 传质学 | 固体催化剂研究方法 |
| 化工程序设计基础 | SP3D 工厂设计软件的应用 | 工业催化 | 化工系统工程 |
| 化工过程模拟 | 过程系统工程 | 反应器分析 | |

（篇幅有限，表中仅列举部分主要课程）

## 02  核心课程介绍

**化工热力学**

化工热力学,是热力学基本定律应用于化学工程领域而形成的一门学科,主要研究化学工程中各种形式的能量之间相互转化的规律及过程趋近平衡的极限条件,为有效利用能量和改进实际过程提供理论依据。

**化工工艺**

化工工艺即化工技术或化学生产技术,指将原料物经过化学反应转变为产品的方法和过程,包括实现这一转变的全部措施:原料处理、化学反应和产品精制。

**化学反应工程**

化学反应工程是以工业反应过程为主要研究对象,以反应技术的开发、反应过程的优化和反应器设计为主要目的的一门新兴工程学科。它是在化工热力学、反应动力学、传递过程理论以及化工单元操作的基础上发展起来的。其应用遍及化工、石油化工、生物化工、医药、冶金及轻工等许多工业部门。工业反应过程中既有化学反应,又有传递过程。传递过程的存在并不改变化学反应规律,但改变了反应器内各处的温度和浓度,从而影响到反应结果,如转化率和选择率。

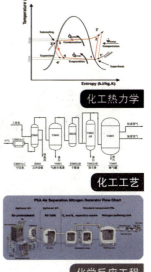

## 四、升学与就业

全国普通高校毕业生规模 30 000~32 000 人,2023 年全国约有 359 所院校开设化学工程与工艺专业。

### 01  考研方向

**学术型硕士**:化学工程与技术(化学工艺、应用化学、生物化工、化妆品科学与技术、工业催化、制药工程等)

**专业型硕士**:材料与化工(材料工程、化学工程、冶金工程、轻化工程等);生物与医药(制药工程、食品工程、发酵工程等)

### 02  就业展望

中国是制造业大国,化工行业作为中国支柱产业之一,总产值占 GDP 13% 以上。我们日常生活中,粮食离不开化肥工业,服装离不开轻化工业,清洁离不开日化工业,各类金属离不开电化工业,各类电子产品离不开材料化学、高分子化工等。所以,化工就业机会相当多,可就薪资、环境、上升空间等择优选择。

如果就业选择科研机构或者大集团的研发部门,比较常见的有煤化工、石油化工、新能源电池、发酵、制药、高新材料等行业。热门行业收入很高,工作环境不差,但对个人学历、天赋等要求高。

由于化工在 GDP 中的支柱特性,国资委下属的央企成为体制内就业的绝对主力军。可以选择中石油、中石化、中海油等能源石油化工产业,包括中国民航油料、国家油气管网,这是能源化工的下游市场;也可以选择中国化工集团、中国盐业集团、有研科技集团、中医医药集团等其余化工产业。总之,选择面非常多。央企招聘比较看重院校背景,行业院校优先,一般操作岗本科起,管理岗必须研究生,收入不低,工作压力不大并且稳定。

此外,外资、私营化工企业也相当多,本土上市公司有中怡精细化工、九天化工、卫星石化、三友化工、山东海化等,国际化工大集团有德国巴斯夫、美国陶氏、瑞士英力士、韩国 LG 化学、日本三菱化学等。外资、上市公司薪资较高,但工作压力、竞争压力也大得多。化工就业选择非常多,不愁没有就业机会,只有愿不愿意和合不合适。

上述都是从企业性质的角度来分析,如果从细分领域来看,不同化工领域的就业环境、门槛、薪资差异比较大。

重化工，包括石油化工、煤化工、金属化工等，工作环境相对较差，污染危害较大，异味重，地址一般都在矿场油田或港口附近，远离城市。招聘量大，门槛低，专科学历即可，但起薪低，平均收入也不高。

轻化和日化，包括纺织化工、化妆品、清洁品等，行业差异很大。纺织、造纸这类传统轻化因为高污染低收益，已经逐步转移到东南亚。化妆品、清洁品等日化小公司，门槛低，收入低，工作环境一般。大集团例如欧洲联合利华、法国欧莱雅、韩国乐扣乐扣、中国蓝月亮和立白、美国宝洁等，招聘门槛高，收入也高，工作环境比小公司好得多。日化虽然市场用量相当大，但企业容易介入，所以行业竞争压力也大。

药剂科工作

制药企业，目前国内的制药还是以化工制药为主，生物制药较少。制药行业招聘操作岗和销售岗门槛低，研发岗门槛很高，薪资两极分化比较严重。中国药企非常多，是世界制药大国，但高端药不多，以中低端药为主。

还有基础化工，包括化肥、塑料、橡胶、涂料等，在农业、工业中都不可或缺。这类中小企业非常多，招聘门槛低，环境和重化工差不多，薪资绝大部分比较一般。

还有就是精细化工，包括表面活性剂、金属表面处理剂、电子化学品等虽产量小但价格高的专用化学品。企业一般以科研为主，门槛相当高，需要很强的理论知识，收入不错并且潜力巨大，研发一旦成功很可能收入暴增。

总之，虽然化工毕业生能选择的细分行业非常多，但岗位还是有一定限制。绝大部分的本科生还是去一线操作岗工作。如果想进研发岗，或者是化工设计院，还是需要研究生学历。

之前大篇幅介绍了小试—中试—放大，其实岗位招聘和学历也是对等的。小试往往在实验室工作，工作环境好，危害小，收入高，需要的学历最高；放大和操作往往在车间工作，需要的学历也相对较低，工作环境、收入就要差不少。

最后，如果要考公务员或事业编制，化工专业和化学专业面向的岗位差不多，各地环保部门、药品监督管理局、市场监督管理局、海关、公安、海事部门、税务部门、知识产权部门等，竞争压力相当大，收入不错并且稳定。

## 03 专业相关证书

| 相关证书 | 难度 | 报名条件 | 含金量 |
| --- | --- | --- | --- |
| 注册化学工程师 | 很难 | 应届参加基础考试，专业考试有工作年限要求 | 很高 |
| 化学分析工程师（助理、中级、高级） | 逐级增加 | 不同学历有不同的工作年限要求 | 较高 |
| 化学检验工证书（初级、中级、高级） | 逐级增加 | 不同学历有不同的工作年限要求 | 一般 |
| 化工施工企业专业管理人员岗位合格证书（助理、中级、高级） | 逐级增加 | 不同学历有不同的工作年限要求 | 一般 |
| 化工职业资格证（工程员、高级工程员、助理工程师、工程师、高级工程师） | 逐级增加 | 不同学历有不同的工作年限要求 | 较高 |
| 国家执业药师资格证书 | 较难 | 有学历、专业、工作经验的限制 | 较高 |

说明：1. 篇幅所限，此处仅列举相关度较高的证书；2. 报名条件每年略有变化，实际以官方考试网发布为准。

## 五、重点关注院校

化学工程与工艺专业对应的硕士一级学科为化学工程与技术，部分重点院校列举如下：

**世界一流学科**（化学工程与技术）
清华大学、天津大学、北京化工大学、大连理工大学、南京大学、宁夏大学、华东理工大学、上海交通大学、太原理工大学、石河子大学

**第四轮学科评估**（化学工程与技术）
A+：天津大学、华东理工大学
A：清华大学、北京化工大学、大连理工大学、南京工业大学、浙江大学
A-：北京理工大学、哈尔滨工业大学、南京理工大学、浙江工业大学、华南理工大学、四川大学、中国石油大学

**天津大学**：985，211，"双一流"，保研率约23%。学校化学工程与技术为世界一流学科，其化工学院拥有两院院士3人、国家杰出青年科学基金获得者8人；拥有化学工程联合国家重点实验室、多晶硅材料制备技术国家工程实验室、发酵技术国家工程研究中心、绿色合成与转化教育部重点实验室等多个科研中心。

**大连理工大学**：985，211，"双一流"，保研率约19%。学校化学工程与技术为世界一流学科，其化工学院拥有两院院士3人、国家杰出青年科学基金获得者9人；拥有精细化工国家重点实验室、教育部智能材料化工前沿科学中心等多个科研中心。

**华东理工大学**：211，"双一流"，保研率约19%。学校化学工程与技术为世界一流学科，其化工学院拥有中国工程院院士1人、国家杰出青年科学基金获得者1人；拥有化学工程联合国家重点实验室、超细粉末国家工程研究中心等多个科研中心。

**北京化工大学**：211，"双一流"，保研率约17%。学校化学工程与技术为世界一流学科，其化学工程学院拥有两院院士（含双聘）2人、国家杰出青年科学基金获得者8人；拥有有机无机复合材料国家重点实验室、化工资源有效利用国家重点实验室等多个科研中心。

**南京工业大学**：重点本科，保研率约5%。学校化工学院拥有中国工程院院士1人、国家杰出青年基金获得者7人；拥有材料化学工程国家重点实验室、国家特种分离膜工程技术研究中心等多个科研中心。

### 编者说

有很多人谈"化工"色变，但是如果没有化工，世界会是怎样？首先至少50亿人会没有食物，因为缺少化肥和农药，粮食产粮养活不了20亿人口。就算有也运不出去，因为大部分都提前腐败了。其次绝大部分人都没有衣服穿，更别谈口红、护肤品这类非必需品，指望兽皮、棉麻和丝绸，世界产量都不够半个中国使用。至于生病吃药，除了一些中草药，基本也就只能听天由命了。至于开汽车、住楼房都会退化成骑马、住草屋。所以，人类已经离不开化工，离不开"狠活"！

# 化学与制药类专业拓展：制药工程

有人的地方就会有疾病，也就有研发、制造各种预防、治疗疾病的药物，所以，医药产业是永不衰落的产业。随着人类文明的日趋发达，人们对自身身心健康的要求也越来越高，而对药物品种、质量、数量等方面的需求也会越来越高，制药产业在需求的驱动下迅猛发展。

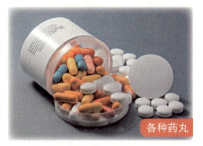

各种药丸

### 制药工程专业是什么？

制药工程专业属于化工与制药类，是一个化学、药学（中药学）和工程学交叉的工科类专业，培养具有制药工程方面的知识，能在医药、农药、精细化工和生物化工等部门从事医药产品的合成与工艺研究、医药产品开发、应用研究和经营管理等方面的研究应用型专门人才。通俗地说，制药工程就是制药领域的化工。

### 药学、制药工程、生物制药三个专业如何区分？

药学专业属于医学门类，更多地偏向理论研究，学的是药物本身，包括药物的性质、效果、安全等。

制药工程专业更注重药物的工业化制备过程，是将实验室研究成果放大转化为大规模生产的技术。虽然也包括了中药制药、生物制药等领域，但制药工程更偏向化工制药。

生物制药专业属于生物工程类，更偏向使用生物工程技术，例如微生物、发酵工程、转基因技术等。绝大部分病毒疫苗、抗生素、抗毒血清、胰岛素等均为生物制药。生物制药目前市场占有量没有制药工程高，但增长更加迅速。

以维生素C举例说明制药工程和生物制药的区别。1933年，瑞士发明的维生素C制备方法叫莱式化学合成法，使用山梨糖为原料，和丙酮、硫酸、次氯酸钠、盐酸等发生化学反应，最终合成维生素C，这属于典型的制药工程。

1971年，中国科学院微生物研究所和北京制药厂发明了两步发酵法，使用氧化葡萄糖酸杆菌等细菌两次发酵山梨糖，反应出维生素C。此时，传统的化工制药开始向生物制药发展。

而如今，使用酵母菌、微藻等发酵合成维生素C，并可以使用基因工程技术重组得到更加高效的菌种。其价格低廉、来源广泛，生物制药优势已经明显高于制药工程。现在药店里的维生素C，尤其是复合维生素，几乎采用的都是生物制药的方式生产。

当年，中国发明维生素C两步发酵法，因为市场需求极大，完全弥补了莱式法的多流程高污染高耗能的缺点，被世界公认为是前景无比广阔的科技成果。世界两大产业国瑞士和美国闻风而至，竞相出价要买下这项技术专利。只不过中国当时保密及专利观念并不普及和成熟，某学报将全部研制过程、细节、配方、剂量刊登无遗，专利便宜到只值一本杂志的价钱。为此，维生素C泄密事件成为新中国成立后著名泄密事件之一，教训惨痛，损失无法估量。

#### 制药工程专业学什么？

制药工程主要学习化工和药学两方面的课程，包括有机化学、生物化学、物理化学、化工原理、制药工程、药物合成反应、药物化学、药理学、药剂学、天然药物化学、应用光谱解析、制药工艺学、药用高分子材料等。不少学校也提供了生物制药的方向，例如北京理工大学就有微生物学、合成生物学、生物制药工艺学等专业选修课。

#### 制药工程专业就业前景怎么样？

2021年底，国家药监局颁布《"十四五"国家药品安全及促进高质量发展规划》，定下中国药品行业2035年远景目标，从制药大国向制药强国跨越。我国现有药品制剂和原料药生产企业5 000余家，制药工程就业前景非常广阔。

制药工程专业本科毕业生，可以在药厂从事生产、质检、管理、销售等工作；也可以考执业药师证，在医院药剂科工作或在药店从事药品销售、咨询工作。此外，与保健品、食品、精细化工等相关的企业也大量招聘制药工程毕业生。而想在药厂、大学、研究所的研究部门从事药物研发工作，需要高学历，研究生是起点。此外，食品药品监督管理部门、卫生行政部门、中医药管理部门、市场监督管理部门、海关等会招募少量的行政或事业编制人员。

# 采矿工程——工业文明的基石

当今世界92%以上的一次性能源、80%以上的工业原材料、70%以上的农业生产资料,都取自矿产资源。矿产资源是地球赋予人类的宝贵财富,是国家安全的战略保障,是人类工业文明的基石。但是,采矿和挖石油给人的刻板印象就是脏、累、差。那么,在人工智能和5G的加持下,我们距离机器人采矿距离还远吗?

大型矿机

## 一、专业起源

人类发展与进步是与矿产资源的利用密不可分的,人类文明的进化史,就是矿产资源的开发史。

从几十万年前的石器时代,到一万年前的陶器时代,再到5 000年前的青铜器时代,4 000年前的铁器时代,直到工业革命后,钢铁产量成为国力强弱的标志。"一战"后,石油被誉为"工业血液",争夺石油资源成为大国争夺世界话语权的标志。如今,以硅为基础的半导体工业,带领人类社会进入信息时代。

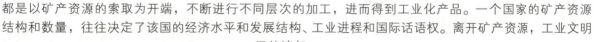

煤

矿业是国民经济的基础产业,既是工业发展不可或缺的物质基础,又是绝对优势的能源基础。工业文明的创造与积累,几乎都是以矿产资源的索取为开端,不断进行不同层次的加工,进而得到工业化产品。一个国家的矿产资源结构和数量,往往决定了该国的经济水平和发展结构、工业进程和国际话语权。离开矿产资源,工业文明无从谈起。

聊完世界,让我们聚焦中国。我国古代的采矿历史很悠久,是世界上最早开采铁、铜、煤、砂金、石油等矿产的国家,并且在春秋时期就建成了地下开采系统,至西汉时期,开采系统已相当完善。近代沉寂了一段时间后,新中国成立时,国民经济已经濒临崩溃,而采矿和挖石油就是百废待兴的基础。此时诞生了一位中国人家喻户晓的人物——"铁人"王进喜。王进喜代表了当时中国一代矿产人竭尽全力地为新中国矿产事业做贡献的历史,在自力更生、艰苦奋斗的创业年代,他们深深地激励了每一个中国人。

矿车

只不过,改革开放以后,随着中国国力强盛和人民物质精神生活水平的提高,采矿和挖石油给人的刻板印象就是脏、累、差,越来越多的年轻人不愿意从事相关学习和工作。但矿产资源是工业文明的基石,大国立足世界的标志,不可或缺。那如何解决这个问题呢?

油井

河南洛阳栾川钼矿，全球第一家采用 5G 技术的无人矿山，拥有全球首台 5G 遥控挖掘机，30 辆无人驾驶的纯电动运输车，100% 安全且工作效率比人工提高了 30% 以上。整个采矿过程只需操作人员坐在空调房进行远程操作，如同打游戏。

这就是华为智慧矿山"愚公"，自 2019 年诞生以来，已经推广到内蒙古、山西、辽宁、云南、山东等省份。采矿和挖石油正在抛弃脏、乱、差，正式进入信息时代。

## 二、专业介绍

采矿工程专业培养具备固体（煤、金属及非金属）矿床开采的基本理论和方法，具备采矿工程师的基本能力，能在采矿领域从事矿区开发规划、矿山（露天、井下）设计、矿山安全技术及工程设计、监察、生产技术管理科学研究的高等工程技术人才。矿业类有以下几个专业：

矿场大型机械

采矿工程 = 固体矿床领域工程师（本科生建议选择此专业）
石油工程 = 石油天然气领域工程师（本科生建议选择此专业）
矿物加工工程 = 有用矿物和无用矿物分离技术
油气储运工程 = 油气输配系统
矿物资源工程 = 偏向科研
海洋油气工程 = 海洋环境下的石油工程
智能采矿工程 = 采矿工程 + 计算机
碳储科学与工程 =（双碳领域）采矿 + 能源 + 电气 + 环境

**哪些学生适合学习采矿工程专业？**

采矿工程专业适合哪些学生并不那么明确，但是不适合哪些学生非常明显。首先不适合绝大部分女生，虽然 5G、无人技术很好地弥补了男性和女性在体力上的区别，但采矿工程的工作环境确实不友好。同样，对于工作环境要求比较高、不太能吃苦耐劳、家庭条件较好的男生，最好不要选择采矿工程专业。最后，有明确的兴趣或就业倾向、学习成绩较好的男生，谨慎选择采矿工程专业。所以，采矿工程专业比较适合中低分、想快速就业、能吃苦耐劳的男生。

## 三、本科阶段的学习

### 01　大学学习课程有哪些？

| 采矿工程专业本科课程目录（以中国矿业大学为例） | | | |
|---|---|---|---|
| 通识教育课 | | | |
| 大学英语 | 高等数学 | 大学物理 | 工程图学 |
| 工程力学 | 电工技术与电子技术 | 概率论与数理统计 | 现代地质学 |
| 信号检测与自动控制原理 | Python 程序设计 | | |
| 专业主干课 | | | |
| 采矿学 | 岩石力学与工程 | 矿山机械装备及其智能化 | 矿井通风与安全 |
| 矿山压力与岩层控制 | 矿业系统工程 | | |
| 专业选修课 | | | |
| 矿山绿色开采 | 地下空间开发与设计 | 露天开采学 | 爆破与井巷工程 |
| 矿图 CAD | 工程经济学 | 新能源与可再生能源 | 稀有金属矿开采 |
| MATLAB 编程与系统仿真 | 矿山开采仿真 | | |

（篇幅有限，表中仅列举部分主要课程）

## 02 核心课程介绍

**地质学**

地质学是研究地球的物质组成、内部构造、外部特征、各层圈之间的相互作用和演变历史的知识体系，主要研究对象为地球的固体硬壳——地壳或岩石圈。作为研究地球及其演变的一门自然科学，地质学与数学、物理学、化学、生物学并列为自然科学五大基础学科。

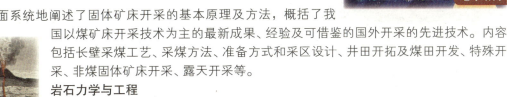

地球结构

**采矿学**

采矿学全面系统地阐述了固体矿床开采的基本原理及方法，概括了我国以煤矿床开采技术为主的最新成果、经验及可借鉴的国外开采的先进技术。内容包括长壁采煤工艺、采煤方法、准备方式和采区设计、井田开拓及煤田开发、特殊开采、非煤固体矿床开采、露天开采等。

岩层

**岩石力学与工程**

它包括岩石和岩体的组成与力学性质，岩石的本构关系与强度理论，地应力及其测量技术，岩石力学试验技术，岩土工程数值分析技术，三大岩石工程即岩石地下工程、岩石边坡工程和岩石地基工程，突出岩石力学理论和方法在岩石工程设计、施工和维护中的应用，以及现代非线性理论、系统科学理论、不确定性分析理论、现代信息技术和人工智能理论等在岩石力学与工程中的应用。

# 四、升学与就业

全国普通高校毕业生规模 3 000~3 500 人，2023 年全国约有 57 所院校开设采矿工程专业。

## 01 考研方向

**学术型硕士**：矿业工程（采矿工程、矿物加工工程、矿山空间信息工程、安全技术及工程、矿业贸易与投资等）

**专业型硕士**：资源与环境（矿业工程）

## 02 就业展望

作为工业文明的基石，采矿和挖石油不仅仅提供了能源，还提供了整个化工产业链，可以这么说，只要人类还有工业文明，采矿专业一定有用武之地，区别仅仅是人挖矿还是机器挖矿，在地球挖矿还是在外太空挖矿而已。所以，这是一个刚需且不可替代的专业。哪怕未来某一天，核聚变解决了能源问题，也仍然需要化工产业链。但是，采矿和挖石油的性质，就决定了目前的工作环境并不是写字楼、办公室那样比较安静且舒适的环境，狭小的地下空间、安全问题、粉尘、噪声、比较高的温度和湿度、比较偏远的地区，都是这个专业工作环境的特点。几百年前是如此，现代在 5G 和自动化技术的加持下工作环境已经得到了不少改善，未来会继续得到改善。

矿业相关研究所

同样，采矿和挖石油的性质也决定了就业一般都是央企国企、国资控股大集团，所以，基本都是体制内就业。不过，这类体制是自收自支，但都是国有垄断企业，所以收入稳定并且不低，并且每年的招聘数量相当大，对学历要求和院校要求并不高，是中低分考生获取编制的首选。这类国资委监管的中央企业包括中石油、中石化、中海油、国家管网、鞍钢、宝钢、中铝、五矿、中煤能源、中煤科工、中盐、中色矿业、稀土集团、矿冶科技、中国冶金地质总局、中国煤炭地质总局等，相关的能源、矿业、钢铁、煤炭、冶金产业几乎占据了 98 家央企的半壁天。这类企业招聘应届生后，会有 1~3 年的规范化培养阶段（和医学生规培、外企管培生类似，简称规培）。规培会让应届生在每个部门中轮转实习，也就是说哪怕是 985、211 院校毕业生都需要下矿。规培结束后根据学历、院校层次、规培中表现等综合考量定岗定职定级。所以对于研究生学历或 985、

矿下环境较差

211院校层次的毕业生而言，虽然都要下矿，但规培结束后是可以分配到研发岗或管理岗的，工作环境和薪资待遇要比一线高很多。

最后，自然资源部、各地自然资源督察局、应急管理部矿山救援中心、海关也会招聘一些行政或事业编，但数量极少。还有一个就业特点就是矿产基本都是哪里开采哪里粗加工，有很强的地域属性。未来就业，自己学习方向是什么矿，就业地区就在什么矿场附近，所以相关就业远离家乡是有可能的。

## 03 专业相关证书

| 相关证书 | 难度 | 报名条件 | 含金量 |
|---|---|---|---|
| 采矿工程师（助理、中级、高级） | 逐级增加 | 不同学历有不同的工作年限要求 | 很高 |
| 爆破工程师（初级、中级、高级） | 逐级增加 | 无特别限制 | 很高 |
| 安全工程师（初级、中级、高级） | 逐级增加 | 不同学历有不同的工作年限要求 | 较高 |
| 建造师（一级、二级） | 逐级增加 | 不同学历有不同的工作年限要求 | 很高 |

说明：1. 篇幅所限，此处仅列举相关度较高的证书；2. 报名条件每年略有变化，实际以官方考试网发布为准。

## 五、重点关注院校

采矿工程专业对应的硕士一级学科为矿业工程，部分重点院校列举如下：

**世界一流学科**（矿业工程）
北京科技大学、南京大学、中南大学、中国矿业大学、中国矿业大学（北京）

**第四轮学科评估**（矿业工程）
A+：中国矿业大学、中南大学
B+：北京科技大学、东北大学、重庆大学
B：太原理工大学、山东科技大学、河南理工大学

**中南大学**：985，211，"双一流"，保研率约20%。学校矿业工程为世界一流学科，其资源与安全工程学院拥有中国工程院院士2人、国家杰出青年科学基金获得者1人；拥有金属矿山安全与健康国家重点实验室、国家金属矿安全科学技术研究中心、深部金属矿产资源开发与灾害控制湖南省重点实验室等多个科研中心。

**中国矿业大学**：211，"双一流"，保研率约16%。学校矿业工程为世界一流学科，其矿业工程学院拥有两院院士（含外聘）3人；拥有煤炭资源与安全开采国家重点实验室、深部煤炭资源开采教育部重点实验室、江苏省矿山地震监测工程实验室等多个科研中心。

**北京科技大学**：211，"双一流"，保研率约19%。学校矿业工程为世界一流学科，其土木与资源工程学院拥有中国工程院院士1人、国家杰出青年科学基金获得者2人；拥有金属矿山高效开采与安全教育部重点实验室、城市地下空间工程北京市重点实验室等多个科研中心。

### 编者说

太空采矿不是天方夜谭，中国矿业大学和中南大学已经开始相关研究和实验。中国矿业大学建有太空采矿国际研究中心，中南大学拥有国际上唯一且完整的"地采选冶材"学科链，可围绕小行星矿物资源进行开发利用。中国第一家太空采矿公司，起源太空科技已经发射了3个航天器、2个望远镜和1个太空采矿机器人。在未来，太空资源势必成为大国资源争夺的重点。

可见不管是现实还是幻想，采矿就是目前人类默认的物质和能源的基石。哪怕未来新能源代替了传统能源，采矿工程也是化工产业链的基石。所以，同学们，你们准备好未来去当太空矿工了吗？

# 矿业类专业拓展：**石油工程**

石油被誉为现代文明和人类社会的血液，没有它就没有塑料、燃料、汽车、飞机，更没有国际化和现在的全球政治格局。石油工程的基础是19世纪90年代在美国加利福尼亚建立的，当地聘用了一些地质学家来探查每口油井中产油区与水区之间的联系，目的是防止外部水进入产油区。从这时开始，人们认识到了在油田开发中应用技术的潜力。

海上油田

### 石油工程专业是什么？

石油工程，是根据油气和储层特性建立适宜的流动通道并优选举升方法，经济有效地将深埋于地下的油气从油气藏中开采到地面所实施的一系列工程和工艺技术的总称，包括油藏、钻井、采油和石油地面工程等。

### 和采矿工程相比有何不同？

通俗地说，采矿工程是挖"固态"的矿，石油工程是挖"液态和气态"的矿。也正是因为"固液气"三种状态的不同，所以学习和就业的方向差异比较大。例如，与采矿工程相关工作的大部分是要"下地"的，露天矿产并不多。但与石油工程相关的工作不管钻井有多深，工作位置还是在地面或者海平面以上。还有，矿石因为是固态，所以运输相对简单得多。但是石油和天然气的运输，要么是管道，要么是储油储气罐，全程必须处于密封状态，所以会有油气储运工程专业专门研究油气输配系统。

作为同属于矿业类的专业，采矿工程和石油工程的一级学科都不一样，可见，两个专业差别还是比较大的。所以，如果同学们想选择和采矿、挖石油、采天然气相关的专业的话，可以结合自身因素考虑好到底选择哪个专业。

### 石油工程专业学什么？

石油工程专业主要学习数学、物理、化学、力学、地质学、工程科学的基础理论以及与石油工程有关的基本知识，使学生受到石油工程方面的基本训练，具有进行油气田钻井、采油及油气开发工程的设计、施工、管理以及初步的应用研究和科技开发的基本能力。简单点说，除了大理工基础课，采矿工程涉及地质与工程力学相关学习较多，石油工程涉及化工与流体力学相关学习较多。

### 石油专业就业前景怎么样？

相对于采矿，油气工作的就业环境要好不少，毕竟在地面或海面上，没有狭小的地下空间，没有粉尘或噪声，也不是地下的高温高湿环境，更不用担心地陷或塌方等危险，但就业地点比较偏僻。

由于挖石油、采天然气的自动化、智能化程度比采矿高，并且相对而言，挖石油产品单一得多，所以石油产业和矿业相比，招聘量要小一些。同样，和采矿一样，就业单位几乎都是国企央企、国资控股大集团。这类单位自负盈亏，但都是国有垄断企业，所以稳定并且收入不低，是中低分考生的首选之一。也正因为此，就业对学历要求和院校要求并不高。招聘集中在中石油、中石化、中海油和国家管网（前三者最多，俗称"三桶油"）。

"三桶油"招聘岗位主要有两个方向，即石油方向或管理方向。石油方向是一线工作，一般专科起，竞争压力不大。管理方向竞争压力非常大，报录比往往几百比一，需多轮笔试＋面试，最低学历也需要硕士研究生。此外，"三桶油"招聘比较看重外语成绩，因为中国在海外的油田非常多，所以外聘可能性比较大。英语、俄语、阿拉伯语都是招聘加分项。中国软科排名前10高校的博士生，如果相关专业或能力符合，可以申请中石油、中石化的免笔试择优录取。最后，国家能源局、各地能源督察局、应急管理部消防救援中心、海关也会招聘一些行政编或事业编，但数量极少。

# 交通运输——中国速度，天堑变通途

春运，中国特有的文化现象。据统计，2023年春运40天，全社会人员流动量约47.33亿人次。这场每年一次的人类大迁移考验着交通运输系统的承载力。

和谐号高速列车

## 一、专业起源

说到交通运输，大家首先会想到高铁和高速公路。中国铁路和公路的发展速度从某种程度上代表了中国速度。以前从南京到北京，坐火车需要一天一夜的时间；现在从南京去北京，一天内可以实现往返。每逢节假日，大家的出游方式也变得多样化，很多人选择自驾，高速公路承载了我们的"诗和远方"。新的运输工具不断出现，相对地缩短了时间和空间的距离。现在比较流行"Citywalk（城市漫游）"和"特种兵旅游"，早餐在北京喝豆汁、吃焦圈，晚上到新疆撸羊肉串、吃烤包子。只要你愿意，就一定能实现。古代神话传说中的"日行千里""一个筋斗云十万八千里"这些幻想，如今已变成了现实。

高速公路的车流

动物充当交通工具

如果时光可以倒流，我们坐着时光机回到古代去看一看那时候的交通运输。追溯到远古时期，人类在狩猎谋生活动中就有目的地进行运输和信息的传递。最原始的运输方式是手提、头顶、肩挑、背扛，现在还有很多部落和民族保持着最原始的运输方式；从前车马很慢，邮件也慢，古时为了传达帝王一句军令，驿使每到一个驿站就换一匹马，累死无数马匹也是常事；乾隆皇帝六下江南，每次都耗费数月，耗费大量的物力、人力和财力。如果古时就有现在这样发达的交通运输，乾隆皇帝应该也会成为"特种兵皇上"，面对大美的山川湖海，慷慨激昂地说出那句"这都是朕打下的江山"！

古有隋炀帝开凿大运河，花费了四年多的时间，修通了两千多公里隋代大运河，成为中国南北交通的大动脉；今有中国铁路、高速公路 20 万以上人口城市覆盖率均超 95%，中国基本形成以"十纵十横"综合运输大通道为主骨架、内畅外通的综合立体交通网络。截至 2020 年底，铁路营业里程 14.6 万公里，其中高铁 3.8 万公里；公路通车里程 520 万公里，其中高速公路 16.1 万公里；内河航道通航里程 12.8 万公里，其中高等级航道 1.6 万公里；城市轨道交通运营里程 7 354.7 公里。

高铁站

## 二、专业介绍

长途运输飞机最快

交通运输这个专业很有意思，一方面是运送旅客，另一方面是运送货物。万物流通才有价值，交通运输就是管流通的专业。交通运输，以前也称交通运输工程，主要研究运筹学、管理学、交通运输组织学等方面的基本知识和技能，包括铁路、公路、水路及航空运输基础设施的布局及修建、载运工具运用工程、交通信息工程及控制、交通运输经营和管理等。例如：汽车控制系统的开发、飞机航行路线的规划、地铁的乘务管理、公交车站等交通设施的设计建造等。

**哪些学生适合学习交通运输专业？**

数学、物理基础相对比较好；对物流、交通、轨道有一定兴趣；可以接受出差、户外工作环境；善于思考，能够结合学科提出相应的解决方案。

## 三、本科阶段的学习

### 01 大学学习课程有哪些？

| 交通运输专业本科课程目录（以西南交通大学为例） | | | |
|---|---|---|---|
| 通识教育课程 | | | |
| 交通运输导论 | 社会主义理论体系概论 | 形势与政策 | 英语 |
| 体育 | 社会科学与责任伦理 | | |
| 专业基础课（铁路方向） | | | |
| 线路基础与铁路选线设计 | 综合运输工程 | 交通运输规划原理 | 交通运输系统分析 |
| 大数据与人工智能 | 交通运输安全工程 | 运输市场与商务 | |
| 专业基础课（城市轨道交通方向） | | | |
| 综合运输工程 | 交通运输规划原理 | 交通运输系统分析 | 公共关系与危机管理 |
| 大数据与人工智能 | 交通运输安全工程 | 运输市场与商务 | |
| 专业课程（铁路方向） | | | |
| 机车车辆与列车牵引计算 | 铁路通信信号 | 行车组织 | 铁路车站及枢纽 |
| 货物运输组织 | 旅客运输组织 | 交通运输专业英语 | 铁路规章 |
| 专业课程（城市轨道交通方向） | | | |
| 行车组织 | 城市轨道交通基础设施与设备 | 城市轨道交通车辆与牵引计算 | 城市轨道交通通信信号与列控 |
| 城市轨道交通规划与设计 | 城市轨道交通运营管理 | 城市轨道交通专业英语 | |
| 专业核心课 | | | |
| 货物运输组织 | 铁路通信信号与列车运行控制 | 铁路车站及枢纽 | 行车组织 |

（篇幅有限，表中仅列举部分主要课程）

## 02　核心课程介绍

**货物运输组织**

它是指通过各类运输方式将货物从始发地经过多式联运网络运往目的地的过程。货物运输从起运地到最终目的地的完整运输过程（货物的全程运输）一般不是仅用一种运输方式就能够完成的，大多情况下需要使用两种或两种以上的运输工具，通过分段接力形式来完成。

**铁路通信信号与列车运行控制**

谈到轨道交通信号与控制，相信有部分人看名字会认为该专业是研究轨道交通的，例如火车、地铁、动车等。虽不能说错，但范围还是窄了一些，这个专业更主要的是学习轨道交通中信号的控制方法，让列车司机可以通过信号行车。这里的信号并不局限于我们常见红绿灯、铁道信号灯，它包括关于轨道交通的全部信息，并以此控制列车运行，保证行车安全，防止意外事件发生。这门课程主要研究轨道交通控制、传感器、电子技术等方面的基本知识和技能，培育高速铁路、客运专线、地铁及城市轨道交通等领域的信息和控制方面的专门人才，以适应轨道交通事业的快速发展。

现代电子控制室

火车站的货运列车

**铁路车站及枢纽**

铁路车站及枢纽是铁路运输生产的基本单位，它集中了与运输生产相关的各种技术设备，是社会经济生产、人民文化生活与铁路运输系统连接的最根本纽带。通过课程学习，可以了解构成铁路车站的线路、线路连接形式等各种站场设备及其设计技术条件，掌握各种类型铁路车站站场布置图类型，尤其是区段站、编组站等技术站站型的布置，掌握铁路枢纽的布置图、构成及主要设备配置。

## 四、升学与就业

全国普通高校毕业生规模 12 000~14 000 人，2023 年目前全国有约 156 家院校开设交通运输专业。

### 01　考研方向

**学术型硕士**：交通运输工程（道路与铁道工程、交通信息工程及控制等）

**专业型硕士**：交通运输（轨道交通运输、道路交通运输、航空交通运输等）

### 02　就业展望

中国幅员辽阔，人口流动性很大，火车、飞机、城市地铁轻轨已经成为非常普遍的出行方式。普通列车的时速从 60 千米/小时到 120 千米/小时，高铁的速度已经发展到 350 千米/小时。目前中国正在研究时速 600 千米/小时的磁悬浮列车。交通发达的地方就会有发展，就业通道和当地资源有很大关系。铁路运输的就业优势非常明显，以石家庄铁道大学为例，它是河北省与国家铁路局等共建的高校，大多数毕业生都进入了铁路系统。交通运输的就业范围很广，海陆空航空运输方面可以进入民航、机场集团；铁道工程技术、城市轨道交通、铁道机车，这些专业技术含量高，工作强度大，比较适合男生，女生可以从事高铁乘务、轨道信号等方向的工作。

**设计院/研究院**

以上海地区为例，该地区的设计院包括上海公路桥梁、上海市政、上海勘察设计研究院、上海城建、上海民航机场设计研究院、中铁上海设计院、上海申隧建设工程咨询等。优点：稳定，大概率有户口（包括北京，甚至可以解决配偶户口）。缺点：收入较低，上升通道中规中矩，考证熬资历积累经验。

**公务员、选调生**

毕业生可以去省属交通运输厅公路局、省委/市委组织部、市

设计师

委组织部、市交通局、省交通厅、发改委等。大家普遍都认为选调和公务员稳定,能实现政治抱负。以同济大学为例,交通运输专业的毕业生去地方、省,甚至中央交通运输厅的都不在少数。算是有一定优势吧,但未来发展还是要靠自己。

**铁路部门、航空公司、城市轨道等交通部门**

毕业生就业去向是各地方铁路局、地铁运营公司、航空公司等大型国企,如中国南方航空集团有限公司、中国国际航空股份有限公司等,大多是有编制的,这些企业都会去相关院校定向招人。报考时要根据自己的目标城市选择该地区的专业院校。铁路行业属于国家的企业,它在基本工资上是很有保障的。虽然铁路的工作相对比较辛苦一点,但它最大的优势就是稳定。铁路和公务员、事业编一样,都是名副其实的"铁饭碗";如果你是普通学校、普通家庭的学生,又想看看未来的蓝天的话,一定要读研,一定要读北京、上海这种大城市至少211的研究生。城市轨道交通就像一个城市的大动脉,为各站点输送着"血液",需要的工作人员不在少数。除了传统的地铁运营岗位外,需求造就出新的岗位,如"地铁推手"等。

政府部门

**大型的交通运输企业**

中国企业500强的交通运输企业,如中国邮政集团有限公司、中国远洋海运集团有限公司、中国航空工业集团有限公司、招商局集团有限公司、中国船舶集团有限公司、中国航天科工集团有限公司、中国中车集团有限公司、顺丰控股股份有限公司、山东高速集团有限公司、中国物流集团有限公司、中铁集装箱运输有限责任公司等。这些都是交通运输专业对口的行业,工作比较容易上手,待遇也不错,许多交通运输专业的毕业生直接到这些企业工作。

机场

## 03 专业相关证书

| 相关证书 | 难度 | 报名条件 | 含金量 |
|---|---|---|---|
| 国际货运代理师 | 极高 | 大专/本科学历+工作年限 | 很高 |
| 报关员 | 较高 | 大专/本科学历+工作年限 | 较高 |
| 城轨检修师 | 中等 | 大专/本科学历+工作年限 | 中等 |
| 工程机械维修师 | 中等 | 大专/本科学历+工作年限 | 中等 |
| 机场规划师 | 中等 | 大专/本科学历+工作年限 | 中等 |

说明:1.篇幅所限,此处仅列举相关度较高的证书;2.报名条件每年略有变化,实际以官方考试网发布为准。

# 五、重点关注院校

交通运输专业对应的硕士一级学科为交通运输工程,部分重点院校列举如下:

**世界一流学科**(交通运输工程)
东南大学、西南交通大学、北京航空航天大学、大连海事大学、中南大学、长安大学

**第四轮学科评估**(交通运输工程)
A+:东南大学、西南交通大学
A-:北京交通大学、北京航空航天大学、同济大学
B+:大连海事大学、哈尔滨工业大学、武汉理工大学、中南大学、长安大学

中国幅员辽阔，交通运输覆盖面极广，包括公路、铁路、水路、海路和航空交通运输。不同就业方向的院校推荐也是不同的：

公路交通运输：吉林大学、同济大学、北京工业大学、长安大学、东南大学、重庆交通大学、武汉理工大学、长沙理工大学；

铁路轨道交通运输：西南交通大学、北京交通大学、中南大学、同济大学、大连交通大学、兰州交通大学、石家庄铁道学院、华东交通大学；

河路交通运输：武汉理工大学；

海路交通运输：大连海事大学、上海海事大学、宁波大学、集美大学、广州航海学院；

航空交通运输：北京航空航天大学、南京航空航天大学、中国民航大学、中国民用航空飞行学院、郑州航空工业管理学院。

**东南大学**：985，211，"双一流"，保研率约25%，工科很强且低调。东南大学的运输专业属于交通学院的方向之一，既涉及交通规划，又涉及运输和物流工程。东南大学的毕业生受到长三角地区企业的青睐。

**西南交通大学**：211，"双一流"，保研率约17%。西南交通大学被称为"总工程师的摇篮"。

**北京交通大学**：211，"双一流"，保研率约20%。北京交通大学是教育部直属，教育部、交通运输部、北京市人民政府和中国国家铁路集团有限公司共建的全国重点大学。

### 编者说

交通运输是国民经济中具有基础性、先导性、战略性的产业，是重要的服务性行业和现代化经济体系的重要组成部分，是构建新发展格局的重要支撑和服务人民美好生活、促进共同富裕的坚实保障。"十四五"时期，是交通运输行业进入完善设施网络、精准补齐短板的关键期，所以交通运输专业整体上是好就业的，但优势背后也有一定的局限性，交通运输专业离开了铁路、公路、地铁、物流等基本没有比较对口的工作。如果你学习本专业并从事相关行业，你将来会为人民群众提供更好的交通运输服务。

# 交通运输类专业拓展：**交通工程**

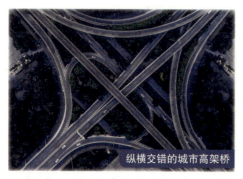

纵横交错的城市高架桥

到2025年，基本建立覆盖全面、结构合理、衔接配套、先进适用的综合交通运输标准体系，综合交通运输设施、转运装备、运输服务、统计评价等领域标准供给质量不断提升，标准在推动综合交通运输一体融合发展方面的作用更加突出。到2030年，综合交通运输标准体系进一步优化完善，综合交通运输标准供给更加充分，标准体系及时动态更新，更加有力地引领现代综合交通运输体系建设。

——《交通运输部办公厅关于印发〈综合交通运输标准体系（2022年）〉的通知》

### 交通工程专业是什么？

说起交通工程，其实大家并不陌生。我们首先想到的就是川流不息的道路，繁忙的车站、机场等。我们每天上班、上学、出差、旅行都离不开交通。如果把国家比作人体的话，那么交通就相当于人体的循环系统，要使这个系统血流通畅，生机勃勃，就要运用交通工程专业的知识对国家的交通体系进行综合的规划、设计和治理。许多城市因道路设计不妥而出现交通堵塞。如北京、上海、广州、深圳这样一线城市的道路，上下班高峰期拥堵成了常事。通勤时间增加，驾驶员也容易感到疲劳和烦躁。

交通工程学（traffic engineering）是交通工程学科研究与发展的基本理论，是从道路工程学中派生出来的一门较年轻的学科，它把人、车、路、环境及能源等与交通有关的几个方面综合在道路交通这一统一体中进行研究，以寻求道路通行能力最大、交通事故最少、运行速度最快、运输费用最省、环境影响最小、能源消耗最低的交通系统规划、建设与管理方案，从而达到安全、迅速、经济、方便、舒适、节能及低公害的目的。

### 和交通运输相比有什么不一样？

交通工程偏重于从宏观上对整个交通进行规划和管理，而交通运输注重的则是运输技术上的环节。简单来说，前者是做"交通管理"，后者则是"使用交通"。如果交通运输专业培养出的同学更适合当工程师，那么交通工程专业培养出的同学则更适合做管理者或检测者。交通运输偏重社会和人文学科方向，多重于管理、控制、物流、经济等方面。而交通工程，顾名思义，偏重工程、环境和能源课程方面，两者都要学习工程知识，但是交通工程学得比较深入，要涉及力学、结构等方面，而交通运输则要学管理学、物流、经济等。

### 交通工程专业学什么？

在交通工程专业的学习中，学生除了需要学习高等数学、线性代数、概率论与数理统计、物理学、力学等基础课程之外，还需要学习运筹学、交通规划、交通设计、交通运输经济学、交通管理与控制、交通安全、公共交通等学科基础课程和专业发展课程。

为了响应教育部对高等学校教育厚基础、宽口径的要求，部分高校如长安大学进行交通工程专业的大类招生，除了通用的学科基础课以外，还涉及城市轨道交通，民用机场规划、设计、管理和航空运行管理的课程和知识模块；同济大学的交通工程专业是办学历史悠久的专业，因曾隶属于建设部，以城市道路、城市交通为主要研究对象，培养系统规划设计和管理、道路与机场工程设计与管理、交通信息工程、城市轨道交通工程等方面的专业人才。

### 交通工程专业开设院校

**教育部直属：** 大连理工大学、吉林大学、河海大学、合肥工业大学、华中科技大学、同济大学、东南大学、石家庄铁道大学、长安大学、华南理工大学、中山大学、北京交通大学、西南交通大学、武汉理工大学、东北林业大学；

**工业和信息化部：** 哈尔滨工业大学、北京理工大学、西北工业大学、南京理工大学；

**中国民用航空总局：** 中国民航大学、中国民用航空飞行学院。

### 交通工程专业就业前景怎么样？

我国目前正处于交通工程设施建设的高速发展时期和精细化运行的起始期，学生就业前景良好。我国各大城市都面临严重的交通拥堵、交通事故多、交通运行效率低等问题，交通品质的提升越来越成为城市建设和管理中的难题和重点，而解决这些问题都需要大量的专业人才，包括交通组织设计、交通信号控制、城市轨道交通等专业的毕业生都处在供不应求的状态。以石家庄铁道大学为例，学生毕业去向都是铁路局和工程局，这些都是国有企业。如果你是女生，想要安逸平稳的工作就去国企，每周工作5天，正常上下班，工资4 000元/月左右。如果你是男生，需要承担更多的家庭责任和社会责任，你的选择就需要更加多元化。除了国有企业，还可以去私企，可以参与到国家"一带一路"建设中，也可以转向智慧交通相关方向。以大连海事大学为例，因为与海事有关，大部分就业方向还是与船舶、港口相关。还有像海尔集团、京东等世界五百强的部分企业都会有校招。总而言之，你未来工作的方向和生活的环境，都和院校、专业选择密切相关，所以请把握好这个机会。

# 船舶与海洋工程——强国战略、情怀专业

停在码头的邮轮

## 一、专业起源

我们生活的蓝色星球，70%以上的面积为海洋。早在数万年前的石器时代，人类的祖先就已开始了航海活动，公元前4世纪希腊航海家皮忒阿斯，驾驶舟船从今马赛出发，由海上到达易北河口，这成为西方最早的海上远航。而航海需要航行工具，造船技术的发展是航海的基石。最早的独木舟诞生于石器时代，而公元前3 000年左右，古埃及就有了帆船。

18世纪蒸汽机发明后，蒸汽机船便诞生了，人类获得了可以掌控的能源动力。到了19世纪末，内燃机的发明催生了柴油机船。如今的现代舰船更是采用了如燃气轮机、柴燃联合动力、核动力，甚至全电推进的动力，船体也从一根木头发展到现今远洋货轮有数十万吨的排水量。

古代的船

航海时代的世界地图

15世纪，在中国明朝时期，强盛的经济带来了造船业的大发展。永乐三年（1405年）开始，航海家郑和率领船队从南京出发，在江苏太仓的刘家港集结，七次远航西太平洋和印度洋，拜访了30多个国家和地区。郑和下西洋的壮举是中国古代规模最大、船只和海员最多、时间最久的海上航行。

到了15世纪末，造船技术和航海技术在欧洲迅速发展，以葡萄牙和西班牙为代表，两国进行了大量的远洋活动，开发了新航路，发现了美洲大陆。葡萄牙航海探险家麦哲伦的船队完成了人类历史上首次环球航行，证明了地球是圆的。欧洲列强凭借造船和航海，在全球开辟了大量的殖民地，客观上打开了封闭的世界，让商品和资本在全球流通。而同一时期，中国已经停止大规模的远洋航行，甚是可惜。

造船业是一项庞大的产业工程，是资本、技术以及劳动力融合的密集型产业，既包含了船舶的设计、建造、检验、适航，也包含了船舶的销售、流通以及代理等一系列产业链。在全球，中日韩是造船领域的前三个国家，仅从订单和吨位上来说，我国从 2017 年以来一直处于世界领先，但如液化天然气船（LNG）、邮轮这种极具建造难度的船，在技术上我国与韩国、意大利等还有差距。而在军用舰船建造领域，我国堪称质量速度双料冠军，近些年下水了诸如 055 万吨驱逐舰、电磁弹射航空母舰、最新型的 054B 护卫舰、039 型第三代潜艇。

液化天然气船

## 二、专业介绍

船舶与海洋工程就是造船的？只说对了一半。船舶与海洋工程专业，是船舶工程和海洋工程的合称。一艘钢铁巨轮，要经历初始设计、中间建造、安全检验、船舶适航等多个步骤才能驰骋大洋，这属于船舶工程。开采海底石油的海上钻井平台、南海的人工海岛、海底铺设的电缆、海底隧道、海洋潮汐发电等以开发、利用、保护、恢复海洋资源为目的资源开发技术与装备设施技术则是海洋工程。

所以，船舶与海洋工程专业主要研究船舶的构造、航行原理、安全性设计和国内外重要船级社的规范等基本知识和技能，培养从事船舶、水下运载器及各类海洋结构的设计、研究、生产制造、检验及海洋开发技术经济分析的高级工程技术人才。

海上钻井平台

**哪些学生适合学习船舶与海洋工程专业？**

1. 强工科专业，对数学、力学要求较高，适合工科思维尤其是数学、物理成绩较好的学生；

2. 对口就业基本都在沿海地带，工作地点大都较为偏僻；适合抗压能力较强、有耐性、有奉献精神的学生，内陆学生慎重考虑。

## 三、本科阶段的学习

### 01 大学学习课程有哪些？

| 船舶与海洋工程专业本科培养方案（以哈尔滨工程大学为例） | | | |
|---|---|---|---|
| 通识教育平台—专业必修课 | | | |
| 大学英语 | 思想道德修养与法律基础 | 工程伦理与工程认识 | 军事理论 |
| 体育 | 马克思主义基本原理概论 | | |
| 大类教育平台—专业必修课 | | | |
| 工科数学分析 | 复变函数 | 线性代数与解析几何 | 大学物理 |
| 概率论与数理统计 | 理论力学 | 材料力学 | 工程图学基础 |
| 学院专业平台—专业核心课 | | | |
| 船舶原理 | 船舶与海洋工程结构力学 | 船舶与海洋工程流体力学 | 船舶与海洋平台设计原理 |
| 学院专业平台—专业选修课 | | | |
| 浮式平台结构设计 | 高性能船舶原理与设计 | 潜艇潜器设计 | 水下航行器导航与定位技术 |

（篇幅有限，表中仅列举部分主要课程）

## 02  核心课程介绍

**船舶原理**

船舶原理是以流体力学为基础探讨船舶航行性能的一门科学。学习内容包括船舶静力学、船舶阻力、船舶操控、船舶耐波性。

举个例子,当我们看大型军舰或是远洋船舶时,经常会看到船首前端底部有一个突出的"大鼻子",非常引人注目,它叫球鼻艏。事实上,大型船舶在航行过程中因其庞大的排水量,会产生船首波从而形成航行阻力。加装了球鼻艏以后,球鼻艏波与船首波互相干涉抵消,从而显著提高了船舶的航速和航行经济性。

球鼻艏

船舶原理的学习是为了了解船舶性能,包括船体强度、船舶浮性、稳性、摇荡性、操纵性等。本课程将阐述它们的衡量指标、计算方法、规范和公约要求等,这是造好一艘大船的必要知识。

**船舶流体力学**

它是船舶与海洋工程最重要的核心课程之一,几乎所有与船舶与海洋工程结构动力性能有关的后继课程,都要以它为基础。课程主要介绍船舶流体力学的基础理论和分析方法,学习内容主要有流体静力学、流体运动学、流体动力学基本定理、流体涡旋运动基本理论、势流理论、水波理论等,主要解决在船舶与海洋工程中遇到的各类复杂流动的实际工程问题。

军用潜艇

举个例子,潜艇在航行时,大部分时间是整体位于水下的,前进需要克服巨大的海水阻力。在普通人的常识中,尖尖的头部应该阻力最小,而实际上潜艇的头部是水滴圆形的。简单来说,尖头会产生更大的涡流,反而对提高航速有弊,涡流也会增大航行的噪声,对于追求隐蔽和静音性能的潜艇来说是个大问题。

**船舶结构力学**

它是船舶与海洋工程学科的两大力学的支撑与三大技术基础理论体系之一,研究船舶、海洋工程的结构特点和力学特性。

流体力学是解决船体外的力学问题,结构力学是解决船体内的力学问题。船舶在航行时会受到自身空船重量和货物的静载荷、惯性载荷、水压力等各种外力,船体结构在正常使用和服役期限内不发生破坏或者变形是船舶结构力学所研究的内容。简而言之,船舶结构力学旨在把船造得坚固耐用,保证航行安全。

船厂造船

## 四、升学与就业

全国普通高校毕业生规模 2 500~3 000 人,2023 年全国有约 38 所本科院校开设船舶与海洋工程专业。

### 01  考研方向

**学术型硕士**:船舶与海洋工程(船舶与海洋结构物设计制造、轮机工程、水声工程、船舶动力机械与制冷工程)

**专业型硕士**:机械(船舶工程)

### 02  就业展望

如果你是本科毕业,船厂欢迎你的到来。无论你是身在江南、大连、外高桥还是沪东造船厂,都是远离城市的施工单位。偏远的郊区和海岛是你的主战场,条件自然是相对艰苦的。

## 研究院——中国船舶集团

中船集团很大，下属有各船厂、设计院、研究所等，遍布大江南北，研究所和设计院如中船701所、702所、中船7院，基本都有校招。虽然从985、211到双非本科都有岗位需求，但在二、三线城市，竞争激烈，学历要求更高，最好是名校硕士以上。值得一提的是，各种7开头的研究所是可以报考硕士研究生的，带薪读研，有机会可以参加工作项目，毕业后有机会留在研究所工作。薪资待遇各院差距较大不能一概而论，从10万元到30万元年薪的都有。某些所可解决部分博士级别人才在北京的户口问题。

中国船舶集团有限公司

## 公务员或事业编——海事局和船级社

海事局，国家行政机关，需要考试，绝大部分属于公务员，也有部分事业编制。在海事局，海上大大小小的事情都要管，差不多就是海上交警，当然也有例外比如军舰你就管不了。日常需要开巡逻艇出去，夜班也不少，因为在海上时间多，海事人会晒得有点黑。待遇在公务员体系里是较低水平，除了正常的福利，年薪到手10万元级别。

海上巡逻船

船级社，也就是验船机构，一部分船舶与海洋工程的学生会去到这里。中国船级社（CCS）是交通运输部直属的事业单位，需要考试，其主要业务就是对新造船舶进行技术检验并发证。中国船级社基本上是要研究生学历，本科学历可以去试试外国船级社在我国的办事处。主要工作岗位就是验船师（需要考注册验船师证书），负责对船舶进行入级和法定检验，签发船级、法定证书及报告等，工作非常辛苦年收入各地区相差不大，年薪10万元级别。当然了，海事局和船级社毕竟是体制内铁饭碗，胜在稳定。

## 入门——各大造船厂、中国海洋石油集团

首先，大型的造船厂基本都在中船集团下，比如江南、沪东、上海外高桥、广川国际等，此外也有合资和民营的造船厂，比如南通中远海运川崎、扬子江船业集团等。以中船集团头号子公司江南造船厂来说，总部地点位于长江入海口长兴岛上，岛上非常荒凉，距市区较远。薪资水平较低，本科前几年年薪10万元以内。

中海油有很多的校招，船舶与海洋工程、石油工程等专业的学生都可以去，本科即可，研究生更佳。海上石油钻井平台的工作强度实际并不算大，但长时间在海上比较无聊，活动半径小，吃喝睡都在平台上，生产噪声大，干一个月休一个月。薪资待遇整体还不错，年薪15万元到20万元级别。

造船厂

## 偏门——海上保险公估、船代货代

如果本科不想进船厂从事生产制造相关的工作，海上保险公估师也是一条路径。海运是有保险的，例如船舶本身、运费保险以及货物险、石油开发保险等。在海事事故发生后，公估公司作为第三方平台对保险标的进行鉴定估损和赔款理算并出具评估报告。

船代和货代，也就是船舶代理和货运代理，但两者区别很大，船代主要为船公司服务，比如办理船舶进港和出港，为船舶办理燃料供应、提供淡水及船员所需物料等。货代则是货主与承运人之间的中间人，是搞定出口报关、拖车、租船订舱的公司。船代货代都是做业务的，比较辛苦，收入看公司和业务能力。薪资待遇一句话概括：有的

集装箱船

赚翻了，有的只达"温饱"。

造船业是一个大周期性行业，可能5年上行10年下行，条件艰苦，出行不便。船舶与海洋工程作为强工科专业，较高的学习难度对应较低的收入水平，即使考研去到研究所或设计院，毕业后薪资依然不高。总之，船舶就业，需要奉献。

## 03 专业相关证书

| 相关证书 | 难度 | 报名条件 | 含金量 |
| --- | --- | --- | --- |
| 注册验船师（A、B、C证） | 逐级增加 | 大专/本科学历+工作年限 | 中等 |
| 一级建造师（港口与航道工程） | 较高 | 大专/本科学历+工作年限 | 较高 |
| 二级建造师（水利水电工程） | 中等 | 大专/本科学历+工作年限 | 中等 |

说明：1. 篇幅所限，此处仅列举相关度较高的证书；2. 报名条件每年略有变化，实际以官方考试网发布为准。

## 五、重点关注院校

船舶与海洋工程专业对应的硕士一级学科为船舶与海洋工程，部分重点院校列举如下：

**世界一流学科**（船舶与海洋工程）

哈尔滨工程大学、上海交通大学

**第四轮学科评估**（船舶与海洋工程）
A+：哈尔滨工程大学、上海交通大学
B+：海军工程大学
B：天津大学、大连海事大学
B-：西北工业大学、武汉理工大学
C+：大连理工大学、华中科技大学

**上海交通大学**：985，211，"双一流"，保研率约35%。学校研究成果覆盖了船海工程、力学、土木和交通运输等相关领域关键性技术的各个方面，包括：突破了3 000米深水装备的关键技术；发展了以海洋油气为代表的海洋矿产资源开发海洋工程重大装备，包括船舶、平台、潜水器等。

**哈尔滨工程大学**：211，"双一流"，保研率约23%。学校现有水下机器人技术国家级重点实验室、中国–俄罗斯极地技术与装备联合实验室、船舶与海洋工程力学国家级国际联合研究中心等国家级科研平台，船舶与海洋工程专业获批国家级特色专业、国防科工委重点专业。

**大连海事大学**：211，"双一流"，保研率约11%。学校船舶与海洋工程学院主要学科方向是救助与打捞工程、机械工程、动力机械工程、船舶与海洋结构物设计制造。学院自主设置了救助与打捞工程二级学科博士学位授权点。

### 编者说

2022年，我国造船完工量、新接订单量和手持订单量等各项指标均保持世界第一。提及海洋、深海、远航，又总是充满未知与神秘。但，这是一个需要情怀的专业。如果你热爱船舶，想为祖国的造船和海洋开发事业贡献一份力量，就请来吧！

# 飞行器动力工程——充满挑战

2023年8月10日,英国维珍银河公司"夏娃"号双体运输机搭载"团结号"太空船将3名普通乘客送入太空,使其体验了数分钟的完全失重。

遨游太空如今已不再是宇航员的专属,商业航天的时代已经到来。你,期待吗?

维珍银河航天器

## 一、专业起源

人类像鸟一样在天空飞翔的梦想由来已久,人类从古至今为梦想也做了很多的尝试,如"世界航天第一人"明代的"万户侯"陶成道坐在绑着火箭的椅子上上天(有去无回),18世纪末第一个载人热气球的诞生(安全着陆),1903年莱特兄弟发明了第一架飞机。随着科技发展,欧洲空中客车公司开发了史上最大的民航飞机A380-800,最高可承载850名乘客。近几年,英国维珍银河公司开发了商业太空游。人类一直在探索头顶上这片天空。不断迭代的飞行器,正是因为动力的不断发展而得以实现,正所谓一代发动机,一代飞行器。

莱特兄弟和"飞行者1号"

涡桨发动机

飞行器动力的重要性,诚如航空科学先驱——英国爵士乔治·凯利(空气动力学之父)所言:"全部问题是给一块平板提供动力,使之在空气中产生升力,并支持一定的重量。"飞行器的动力经历了多轮迭代,从莱特兄弟的"飞行者1号"安装的活塞式发动机,把燃料燃烧的热能转换为机械能,到波音707使用的喷气式发动机,重量轻,推力大,再到现在的波音737使用的涡轮风扇发动机,效率高,油耗低,飞机的航程更远。目前拥有最大飞行里程的飞机波音777-200LR,续航超过17 000公里。每一代新发动机的出现,飞机的速度和高度以及运载能力都得到了很大的提升。

我国的国产航空发动机正在研制中,这个方向充满挑战,同时也有巨大的发展机遇!

在飞行器动力的研发、生产过程中,设计、加工组装、材料运用等都需要有专业的人才,飞行器动力工程专业由此诞生。

## 二、专业介绍

从古至今,各种飞行器都要有动力系统,也就是推进装置,俗称"发动机"。它的原理是牛顿基本力学定律——作用力与反作用力。

航空发动机

动力系统是飞行器的心脏,也是推动飞行器一代又一代高速发展的决定性因素。飞行器动力按照应用场景分为航天动力和航空动力。本科阶段开设飞行器动力工程的学校大部分学习航空动力方向。航空发动机也被誉为现代工业"皇冠上的明珠",是集高精尖技术于一体、高度复杂、高度耦合的热力机械系统。由于航空发动机需要在高温、高压、高转速和高负载的特殊环境中长期反复工作,其对设计、加工及制造能力都有极高要求。世界上只有工业能力顶尖的国家才能研发,我国是其中之一。

飞行器动力工程主要研究飞行器的动力装置及控制系统的工作原理、结构、设计方法等方面的基本知识和技能,涉及数学、力学、机械学及电子学等领域,培养能从事飞行器动力装置及控制系统的设计、研究、测试、运行维护等工作的人才。接下来我们主要介绍飞行器动力工程(航空方向)。

**哪些学生适合学习飞行器动力工程专业?**

1. 本专业对物理力学、数学要求非常高,同时需要有较好的英语和计算机水平以及较强的动手能力;
2. 对航空航天有足够的兴趣,因为课程多,专业学习难度比较大,需要有强大的动力;
3. 要有空天报国情怀,航空发动机研发过程中充满艰辛和挑战,需要有坚定不移的信念才能克服重重困难。

## 三、本科阶段的学习

### 01 大学学习课程有哪些?

| 飞行器动力工程专业课程(以西北工业大学为例) | | | |
|---|---|---|---|
| 通识教育课 | | | |
| 形势与政策 | 军事技能训练 | 体育专项课 | 大学美育 |
| 大学英语Ⅱ或Ⅲ | 微积分Ⅰ或Ⅱ | 线性代数Ⅰ或Ⅱ | 大学物理Ⅰ |
| 波动与光学 | 马克思主义基本原理 | 复变函数与积分变换 | |
| 专业必修课 | | | |
| 燃烧学 | 发动机内流场数值分析基础 | 飞行器结构力学 | 空气动力学基础(双语) |
| 材料力学 | 自动控制原理Ⅰ(含实验) | 工程热力学(含实验) | |
| 专业核心课 | | | |
| 航空发动机原理 | 流体力学 | 燃烧学 | 航空发动机结构分析与设计 |
| 工程热力学 | 材料力学 | | |
| 专业选修课 | | | |
| 传热学 | 飞行器控制系统原理 | 燃烧不稳定概论 | 空间先进推进技术导论 |
| 火箭发动机材料与工艺 | 固体火箭推进剂 | 涡轮泵技术 | |

(篇幅有限,表中仅列举部分主要课程)

### 02 核心课程介绍

**流体力学**

在飞行器的燃烧室里,流体力学不仅要考虑燃烧产物的传输和混合过程,还要考虑燃烧产生的高温高压气体对燃烧室内壁的侵蚀和磨损,此外,燃烧室内的湍流效应也会影响燃烧效率和推力产生的稳定性。课程主要任务是让学生掌握流体在静止或运动过程中的力学特性,培养学生利用流体力学知识解决实际工程或科学问题的能力。

本课程主要内容包括:流体及其主要物理性质、流体静力学、流体运动基础、流体动力学的积分方程分析、相似原理和量纲分析、势流、黏性流体动力学基础及管道流动、绕流物体黏性不可压缩流动、可压缩流动基础等。

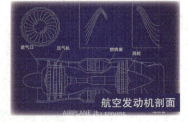

航空发动机剖面

### 工程热力学

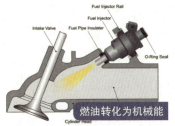
燃油转化为机械能

内燃机是典型的工程热力学的应用，可以用作航空、汽车、火车、摩托车等交通工具的动力源。同时在农业、发电领域、工业生产中的各类机械设备上也有着广泛的应用。

本课程主要研究热能与机械能和其他能量之间相互转换的规律及其应用。主要内容包括：热力学第一定律、气体和蒸汽的基本热力过程、热力学第二定律、实际气体的性质及热力学一般关系式、气体与蒸汽的流动、压气机的热力过程、气体动力循环、蒸汽动力装置、制冷循环等。

### 燃烧学

燃烧是飞行器动力系统中的核心问题之一，它可以产生推力，直接或者间接作用于机身，让飞行器以合适的速度飞行，这是燃烧学的应用原理。

本课程分为基础和专业两个方面。基础包括燃烧化学热力学与动力学基础、燃烧的物理学基础、着火理论、气体燃料的燃烧；专业包括液体燃料的雾化、蒸发与燃烧、主燃烧室工作过程与性能、加力燃烧室、先进主燃烧室技术发展。

战斗机开加力起飞

学生学习航空燃气轮机中燃烧过程的基本理论和燃烧室工作原理，为进一步从事航空发动机研究、燃烧室设计及有关燃烧方面的工作打下基础。

## 四、升学与就业

全国普通高校毕业生规模 2 000~2 500 人，目前全国约有 27 所院校开设飞行器动力工程专业。

### 01 考研方向

**学术型硕士**：航空宇航科学与技术（飞行器设计、航空宇航推进理论与工程、人机与环境工程等）

**专业型硕士**：能源动力（航空发动机工程、航天动力工程等）

### 02 就业展望

**飞机制造厂等机械类企业**

一般从事热动力机械的设计、生产和运行维护。这些厂主要做非核心零部件的加工，可以做质检或者办公室的工作，偶尔需要加班。中航工业在全国各大省市都有分公司（包括研究所以及相配套的工厂），所以毕业生大概率可以找到离家近的国企工作。只要跟着师傅好好学，可以稳定在半技术半体力的岗位。大型单位有中航工业旗下的各工厂、中国商飞上海飞机制造有限公司、徐工集团、柳工集团等。工作环境以车间为主，大部分本科生毕业两三年月薪四五千元左右。

中国商飞制造厂

**航空公司**

机务航线工作

主要从事机务工作。机务主要分定检和航线（刚进去大概率会分到航线）。定检是飞机固定在机库里，大家一起上去检修，工作在室内；航线是飞机落地后员工在机坪上干活，寒风酷暑都要在户外，工作环境比较艰苦。机务的工作内容是负责发动机的日常维护、故障排除和性能检验等工作，会与各种机械、工具、油污打交道，一般是三班倒。同时，机务都必须考对应机型的维修执照才能上岗，对于学这个专业的学生来说考证难度不大。去向单位有：东方航空、南方航空、厦门航空等。毕业后可以拿到不错的薪水，目前各大航空公司机务的年薪均在 10 万元以上。

**研究所、设计院**

航发集团科研

该类工作要求硕士及以上学历，主要从事飞行器设计、制造以及材料、动力、飞控等领域的研究工作。很多央企可以解决北京或上海的户口，有些单位提供免费公寓，福利待遇好（安排子女入学）。央企如航发集团、中国航空研究院、中国航天科技集团公司第五研究所、上海航天技术研究院等；民企如蓝箭航天、大疆等。员工的衣食住行都被安排妥当，他们只要一门心思做科研，可以铸造"大国重器"，实现"空天报国"梦想！

## 五、重点关注院校

飞行器动力工程专业对应的硕士一级学科为航空宇航科学与技术，部分重点院校列举如下：

| 世界一流学科（航空宇航科学与技术） | 第四轮学科评估（航空宇航科学与技术） |
|---|---|
| 北京航空航天大学、西北工业大学、哈尔滨工业大学、南京航空航天大学、国防科技大学 | A+：北京航空航天大学、西北工业大学<br>B+：哈尔滨工业大学、南京航空航天大学、国防科技大学<br>B ：北京理工大学、空军工程大学<br>B-：清华大学、沈阳航空航天大学、海军航空工程学院 |

**北京航空航天大学**：985，211，"双一流"，保研率约31%。学校是我国最顶尖的航空类大学，成功研制发射多种型号飞行器填补国内空白（如亚洲第一枚探空火箭"北京二号"），航空航天工程学科连续三年蝉联世界第一。

**西北工业大学**：985，211，"双一流"，保研约30%。学校研发和生产了国庆节和建军节阅兵仪式上的无人机方阵，培养了航空领域一半以上的重大型号总师、副总师（如中国探月工程总设计师吴伟仁）。

**哈尔滨工业大学**：985，211，"双一流"，C9成员，保研率约33%。学校开办中国第一个航天学院，发射了中国第一颗由高校牵头自主研制的小卫星。工科强校，工程师的摇篮。

**南京航空航天大学**：211，"双一流"，保研率约20%。学校培养了大批航空航天领军人物（如C919大型客机总设计师吴光辉），直升机和靶机是特色，学校在国防建设和民用领域都作出了巨大贡献。

### 编者说

空天报国，敢为人先。随着国家在航空航天领域技术的不断突破，以及国家政策对行业发展的扶持，这几年航空航天很热门。很多人觉得这是个高大上的专业，其实并不是你学了这个专业就一定能分配到飞船、探月等任务，很多人也会成为航空公司的机务。航空航天类专业研究的方向是科技前沿，科研过程中可能出现现有技术无法满足实际使用的情况，这就需要开发新技术，所以这个行业对学历要求很高，尤其是飞行器设计工程和飞行器动力工程专业，不到博士学位，没有机会去参与设计和制造飞机。

我国正在加速研制航空发动机，以解决大飞机"心脏"卡脖子的重大风险。国产C919的大量订单，说明未来人才需求非常大。这类专业因为特有的技术壁垒，找到工作后一般比较稳定，可以实现空天报国的梦想。

# 航空航天类专业拓展：飞行器制造工程

飞机维修

### 飞行器制造工程是什么？

制造，顾名思义，是把设计图纸付诸实践，按照要求通过人工或机械加工、组装等方式，达到设计师的目的。

本专业主要研究飞行器制造、电工与电子技术等方面的基本知识和技能，进行飞行器制造领域内的设计、制造、研究、开发与管理，比如：飞行器零件的加工、装配、故障诊断等。

### 飞行器制造工程专业学什么？

本专业一般属于机械工程及自动化学院，但是不同学校本专业的学习内容不同。

比如沈阳航空航天大学，飞行器制造工程专业主要围绕飞机零件的制造、飞机装配以及飞机维修进行相关课程设置，核心知识偏重机械制图、机械设计与制造、材料力学、计算机辅助飞机制造等课程。而北京航空航天大学的飞行器制造工程专业学科方向是：研制复杂产品数字化设计制造一体化技术、精密塑性成形技术及装备、飞机数字化装配技术及装备。核心课程：计算方法与人工智能算法、软件与编程、航空制造工程基础、机器人技术基础、机电一体化系统设计与实践、智能制造工程基础。

### 飞行器制造工程专业就业前景怎么样？

1. 到全国国有大型航空制造企业和航空公司以及飞机维修企业（如沈飞集团、西飞集团、成飞集团、哈飞集团、洪都集团、昌航集团等），从事与航空制造工艺技术、航空器维护等相关的工作。需要考取民用航空器维修人员执照，工资收入由基本工资加工时费构成。

2. 到大学、中科院相关院所、国防系统研究所继续深造，未来做设计师、工艺师。

## 航空航天类专业拓展：**飞行器设计与工程**

### 飞行器设计与工程是什么？

右图为空客的大白鲸运输机，通过把驾驶舱向下移动并向前延伸，形成一个尖鼻状的结构，将上半部机身加宽加高，形成一个巨大而圆润的货舱，一次就可以装下 A350 的一对机翼。

本专业主要学习飞行器的总体结构设计，包括发动机分布的位置、需要的推力大小等，但具体到发动机内部的结构参数设计则属于飞行器动力工程专业的内容。

大白鲸运输机

### 飞行器设计与工程专业学什么？

以航空宇航科学与技术、力学、控制科学与工程为主干学科，航空方向核心课程有：飞行器总体设计、飞行器结构设计、飞行器结构力学、飞行器动力学、可压缩空气动力学、飞机系统设计；航天方向核心课程有：飞行器结构设计、航天飞行器设计、航天飞行动力学、空气动力学计算方法、大气飞行器制导原理、航天器制导理论、弹性力学与有限元法。

与飞行器动力工程相比，本专业设计方面的课程多一些。

### 飞行器设计与工程专业未来就业前景怎么样？

1. 本科毕业生大部分做的工作是维修和制造，简单来说是工作在一线现场。由于大多是国企，求稳定的人可以选择，但上升空间有限。

2. 博士毕业生进研究型单位多一些，比如研究所、研究院、设计所，主要从事飞行器总体设计的理论研究与试验、设计与开发以及技术管理等工作。现在无人机和民用领域的人才需求量非常大，工资待遇也很可观。

# 武器系统与工程——保家卫国

所谓"武",从字面看,里面是"止",外面是"戈","止戈"就是阻止战争,我们只有拥有先进的武器和强大的国防,才有强大的威慑力,才能保卫我们的祖国。

图为055型驱逐舰,拥有X和S双波段雷达,是世界上战场感知能力最强的驱逐舰之一。

055驱逐舰

## 一、专业起源

听到"武器系统与工程"这个专业名称,很多热爱军事的同学一定热血沸腾,他们能说出多种常规武器和大规模杀伤破坏性武器,比如导弹、核武器、坦克、作战飞机等。虽然现在是和平年代,但一个国家的军事武器水平决定了这个国家在国际上的综合实力和政治地位。右图为世界上最先进的通用型五代机F-35,它拥有强大的隐身性能和态势感知能力。我国在2011年首飞了自己的五代机歼-20,现已装备部队。

F-35

能发现隐身飞机的米波雷达

武器贯穿于人类社会发展史、科技发明史和战争史的始终。按使用武器的特征,我们把战争分为4个阶段:① 冷兵器时代,主要是刀枪剑戟、斧钺钩叉等;② 热兵器时代,以火药能为主要能源的兵器,出现了枪、炮等武器;③ 机械化时代,两次工业革命为武器机械化发展打下基础,产生了坦克、作战飞机、军用舰艇、导弹等一系列武器;④ 信息化时代,20世纪80年代以来,以信息技术为核心的军事高科技迅猛发展,利用信息技术和计算机技术,使武器装备在预警探测、情报侦察、精确制导、火力打击、指挥控制、通信联络、战场管理等方面实现巨大飞跃。

武器系统与工程专业始建于1953年成立的中国人民解放军军事工程学院(简称哈军工)炮兵工程系。哈军工创建时就设有火炮、步兵武器、火箭发射架、炮弹、火箭弹、引信等专业,1971年太原机械学院(现中北大学)的枪炮专业并入南京理工大学相关专业,1978年西北工业大学航空武器专业并入南京理工大学相关专业。1998年南京理工大学按照教育部新修订的专业目录对武器类专业进行整合,成立了武器系统与工程专业,1999年开始招生,下设地面武器机动工程、弹药工程与爆炸技术、武器系统与发射工程以及探测制导与控制4个二级专业。

一门旧时火炮

## 二、专业介绍

在信息化战争背景下，从大的方面来看，信息化武器装备可以分为三大类：一是综合电子信息系统（即C4ISR系统），其在功能上可分成信息获取、信息处理、信息传输和指挥控制4个分系统；二是信息化杀伤武器，包括精确制导武器、信息战武器装备和新概念武器系统；三是信息化作战平台。

拿精确制导武器来说，它最大的特点是直接命中概率高。目前，一些有代表性的精确制导武器命中概率可达80%以上，激光制导炸弹和电视制导炸弹，其圆概率偏差约在2米以内。如海湾战争中，美国空军在100千米外向伊拉克的一个水电站发射了两枚"斯拉姆"空对地导弹，结果是两枚导弹先后从同一个洞穿入发电厂，彻底摧毁目标。

FM3000 防空导弹

以信息化战争条件下常规武器系统为工程应用背景，本专业主要学习现代信息化装备的知识，全方位学习陆、海、空、天立体空间多种作战模式下的主战武器装备，包括无人作战平台，信息战武器，新概念武器的类型、发展现状及在战争中发挥的作用等，涵盖了机械、电子、计算机、材料等多个领域，培养具备武器系统设计、制造、测试及使用能力的高级专门人才，为国防科技工业和军事建设提供技术支持和保障。

**哪些学生适合学习武器系统与工程专业？**

1. 有远大的抱负，有报效祖国的强大的奉献精神；
2. 对武器装备、机械电子、控制工程等方面有浓厚的兴趣和爱好，能主动学习、探索和创新，不怕困难和挑战；
3. 有扎实的数理化和工程技术方面的基础知识和能力。

## 三、本科阶段的学习

### 01 大学学习课程有哪些？

| 武器系统与工程专业本科课程目录（以北京理工大学为例） | | | |
|---|---|---|---|
| 通识教育课 | | | |
| 形势与政策 | 军事理论 | 学术用途英语 | 国家安全概论 |
| 概率与数理统计 | 数学分析 | 大学物理 | C语言程序设计 |
| 大学化学 | 复变函数与积分变换 | | |
| 专业基础课 | | | |
| 系统工程与设计 | 自动控制原理 | 自动目标识别技术 | 最优化理论与方法 |
| 机器学习基础 | 测试与信号处理 | 武器系统概论 | 电路分析基础 |
| 数字电子技术基础 | 模拟电子技术 | | |
| 专业核心课 | | | |
| 理论力学 | 材料力学 | 武器系统设计理论与优化 | 自动目标识别技术 |
| 自动控制原理 | | | |
| 专业选修课 | | | |
| 工程材料基础（双语） | 机电系统特性分析 | 毁伤与评估原理 | 流体力学 |
| 微系统设计 | 移动机器人学 | | |

（篇幅有限，表中仅列举部分主要课程）

### 02 核心课程介绍

**武器系统设计理论**

AK-47，略懂军事的人都知道的一款名枪，是苏联枪械设计师卡拉什尼科夫所设计的一款自动步枪。这款步枪是卡拉什尼科夫基于实战需要，在满足一定精度、射程、火力强度的条件下，保证很高的可靠性和很好的环境适应性，制造出的结构简单、造价低廉、易于操作的步枪。这便是武器系统设计理论和优化的体现。

本课程主要讲述武器系统设计的理论知识，让学生了解现代武器系统发展和研究的主要环节和关键内容。课程内容包括：在现代战争条件下武器系统的概念、任务与需求、功能确定与分配、结构分析、性能分析与指标设计、建模与仿真、效能分析、费用分析、综合评价、总体优化设计等基本理论、一般规律和普遍方法，为创造性地从事武器系统的科学研究、总体设计、技术开发及工程管理奠定学科基础。

AK-47自动步枪

### 理论力学

理论力学是研究物体机械运动一般规律的科学，机械运动是指物体的空间位置随着时间而变化的过程，这是最常见、最普遍、最基本的运动状态。它以伽利略和牛顿总结的基本定律为基础，属于古典力学的范畴，是连接基础知识和武器装备专业知识的桥梁。

韩国 K-9 自行榴弹炮

理论力学主要包括三部分：静力学、运动学和动力学。静力学研究作用于物体上的力系的简化理论及力系平衡条件；运动学只从几何角度研究物体机械运动特性而不涉及物体的受力；动力学则研究物体机械运动与受力的关系。动力学是理论力学的核心内容。

### 材料力学

人们运用材料进行建筑、工业生产的过程中，需要对材料的实际承受能力和内部变化进行研究，这就催生了材料力学。材料力学的研究对象主要是棒状材料，如杆、梁、轴等。桁架结构的问题在结构力学中讨论，板壳结构的问题在弹性力学中讨论。材料力学作为固体力学的一个分支，是研究结构构件和机械零件承载能力的学科，它的任务是选择适当的材料、截面形状和尺寸，以便设计出既安全又经济的结构构件和机械零件。

钢材的性能决定炮管的质量

课程内容包括：•基本变形（拉伸压缩、剪切挤压、扭转、弯曲）、应力状态分析、强度理论、组合变形、压杆稳定、动载荷、能量法求位移、超静定结构、疲劳强度。

## 四、升学与就业

全国普通高校毕业生规模 250~300 人，目前全国约有 10 所院校开设武器系统与工程专业。

### 01 考研方向

**学术硕士**：兵器科学与技术（武器系统与运用工程、兵器发射理论与技术、火炮/自动武器与弹药工程、智能武器技术与工程）

**专业硕士**：机械（兵器工程）

### 02 就业展望

**军工单位**

军工单位包括中国航天科工集团、中国航天科技集团、中国兵器工业集团、中国电子科技集团、中国航空工业集团等。进入这些企业的本科毕业生，主要从事制造工作。出于安全和保密的考虑，一般工作地点比较偏远，优势是福利待遇好，工作稳定。研究生及以上学历毕业生，主要从事武器系统（如导弹、火炮、火箭弹、自动武器）的设计、研发、制造、测试（有一定危险性）、评估、维护等工作。有些单位可以为符合条件的学生解决北京户口，工作中有机会接触到国家级科技项目，这对个人成长和职业发展都是非常有利的，而且福利待遇不错，收入中等。

军工科研院所

**民用工程领域**

需要熟练掌握 CAD 和 Solidworks 等绘图软件，以及熟悉机械加工工艺。毕业生可以在与汽车、机械、高铁、风力发电机等相关的企业，从事机械系统的设计（硕士为主）、制造、检测、管理等工作。不管是设计还是制造岗位，都脱离不了一线，需要经常下车间去熟悉了解公司的生产、制造、设计等很多方面的实际情况。入行时工资不高。如果想从事设计，选择继续深造比较好；如果从事制造或者与工艺相关的工作，实践经验更为重要。行业内知名企业有比亚迪、上汽、广汽、徐工集团、三一重工等。

车间里的设计师

## 五、重点关注院校

武器系统与工程专业对应的硕士一级学科为兵器科学与技术，部分重点院校列举如下：

**世界一流学科**（兵器科学与技术）
北京理工大学、南京理工大学

**第四轮学科评估**（兵器科学与技术）
A+：北京理工大学、南京理工大学
B ：西北工业大学
B-：火箭军工程大学、空军工程大学

**北京理工大学**：985，211，"双一流"，保研率约 20%。导弹、地面武器、特种材料、炸药方面成果显著，被誉为"红色国防工程师的摇篮"。

**西北工业大学**：985，211，"双一流"，保研率约 30%。学校是一所以航空、航天、航海等领域人才培养和科学研究为特色的多科性、研究型、开放式大学，一直聚焦于国家战略需求和世界科技前沿，为国防科技事业发展和国民经济建设作出了重大贡献。

**南京理工大学**：211，"双一流"，保研率约 22%。学校本专业源于 1953 年成立的哈军工炮兵工程系，后北京工业学院（现北京理工大学）、太原机械学院的枪炮专业以及西北工业大学的航空武器专业并入，被誉为"兵器技术人才的摇篮"。

### 编者说

国家想保持长期的繁荣稳定，就必须要有强大的国防力量来保障，而兵器研发与制造是国防建设中最重要的部分。本专业比较小众，每年全国的招生计划少，但毕业后的对口就业率高，大部分毕业生会去各类军工企业、国防事业单位、民营防务企业等，工作相对稳定，就业压力相对小。它属于纯工科专业，对数学和物理基础有一定要求，如果学生动手能力强，爱钻研，又真的很喜欢兵器的话，报考兵器类专业是不错的选择。由于工作环境和工作性质，女生慎重考虑。

# 核工程与核技术——"变辐为福"

从切尔诺贝利事故到福岛核泄漏，有关核的事故危害都如此巨大，为什么各国还是离不开"核"呢？

广州大亚湾核电站

## 一、专业起源

听到"核"这个字，大家会联想到最近日本福岛核电站往太平洋排核污染水事件，核污染水的辐射未来会对海洋生态环境造成灾难性的影响，令人后背发凉。那"核"是在什么情况下被发现的？核能又能为人类带来什么呢？相信这是我们都关心的问题，下面逐一为大家阐述。

核能的发现和运用是从理论到实际的典型案例：1898年，居里夫妇发现放射性元素钋和镭，开创了放射性理论。镭的发现与研究推动了放射性物质的研究，揭示了原子的结构和本质，从而推动了原子核物理学和核能技术的发展。这对于能源和武器发展都产生了深刻的影响。例如，1945年，美国利用核能成功开发了原子弹。而钋的发现和研究则推动了放射性同位素的研究，促进了医学和生物学领域的发展。例如，放射性同位素被用于癌症治疗和医学影像学中。

2023年1—6月全国发电量统计分布
■火力发电量 ■水力发电量 ■风力发电量 ■核能发电量 ■太阳能发电量

1973年，第一次石油危机爆发，由于传统的化学能源日益凸显的储量和环境问题，各国开始重视新能源的应用，尤其是核能。目前核的主要工程应用领域包括核武器、核动力、核能发电、民用核技术等。

目前核能发电在我国应用已非常成熟，截至2023年6月30日，我国运行核电机组共55台（不含台湾地区），2023年1~6月，全国累计发电量为41 679.6亿千瓦时，运行核电机组累计发电量为2 118.84亿千瓦时，占全国累计发电量的5.08%。

国家"2035年远景目标纲要"中提出：到2025年，我国核电运行装机容量达到7 000万千瓦时；到2035年，核电发电量占全国发电量的10%。从以上数据可以看出，未来核行业的发展空间巨大。接下来我们具体讲解这个专业学什么以及适合什么样的学生学。

中国的核教育是在20世纪50年代中期为适应国防建设迫切需求而建立的，曾拥有过一段辉煌的历史，经过六十年不同时期的发展和调整，现在已成立门类齐全、层次多样的涉核专业和学科，为我国经济发展与国防建设作出了重要贡献。我国本科生教育中的核工程类专业包括核工程与核技术、辐射防护与核安全、核化工与核燃料工程以及工程物理四个专业。中国核工业第一所高等学校东华理工大学（原华东地质学院）创办于1956年。

## 二、专业介绍

在我国，核科学在核能、激光、计算机与信息技术、现代医学诊断与精准医疗等领域都发挥了巨大作用。在我们日常生活里，不少东西与之相关，如我们常吃的泡面，它的调料和压缩蔬菜是经过辐照杀菌的；医院的 X 光片、核磁共振、高铁安检仪也运用到核技术；在农业应用方面，我国的核能育种已经培育出上千个品种，年产 15 亿公斤，如鲁原 502 小麦，抗倒伏能力好，能抗小麦锈病、小麦白粉病。

PETCT(CT机)

核工程的研究对象是各种以核燃料为动力来源的核设施，如核电站、核动力航母、核动力潜艇等；它侧重于核电及热能工程设计、安全分析、控制与运行管理方面的知识，如核电站的建立和运行、核供热装置的研究设计、核武器的设计制造、核辐射的控制和防护等。

核技术的研究对象是以核素、核辐射等理论为基础的科学技术，如辐射探测、辐射成像、辐照技术、核电子学等，主要学习核技术在生活方面的应用，比如医疗、环境探测、消毒、探伤等。

这个专业并不是高危专业，做一次 X 光放射检查所接受的辐射都比在核电站工作一年接受的量多。我国核电厂设计的三大安全对策（有效控制反应性、确保堆芯冷却、包容放射性）和多道屏障（预防、监测、保护、缓解、应急）共同构成了核安全的防御体系。

我国所有的核电厂都满足两个"千分之一"定量安全目标：第一，反应堆事故对核电厂附近的个人或居民群体可能产生的急性死亡风险，不应超过由于其他事故而普遍受到的急性死亡风险的 0.1%；第二，反应堆事故对核电厂附近的个人或居民群体可能产生的晚期（癌症）死亡风险，不应超过由于其他原因产生的癌症风险的 0.1%。基于以上安全措施，我国的第一座秦山核电站已安全运行 30 多年。

### 哪些学生适合学习核工程与核技术专业？

1. 有良好的数理基础，能用理科的思维方式，解决实际工作中碰到的问题。

2. 有情怀，有耐心且细心，有创新精神。在研究和设计过程中要探索很多未知领域，要能创新地提出假设再验证其是必不可少的环节。

3. 因核电站都远离人口密集区，需要能吃苦，能忍受偏僻的工作环境。工作中需要负重和户外操作，不太适合女生。

## 三、本科阶段的学习

### 01 大学学习课程有哪些？

| 核工程与核技术专业本科课程目录（以哈尔滨工程大学为例） | | | |
|---|---|---|---|
| 通识教育课 | | | |
| 中国近现代史纲要 | 马克思主义基本原理概论 | 毛泽东思想 | 工程伦理与工程认识 |
| 形势与政策 | 大学英语 | 环境保护与可持续发展 | |
| 专业基础课 | | | |
| 工科数学分析 | 线性代数与解析几何 | 概率论与数理统计 | 复变函数 |
| 大学物理 | 工程实践 | 计算思维 | 理论力学 |
| 材料力学 | 核专业导论与核安全文化 | 核物理与辐射安全 | |
| 专业核心课 | | | |
| 核反应堆物理 | 工程热力学 | 工程流体力学 | 传热学 |
| 反应堆热工水力学 | 核动力装置与设备 | 核工程检测与控制保护 | 核工程虚拟仿真实验 |
| 专业选修课 | | | |
| 量子力学 | 核电子学基础 | 自动控制原理 | 核聚变与等离子体物理 |
| 加速器原理及材料辐照 | 核技术应用 | 核电厂电气系统 | |

（篇幅有限，表中仅列举部分主要课程）

## 02  核心课程介绍

**核反应堆物理**

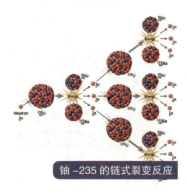

铀-235 的链式裂变反应

核能具有安全和清洁的特点。核能的利用有两条途径，一个是聚变（氢弹），一个是裂变。其中裂变能已经在实际中广泛应用，比如核能发电。核裂变是指一些质量非常大的原子核像铀、钍和钚等发生原子裂变反应。这些原子的原子核在吸收一个中子以后会分裂成两个或更多个质量较小的原子核，同时放出两个到三个中子和很大的能量，又能使别的原子核接着发生核裂变……使过程持续进行下去，这种过程称作链式反应。原子核在发生核裂变时，释放出巨大的能量，这些能量就是原子能。1千克铀-235全部核的裂变将产生 20 000 兆瓦小时的能量，与燃烧至少 2 000 吨煤释放的能量一样多，相当于一个 20 兆瓦的发电站运转 1 000 小时。

核反应堆物理作为核能科学与工程专业的基础，讲解了反应堆内与中子相关的物理过程以及与中子学相关的理论与计算方法。课程主要内容有：反应堆中核反应的分类与描述方法；中子的扩散与慢化；均匀反应堆的临界理论；反应堆中的反应性变化与反应性控制；反应堆动力学；中子输运理论；反应堆堆芯物理设计与燃料管理；反应堆物理启动。通过此课程的学习，学生可以了解反应堆的工作原理，掌握核反应堆物理的基本概念和理论，能够识别、表达与反应堆物理相关的复杂核工程问题，能够利用所学的知识进行问题分析并得到有效的结论。

**反应堆热工水力学**

核反应堆堆芯是核动力设施的心脏。热工水力学主要包括两大部分的内容，即热工学和水力学。热工学是研究核反应堆中的热量产生和传递的科学，水力学是研究核反应堆系统中流动规律和流动稳定性的科学。

反应堆热工水力学主要研究核反应堆热工水力学分析的基础理论和方法，包括核能系统中的基本热力过程、反应堆用的各种材料、堆芯的热量产生、燃料元件内的传热、流动系统的水力和输热分析等，进一步讨论反应堆稳态热工设计原理。具体内容包括：核反应堆分类、核能系统中的热力过程、材料与热源、燃料元件传热分析、单相流分析、两相流分析、反应堆稳态热工设计。

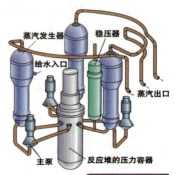

反应堆冷却系统

**核动力装置与设备**

核动力装置的系统和设备是指使核反应堆产生动力的系统和设备，如核蒸汽供应系统和核电站汽轮机等，以及为保证设备正常运行、人员健康和安全所需要的系统和设备等。

我国第三代压水堆核电创新成果"华龙一号"

学习内容包括：核动力装置的基本组成与工作过程、压水堆蒸汽发生器的工作原理与结构设计、蒸汽发生器传热管的腐蚀与防护、蒸汽发生器的热计算、自然循环蒸汽发生器的水力计算和运行特性、压力安全系统、稳压器的容积和电加热功率计算、稳压器的动态特性、冷凝器及其典型结构和主要部件结构热力特性。

以压水堆核电厂为例，涉及的装置和设备有：反应堆冷却剂系统和设备（反应堆本体结构设计、反应堆冷却剂泵、蒸汽发生器、稳压器）、二回路系统与设备、一回路和二回路辅助系统与设备。

## 四、升学与就业

全国普通高校毕业生规模 2 000~2 500 人，2023 年全国约有 34 所本科院校开设核工程与核技术专业。

### 01  考研方向

**学术型硕士**：核科学与技术（核能科学与工程、核燃料循环与材料、核技术及应用、辐射防护及环境保护等）

**专业型硕士**：能源与动力工程（核能工程）

## 02  就业展望

**核电厂**

它是大部分本科毕业生对口工作的首选，如中国核工业集团有限公司（中核）、中国广核集团有限公司（中广核）或旗下的子公司。主要岗位是运行操作岗、维修岗、技术支持岗等一线岗位。核电站大部分在海边，一般远离城区，很多公司有安家费、人才补贴、免费公寓，福利待遇不错，体制内工作也稳定。由于工作环境的特殊性，招聘女生的岗位很少。正常上班一天8小时，双休，有厂车来往市区。如果碰到检修等项目，需要加班但有加班工资。对于毕业出来就想要稳定工作的人来说，这是个不错的选择。

大亚湾核电厂主控操纵员

**核工程设计院和研究院**

中国先进研究堆厂房

一般需要硕士及以上学历，主要从事设计和科研工作，比如上海核工程研究所的核技术应用技术管理岗，主要负责重水堆堆芯核特性分析、核屏蔽分析。在大型央企、国企里有很多机会接触到国家重点项目，跟着首席专家、科技带头人一起做项目，个人成长和眼界都会得到很大的提升。根据用人单位实际情况还有落户北京或上海、安家费或购房补贴、人才公寓或租房补贴、人才津贴、差旅补贴等一揽子"硬核"福利。

## 五、重点关注院校

核工程与核技术专业对应的硕士一级学科为核科学与核技术，部分重点院校列举如下：

| 世界一流学科（核科学与核技术） |
|---|
| 清华大学、中国科学技术大学 |

| 第四轮学科评估（核科学与核技术） | |
|---|---|
| A+ | 清华大学、中国科学技术大学 |
| B+ | 北京大学、哈尔滨工程大学、西安交通大学、中国科学院大学 |
| B | 上海交通大学 |
| B− | 南华大学、四川大学 |

**西安交通大学**：985，211，"双一流"，保研率约33%。2023年核工程与核技术专业升学率近70%，其余毕业生就业于中国核工业集团公司、中国广核集团有限公司（中广核）、国家电力投资集团有限公司等核电生产、研究设计单位。

**哈尔滨工程大学**：211，"双一流"，核学院2023年保研率38.7%。其前身是"哈军工"时期创建的核动力装置专业。与中广核一同首创"订单+联合"校企联合人才培养模式。核工程与核技术专业毕业生80%以上在我国核动力领域从事研究、设计、运行和管理工作。

**南华大学**：普通本科，保研率约3%。核科学技术学院的前身是原核工业部衡阳矿冶工程学院，2022年核学院升学率30.7%，其核工程与核技术专业是首批国家一流本科专业。

### 编者说

国家提出"双碳"（2030年碳达峰、2060年碳中和）战略，明确提出将核能纳入清洁、低碳、安全、高效的能源体系中。除了核能发电外，利用核反应的附加产物供暖已经在山东海阳市、浙江海盐市、辽宁红沿河镇三个地方实行，这既降低了居民的取暖成本，又解决了之前燃煤锅炉环境污染的问题。核工程与核技术是一个目前对口就业率较高的专业，也是最容易进入国企的专业之一。主要原因是核工业在我国正处于一个发展时期，现在这方面的专业人才较少，且开设此专业的高校和每年的毕业生人数不多。国家在不断探究核的新用途，学习核工程与核技术专业，未来就业范围会越来越广，感兴趣的同学鼓励报考。

# 生物医学工程——未来超人类诞生于此

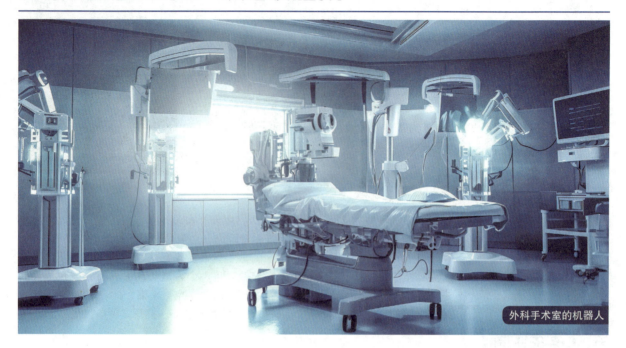

外科手术室的机器人

## 一、专业起源

生物医学工程的起源可以追溯到20世纪50年代，当时医学和工程学领域的专家开始合作，探索如何将工程学原理应用于医学领域。最早的成就之一是人工心脏起搏器的开发，这项技术在1958年首次成功应用于患者身上。此后，生物医学工程的研究领域逐渐扩展至医学成像、生物材料、生物传感器等方面。医学成像是生物医学工程领域的重要研究方向之一。20世纪70年代中期，电子计算机断层扫描（CT）技术的问世引起了巨大的轰动。CT技术通过扫描患者的身体，生成高分辨率的断层图像，帮助医生诊断疾病。此后，磁共振成像（MRI）和正电子发射体层摄影（PET）等成像技术相继出现，为医学诊断提供了更多的选择和更准确的结果。

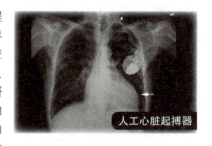

人工心脏起搏器

20世纪80年代，可降解生物材料的研究取得了重要突破。生物材料是生物医学工程中的关键组成部分，广泛应用于医疗器械和组织工程等领域。可降解材料可以在体内逐渐分解和被吸收，避免了二次手术的风险和不适感。这一技术的应用范围包括缝合线、骨修复材料和人工血管等。此外，生物传感器也获得了发展，如血压、血糖和心电图等可以检测和测量人体内的生物信号。

血压仪

现代生物医学工程的发展十分迅速，器官工程是生物医学工程的前沿领域之一，旨在利用工程学原理和生物学知识重建或修复受损的组织和器官。通过组织工程和干细胞技术，研究人员已经成功地培养出人类皮肤、骨骼和心脏等组织。这些技术的发展有望解决器官短缺问题，并为未来的再生医学提供新的治疗方法。随着人工智能、纳米技术和基因编辑等新一代技术的不断发展，它们之间的融合已成为生物医学工程领域趋势之一。比如，在药物递送方面，可以利用纳米技术包裹药物，精准地将药物释放到感兴趣的细胞中。而基因编辑则可在细胞层面上进行治疗和调整，可以为治疗提供更加有效的解决方案。

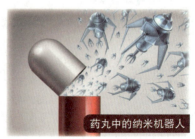

药丸中的纳米机器人

## 二、专业介绍

生物医学工程（Biomedical Engineering，简称 BME）结合物理、化学、数学和计算机与工程学原理，从事生物学、医学、行为学或卫生学的研究；提出基本概念，产生从分子水平到器官水平的知识，开发创新的生物学制品、材料、加工方法、植入物、器械和信息学方法，用于疾病预防、诊断和治疗，病人康复，改善卫生状况等。

其实它对于我们每个人来说，一点都不陌生。你到了医院，从听诊器开始，到 CT、MRI 等，这些都是生物医学工程研究的领域。例如：某个人患有心脏病，需要装一个心脏起搏器；现在国外很多人的身体某部分器官出现问题，会在身体里安装一个电子装置。所有的这些都属于生物医学工程领域，都与我们的生活息息相关。

假肢

**哪些学生适合报考生物医学工程专业？**

1. 有好奇心和探索欲。生物医学工程是一门关于生命和自然的科学，需要不断探索和发现新的事物。因此对这个领域感兴趣并愿意不断学习和探索的人更容易适应学习和工作的要求。
2. 高中数学和物理学得好。生物医学工程专业的主干课程都需要很好的数学和物理基础。
3. 细致，有耐心。在实验室或研究中，需要进行反复的实验和观察，以收集准确的数据和信息。这就需要具备耐心和细致的工作态度，以便准确地完成实验和数据分析。
4. 具备团队合作精神。生物医学工程类专业通常需要团队合作，需要不同专业的人才共同合作，以便更好地完成研究项目和实验。

## 三、本科阶段的学习

### 01　大学学习课程有哪些？

| 生物医学工程专业本科课程目录（以东南大学为例） | | | |
|---|---|---|---|
| 通识教育课 | | | |
| 马克思主义基本原理概论 | 形势与政策 | 思想道德修养与法律基础 | 军事理论 |
| 体育 | 大学英语 | 计算机科学基础 | 工科数学分析 |
| 线性代数 | 大学物理 | 数学物理方法 | 数学建模与数学实验 |
| 大类学科基础课 | | | |
| 电路基础 | 计算机结构与逻辑设计 | 化学基础 | 信号与系统 |
| 人体解剖与生理学 | 分子与细胞 | | |
| 专业主干课 | | | |
| 电子电路基础 | 生物分析与传感 | 电磁场与波 | 数字信号处理 |
| 生物系统建模与分析 | | | |
| 专业选修课 | | | |
| 单片机原理与应用 | 医学图像处理 | 生物化学 | 物理化学 |
| 生物信息学基础 | 系统生物学导论 | 生物数学分析与实践 | 算法与数据结构 |

（篇幅有限，表中仅列举部分主要课程）

### 02　核心课程介绍

**电子电路基础**

它是关于电路理论和电子技术知识的专业技术基础课程，包含了电路的基本概念、基本理论、基本分析方法，半导体器件的电学特性和工作特点以及应用半导体器件所构成常用电子电路的工作原理、特性与参数、工程分析与设计方法等。本课程培养学生分析问题、解决问题和工程估算的能力，培养学生科学思维、实验研究和科学归纳的能力，使之建立理论联系实际

电路板

的工程观念，为今后系统的工程实践和后续课程学习打下必备的基础。

**人体解剖学**

要想查清病因并进行有效治疗，首先应了解、熟悉正常人体的结构，解剖学就是了解正常人体结构的学科。人体解剖学分为大体解剖学和显微解剖学两部分。大体解剖学是借助解剖器械切割尸体的方法，用肉眼观察人体各器官、系统的形态和结构的科学。显微解剖学可分为细胞学和组织学。显微解剖学借助光学显微镜或电子显微镜的放大作用研究人体的微细结构。所以，人体解剖学是研究正常人体器官的形态结构、生理功能、位置与毗邻、生长发育规律的学科，它的任务是为学习其他基础医学和临床医学课程奠定坚实的形态学基础。顺便提一句，解剖学需要克服一定的心理压力。

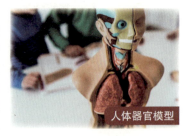
人体器官模型

**数字信号处理**

医院的心电图监护仪

数字信号处理在生物医学工程领域的应用广泛，数字信号在这里就是生物信号。所谓生物信号，是指在生物体内发生的各种形式的物理和化学变化所产生的变化，常见的生物信号包括心电图、脑电图、肌电图、生理音频等，对这些信号进行采样、处理、分析、识别形成数据，最终为医生提供诊断依据。

所以这门课程就是学习用数字的方式对信号进行处理（进行某种变换），提取信号中携带的信息，或使人们更容易感知和使用该信号。它以微积分差分方程数学工具，揭示信号和系统的内在规律，提供分析信号和设计系统的方法，从而帮助人们解决实际问题。

## 四、升学与就业

全国普通高校毕业生规模 6 000~7 000 人，2023 年全国开设生物医学工程专业的院校约 138 所。

**01 考研方向**

**学术型硕士**：生物医学工程（药物工程、医学物理学、智能医学工程等）

**专业型硕士**：生物与医药（生物技术与工程等）

**02 就业展望**

从目前的情况来看，生物医学工程本科毕业后工作相对难找，如果对口就业也基本上是医疗设备、耗材的销售岗位，所以本专业一半以上的学生会选择读研、读博或者是出国深造。毕业生的良好就业方向是：

**生物学、生物材料方向**

生物学、生物材料更偏向于科研方向，学习材料学和生物学内容，就业主要是国内生物企业，如华大基因、药企或者互联网医疗企业，当然也可以考虑新材料企业。

在生物学方向，一些常见的职位包括医疗设备研发工程师、生物医学工程师和医疗数据分析师等。月薪通常在 1 万~3 万元，根据学历高低、院校层次、技能水平和工作经验有所差异。

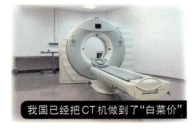
我国已经把CT机做到了"白菜价"

在生物材料方向，生物材料工程师是一个较为常见的职位，他们主要负责研究和开发与人体健康相关的生物材料，如医疗器械中的材料、人工器官等。这个职业的月薪通常在 0.8 万~1.5 万元。

虹膜识别技术

**生物医电方向：**

它可以分为生物信息学和互联网软硬件。更多这个方向的本科生会转型到生物信息学方向。就业前景当然偏向生物类公司的生物信息工程师；也有同学直接转型至互联网，比如南京的华为和中兴。生物信息工程师的薪资待遇在生物医学工程领域属于较高水平，他们主要负责利用计算机技术对生物医学数据进行处理和分析，以支持医学研究和临床诊断等工作。

平均月薪在 1 万~3 万元，中位数也在 1.5 万元左右，一些高水平的生物信息工程师甚至可以达到 5 万元或更高的月薪。而且，生物信息工程师的薪资增长空间也比较大，随着个人经验和技能水平的提高，薪资待遇也有望得到进一步提升。

## 03　专业相关证书

| 相关证书 | 报名条件 | 难度 | 含金量 |
|---|---|---|---|
| 大学英语四六级 | 大学入学后 | 一般 | 较高 |
| 计算机二级 | 大学入学后 | 一般 | 一般 |
| 物理师 | 临床两年经验 | 一般 | 较高 |

## 五、重点关注院校

生物医学工程专业对应的硕士一级学科为生物医学工程，部分重点院校列举如下：

**世界一流学科**（生物医学工程）

东南大学、清华大学、北京协和医学院

**第四轮学科评估**（生物医学工程）
- A+：东南大学、华中科技大学
- A　：上海交通大学
- A-：清华大学、北京航空航天大学、浙江大学、四川大学
- B+：北京大学、天津大学、复旦大学、华南理工大学、重庆大学、电子科技大学、西安交通大学

**东南大学**：985，211，"双一流"，保研率约 25%。生物医学工程是该校世界一流学科、国家重点学科，在全国评估中排名第一。拥有全国第一个生物电子学博士点，1997 年该校的生物医学工程就成为国家一级学科博士点。

**华中科技大学**：985，211，"双一流"，保研率约 28%。生物医学工程是国家重点一级学科，有中国科学院院士 2 人。生物医学工程博士点是该校建立最早的七个博士点之一。

**四川大学**：985，211，"双一流"，保研率约 24%。生物医学工程学院由中国工程院院士张兴栋领衔，师资队伍强大，发挥四川大学在生物材料领域的引领地位和国际影响，形成以生物材料及植入器械为显著优势特色的川大培养风格，以组织诱导理论与再生修复材料的专业教育在国内外独树一帜，从本科到博士有完整的创新人才培养体系。

### 编者说

生物医学工程领域在国内发展空间巨大，随着科技的不断进步和人们对于健康的愈加关注，社会对生物医学工程专业的需求也日益增长。该专业的毕业生具备深厚的工程知识和医学背景，能够在研发、测试和生产过程中发挥重要作用。不过，想在该领域有好的就业机会，需要读到硕士，最好读到博士，本科毕业工作机会很少，很多生物医学工程的本科毕业生都无奈转行。所以，选择该专业的同学一定要清楚：考研是必选项。

同时，生物医学工程专业拆解一下是生物 + 医学 + 工程，这意味着它是三个学科的交叉，所以对数学、物理、生物（基础医学）这三个学科的要求都很高，而如果数学、物理一般，学这个专业会很吃力，考生们在报考前务必慎重考虑。"唯有热爱可抵岁月漫长"，对该专业充满兴趣，数学、物理学得好，再来入此门吧！

# 食品科学与工程——舌尖上的学问

超市里摆满了水果蔬菜、面包零食等,人们经常会来到超市采购生活物资,殊不知这些常见的食品为了能够被摆上货架,经历了原料采购、清洗消毒、配料加工、包装封装、质量检验、储存配送等多个环节,真是好不容易啊。

超市选购食品

## 一、专业起源

早在古代,人们就已经开始了解食品的生产和保存。周朝时,中国人就发明了用黄豆、小麦等发酵制作酱的工艺。先民们发现,酱存放久了,表面便会出现一层汁液,这种汁液味道更好,便改进制酱工艺,专门生产这种汁液,这就是最早的酱油。在欧洲,古罗马人则发明了"面包窑",将食物烤干后储存起来。

黄豆酱

19世纪初,化学家开始研究食品的成分及营养素。例如1847年瑞典的饮食学家普林格尔斯认为食物中的三大类,即碳水化合物、脂肪和蛋白质,是营养的基本物质。而到了19世纪末,食品科学逐渐形成了自己的学科体系,涉及食品学、营养学、微生物学、化学等领域。

微波炉加热食物

随着科技的进步和人们对于食品安全和营养要求的提高,食品科技开始了一场革命。20世纪初,人工饲养的动物和植物开始在食品行业中得到广泛应用;50年代,速冻食品和罐头食品开始进入市场,带来革命性的变化;70年代,微波炉的发明使得食品加热更加便捷。

21世纪以来,食品行业更加注重食品的健康营养和便利性,出现了各种新型食品,如低脂肪、低糖、无糖、有机食品等。

中国食品专业的雏形始于1912年吴淞水产学校创办的水产制造科。20世纪40年代,我国正式建立食品学科,当时的南京大学、复旦大学、武汉大学、浙江大学等10多所院校设有与食品相关的系、科。1952年,全国院系调整后,一些大学开始独立设置食品专业,如南京工学院(现东南大学)、华南工学院、大连水产学院等。1958年,南京工学院食品工业系东迁无锡,建立无锡轻工业学院(现江南大学),设立食品工程、粮食工程和油脂工程等专业。同期,天津轻工业学院(现天津科技大学)、大连轻工业学院(现大连工业大学)等轻工院校都设立了食品工程相关专业。

螃蟹就是一种水产

## 二、专业介绍

民以食为天,央视大型纪录片《舌尖上的中国》以食物为线索,以食带民,介绍了中国各地的美食生态。纪录片热播的背后体现了人们对于食物的关注。食品科学与工程就是围绕食品原料和食品展开的。

食品安全检查员在处理蔬菜

本专业以现代科学、技术与工程为基础,以食品生产、加工、包装、贮藏、流通、消费、环保等为主要研究内容,以食品卫生、营养、感官品质等食品质量及其变化、维护、检验、评价等为研究中心,并与现代管理科学、人文科学、市场营销等学科有密切的联系。该专业旨在培养能够在食品科学与工程及相关领域从事生产营销管理、技术开发、科学研究、教育教学等工作的人才。

食品科学与工程的应用涉及食品的开发、加工、保鲜、安全等方面,旨在为消费者提供更加健康、美味、安全的食品,同时也关注食品工业的可持续发展。

**哪些学生适合报考食品科学与工程专业?**

1. 对食品行业感兴趣。如果对食品行业感兴趣,喜欢研究食品的成分、口感和加工技术,那么这个专业将是一个非常合适的选择。

2. 高中生物、化学学得比较扎实。食品科学与工程专业以化学、生物学和工程学为理论基础,需要具备相关的学科基础。

3. 喜欢动手实践。食品科学与工程专业需要进行大量的实验和研究,需要具备一定的动手实践能力。如果喜欢动手实践,善于发现问题和解决问题,那么这个专业将非常适合。

## 三、本科阶段的学习

### 01 大学学习课程有哪些?

| 食品科学与工程专业本科课程目录(以华中农业大学为例) | | | |
|---|---|---|---|
| 通识教育课 | | | |
| 马克思主义基本原理 | 形势与政策 | 思想道德修养与法治 | 军事理论 |
| 体育 | 大学英语 | 大学生心理发展与指导 | 美育类课程 |
| 写作与沟通 | 大学生创新创业基础 | 美育实践 | |
| 工程基础类课程 | | | |
| Python 语言程序设计 | 机械工程基础 | 工程制图 | 电工技术 B |
| 食品工程原理 A | | | |
| 专业基础课 | | | |
| 食品科学与工程导论 | 食品微生物学 | 简明生物化学 A | 食品化学 |
| 专业类课程 | | | |
| 食品工艺学 A | 食品发酵设备与工艺 | 食品机械与设备 | 食品营养学 |
| 食品安全与卫生 | 食品工厂设计 | 仪器分析 | 食品品质与生产管理 |

(篇幅有限,表中仅列举部分主要课程)

### 02 核心课程介绍

**食品工程原理**

它是食品科学与工程专业的一门主干技术基础课,是指利用物理、化学和生物技术来开发、设计、生产、加工和保存食品的科学原理。食品加工技术涉及食品的各个步骤,包括食品质量控制,食品安全,原料的采购,食品的加工、分离、提取、混合、浓缩、灭菌、清洗、保存、包装,等等。这些技术的主要目的是提高食品的品质,延长其保质期,减少污染,保证食品安全。

饼干加工生产线

### 食品工艺学

它是指运用化学、物理学、生物学和食品工程原理等各方面的知识，研究食品资源的合理和充分利用、加工生产和贮运的各种问题，并探索解决问题的途径的一门应用科学。通过学习这门课程，学生可以掌握软饮料、焙烤食品和乳制品的加工过程及所用设备，掌握食品加工主要原料的来源及品质，掌握软饮料、焙烤食品和乳制品质量控制技术和新产品的开发技术，为新食品及食品新资源的开发打下基础。

罐头大大延长了食品的保质期

### 食品化学

对鸡蛋的生化属性进行研究

人们经常说泡面没什么营养，是"垃圾食品"，菠菜、动物肝脏可以补血，发芽的土豆有毒万万不能食用，一些加了添加剂的食品孕妇不能食用，等等，以上关于食品的信息都需要基于食品化学来实现。

所以，食品化学是从化学的角度和分子水平上研究食品成分的结构、理化性质、营养作用、安全性及享受性，以及各种成分在食物生产、食品加工和贮藏期间的变化及其对食品属性影响的科学。

## 四、升学与就业

全国普通高校毕业生规模 22 000~24 000 人，2023 年开设食品科学与工程的本科近 300 所。

### 01 考研方向

**学术型硕士：** 食品科学与工程（食品科学、食品机械、食品营养、粮食油脂及植物蛋白工程等）
**专业型硕士：** 生物与医药（食品工程）；农业（食品加工与安全）

### 02 就业展望

食品对口就业的大型企业主要有：中粮集团、光明食品、娃哈哈、五粮液、伊利、青岛啤酒、茅台、江苏雨润、金锣食品、三全食品等。薪资情况因地区、单位、个人能力和经验等因素而异。一般来说，食品科学与工程专业的本科毕业生在毕业后的几年内，薪资水平大约在 0.6 万 ~1.2 万元 / 月。

食品科学与工程毕业的专业人才主要就业方向有：

**食品检测相关**

进食品企业或第三方检测机构，名校研究生能够进入例如中粮集团、华润集团、光明食品、茅台酒业之类的大型食品生产企业。官方的检测机构有各属地省级食品研究院、市级食品检测中心，知名第三方检测机构，如 SGS、ITS、BV、CTI 华测、Pony 谱尼、品测等。工作较为轻松但很枯燥。工厂的生产方向相对单一，检测的内容方向也比较单一，比如工厂生产乳制品，检测就围绕乳制品，检测其酸度、黏度以及蛋白质、微生物含量等。

**食品生产、销售、管理**

鲑鱼的食品质量与安全检测

工作人员在检查发酵情况

如果是普通院校食品专业本科毕业生，很多时候只能进入食品生产企业的一线工作，比如肉制品加工、乳制品加工、果蔬加工与贮藏等，一般起点较低，入职初期可能需要到生产车间实习一段时间，车间现代化水平较高，但舒适度不如办公室。从事食品销售工作除了要有专业知识以外，良好的社交能力和抗压能力更加重要。销售岗位底薪偏低，但提成很高。经过一段时间的沉淀，无论是在食品生产岗还是在销售岗，都是可以进入食品企业的管理岗位的，这在各行各业都差不多，不做赘述。

**公务员或事业单位**

比如食品药品监督管理局、工商局、技术监督局、海关、检疫局等。

## 03 专业相关证书

| 相关证书 | 报名条件 | 难度 | 含金量 |
|---|---|---|---|
| 注册营养师 | 大专及以上学历 | 较低 | 一般 |
| 食品安全管理师 | 大专及以上学历 | 中等 | 较高 |
| 农产品食品检验员 | 大专及以上学历 | 中等 | 较高 |

## 五、重点关注院校

食品科学与工程对应的硕士一级学科为食品科学与工程,部分重点院校列举如下:

**世界一流学科**(食品科学与工程)

华南理工大学、江南大学、中国农业大学

**第四轮学科评估**(食品科学与工程)
- A+：中国农业大学、江南大学
- A：南昌大学
- A-：南京农业大学、浙江大学、华中农业大学、华南理工大学

**江南大学**：211,"双一流",保研率约13%。食品科学与工程是该校世界一流学科,在多次学科评估中位列第一;是国内同类学科中创建最早、基础最好、覆盖面最广的院校;拥有食品科学与技术国家重点实验室(食品领域唯一)、粮食发酵工艺与技术国家工程实验室、国家功能食品工程技术研究中心、益生菌与肠道健康国际联合研究中心(食品领域唯一)等多个国家级平台。

**南昌大学**：211,"双一流",保研率约16%。在全国第四轮学科评估中,食品科学与工程学科获评A级学科,位居食品学科全国第三;拥有食品科学与资源挖掘全国重点实验室、农产品生物高效转化技术国家地方联合工程研究中心等国家级科研平台;拥有本、硕、博三级培养体系和食品科学与工程博士后科研流动站。

**南京农业大学**：211,"双一流",保研率约16%。学校以肉品加工与质量控制为优势,学院拥有"肉品质量控制与新资源创制"全国重点实验室及其他省部级教学科研平台13个,国家一级学会"中国畜产品加工研究会"挂靠学院。

---

### 编者说

许多人在选择食品科学与工程专业时,以为学了这个专业可以品尽天下美食或者可以成为大厨,制作各种美食,真正学了以后才发现,课程大多与生物、化学相关,学的全是食品加工的技术与原理,只有在少量实验课程上才有机会学习食品制作过程。

开设食品科学与工程专业的院校很多,培养方向也有较大的差异。比如中国农业大学在农产品加工与贮藏方向实力很强,而江南大学则在益生菌与肠道研究方向独占鳌头。在报考的时候,可以综合考虑各学校的专业特色,看看哪个更适合自己。

另外,食品相关专业对卫生要求很高,所以报考的同学不能有传染性疾病。有的高校还要求考生进行肝功能检查。由于食品分析涉及很多化学、生物学的实验,所以色盲、色弱以及嗅觉迟钝的考生受到限制。建议对食品有兴趣,且化学、生物学起来不吃力,能在实验室坐得住的同学考虑报考该专业。其他同学还是谨慎考虑。

# 建筑学——钢筋水泥的美学

请问你是否有建筑梦？
是否也曾被充满魅力的建筑所吸引？
是否也曾惊叹于建筑前卫的设计感？
是否也仰慕过梁思成、贝聿铭等建筑学家？
下面让我们一起走进建筑学。

故宫太和殿

## 一、专业起源

建筑的出现可能要早于语言和文字，因为"住"是人类最基本的需求。一开始人们还没有掌握造房子的技术，只能居住在山洞中。慢慢地，人类文明开始萌芽，人类开始建造简单的居所。因为地形和气候的不同，出现了巢居、穴居等不同类型的"房屋"。再后来，人们开始在固定的地方生活、繁衍后代，出现了部落、村庄、城市等建筑群。至此，房屋建筑的雏形就完成了，这时候的房屋都是由人们自行搭建，只保证其功能性，不追求外观。

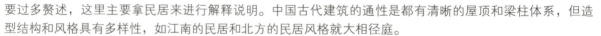
人工开凿的洞穴

古代建筑大概可根据用途分为以下几类——民居、宫殿、宗教类建筑、陵墓和园林等。像长城、故宫等古代著名建筑，相信大家已经很了解，不需要过多赘述，这里主要拿民居来进行解释说明。中国古代建筑的通性是都有清晰的屋顶和梁柱体系，但造型结构和风格具有多样性，如江南的民居和北方的民居风格就大相径庭。

福建土楼（客家回旋）

不管是什么风格的建筑，都体现了中国古代人民的勤劳与智慧：

徽式建筑是江南建筑的典型代表。古代徽商多在扬州、苏州等地做生意，赚了钱回老家盖"豪宅"来体现身份和光宗耀祖，宽大的马头墙、小青瓦和各种砖雕、木雕、石雕是其特色。福建的土楼是圆形的，就好像雨水滴落在水面上溅起的层层涟漪。一座楼，就是一个城。这样的设计适宜同姓大家族居住，并且能抵御住敌对家族的攻击、横行的盗贼和山区中出没的猛兽。山西民居保留了明代的建筑特点，它褪去了南方建筑的精雕玉琢，建筑风格给人扑面而来的历史厚重感和大气之感。山西气候干旱、风沙大，所以山西建筑有"房子半边盖"的特色，窗子开在内，临街不开窗，这样风沙就吹不进来。蒙古族牧民居住的蒙古包，建造和搬迁都很方便，适于牧业生产和游牧生活。

圣彼得堡救世主大教堂

不同于中国古建筑不易保存的木质结构，西方建筑用料以不易被腐蚀和耐火的石头为主，木料为辅，这是因为地中海沿岸石头多，所以现在走在欧洲国家街道上仍然可见几千年前的华丽建筑，而这些保留至今的恢宏建筑通常为教堂、神庙和城堡。这里主要列举教堂的风格变化来进行西式建筑风格的介绍。

在以前，欧洲宗教拥有权威地位、至高的权利和巨额财富，可以花费大量的时间和金钱在教堂的修建上，所以教堂都十分高大、恢宏、豪华。教堂一般都有高耸的笋状塔尖，教堂内部高大、宽敞、采光良好，其窗户形状多为植物叶片式，并且有五彩玻璃镶嵌图案装饰其上，但风格各有不同，主要风格有：拜占庭式、罗马式、哥特式、文艺复兴式、巴洛克式和洛可可式。

人民英雄纪念碑

随着国门的打开，中国近代建筑也逐渐融入了西方建筑风格，彼时也处于中国建筑风格转变的过渡时期。1927—1937年被称为中国建筑的黄金十年，在这十年里，中国的建筑师们为中国建筑业的发展作出了突出贡献，其中最具代表性的就是以梁思成为代表的"建筑四杰"（梁思成、刘敦桢、杨廷宝、童寯）。

梁思成，戊戌变法领袖梁启超之子，被誉为中国近代建筑之父，毕生致力于中国古建筑的研究与保护，为中国近代建筑教育事业呕心沥血。1928年沈阳东北大学设立了中国现代教育史上第一个建筑学系，并邀请归国的梁思成前来任教。1946年梁思成回到母校清华大学创办了建筑系，为中国培养了大批建筑人才。

随着时代的发展和科技的进步，越来越多的新材料和新技术的出现，催生出了现代主义风格建筑，建筑形式和结构不拘泥于某一标准样式，百花齐放、别具匠心。法国朗香教堂很好地阐述了现代主义建筑的精髓，其设计师摒弃了传统教堂的模式和现代建筑的一般手法。它被誉为20世纪最为震撼、最具有表现力的建筑，同时也对现代建筑的发展产生了重要影响。

在中国，不得不提现代建筑大师——贝聿铭。

苏州博物馆

法国朗香教堂

贝聿铭（1917—2019），获得麻省理工学院学士学位和哈佛大学建筑学硕士学位。贝聿铭有50余项建筑设计作品，其中半数以上获奖，其一生最高成就是卢浮宫的扩建，除此之外还有上海艺术博物馆、北京香山饭店和苏州博物馆等。贝聿铭是建筑界的"华人之光"，同时也是最伟大的现代主义建筑师之一。他的传奇一生也照亮了无数建筑设计师的初心，鼓励着无数建筑行业从业者砥砺前行。

## 二、专业介绍

建筑学，顾名思义就是研究和学习如何设计建筑的专业，旨在培养能够设计出兼具实用性和美观性建筑的人才，虽然它被分类在工学里，但它无论是课程安排还是学习内容涉及的工科知识其实并不多，它是一门涉及理、工、文、艺诸多领域的综合性学科，所以无论是文科生还是理科生都可报考。

建筑学设有5年和4年两种学制，只有通过了全国高等院校建筑学专业教育评估的大学才可以颁发建筑学学士学位，其他学校只能颁发工学学位。

需要艺术细胞的专业

总的来说建筑学是一个既费钱又使人"掉头发"的专业，不仅比普通专业多付一年学费，还要购买各种绘画工具和模型材料。除此之外就是无尽的熬夜赶图，凌晨四点的洛杉矶你看不到，但你可以看到凌晨四点仍然奋斗在教室和图书馆的建筑学学生。

### 哪些学生适合学习建筑学专业？

1. 有一定绘画功底的学生。许多学校建筑学专业在入学后会举行加试来测试学生绘画水平和筛选色弱色盲学生。如若真的在绘画方面没有任何天赋，考虑到实际情况，一般会被转入土木类专业。正式开始学习过程中也会进行大量绘画练习，如果有绘画基础相对来说会省很多劲。

2. 有一定艺术修养的学生。建筑是门艺术，是艺术就很依赖天赋，能不能设计出好看的建筑绝对是个玄学问题。如果你要问老师："我该怎么学好建筑学呢？"老师多半会回答你："靠悟。"

3. 具有比较好的空间想象力的学生。

4. 抗压能力强的学生。建筑学所学内容知识点很多，同时还需要动手画图，需要能文能武还要能吃苦。从事这一行业可能面对的就是永远不知满足的甲方和改不完的图，真的需要很强大的内心。

## 三、本科阶段的学习

### 01　大学学习课程有哪些？

| 建筑学专业本科课程（以南京大学为例） | | | |
|---|---|---|---|
| 通识通修 | | | |
| 逻辑学 | 古代汉语 | 中国近现代史纲要 | 毛泽东思想 |
| 马克思主义基本原理 | 高等数学 | 大学英语 | 大学计算机信息技术 |
| 程序设计 | 形势与政策 | | |
| 学科平台 | | | |
| 社会学概论 | 理论力学 | 中国建筑史 | 外国建筑史 |
| 建筑导论 | 建筑制图与认知 | Computer Aided Architecture Design 理论与实践 | |
| 专业核心必修课 | | | |
| 建筑设计基础 | 建筑设计（1-6） | 建筑技术（1-2） | 城市规划原理 |
| 城市设计及其理论 | | | |
| 专业选修课 | | | |
| 建筑经济与管理概论 | 建筑师业务基础知识 | 建筑师工程经济分析 | 景观文化史 |
| 建筑环境学 | 东西方园林 | 中国通史 | |

（篇幅有限，表中仅列举部分主要课程）

### 02　核心课介绍

**建筑技术**

建筑技术包括结构、构造、施工、声、光、热、水、电、暖等。

课程内容包括：

1. 以大量民用建筑构造为主要内容，针对建筑物的基本构造组成和构造设计原理进行部件式解析，针对墙体、楼地层、饰面装修、楼梯、屋面、门窗、基础等不同部位进行构造学习。

2. 以大型公共建筑构造为主要内容，包括高层建筑构造、建筑装修构造、大跨度建筑构造、工业化建筑构造等。课程的学习重点是构造设计

建筑构造

的基本原理和方法，在理解建筑物构造组成、原理的基础上，掌握构造设计的方法和基本工程做法。

**建筑设计**

建筑设计

设计，概括来说就是内环境设计和外环境设计两个方面，包括建筑设计、室内环境设计、外环境景观设计、公共艺术设计等。

建筑设计学贯穿建筑学本科五年，是极为重要的课程。从建筑设计基础开始，它涉及城市、空间结构、建筑材料和外环境设计等内容。从描述中可看出学习范围广泛。不仅如此，建筑师最终设计出来的建筑需要达到安全、实用和美观这几个方面的要求。所以该课程学习的深度也很深，是专业性非常强的一门学科。

**建筑理论与历史**

该课程为纯理论课程，主要研究中外建筑的发展、流派、建筑哲学思想和方法论等内容，旨在于让大家熟悉古今中外所有建筑艺术风格和建筑技巧。只有熟知不同文化中的建筑思想和风格，才能提高自身的文

化意识，在自己的设计中借鉴历史经验，做到融会贯通。

## 四、升学与就业

全国普通高校毕业生规模 16 000~18 000 人，2023 年全国约有 310 家院校开设建筑学专业。

### 01 考研方向

**学术型硕士：** 建筑学（建筑历史与理论、建筑设计及其理论、建筑科学技术等）
**专业型硕士：** 建筑；城乡规划

### 02 就业展望

建筑类行业就业目前状况不太乐观。根据国家统计局数据，2023 年第一季度房屋新开工面积同比下降 19.2%，其中住宅下降 17.8%、办公楼和商业性用房降幅均超 25%。经过 30 年的高速发展，如今我国城镇化进程已进入中后期，2022 年我国城镇化率达 65.22%，居民对于住房需求不再旺盛，这也直接影响了建筑设计等行业和相关岗位的发展，建筑学毕业生就业形势也愈发严峻。未来建筑的发展方向是绿色建筑，旨在通过使用可再生资源和绿色建材等，打造更加节能、环保、高质量的建筑，这也对未来从业人员提出了更高的要求。

建筑学毕业的学生可以选择考公考编或进入建筑设计单位。如果想进体制内，可考建设厅、规划局、住建局等政府管理部门，从事建设行业管理、城市管理、房屋质量检测、古建筑保护等工作，但岗位较少。

如果选择进入建筑设计单位这条路，就要选择好单位类型，单位类型有外资企业、国有设计院、明星建筑事务所和民营建筑设计公司等。在建筑设计领域，外资企业具有绝对的强大地位，所以建筑行业存在着一条鄙视链。同时，目前建筑设计就业十分"卷"，一般本科或普通院校毕业（双非/非建筑新老八校）只能进入民营小事务所工作，项目难拿，天天熬夜赶图，工资还不高。想要进入好一点的单位，只能研究生 + 高院校层次保底。

**外资企业**

外资建筑设计事务所拥有极为丰富的经验和极为专业的团队，以及强大的品牌影响力、极佳的工作环境和高薪资，是行业从业者梦寐以求的。但进入的要求十分严苛，如：丰富的工作经验、流利的英文和能熟练使用 CAD、Rhino 等工具。这类外资事务所通常只在上海、北京、深圳、广州、重庆这类一线城市才有办公地点。

上海金融中心美国 KPF 设计院参与设计

外资企业列举：

1. 甘斯勒建筑事务所：全球最大的建筑事务所，总部位于美国旧金山，在上海有事务所。
2. 福斯特建筑事务所：世界知名建筑设计事务所，总部位于英国伦敦，在上海、天津、北京等地有事务所。
3. 艾弈康科技集团：顶级建筑工程顾问公司，总部位于美国洛杉矶，在国内规模较大。

**国有设计院**

这是指国有资本参股（一定比例）的建筑设计公司，分别是华东院（华东建筑设计研究院有限公司）、深总院（深圳市建筑设计研究总院有限公司）、同济院（同济大学建筑设计研究院有限公司）、上海院（中国建筑上海设计研究院有限公司）、北京院（北京市建筑设计研究院有限公司）、西北院（中国建筑西北设计研究院有限公司）。此外还有中建集团下属设计院，各大城市省院、市院，建筑"老八校"自有院，等等。

国有设计院好处是十分稳定，能接的大项目也多，有许多学习和练手的机会，但国企大院人员众多，毕业生进来只负责项目的某个部分，学习机会多但学习面较窄，完整的流程会削弱个人的创新能力。

**明星事务所**

这是指在民营建筑设计行业中脱颖而出的处于头部位置的建筑设计公司。只有很出色才能在业内做到龙头位置，更多的是挣扎在生存线的小事务所，项目少、工资低、熬夜多。

明星事务所列举：

1. MAD，中国最具活力和潜力的高端明星事务所；
2. BUZZ，国内高端明星事务所；
3. Neri & Hu（如恩建筑），国内一家跨学科建筑设计事务所；
4. Horizontal Desgin（水平线设计），中国当代设计的代表之一；
5. Scenic Architecture（山水秀），注重融合环境的高端明星事务所。

### 03　相关证书

一级注册建筑师——毕业后拥有工作经验才可报考，对不同专业和不同学历人员的从业时间要求不相同，建筑学学士毕业3年后可以报考，工学学士毕业5年后才可报考。2022年考试时间为5月份（具体时间视当地公告为准），考试科目为9门。

一级注册建筑师执业资格考试为滚动考试（8年为一个滚动周期），参加9个科目考试的人员必须在连续8个考试年度内通过应试科目才能合格。

| 专业 | 学位或学历 | | 取得学位或学历从事建筑设计的最少年限 |
|---|---|---|---|
| 建筑学 | 本科及以上 | 建筑学硕士或以上 | 2年 |
| | | 建筑学学士 | 3年 |
| | | 工科学士 | 5年 |
| 相近专业（城乡规划、土木工程、风景园林、环境设计） | 本科及以上 | 工学博士 | 2年 |
| | | 工学硕士或研究生 | 3年 |
| | | 工科学士 | 7年 |
| 其他资格 | 拥有学士学位 | 高级工程师 | 3年 |
| | | 工程师 | 5年 |
| | | 成绩突出经全国注册建筑师管理委员会认定 | 无年限要求 |

## 五、重点关注院校

建筑学专业对应的硕士一级学科为建筑学，部分重点院校列举如下：

**世界一流学科（建筑学）**
清华大学、东南大学、同济大学

**第四轮学科评估（建筑学）**
A+：清华大学、东南大学
A-：天津大学、同济大学、华南理工大学
B+：哈尔滨工业大学、浙江大学、华中科技大学、重庆大学、西安建筑科技大学

建筑"老八校"：清华大学、同济大学、东南大学、天津大学、哈尔滨建筑大学（现为哈尔滨工业大学）、华南工学院（现为华南理工大学）、重庆建筑大学（现并入重庆大学）、西安建筑科技大学。

建筑"新八校"：浙江大学、湖南大学、沈阳建筑大学、大连理工大学、深圳大学、华中科技大学、上海交通大学、南京大学。

**东南大学**：985，保研率约25%。东南大学建筑学院前身为国立中央大学建筑系，创立于1927年，是中国现代建筑学学科的发源地。90余年来，建筑学院已为国家培养院士12名、全国工程勘察设计大师15名。

**同济大学**：985，保研率约31%。同济大学建筑类专业实力强劲，城乡规划学、建筑学、风景园林学三个一级学科在第四轮学科评估中获得A+、A-、A-的成绩。

**西安建筑科技大学**：保研率约5%。西安建筑科技大学建筑学院源自中国最早开办现代建筑教育的南北两脉，第四轮学科评估B+，且为"建筑老八校"，专业实力硬，性价比高。

## 编者说

选择建筑学专业确实需要谨慎。如果去网上搜索"建筑学专业如何"这样的关键句,学长学姐会纷纷劝你"快跑"。太需要天赋+市场低迷确实够劝退很多人,但也不能一棍子打死,甲之砒霜,乙之蜜糖,有的人生来就是干这一行的。如果天赋出众+院校层次高(如果再有建筑世家背景支持是最好),这条路也不是不能走,只是要在选择前对自己有充分的认知和评估,且能承担学习建筑学付出的成本和风险,那就全身心投入建筑设计中。

# 建筑类专业拓展:**城乡规划**

城乡规划"是一项全局性、综合性、战略性的工作,涉及政治、经济、文化和社会生活等各个领域。制定好城市规划,要按照现代化建设的总体要求,立足当前,面向未来,统筹兼顾,综合布局,要处理好局部与整体、近期与长远、需要与可能、经济建设与社会发展、城市建设与环境保护、进行现代化建设与保护历史遗产等一系列关系。通过加强和改进城市规划工作,促进城市健康发展,为人民群众创造良好的工作和生活环境"。

——《在中国市长协会第三次代表大会上的讲话》

城市规划设计CAD

### 城乡规划专业是什么?

城乡规划这个专业以前叫作"城市规划",两者虽然只有一字之差,却大有不同。

随着经济的发展和社会的进步,大城市的发展已经趋于完善,国家开始了城乡规划。城乡规划包括城镇体系规划、城市规划、镇规划、乡规划和村庄规划。《中华人民共和国城乡规划法》中定义,城乡规划是以促进城乡经济社会全面协调可持续发展为根本任务、促进土地科学使用为基础、促进人居环境根本改善为目的,涵盖城乡居民点的空间布局规划,是政府调控城市空间资源、指导城乡发展与建设、维护社会公平、保障公共安全和公众利益的重要公共政策之一。

北京建筑大学建筑与城市规划学院副院长马英对城乡规划有过很通俗形象的解释:城市规划从宏观到微观分为整体性规划、分区性规划、控制性详细规划、修建性详细规划等几个步骤。整体规划如土地利用、空间布局、发展形态;详细规划如建筑密度、高度、容积率。大到一个城市规模,小到一块绿地,可以说都是城市规划的范畴。

### 建筑学和城乡规划、人文地理与城乡规划这两个专业有什么不一样?

城乡规划,顾名思义就是对城市和乡村的规划与设计。不同于建筑学要聚焦于建筑本身,城乡规划更多的是一种宏观统筹规划,就像玩城市布局和农场经营的游戏一样,在哪里种田,在哪里建学校,电力系统要建在哪才能覆盖整个区域,怎样合理地利用自然资源和保护环境,这些都是在进行规划时要考虑和涉及的,所以城乡规划是一门综合性很强的学科。

人文地理与城乡规划专业是属于理学大类中的地理科学类下的专业,授予的是理学或管理学学位。和其他理学专业一样,是一门研究性很强的专业,主要研究地球上的大气圈、岩石圈、水圈、生物圈与人类圈的相互作用和影响,可以为环境资源管理、土地管理和房地产开发等提供理论上的支撑和帮助。它和城乡规划专业相差还是很大的,同学们在选择专业时千万不要搞错了。

### 城乡规划专业学什么?

城乡规划属于建筑大类,所以建筑学和风景园林的相关知识都要学习,但学科分量占比有所不同,有的院校会将风景园林相关专业课设置成选修课。该专业一般会在本科前两年系统地学习建筑学的相关知识,为之后的学习打基础,后两年或三年着重学习城市规划方面课程。核心课程为中外城市规划建设史、数字城市规划与设计、城市地理学、城市与区域系统分析、居住区规划设计、城乡道路与交通规划、城乡基础设施规划与生态环境保护与修复等(以南京大学为例)。

### 城乡规划专业就业前景怎么样？

随着城乡发展的进程已到中后期，已经从增量空间步入存量空间，城乡规划行业已经过了欣欣向荣的蓬勃期，就业环境不似以前那么好了。

### 就业方向：

考公考编——可考单位有国土资源局、生态环境局、规划局、建设局、城市管理局等部门，或者是垂直机构。这类工作对专业性要求没有那么强，对专业知识要求不高，工作内容侧重于文书和管理类，不需要大量画图，工作稳定但岗位不多。

设计院——设计院分国有设计院（研究所）和普通民营设计院。现在本科毕业很难直接进入设计院，工作内容主要就是完成项目和方案，工作强度较大。

## 建筑类专业拓展：风景园林

苏州园林

"风景园林专业可以说是利用土地、水体、动植物、天空等自然要素营造空间的技艺，也是为人们创造美好的生活游憩空间的技艺，从而具有科学的属性，也具有社会和文化的属性。"

——北方工业大学研究生导师杨鑫

### 风景园林专业是什么？

很多人会把风景园林专业和景区与公园联系起来，但这其实只是风景园林的一小部分。实际上，风景园林涵盖的范围非常广泛，除了景区和公园的设计外，还有城市道路绿化带和家用庭院的设计，归纳起来就是"户外设计"，所以在学习内容方面除了建筑类课程外，还有些植物和种植类相关的课程。简单来说，该专业是研究如何在保护环境和保留原始自然风貌的基础上融入一些人工建筑或景观建设，形成美观且绿色的建筑艺术。

### 风景园林和建筑学以及园林、园艺相比有何不同？

风景园林专业和城乡规划一样，属于工科建筑学大类下的专业。风景园林和建筑学的区别，简单来说就是建筑学研究的是建筑外观和室内设计，而风景园林研究的是外部景观，比如设计小区的绿化和社区公园，就是风景园林的活。

许多学生和家长还会把风景园林和园林及园艺搞混，园林和园艺都属于农学大类专业，授予的是农学学位，主要学习的是植物的种植、修建和布置等相关知识；而风景园林则属于工学大类中的建筑类专业，授予的是工学或建筑学学位，虽然在本科阶段也会学习一些基本的植物知识，但侧重点还是放在风景园林的规划、设计和应用上。

### 风景园林专业学什么？

风景园林本科课程主要分为艺术、设计和花卉、树木等自然科学基础课程。核心课程有：美术、设计基础、园林设计初步、风景园林规划与设计、园林建筑与小品设计、中外园林史、景观生态学、园林树木学、园林花卉学、城市绿地系统规划、园林工程学、园林种植设计、园林花卉应用设计等（以苏州大学为例）。除了理论课和设计课外，一般院校还会开设实践课程，帮助同学将课堂所学知识融会贯通。

### 风景园林专业就业前景怎么样？

房地产业的不景气对建筑类专业的就业影响是巨大的，其中也包括风景园林专业，所以就业形势不乐观。就业方向有以下几个方面：

首先是与风景园林相关的教学、研究方向的工作，可以在大学当老师从事教育教学工作，也可到科研机构从事研究类工作。这类工作门槛极高，起码要研究生毕业，并且高校招老师大多数必须是博士及以上学历。其次是在建筑类企业或设计机构从事设计类工作，进这类企业机构工作，就要面对大量的画图工作，工作强度高，有时需要熬夜画图。最后是考公考编，例如各省、市、区级绿化管理部门等，从事园林技术、绿化管理类工作。这类工作不需要大量画图，且工作稳定，但岗位数量不多。

# 生物工程——关注健康、环保和能源

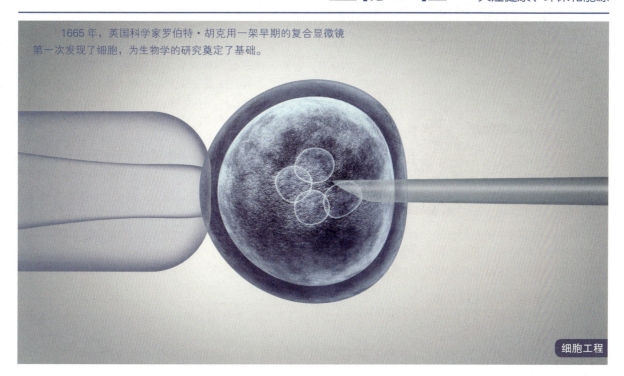

1665年，英国科学家罗伯特·胡克用一架早期的复合显微镜第一次发现了细胞，为生物学的研究奠定了基础。

细胞工程

## 一、专业起源

人类对生物工程的实践可追溯到原始人类生活期间。为此，生物工程的发展分为三个时期：传统生物技术时期、近代生物工程的形成和发展时期、现代生物工程时期。

公元前6000年，苏美尔人和巴比伦人就已开始啤酒发酵。古埃及人则在公元前4000年就开始用经发酵的面团制作面包，并且在公元前2000年已掌握了用裸麦制作啤酒的技巧。公元前2500年古巴尔干人开始制作酸奶，古亚述人已会用葡萄酿酒。在石器时代后期，我国人民就会利用谷物造酒了，这是最早的发酵技术。

发酵 / 古人学会了酿酒

19世纪末德国和法国一些城市开始用微生物处理污水。细菌学的奠基人、德国的柯赫首先用染色法观察了细菌的形态，并发现了结核菌，因此获诺贝尔生理学或医学奖。1945年，弗莱明、弗洛里和钱恩因发明和开发了青霉素被授予诺贝尔生理学或医学奖。近代生物工程的起始标志是青霉素的工业开发获得成功，因为它带动了一批微生物次级代谢物和新的初级代谢物产品的开发，并激发了原有生物技术产业的技术改造。20世纪50年代，发酵和酶被广泛应用于医药、食品、化工等领域；遗传育种学在60年代取得了辉煌的成就，细胞学的理论应用于生产而产生了细胞工程。

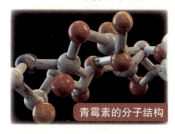

青霉素的分子结构

DNA的双螺旋结构模型在1953年由沃森和克里克提出，阐明了DNA的半保留复制模式，从而开辟了分子生物学研究的新纪元。生物工程作为一门综合性应用学科从20世纪70年代初开始兴起，90年代诞生了基于系统论的生物工程，即系统生物工程的概念。1925年成立的北京大学生物学系，是我国高等院校中最早建立的生物学系之一。

如今，生物工程相关技术飞速发展。比如规律性重复短回文序列簇（CRISPR），它是一种新型的基因编辑技术，能够在特定的DNA序列上进行添加、删除或修改，从而实现对基因功能的调控。2019年科学家们成功地绘

基因编辑

制了第一个完整的人类基因组图谱,有望为疾病研究和治疗提供更准确的信息。

## 二、专业介绍

秸秆回收

农忙时节,收割完麦子留下的秸秆怎么处理?一把火烧掉?当然不行!用火烧这种方式不但污染了环境还有很大的危险性。现在,利用生物工程相关技术,通过打碎、发酵、加入石灰等制成新的肥料重新回归农田,既缓解了过度使用化肥的问题,也为农民带来创收,真是一举多得。

生物工程是在生物学、化学和化学工程等学科基础上发展起来的一个前沿应用学科。它采用发酵工程、酶工程、细胞工程和基因工程等的技术手段,在医药、农业、食品、环保、轻化工、能源等领域,开发利用生物体生产人类需要的产品或为人类服务。

例如基因工程中的基因诊断可以帮助研究人员判断乳腺癌、肺癌、卵巢癌等疾病的易感基因;基因治疗可以将健康的基因导入病人体内,从而达到治疗疾病的目的;可以通过转基因技术使植物具备抗病抗虫、耐旱耐盐等特性,从而提高农作物的耐逆性和产量。

**哪些学生适合学习生物工程专业?**

1. 对生物感兴趣且生物、化学基础扎实的学生。生物工程是以生物学为基础的专业,需要对生物的结构、功能和生长过程有深入的了解。
2. 喜欢动手、善于研究的学生。生物工程是实践性很强的专业,需要学生进行大量的实验和研究。
3. 有逻辑思维和洞察力的学生。需要学生深入分析问题和思考的能力较强。
4. 有志于从事科研工作的学生。生物工程是一门科研性很强的学科,需要学生具备较高的科研素质和能力。

## 三、本科阶段的学习

### 01　大学学习课程有哪些?

| 生物工程专业本科课程目录(以江南大学为例) | | | |
|---|---|---|---|
| 通识教育课 | | | |
| 大学英语 | 体育 | 形势与政策 | 思想道德修养与法律基础 |
| 计算机文化基础 | 中国近代史纲要 | 马克思主义基本原理 | |
| 专业基础课 | | | |
| 高等数学 | 工程制图 | 大学物理 | 化工原理 |
| 无机及分析化学 | 有机化学 | 物理化学 | 有机化学实验 |
| 专业核心课 | | | |
| 生物化学 | 微生物学 | 发酵工程原理与技术 | 发酵工程设备与工厂设计 |
| 生物化学实验 | 微生物学实验 | 微生物遗传育种实验 | 酶工程 |
| 专业选修课 | | | |
| 程序设计基础VB | 氨基酸工艺学 | 有机酸工艺学 | 蛋白质纯化技术(含实验) |
| 蒸馏酒工艺学 | 啤酒工艺学 | 仪器分析 | 概率论与数理统计 |

(篇幅有限,表中仅列举部分主要课程)

### 02　核心课程介绍

**酶工程**

酶是什么?高中时期学过生物的同学们都知道的,酶是一类极为重要的生物催化剂,其化学本质是蛋白质或核糖核酸(RNA)。酶工程是借助工程学的手段,将酶所具有的生物催化作用,应用于生产、生活、医疗诊断和环境保护等方面的一门技术科学，在工业、农业、医药业、环境保护、能源开发、化学分析等领域发挥着重要作用。生物工程的专业核心课程，是生物工程的重要组成部分。本课程内容主要包括：酶学概论、酶的发酵生产、酶的分离纯化、酶分子的修饰与改造、酶与细胞固定化、酶的非水相催化和酶的应用等。

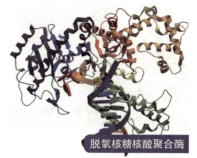
脱氧核糖核酸聚合酶

### 微生物学

水中的微生物

它是在分子、细胞或群体水平上研究各类微小生物（细菌、放线菌、真菌、病毒、立克次氏体、支原体、衣原体、螺旋体原生动物以及单细胞藻类）的形态结构、生长繁殖、生理代谢、遗传变异、生态分布和分类进化等生命活动的基本规律，并将其应用于工业发酵、医学卫生和生物工程等领域的科学。人类很早就把微生物产生的现象运用在生活方面，比如在温度低的环境里保存食物、酿酒等。

### 发酵工程

发酵工程，是指采用现代工程技术手段，利用微生物的某些特定功能，为人类生产有用的产品，或直接把微生物应用于工业生产过程的一种新技术。发酵工程的内容包括菌种的选育、培养基的配制、灭菌、扩大培养和接种、发酵过程和产品的分离提纯等方面。

本课程重点介绍发酵工程的基本理论、技术、方法及其应用，通过理论与实践教学结合，培养具有工程和经济观念的生物产业高素质工程技术创新人才。许多食品和药品的生产过程都需要用到发酵技术，比如面包、酸奶、啤酒等。

葡萄酒的发酵过程

## 四、升学与就业

全国普通高校毕业生规模 14 000~16 000 人，2023 年全国约有 298 所本科高校开设生物工程专业。

### 01 考研方向

**学术型硕士**：生物工程；轻工技术与工程（制浆造纸工程、制糖工程、发酵工程、工业微生物代谢工程等）
**专业型硕士**：生物与医药（生物技术与工程、制药工程、食品工程、发酵工程等）

### 02 就业展望

21 世纪是生物科学的世纪，生物相关科学的发展是十分迅速的，但学科发展和行业发展是两回事，我们常说的"生化环材料"4 个不太好就业的专业，生物相关专业首当其冲，究其原因，还是供需不平衡的问题。每年的毕业生规模很大，但高端研究需要十分顶尖的人才和专业的设备，所以如果毕业以后想进入高校、研究机构、企业研发部从事科研或研发，硕士学位是底线。想就业好，薪资高？考虑一下读博！

医药公司制药生产线

**制药或生物技术企业**

它包括制药企业、生物技术公司和疫苗研发机构等，主要从事药品、生物技术和疫苗的研发、生产和质量控制等工作，如中国生物技术股份有限公司、江苏恒瑞、百济神州（北京）、石药控股、信达生物、科兴控股等。在这类企业中，本科毕业生月薪一般在 0.6 万 ~1 万元，硕士毕业生月薪在 0.9 万 ~1.2 万元，博士毕业生一般年薪不低于 30 万元。在生物工程就业的所有方向中，制药企业算是收入和发展的最优选择了。

**食品、农业、环保企业**

它包括食品企业、农业科技公司和酒类企业等，主要从事食品、农产品和酒类的研发、生产和质量控制等工作，如中粮集团、新希望、伊利、双汇、光明食品等。想要从事产品研发岗位，一般需要硕士及以上学历。本科生发展空间有限，除非综合能力很强，走管理路线，有机会成为"高管"获得较高收入。

毕业生也可以去环保公司和企业的环保部门，主要从事环保技术的研发和应用，以及环保项目的管理

生物工程科研人员

和实施等工作,如北控水务、碧水源、华软环境、格林美等。一般来说,在一线城市,大型环保企业的薪资水平会相对较高,而一些小型环保企业的薪资水平则可能相对较低。但是,随着个人经验和技能水平的提高,薪资也会有所提升。

**政府机构和高校**

它包括药品检验所、药监局、环保部门、工商检验检疫部门、食品药品检验检疫部门、海关、税务部门和政府管理部门等,主要从事相关的管理和技术工作。此外,生物工程专业的学生还可以在高校和科研院所从事教学和科研工作。总体来说,生物工程专业的对口就业单位比较广泛,但也需要毕业生具备一定的学历、技能和经验才能胜任一些高级职位,从而获得更好的职业发展。

## 03 专业相关证书

| 相关证书 | 难度 | 报名条件 | 含金量 |
|---|---|---|---|
| 职业药师证 | 较难 | 大学毕业 + 工作经验 | 较高 |
| 药师证 | 一般 | 中专及以上 + 工作经验 | 较高 |
| 医药营销师 | 较易 | 大专及以上 + 工作经验 | 一般 |

## 五、重点关注院校

生物工程专业参考的硕士一级学科为轻工技术与工程,部分重点院校列举如下:

**世界一流学科**(轻工技术与工程)

江南大学、华南理工大学

**第四轮学科评估**(轻工技术与工程)
A+:江南大学、华南理工大学
B+:天津科技大学、陕西科技大学
B :大连工业大学、南京工业大学、四川大学
B-:齐鲁工业大学、湖北工业大学

**江南大学**:211,"双一流",保研率约13%。江南大学生物工程学院是我国发酵工程学科的诞生地,源头可追溯至20世纪30年代初国立中央大学农科农化系食品发酵学术方向,学校为我国酿造微生物学研究和人才培养作出开拓性贡献。学院创建了我国第一个发酵工程国家重点学科及完善的本硕博人才培养体系,以及轻工技术与工程博士后流动站,是我国轻工生物技术与发酵工程领域中最具品牌影响力和竞争力的高等教育基地。

**华南理工大学**:985,211,"双一流",保研率约22%。生物科学与工程学院在华南理工大学(原华南工学院)相关传统优势专业基础上发展起来,其历史可以追溯到20世纪50年代。1952年华南工学院在食品工学本科专业设立发酵工学专业。

**天津科技大学**:轻工特色院校,保研率约3%。天津科技大学生物工程学院前身为河北轻工业学院发酵工程专业,建于1958年。1964年全国院校整合时,北京轻工业学院发酵工程专业迁入天津科技大学生物工程学院,成为我国高校中实力最强的两个发酵工程专业之一。

### 编者说

上文中已经说到,21世纪是生物科学的世纪,所以生物相关就属于热门专业吗?可惜并不是。泛生物医药行业目前的确很热,尤其在新冠疫情之后,一度受到追捧。但一定要看清形势:该行业呼唤的是顶尖研发型的人才!普通本科生和硕士生就业需求依然有限,而且大多从事基层销售或质检、化验等工作,收入一般且发展空间有限。不打算走科研路线的同学谨慎考虑!"一本"以下的院校建议谨慎考虑填报!对生物工程专业有热情、立志走科研路线、高考分数在中高分及以上的学生,可以填报。

# 生物工程类专业拓展：**生物制药**

顺应"以治病为中心"转向"以健康为中心"的新趋势，发展面向人民生命健康的生物医药，满足人民群众对生命健康更有保障的新期待。着眼提高人民群众健康保障能力，重点围绕药品、疫苗、先进诊疗技术和装备、生物医用材料、精准医疗、检验检测及生物康养等方向，提升原始创新能力，加强药品监管科学研究，增强生物医药高端产品及设备供应链保障水平，有力支撑疾病防控救治和应对人口老龄化，建设强大的公共卫生体系和深入实施健康中国战略，更好保障人民生命健康。

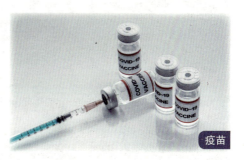

疫苗

——2022年5月10日印发《"十四五"生物经济发展规划》

### 生物制药专业是什么？

生物制药是指从生物体、生物组织、细胞、器官、体液等角度，综合利用微生物学、化学、生物化学、生物技术、药学等科学的原理和方法制造一类用于预防、诊断和治疗的制品。生物制药原料以天然的生物材料为主，包括微生物、人体、动物、植物、海洋生物等。

### 生物制药和生物工程相比有什么不一样？

生物制药是生物工程技术在制药领域的应用，用来预防、诊断、治疗疾病。它是以基因工程为基础，利用现代生物技术对DNA进行切割、连接、改造，生产出传统制药技术难以获得的生物药品。

生物工程涉及范围比较广，在食品、化妆品、农业、环境保护等领域都有应用。

### 生物制药专业学什么？

生物化学、微生物学、微生物与免疫学、分子生物学、药理学、药物化学、药物分析、药剂学、基因工程原理等。

### 生物制药专业就业前景如何？

生物制药就业方向主要有以下四个：

1. 在高校、研究所或制药企业开展科研工作，如药物研发、质量控制、生产工艺优化等方面的工作。
2. 在制药企业从事生产、质量控制、医药代表等相关工作。
3. 在医疗器械公司从事与生物医药相关的产品研发、生产和销售工作。
4. 在政府部门或药品监督管理局等机构参与药品政策制定、监管和风险评估等工作。

国际上生物制药领域有很多大企业，如罗氏、强生、默克、诺华、辉瑞等；国内也有很多制药名企，如恒瑞医药、石药集团、复星医药、信达生物、百济神州等。以制药企业生产、质量控制等岗位为例，一、二线城市本科毕业生月收入为0.8万~1.5万元，硕士毕业生年薪在20万~30万元，博士会更高，应聘者院校层次和个人科研能力也是很重要的参考指标。

# 农学——民以食为天

农业是工业特别是轻工业原料的主要来源；为第二、三产业的发展提供广阔的市场，是国家建设资金积累的重要来源；是出口物资的重要来源。

农田里农民栽种水稻苗

## 一、专业起源

提到农学，我们首先想到的是"杂交水稻之父""共和国勋章"的获得者袁隆平院士，他是中国杂交水稻事业的开创者，是当代"神农"。他不仅为解决中国人民的温饱和保障国家粮食安全作出了贡献，更为社会进步和世界和平树立了丰碑。

稻田里成熟的稻谷

"国无农不稳，民无粮则乱"，粮食是人类最基本的生存资料，农业也是国家的第一产业。纵观古今，中国农业发生于新石器时代，中国的黄河、长江流域，是世界农业起源地。"耕田种谷"的起源要追溯到现存中国最早最完整的农学名著《齐民要术》，其中第一卷便是讲"耕田""收种"和"种谷"。从黄河流域到长江流域，这片莽莽大地是块肥沃的田园。这里是中华民族文明的发祥地，是中华民族千万年的故乡。

众所周知，早在四五十万年前，在北京周口店一带就已经出现了猿人，叫"中国猿人"或"北京人"或"中国猿人北京种"。他们已经懂得制造和使用石器。他们用制造的石刀、石锤，来与野兽（像鹿、豹、熊、虎、土狼、野猪等）搏斗，猎取食物。但是，随着猎物不断减少、人口不断增加、猎肉储存困难以及季节变化等问题的出现，人类食不果腹、衣不遮体是显而易见的。他们只能靠野生植物充饥，生存环境十分恶劣。久而久之，先人们就渐渐地尝试保护、种植可食植物，来弥补肉食之不足。

古书和中药

1898年，中国近代意义上第一所国立综合性大学——京师大学堂建立。1905年，作为京师大学堂八个分科大学之一的农科大学开始筹建，这是中国农业大学形成的最早源头。1921年，清华大学开办农科，设立作物学、果树园艺学、畜牧学等课程，作为志愿赴美学农之选修。1940年中共中央创办了延安自然科学院生物系，也就是后来的华北大学农学院。1949年，北京大学、清华大学、华北大学三所大学的农学院合并，组建成新中国第一所多科性、综合性的新型农业高等学府——中国农业大学，该校也是我国现代农业高等教育的起源地。

## 二、专业介绍

中国自古以来就是农业大国,保障国家粮食安全是一个永恒课题,任何时候这根弦都不能松。中国农业大学农学与生物技术学院副院长刘庆昌说:"农学专业主要研究四大块内容:一是遗传育种理论方法;二是新品种;三是高效栽培技术;四是耕作制度。"简单地说就是:如何选种、育种,如何增加农作物产量;在全国范围内,哪些地方种植什么作物最好;在同样一个地方,怎么样进行轮作、兼作;等等。这些都是农学需要研究的问题。

粮食安全尤为重要

所谓农学,也称农业科学,是研究与农作物生产相关的领域的科学,包括作物生长发育规律及其与外界环境条件的关系、病虫害防治、土壤与营养、种植制度、遗传育种等。

**哪些学生适合学习农学专业?**

1. 能吃苦耐劳、执着、有耐心、有毅力的同学;
2. 具有一定动手能力、归纳整理能力,对农业有兴趣的同学;
3. 该专业对生物科目要求较高,对农业生物、生态、作物发育、遗传感兴趣的同学。

## 三、本科阶段的学习

### 01 大学学习课程有哪些?

| 农学专业本科课程目录(以南京农业大学为例) | | | |
|---|---|---|---|
| 通识教育课程 | | | |
| 思想政治理论类 | 英语类 | 计算机类 | 军事体育类 |
| 专业必修课 | | | |
| 植物学 | 基础生物化学 | 土壤肥料学通论 | 基础微生物学 |
| 植物学实验 | 基础生物化学实验 | 土壤肥料学通论实验 | 基础微生物学实验 |
| 专业核心课 | | | |
| 耕作学 | 种子学 | 作物育种学 | 作物栽培学 |
| 专业选修课 | | | |
| 信息农业技术 | 作物生理生态 | 分子生物学 | 植物组织培养技术 |
| 农业气象学 | 农业生态学 | 农业机械与应用 | 基因操作技术原理 |
| 农业气象学实验 | 细胞遗传学 | 农业推广学 | 基因工程导论 |

(篇幅有限,表中仅列举部分主要课程)

### 02 核心课程介绍

**耕作学**

农耕文化是中华文化的重要组成部分,是祖先智慧的结晶。《齐民要术》中记载,"顺天时,量地利,则用力少而成功多,任情返道,劳而无获"。这些都是我们祖先对耕作制度的早期认识。耕作学就是研究建立合理耕作制度的基础理论、技术与管理体系的一门综合性应用学科,内容主要包括种植制度所研究的作物布局、熟制、种植方式、轮作与连作,以及与之相适应的养地制度所研究的土壤耕作、土地培肥、农田防护等。

**种子学**

小学时学过一篇题为《种子的力量》的课文,文章介绍了种子力量的强大,石缝中、石块下,它都能顽强地钻出芽,甚至它发芽的力量都可以把人的头盖骨完整地分开来。作者说:"没有一个人将小草叫作大力士,但是它的力量的确谁都比不上。这种力是看不见的生命力,只要生命存在,

豆芽种子发芽

农民农作活动

这种力就要显现，这就是种子的力量。"种子学全面系统地介绍了种子科学技术的基本原理、研究成果和进展，内容包括种子的形成、发育和成熟，种子的形态构造和分类，种子的化学成分，种子休眠与萌发，种子寿命和活力，以及种子的加工、贮藏和检验等。

### 作物育种学

西瓜是炎炎夏日的消暑佳品，黑美人西瓜、早春红玉、特小凤西瓜、麒麟西瓜是我们比较熟悉的，它们都是科学育种的产物。西瓜的遗传改良和选育是提高农作物产量、品质和抗逆性的关键手段之一。作物育种学是研究选育和繁殖作物优良品种的理论与方法的科学，是具有深厚生命科学和数理科学基础的应用科学，它支撑着一个新兴的种子产业；种子产业也推动着作物育种科学的快速发展。课程主要讲解作物育种的基本原理和方法，按育种进程和创造遗传变异的途径介绍育种目标、种质资源、育种方法、性状鉴定、适应性评价以及种子生产技术。

素食鹰嘴豆种子和植物

## 四、升学与就业

全国普通高校毕业生规模 6 000~7 000 人，2023 年全国开设该专业的本科院校约 79 所。

### 01　考研方向

**学术型硕士**：作物学（作物栽培学与耕作学、作物遗传育种、种子科学与技术、药用植物资源、烟草学等）
**专业型硕士**：农业（农艺与种业）

### 02　就业展望

**公务员**

毕业生可在国家、省、市农业行政管理部门从事相关工作。近年来高校毕业生到农村基层从事支教、支农等工作的现象都很普遍，大学生的身影越来越多地出现在基层。农学专业的毕业生专业知识丰富，在植物生产方面具有很大的优势，很有可能就成为村镇、乡村发家致富的带头人。

**农业科研单位、农业类院校**

智能数字农业技术

科研人员和农民在麦田里交流技术

除了公务员以外，该专业毕业生还可以到各省市、乡镇的农业、园林等部门从事科研、技术开发、生产及管理等工作。除此之外，少部分毕业生会进入各类农业院校，从事相关教学及科研工作，但这对毕业生的学历要求一般都比较高，打铁还需自身硬。

**农场、农业技术推广中心、农业类企业和公司**

在种子、农药、化肥公司从事生产、销售、研发等相关工作，比如遗传育种栽培技术人员、土壤肥料技术人员等。

### 03　专业相关证书

| 相关证书 | 难度 | 报名条件 | 含金量 |
| --- | --- | --- | --- |
| 农业经济师 | 较高 | 大专/本科学历+工作年限 | 较高 |
| 农艺师 | 中等 | 大专/本科学历+工作年限 | 较高 |
| 育种师 | 中等 | 大专/本科学历+工作年限 | 中上 |
| 种子鉴定师 | 中等 | 大专/本科学历+工作年限 | 中上 |
| 智慧农业操作师 | 中等 | 大专/本科学历+工作年限 | 中上 |

说明：1. 篇幅所限，此处仅列举相关度较高的证书；2. 报名条件每年略有变化，实际以官方考试网发布为准。

## 五、重点关注院校

农学专业对应的硕士一级学科为作物学,部分重点院校列举如下:

**世界一流学科**(作物学)
中国农业大学、四川农业大学、华南农业大学、南京农业大学、海南大学

**第四轮学科评估**(作物学)
A+: 中国农业大学、南京农业大学
A−: 浙江大学、华中农业大学
B+: 山东农业大学、湖南农业大学、四川农业大学、西北农林科技大学
B : 沈阳农业大学、河南农业大学、华南农业大学、西南大学、扬州大学

**中国农业大学**:985,211,"双一流",保研率约26%。它是中华人民共和国教育部直属,中央直管副部级建制,中华人民共和国水利部、中华人民共和国农业农村部和北京市共建的一所全国重点大学。

**西北农林科技大学**:985,211,"双一流",保研率约21%。它由教育部与中国科学院、农业农村部、水利部、国家林草局等16个部委和陕西省共建,是中国西北地区现代高等农业教育的发源地,也是全国农林水学科最为齐备的高等农业院校,葡萄酒专业稳居全国第一。

**华中农业大学**:211,"双一流",保研率约18%。它是教育部直属的一所以生命科学为特色,农、理、工、文、法、经、管协调发展的全国重点大学。

**南京农业大学**:211,"双一流",保研率约16%。它是一所以农业和生命科学为优势和特色,农、理、经、管、工、文、法多学科协调发展的教育部直属全国重点大学。

### 编者说

"务农"也要高学历,传统观念需打破。很多家庭认为读书是为了出人头地,不应选面朝黄土背朝天的职业。小编不完全认同这样的说法。以前的农民种植生产全凭经验,更多地依赖自然条件。与过去的传统农业相比,用生物技术和信息技术"武装"起来的现代农业抗自然灾害的能力更强,通过人工干预达到增产增收。传统的下地耕作尽管还有保留,但科学化、机械化的生产会越来越多。比如我们会用到遥感、卫星等设备测产,利用基因工程就能够得到抗虫棉花、抗除草剂的大豆,等等。再如我们过去只能"看天吃饭",现在立体无土栽培的植物大棚,能模拟出植物所需的光照、湿度、温度等生长环境,让我们一年四季都能吃到无公害绿色环保的蔬菜。

据人社部的预测,今后急需的人才主要有八大类,农业科技人才名列其中。高学历、高技术的农业科技人才成了农村的希望,如果再懂一些直播带货的技能,真的能带动盘活整个乡村的经济。有的同学会说,我就想要"一分耕耘一分收获"的踏实感。对于可以沉下心来搞科研,不追名逐利的同学来说,农学是个不错的选择。

# 动物医学——人与动物和谐共生

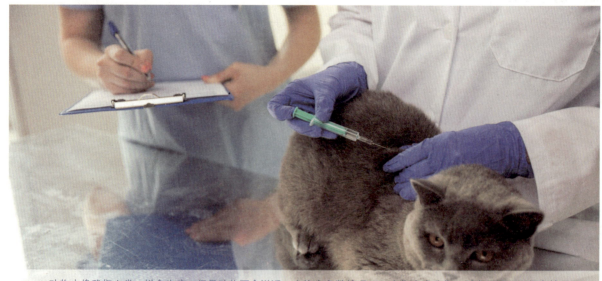

动物也像我们人类一样会生病,但是动物不会说话,在绝大多数情况下,它们生病我们一时发现不了。很多情况下,动物患的疾病与人类不一样,所以需要专门的动物医生给动物看病。

打疫苗的宠物猫

## 一、专业起源

在说动物医学这个专业之前,我们先来聊一个很有意思的话题——先有鸡还是先有蛋?这个问题已经争论了几百年,那么到底是先有鸡还是先有蛋呢?鸡是人类最早驯化的"六畜"之一。在人类的历史上,很早就有了鸡的记载。国外研究发现,恐龙化石含有的蛋白质结构和鸡类似。鸟类共同的祖先始祖鸟,也是从恐龙进化而来的。随着冰川时代的到来,恐龙经过长期的演变,逐渐进化成了各种飞禽走兽。根据这一思路可知,鸡的祖先是恐龙,而恐龙是卵生的。可以说在鸡还没有出现之前,鸡的祖先就已经开始生蛋了。

下蛋的母鸡

追溯到一万多年前,远古时代的人类处在混沌蒙昧之中。人类的祖先主要靠猎鸟兽、捕鱼虾、撸草籽、采野果维持生活,他们的食物可都是野生的,那时候的鸡可是会飞的,抓捕难度"五颗星"。虽然饮食结构上"荤素搭配",但是食物来源极不稳定。季节交替,动物冬眠或迁徙,植物在冬季无法生长,这给原始人类的生存带来了极大的威胁。现如今,我们生活的城市周围有各种养殖场;城市中有各种超市、菜市场为我们提供充足、鲜活的食材;我们的家里也饲养着各种可爱的宠物。从古至今,动物到底经历了什么呢?

原始人捕猎猛兽

最早从石器时代开始,人类把狩猎时捉到的小羊、小猪、小狼、小鸡、小鸭带回家饲养。男人外出狩猎,女人则留在部落里照顾喂养这些动物。远古时代的人类生存环境极其恶劣,食物、安全、健康等都得不到保证,更何况是他们圈养的动物呢。动物从野生变成家养,生存环境发生了改变,有时还吃了有毒的野菜野果,于是,人类在开始发展畜牧业的同时,便开始了与家畜疾病的斗争。那时还没有所谓的医学,人们没办法对症下药。人类手边只有火、石器、骨器等工具,这些都被拿来用于战胜人畜的疾病,这就是温热疗法、针灸术以及其他外治法的起源。动物医学也在岁月的长河中不断演变和发展着……

原始人开始圈养小动物

## 二、专业介绍

学动物医学就是当宠物医生。这个理解不够全面。动物的分类方式有很多种,按照生活环境分为陆生动物、水生动物、两栖动物;按哺乳方式分为哺乳动物和非哺乳动物。动物医学研究的是所有的动物,包括大熊猫、东北虎,以及各种濒临灭种的野生动物。

动物医学专业不仅为大规模的畜牧养殖提供了保证,也为人类的防疫、食品安全等提供了一定的技术支持。2003年我国暴发SARS("非典")疫情;2004年广西、广东、湖北、湖南发生禽流感;2005年四川发生人感染猪链球菌病;2020年暴发的新冠疫情……这类危及人类生命健康的"怪病"接踵而来。由此可见,动物医学这一专业的重要性不言而喻,它在生命科学的各个领域中发挥着越来越重要的作用。

禽流感暴发养殖户损失惨重

动物医学专业是农学类中的一个传统专业,通俗说就是培养"兽医"的专业,也曾经一度使用兽医专业的名称。动物医学专业是以生物学为基础,研究动物疾病的发生发展规律,并在此基础上对疾病进行诊疗和防治的综合性学科。它的基本任务是有效地防治禽兽、伴侣动物、医学实验动物及其他观赏动物的疾病。它是生物医学及社会预防医学的重要组成部分。

**哪些学生适合学习动物医学专业?**

1. 喜欢动物,有耐心,有爱心。
2. 不怕苦,不怕脏,胆大心细。
3. 具有钻研精神,学习能力强。
4. 经济较宽裕,不求快速回报。

## 三、本科阶段的学习

### 01 大学学习课程有哪些?

| 动物医学专业本科课程目录(以中国农业大学为例) | | | |
|---|---|---|---|
| 通识教育课 | | | |
| 思想道德修养与法律基础 | 马克思主义基本原理 | 毛泽东思想和中国特色社会主义理论体系概论 | |
| 中国近现代史纲要 | 大学外语 | 大学计算机基础 | 计算机类 |
| 文学艺术类 | 体育类 | 人文社科类 | 经济管理类 |
| 专业必修课 | | | |
| 兽医临床诊断学 | 兽医外科手术学 | 中兽医学 | 兽医寄生虫学 |
| 兽医内科学 | 兽医外科学 | 兽医传染病学 | 兽医产科学 |
| 兽医放射学 | 实验动物学 | 动物食品卫生学 | |
| 专业核心课 | | | |
| 基础兽医学 | 预防兽医学 | 临床兽医学 | |
| 专业选修课 | | | |
| 兽医专业概论 | 拉丁文 | 犬猫疾病学 | 家畜代谢病 |
| 兽医统计学 | 家畜中毒病 | 中兽医针灸 | 中兽医治疗学 |
| 动物医院临床技术 | 家畜环境卫生学 | 动物毒理学 | 兽医公共卫生学 |

(篇幅有限,表中仅列举部分主要课程)

## 02　核心课程介绍

### 基础兽医学

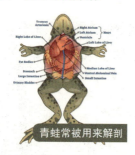

青蛙常被用来解剖

动物和人类一样，会因为各种因素而生病。千万不要小瞧了动物医学这个专业。它和临床医学一样，都是五年学制，需要学习的内容非常多。其中，基础兽医学是动物医学最基础的课程，主要学习病理、药理以及如何看组织切片等，侧重于组织学、解剖学、胚胎学、药理学、中兽医的科学性和原理性研究。很多同学在学习这个专业之前，从来没有解剖过动物，甚至在家里都没有碰过生鲜肉类，而解剖课会接触到青蛙、老鼠、兔子、牛羊等活体，这个心理障碍是一定要克服的。

### 预防兽医学

世卫组织最新数据显示，自2022年以来，全球感染禽流感或被扑杀的禽类数量超过2亿只。近期，柬埔寨、阿根廷、土耳其等多个国家出现高致病性禽流感案例，部分地区发现人感染禽流感后死亡、禽流感病毒突变等情况；国内方面，广东河源出现人感染H5N6的情况……动物发生疫情会直接影响到人类，在这样严峻的形势下，预防兽医学的地位就显得尤为重要。预防兽医学主要偏向于细菌、病毒和疫苗等的研究，由原先的兽医微生物学与免疫学、传染病与预防兽医学、兽医寄生虫学与寄生虫病学三个二级学科组合而成，涉及各种致病微生物、寄生虫及其感染对象，包括家畜、家禽、家庭动物、实验动物、野生动物、水生动物和人。

防止动物生病

### 临床兽医学

猫咪绝育

随着社会经济和科学技术的发展，我国的动物医学研究已经从过去的以畜牧业发展服务为中心内容扩展到了公共卫生事业、社会预防医学、人类疾病动物模型、伴侣动物及观赏动物医疗保健及食品卫生、医药工业、环境保护等诸多领域，在生命科学的各个领域中发挥着越来越重要的作用。临床兽医学需要具备一定的动手能力，给宠物检查、诊断、治疗疾病等，侧重内外科学、产科学、动物疾病治疗的临床上的应用。研究方向主要包括外科学与外科手术学、内科学与内科诊断学、产科学和中兽医学等。

## 四、升学与就业

全国普通高校毕业生规模10 000~12 000人，2023年全国开设该专业的本科院校约80所。

### 01　考研方向

**学术型硕士**：兽医学（预防兽医学、临床兽医学等）；畜牧学（动物遗传育种与繁殖、动物营养与饲料科学等）

**专业型硕士**：兽医

### 02　就业展望

**宠物类企业**

兽医、宠物健康护理、宠物疾病预防、宠物饲养。随着人们生活水平的提高，现在养宠物的人也越来越多了，而且很多宠物的品种都是进口的，可能是由于水土不服，越是品种好、价格贵的宠物，在国内越容易得病。所以整体来说，这个职业未来是很有发展前途的。

**检疫类单位**

它包括出入境检验检疫局、农业农村局、畜牧局、各地动物卫生监督所、各级兽医站、动物实验中心、生物公司、兽药厂、疫苗

猫咪生病了

厂、饲料厂等单位。毕业生可以从事动物育种、动物繁殖、卫生防疫、动物性食品和畜产品的检验、研制兽医生物药品等工作，就业方向相当广阔。

**宠物医院创业**

当我们积累了一定的管理经验和临床治疗经验之后，也可以考虑自己开一个宠物医院。《2023—2028 年中国宠物行业竞争格局分析及发展前景研究报告》分析，"90 后"是宠物主的主力军，占比超 46.3%。2022 年中国宠物经济产业规模将达 4 936 亿元，同比增长 25.2%，预计 2025 年市场规模达 8 114 亿元。随着宠物家庭渗透率和行业成熟度持续提升，宠物消费市场已经形成了完整的产业链，市场潜力巨大。

禽流感诊断

家庭宠物医师治疗

## 03 专业相关证书

| 相关证书 | 难度 | 报名条件 | 含金量 |
|---|---|---|---|
| 执业兽医师资格证书 | 中等 | 大专 / 本科学历 + 工作年限 | 很高 |

说明：1. 篇幅所限，此处仅列举相关度较高的证书；2. 报名条件每年略有变化，实际以官方考试网发布为准。

## 五、重点关注院校

动物医学专业对应的硕士一级学科为兽医学，部分重点院校列举如下：

**世界一流学科（兽医学）**

中国农业大学、华中农业大学

**第四轮学科评估（兽医学）**
A+：中国农业大学、华中农业大学
A-：华南农业大学、扬州大学
B+：吉林大学、东北农业大学、南京农业大学、西北农林科技大学

**中国农业大学**：985，211，"双一流"，保研率约 27%。学校是一所以农学、生命科学、农业工程和食品科学为特色和优势的研究型大学。

**华中农业大学**：211，"双一流"，保研率约 18%。学校是一所以农科为优势、生命科学为特色，涵盖多领域，多学科协调发展的一流重点高校。

**西北农林科技大学**：985，211，"双一流"，保研率约 21%。学校是一所全国农林水学科最为齐备的高等农业院校。

**东北农业大学**：211，"双一流"，保研率 10%。学校是一所以农科为优势的重点建设大学和世界一流学科建设高校。

### 编者说

动物医学和临床医学一样，基本是五年学制，需要学习的东西非常多。这个学科非常注重实践，至少有一年的时间用于实践。选择了这个专业后，我们对动物的热爱不应仅仅局限于"撸猫撸狗"，还应包括对这门学科的坚持和付出。如果学了半路又想换专业，是很麻烦的一件事。有一点要知道，动物医学一样需要解剖动物，有的还是活体解剖。假如对这种场面不适应的话也学不了这个专业。动物医学专业的发展前景和就业方向都是非常不错的，如果喜欢动物并且对该专业学习充满兴趣就可以选择报考，不需要过多在乎外界的声音，最重要的是能够听从自己的内心，相信自己的选择并为之努力，坚定奔走在自己的热爱当中。

# 动物医学类专业拓展：**动物药学**

治疗狂犬病

### 动物药学专业是什么？

随着社会和经济的发展，以及全国兽药产业的科学化、国际化发展和人们对动物源性食品安全性、优质性的关注度不断加强，国家对动物医学专业人才的类型和知识结构提出了新的要求，对动物药学专门人才的需求与日俱增。目前，我国有兽药生产企业1 800多家，兽药生产、经营企业从业人员共约54万人，约80%的兽药生产企业具备研发部门，但专门从事兽药研究开发的人员仅1 500多人。我国兽药生产、质检、工艺开发、技术服务和研究开发等方面普遍出现多岗位现象。

动物药学主要研究动物药理学、药物化学、药物分析等方面的基本知识和技能，进行动物药品和动物生物制品的研发、制造、分析、检验等。例如：兽药的生产、制造，牛黄、犀角、麝香等动物药的提取制剂，疫苗、血清等生物制品的研发制备，动物疫病的检验防治等。

### 和动物医学相比有什么不一样？

动物医学通俗来说，就是培养"兽医"的专业。研究内容偏医学方面，主要针对的是动物的诊疗、公共卫生、动物传染病的防控等方面。动物药学，研究内容大都和化学有关，偏向于兽药的研发与应用。相较而言，动物医学主要是研究动物疾病，动物的临床应用会比较多；研究范围也已不再局限于畜牧业，而向诸多领域发展。动物药学致力于动物的药物研究，主要以实验为主。到了研究生阶段，这两个专业被重新分配为三个方向，即预防兽医学、临床兽医学、基础兽医学（动物药学与基础兽医学中的药理与毒理方向对口）。动物医学毕业生可以给动物看病做手术，动物药学却不可以。

### 动物药学专业学什么？

动物药学专业要求物化必选，这就意味着需要有扎实的化学基础。除了英语、计算机外，专业课程包括家畜解剖学及组织胚胎学、有机化学、分析化学、动物生理学、兽医微生物学、动物免疫学、动物毒理学、制药工艺学、药物制剂学、实验动物学、生化制药学和药事管理与法规、生物统计与实验设计、临床诊断学、动物病理学、中兽药学、兽医学基础等。

### 动物药学专业就业前景怎么样？

动物药学专业毕业，一部分学生可以进制药类企业，从事动物药品研发、药物分析、产品推广、营销管理等工作；药物研发、药物分析的工作相对稳定，工作环境也较好，适合女生。但是有相当一部分学生会从事药品销售的工作，挑战性比较大。还有一部分同学会进入畜牧场工作，如鸡场、牛场、猪场等，畜牧场的工作地点比较偏远，通常都包食宿，待遇较高。鸡场、牛场、猪场里，环境最差的要数养鸡场，气味难闻，气温也高。环境相对好一些的要数养牛场。畜牧场适合能吃苦、不怕脏、不怕累的男生，薪资可以达到0.5万元~1万元/月。

# 水产养殖学——授人以渔的专业

水产养殖围网

## 一、专业起源

大约五亿年前，世界上还没有人类的时候，鱼类就生活在海洋里了。远古人类获取的食物有野兽、野果，也有水生的动物。他们用石块、树枝、藤条制成简易的渔具进行捕捞，天气、运气和技巧决定了他们的渔获成绩。古人是什么时候大面积养殖鱼类的呢？中国水产养殖业历史悠久，已知公元前1142年（殷末周初）人们就凿池养鱼。范蠡约在公元前460年著的《养鱼经》，为世界最早的养鱼文献。这是一部总结淡水养鱼经验的著作，采取齐威王与陶朱公对话的形式，论述养鱼致富之理、养殖法及经济效益，其中以养殖法为主。

中国水产学会有一个以"范蠡"命名的科学技术奖项——范蠡科学技术奖（简称范蠡科技奖），是经科技部和国家科学技术奖励工作办公室批准，面向全国渔业行业的综合性科学技术奖，主要奖励在渔业科技进步和产业发展中贡献突出的科技成果。

范蠡的《养鱼经》

我国水产养殖逐渐从早期的农户散养向规模化、科学化的生产管理发展。目前，我国每年的水产品养殖产量保持在较为稳定的水平，也是世界上唯一养殖水产品总量超过捕捞总量的主要渔业国。有科学家认为，将来人类对于食物的获取，很大一部分将会来自海洋。目前人类从海洋获取食物的手段主要是捕捞海洋渔业资源。所以，水产养殖不仅仅是淡水养鱼、虾、蟹，还有海产品养殖。这从院校名称就可以看出，比如中国海洋大学、大连海洋大学、广东海洋大学、上海海洋大学等。

1912年成立的江苏省立水产学校，系中国最早的水产学校之一，1952年组建升格为上海水产学院，成为中国第一所本科

各种水产

建制的高等水产学府。新中国成立后，全国恢复和发展了水产教育，其中，水产类高校曾设六所三系，分别是上海水产大学（现上海海洋大学）、大连水产学院（现大连海洋大学）、湛江水产学院（现广东海洋大学）、厦门水产学院（现集美大学水产学院）、浙江水产学院（现浙江海洋大学）、天津水产学院（现河北农业大学海洋学院）以及山东海洋学院水产系（现中国海洋大学水产学院）、天津农学院水产系、华中农学院水产系（现华中农业大学水产学院）。

## 二、专业介绍

小龙虾是美味

中国的文化底蕴十分深厚，尤其在饮食文化方面。中国人对"吃"情有独钟，而且十分讲究，像原产北美的牛蛙和小龙虾，在多个国家泛滥成灾，而到了我国，受到热烈欢迎。小龙虾更是成了"稀有"动物，供不应求。提到龙虾养殖，不得不提到湖北潜江。潜江的养殖企业不仅养殖出了高品质的龙虾，还探索出了"虾稻连作""虾稻共作""虾鳅稻共作""虾龟稻共作""虾莲共作"等模式；在池塘养殖中，推出了"虾鳜连养""小龙虾池塘专养""虾蟹鳜混养""虾鳝混养"等模式，取得了很好的经济效益、社会效益、生态效益。

显而易见，水产养殖就是人为控制下繁殖、培育和收获水生动植物的生产活动。一般包括在人工饲养、管理下从苗种到商品鱼或水产品的全过程。广义上也可包括水产资源增殖。水产养殖有粗养、精养和高密度精养等方式。粗养是在中、小型天然水域中投放苗种，完全靠天然饵料养成水产品，如湖泊水库养鱼和浅海养贝等。精养是在较小水体中用投饵、施肥方法养成水产品，如池塘养鱼、网箱养鱼和围栏养殖等。高密度精养采用流水、控温、增氧和投喂优质饵料等方法，在小水体中进行高密度养殖，从而获得高产，如流水高密度养鱼、虾等。

**哪些学生适合学习水产养殖学专业？**

1. 对水生生物感兴趣，能吃苦耐劳、耐得住寂寞。
2. 水域资源丰富、养殖业发达地区的同学可以关注。
3. 喜欢户外工作，擅长研究，动手能力强。

## 三、本科阶段的学习

### 01 大学学习课程有哪些？

| 水产养殖学专业本科课程目录（以上海海洋大学为例） | | | |
|---|---|---|---|
| 通识教育课 | | | |
| 高等数学 | 生物化学 | 大学物理 | 水生生物学 |
| 鱼类学 | 普通生态学 | 生物统计学 | 普通动物学 |
| 专业必修课 | | | |
| 养殖水化学 | 动物生理学 | 微生物学 | 生物饵料培养 |
| 水生动物营养与饲养学 | 水产遗传学 | 水产动物疾病学 | |
| 专业核心课 | | | |
| 鱼类学 | 水生生物学 | 鱼类增养殖学 | 水产动物育种学 |
| 专业选修课 | | | |
| 水产学导论 | 生物与环境适应 | 水生动物医学漫谈 | 工厂化养殖高产探秘 |
| 水产品品质与安全 | 河蟹趣谈 | 生物显微技术 | 鱼类呼吸探秘 |

（篇幅有限，表中仅列举部分主要课程）

## 02 核心课程介绍

### 鱼类学

"西塞山前白鹭飞，桃花流水鳜鱼肥。"唐代诗人张志和的作品《渔歌子·西塞山前白鹭飞》描写的是江南水乡最美好的时候——正是桃花盛开，江水猛涨，鳜鱼正肥时。鱼类的分类、形态、生理、生态、系统发育和地理分布等，就是鱼类学要研究的内容，它包括鱼类的地理分布、洄游习性、年龄生长和食性等方面，对渔业生产的发展有重要意义，是水产养殖本科专业重要的专业基础必修课。

鱼类的形态多种多样

人类每年要吃掉巨量的鱼

### 鱼类增养殖学

"春光无限好，鱼虾逐海潮。喜获鱼满仓，扬帆速返航。"满载而归鱼满仓，好一派丰收景象。想实现增产增收就一定要认真研究这门学科。鱼类增养殖学是一门以保护和增强鱼类海洋生物资源，提高鱼类的生态繁殖能力，改善各种鱼类的营养需求，提高养殖效益，节能减排，养殖环境保护为目标的学科。它研究的内容主要有：鱼类生物学及鱼类繁殖技术、鱼类遗传育种、饲料学和抗病学等。

### 水产动物育种学

"蒌蒿满地芦芽短，正是河豚欲上时。"河豚肉质鲜美，蛋白质含量很高，营养丰富，但河豚的肝脏、血液、肾脏、卵巢甚至眼睛都含有剧毒。0.5毫克河豚毒素就致命，所以自古就有"拼死吃河豚"的说法。近些年随着人工培育河豚技术的日趋成熟，无毒河豚（学名暗纹东方鲀）横空出世，它不产生毒素，性状稳定，连续10年经国家卫生部食品检验所和国家疾控中心抽检，均为无毒物。它既保留了河豚的美味和营养，又实现了经济价值。同时，"家化暗纹东方鲀控毒养殖方法"还获得了国家级发明专利。

一只生气的河豚

水产动物育种学，就是以遗传学、生理学、胚胎学、生物化学、细胞学和生态学等生物学知识及水产养殖理论和实践为基础，探讨水产动物育种的基本原理与方法以及育种技术在水产养殖、良种选育、品种改良和种质资源保护等方面的应用，深入了解选种、育种和保种技术在水产养殖上的重要意义，是一门理论性和实践性都很强的专业核心课。

## 四、升学与就业

全国普通高校毕业生规模3 000~3 500人，2023年全国约有55家院校开设水产养殖学专业。

### 01 考研方向

**学术型硕士：** 水产（水产养殖、捕捞学、渔业资源等）

**专业型硕士：** 农业（渔业发展）

### 02 就业展望

随着沿海经济开发的推进、我国海洋经济结构的优化升级，以及全国海洋渔业资源的限制捕捞，水产养殖业会成为朝阳产业，对技术和人才的需求将越来越多，海洋特色明显的水产养殖专业毕业生的就业前景会越来越好。加之日本核污染水的排放，淡水养殖将成为一大热点。

近海的水产养殖

**主要就业方向：**

1. 在渔业局、海洋局、技术推广站等政府机关和事业机关从事渔政管理、资源监察、技术推广等工作。
2. 在国内外水产养殖、饲料加工企业从事生产管理、技术研发、水产贸易等工作。
3. 在科研院所从事科研、教学、技术服务工作。
4. 自主创办水产养殖、技术服务企业等。

## 03 专业相关证书

| 相关证书 | 难度 | 报名条件 | 含金量 |
|---|---|---|---|
| 渔医资格证 | 较高 | 大专/本科学历+工作年限 | 中上 |
| 水产养殖助理工程师 | 中等 | 大专/本科学历+工作年限 | 中等 |
| 水产养殖工程师 | 较高 | 大专/本科学历+工作年限 | 较高 |
| 水产养殖高级工程师 | 较高 | 大专/本科学历+工作年限 | 较高 |

说明：1. 篇幅所限，此处仅列举相关度较高的证书；2. 报名条件每年略有变化，实际以官方考试网发布为准。

## 五、重点关注院校

水产养殖学专业对应的硕士一级学科为水产，部分重点院校列举如下：

**世界一流学科（水产）**

上海海洋大学、中国海洋大学

**第四轮学科评估（水产）**
A+： 上海海洋大学、中国海洋大学
B+： 华中农业大学
B： 大连海洋大学、宁波大学
B-： 南京农业大学、广东海洋大学

中国科学评价研究中心（RCCSE）、武汉大学中国教育质量评价中心联合中国科教评价网推出《中国大学及学科专业评价报告》，发布了中国大学水产养殖学专业排名，上海海洋大学、中国海洋大学、华中农业大学位列前三。

**中国海洋大学**：985，"双一流"，保研率约21%。它是一所海洋和水产学科特色显著、学科门类齐全的教育部直属重点综合性大学。

**华中农业大学**：211，"双一流"，保研率约18%。它是一所教育部直属综合性农业院校。

**上海海洋大学**：211，"双一流"，保研率约5%。它是由上海市人民政府与国家海洋局、农业农村部共建的多科性应用研究型大学。

### 编者说

海阔凭鱼跃，天高任鸟飞。随着生活水平的提升，人们的消费观也有了不同程度的转变，愈渐关注食品安全和品质。水源是不是干净？食物有没有添加禁用添加剂？是有机还是无机？是不是转基因的？消费者需求的提升对我们的工作提出了新的要求。国家也在大力推进精准养殖、科学管理、产品安全，传统养殖正在和互联网、人工智能、物联网等深度融合，这都需要复合型的"智能"农人。农业相关的工作并不轻松，大多在户外，要深入现场去观察、去研究、去实践，有一定强度和压力，培养兴趣是关键。但民以食为天，这个行业不会"遇冷"。鱼只有在大海里才能遨游，鸟儿也只能在高空中才能展翅翱翔。希望每个人都能找到自己最适合的发展方向和发展空间，实现人生价值。

# 基础医学——不积跬步无以至千里

公元前430年,大瘟疫席卷雅典,四分之一的雅典人死于这场灾难。幸存的人们开始思考,疾病到底该如何预防和治疗?

雅典大瘟疫

## 一、专业起源

西方医学的起源可以追溯到古希腊时期,著名易学家希波克拉底反对所谓"疾病是众神的惩罚"这一宗教说法,提出了"体液学说",坚持认为疾病可以用医学来治愈。

文艺复兴时期,西方医学界逐渐开始运用唯物主义哲学认知和发展医学。16世纪,安德烈·维萨里奠定了人类解剖学的基石;17世纪,威廉·哈维发现了人体血液循环的规律,奠定了近代生理科学发展的基础;18世纪,意大利的摩干尼把"病灶"与临床症状联系起来,提出了疾病的器官定位学说,建立了器官病理学;19世纪,施莱登和施旺共同发展了现代生物学最重要的概念之一"细胞学理论"。

21世纪的今天,随着生物信息学、蛋白质组学、结构生物学和基因治疗的快速发展,基础医学研究变得更为微观、更为量化、更为系统,形成了以多学科交叉为基础,微观与宏观相结合的协同创新研究体系,基础医学的发展日新月异。

希波克拉底

## 二、专业介绍

我们常说,新冠病毒会通过飞沫传播,那它是如何一步步攻陷人体的免疫系统的?是一步到位随着喷嚏沿着气管直接侵入肺部吗?其实不然!新冠病毒是先随着飞沫黏附在人体的黏膜上,比如口腔和鼻腔,然后迷惑黏膜细胞的识别蛋白,随后侵入细胞内部,将自己的遗传物质释放到细胞内,把整个细胞工厂变为病毒生产基地,再随着人体正常的体液血液循环,蔓延至咽喉、气管、支气管,引起咳嗽,并围攻肺部,最后导致严重的肺炎。而这些疾病发生和发展的原理,正是基础医学研究的内容。

基础医学是专门研究生命与疾病的本质及治疗原理的一组学科群，涵盖了人体解剖学、组织胚胎学、分子生物学、生理学、生物化学、医学微生物学、医学免疫学、人体寄生虫学、机体病理学等多门学科。它是临床医学、预防医学和药学等医学相关学科的理论基础。正是由于基础医学的建立和发展，人类对医学的认识才逐渐由只知其然而不知其所以然的阶段进入了知其然知其所以然的阶段。没有基础医学的长足发展，就不可能有医学的日新月异。

**哪些学生适合学习基础医学专业？**

基础医学是一门包罗万象的学科，不仅需要生物学和医学，还需要数学、物理学、化学、信息科学、环境科学、心理学和工程科学等不同学科，所以基础医学的学生最好具有包括数理化生信息在内的全面的理科基础和持之以恒的钻研精神。

## 三、本科阶段的学习

### 01 大学学习课程有哪些？

| 基础医学专业本科课程目录（以复旦大学基础医学 2+X 为例） | | | |
|---|---|---|---|
| 通识教育课 | | | |
| 思想道德与法治 | 中国近现代史纲要 | 马克思主义基本原理 | 形势与政策 |
| 大学英语 | 大学体育 | 计算机应用基础 | 心理健康教育 |
| 专业必修课 | | | |
| 现代生物科学导论 | 高等数学 | 普通物理 | 普通化学 |
| 有机化学 | 基础医学导论 | 医学微生物学 | 生物医学信息学 |
| 专业核心课 | | | |
| 人体解剖学 | 基础医学分论 | 人体分子与细胞 | 内分泌生殖系统疾病基础 |
| 神经系统疾病基础 | 循环血液系统疾病基础 | 消化系统疾病基础 | 泌尿系统疾病基础 |
| 专业选修课 | | | |
| 脑科学前言 | 卫生统计方法 | 代谢分子医学和疾病 | 免疫学进阶 |
| 医学人工智能和机器学习 | 影像诊断学 | 医学心理学 | 法医学概论 |

（篇幅有限，表中仅列举部分主要课程）

### 02 核心课程介绍

**病理学**

人为什么会生病？感冒咳嗽这种轻症是如何发展成呼吸道重疾的？病理学是研究疾病的病因、发病机制、病理变化、结局和转归的医学基础学科，是通过研究以形态学改变为中心的结构、代谢、机能的变化，从而理解疾病临床表现的一门学科，也是连接基础医学和临床医学的桥梁学科，可以誉为"医学之本"。

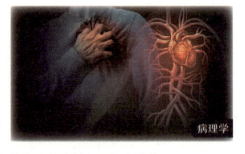
病理学

本课程内容主要包括：细胞和组织的适应与损伤、损伤的修复、局部血液循环障碍、炎症、肿瘤、心血管系统疾病、呼吸系统疾病、消化系统疾病、淋巴造血系统疾病、泌尿系统疾病、生殖系统和乳腺疾病、内分泌系统疾病、神经系统疾病、感染性疾病、疾病的病理学诊断和研究方法等。

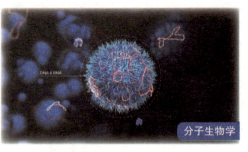
分子生物学

**分子生物学**

生命的奥秘蕴藏在 DNA、RNA 和蛋白质之中，想要了解生命的本质，就需要分子生物学这把最关键的金钥匙。分子生物学是在分子水平上研究生命现象和生命本质的科学，大到农、林、牧、渔、环境、地质等学科，小到求医问药、营养保健等日常生活，都离不开分子生物学的知识。

本课程内容主要包括：绪论、基因、基因组与基因组学、基因表达的调控、DNA 损伤与修复的分子机制、基因结构与表达分析的基本方法、基因克隆与基因体外表达、蛋白质组学的研究方法、疾病产生的分子基础、基因诊断的原理与应用、基因治疗的原理与应用研究等。

**细胞生物学**

早在 1925 年，哥伦比亚大学的细胞生物学家埃德蒙顿·威尔逊就提出"一切生命的关键问题都要到细胞中去寻找答案"。作为生命活动的基本单位，细胞如何合成"通用能量货币"腺嘌呤核苷三磷酸（ATP）？细胞如何分选数以千计的新生蛋白质？细胞又如何调控其增殖、分化、衰老和死亡？细胞病变将导致什么样的后果呢？细胞生物学，是研究和揭示细胞结构、功能和生命活动规律的学科，也是所有生命科学的重要基础学科之一。

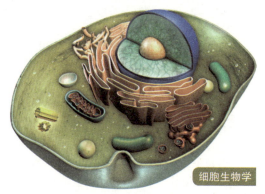
细胞生物学

本课程内容主要包括：生物膜系统，包括细胞质膜与物质跨膜转运、能量转换细胞器与能量合成机制、内膜系统细胞器与蛋白质合成及分选；细胞骨架系统，包括微丝、微管、中间丝及其结合蛋白的结构与功能；遗传信息荷载系统，包括细胞核、染色体及核糖体的结构与功能；细胞重大生命活动及其调控机制，包括细胞增殖与癌细胞、细胞分化与干细胞、细胞衰老与死亡；细胞社会性的结构及生命活动的信号调控网络等。

## 四、升学与就业

全国普通高校毕业生规模 700~800 人，2023 年全国约有 39 所院校开设基础医学专业。

### 01 考研方向

**学术型硕士**：基础医学（人体解剖与组织胚胎学、免疫学、病原生物学、病理学与病理生理学、法医学、放射医学）

**专业型硕士**：无

### 02 就业展望

本科学历的基础医学专业学生，因为不能成为执业医师，所以除了继续升学深造以外，主要就业方向为：
1. 医药高校：科研助理岗位为主；
2. 科研院所：竞争的都是研究生；
3. 医药公司：主要是销售岗，也就是医药代表；
4. 公务员：主要岗位是各地市区县卫健委、市场监督管理局的卫生、食品、检验检疫等监督执法岗位。

科研实验人员

医药销售人员

食药监检查人员

## 五、重点关注院校

基础医学专业对应的一级学科为基础医学,部分重点院校列举如下:

| 世界一流学科(基础医学) | 第四轮学科评估(基础医学) |
|---|---|
| 北京大学、复旦大学、海军军医大学、华中科技大学、上海交通大学、四川大学、浙江大学、中山大学 | A+:北京大学、北京协和医学院<br>A :复旦大学<br>A-:上海交通大学、浙江大学、中山大学、海军军医大学 |

**北京大学**:985,211,"双一流",保研率约58%。学校拥有干细胞国际联合研究中心、分子心血管学重点实验室、神经科学重点实验室等国家级基础医学研究平台。

**复旦大学**:985,211,"双一流",保研率约38%。学校拥有医学神经生物学国家重点实验室、国家神经疾病医学中心、医学分子病毒学教育部重点实验室等国家级基础医学研究平台。

**上海交通大学**:985,211,"双一流",保研率约35%。学校拥有系统生物医学研究院、WHO免疫遗传学与免疫病理学合作中心、单细胞组学与研究中心等国家级基础医学研究平台。

### 编者说

基础医学是所有医学专业的基础,可以说是"研究医学的医学"。作为一门基础型学科,它的研究内容十分庞杂、细致,每一个已知的医学门类中都有基础医学发光发热的领域。正是因为这种研究属性,基础医学不仅十分看重学生个人在硕士、博士、博士后阶段的学习和研究能力,还对高校的院校层次和科研实力有比较高的要求。同时,因为基础医学毕业生是不能参加执业医师资格考试的,所以对于基础医学本科毕业生来说,考公考编就成了就业的必经之路。如果家庭情况或学习能力不支持走上述两条道路,基础医学对你来说可能并不适合,如何取舍需要再三思量。

# 临床医学——人命至重，有贵千金

1543年的意大利帕多瓦大学，医学生和教授们围着解剖台，争论着盖伦《医经》的对与错。年轻的学者挥着柳叶刀，他在解剖，他在宣讲，他在为现代医学打开一道希望的门……

安德烈·维萨里著作《人体构造》卷首插图

安德烈·维萨里

## 一、专业起源

现代临床医学的真正发端可以追溯到16世纪的安德烈·维萨里发表的《人体构造》，在那之后外科学、传染病学、病理学、诊断学和生理学迎来了重大发展，奠定了现代临床医学的基石。

"临床医学"这个词在17世纪由英国医学家西登哈姆第一次真正提出并强化，他在《关于急性疾病的发生以及治疗的观察》中提出，与医生最直接联系的是病人，临床医生的职责是探明疾病的本质并接触病人的痛苦。因此他被誉为西方"近代临床医学之父"。

现代临床医学在基础医学、预防医学、药学的协同支撑下，在物理诊断学、实验诊断学、传染病学与寄生虫病学、内科学、地方病学、外科学、妇产科学、儿科学、眼科学、耳鼻咽喉科学、皮肤性病学、口腔医学、精神病学、神经病学、放射医学等方面，均取得了显著的发展。

西登哈姆

## 二、专业介绍

你吃完晚饭，飞速奔赴球场，想来一场痛快淋漓的比赛，结果才跑几步就开始腹痛难耐，赶忙让朋友送自己去医院。到了医院，你被诊断出患有急性阑尾炎，医生淡定地安排你明天做手术。你躺在手术台上，汗出如浆，害怕不已，医生给你做了麻醉，你眼睛一闭一睁，手术已经完成了，从你躺下到结束，前后不过半个小时。这种在医疗匮乏的年代能要人命的疾病，现在已经成了再基础不过的小病，这全靠临床医学的快速发展。

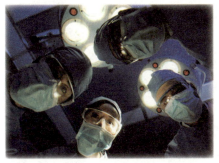

临床医学是研究疾病的病因、诊断、治疗和预后，提高临床治疗水平，促进人体健康的科学。"临床"即"亲临病床"之意。临床医学根据病人的临床表现，从整体出发，研究疾病的病因、发病机理和病理过程，进而确定诊断，通过预防和治疗以最大程度上减弱疾病、减轻病人痛苦、恢复病人健康、保护劳动力。

#### 哪些学生适合学习临床医学专业？

临床医学专业是一门实践性很强的应用科学专业，不仅要掌握基础医学知识、医学文献检索、资料调查等理论知识，还需要做大量的实践。临床医学的本科学习无异于再读五年"高三"，辛苦、枯燥、劳累可以说是所有临床医学学生的共同体验。所以只有物化生基础扎实、心理素质过硬、动手能力强、意志坚定、能吃苦耐劳的学生，才比较适合学习临床医学。

## 三、本科阶段的学习

### 01 大学学习课程有哪些？

| 临床医学专业本科课程目录（以复旦大学临床医学 2+X 为例） | | | |
|---|---|---|---|
| 通识教育课 | | | |
| 思想道德与法治 | 中国近现代史纲要 | 马克思主义基本原理 | 形势与政策 |
| 大学英语 | 大学体育 | 计算机应用基础 | 心理健康教育 |
| 专业必修课 | | | |
| 高等数学 | 普通物理 | 普通化学 | 有机化学 |
| 人体细胞与分子 | 组织胚胎学 | 生理学 | 病理生理学 |
| 专业核心课 | | | |
| 人体解剖学 | 病理解剖学 | 诊断学 | 内科学 |
| 外科学 | 妇产科学 | 儿科学 | 临床实习 |
| 专业选修课 | | | |
| 脑科学前言 | 卫生统计方法 | 代谢分子医学和疾病 | 免疫学进阶 |
| 流行—传染病的动态分析 | 麻醉学新进展 | 临床肿瘤学进展 | 医学人工智能导论 |

（篇幅有限，表中仅列举部分主要课程）

### 02 核心课程介绍

**人体解剖学**

人体解剖学是研究正常人体器官的形态结构、生理功能、位置与毗邻、生长发育规律的学科，它的任务是为学习其他基础医学和临床医学课程奠定坚实的形态学基础。

**诊断学**

诊断学是重要的医学桥梁课程，是运用医学基本理论和基本知识对疾病进行诊断的一门学科。根据教学内容和应用方向主要分为检体诊断学和实验诊断学两部分。

**外科学**

外科学是每个医学生整个学习阶段的必修课程，为进一步学习掌握外科各专业常见病、多发病的病因、发病机理、临床表现、诊断、鉴别诊断和治疗原则等奠定基础。其内容包括现代外科知识、外科理论和外科手术技能等。

## 四、升学与就业

全国普通高校毕业生规模 80 000~85 000 人，2023 年全国约有 200 所院校开设临床医学专业。

### 01 考研方向

**学术型硕士**：临床医学（内科学、外科学、儿科学、老年医学、神经病学、妇产科学、肿瘤学等）
**专业型硕士**：临床医学（内科学、外科学、儿科学、急诊医学、重症医学、临床检验诊断学等）

### 02 就业展望

本科学历的临床医学专业学生，在经历过 3 年规培之后，几乎只有一个就业去向——医院。但在医院中，一二三线城市、公立民营、三甲二乙、不同科室之间都有很大的差距。

公立三甲医院
优势：医疗资源丰富，病例众多，社会认可度高
劣势：工作辛苦，竞争激烈，编制难求

公立二级医院
优势：编制相对宽松，疑难杂症较少
劣势：工资待遇较差，工作环境一般，设施设备陈旧落后

私立民营医院
优势：工作相对轻松，工作环境较好
劣势：商业压力较大，不同级别民营医院收入差距巨大

## 03 专业相关证书

| 证书名称 | 难度 | 报名条件 | 含金量 |
| --- | --- | --- | --- |
| 执业医师资格证 | 很难 | 本科学历+1年工作 | 必备 |
| 住院医师规范化培训合格证书 | 较难 | 医学类本科学历 | 必备 |

## 五、重点关注院校

临床医学专业对应的硕士一级学科为临床医学，部分重点院校列举如下：

**世界一流学科（临床医学）**
北京大学、北京协和医学院、复旦大学、上海交通大学、浙江大学、华中科技大学、山东大学、中山大学、空军军医大学、广州医科大学、天津医科大学、郑州大学

**第四轮学科评估（临床医学）**
A+：浙江大学、上海交通大学
A ：北京协和医学院、复旦大学
A-：北京大学、首都医科大学、华中科技大学、中南大学、中山大学、四川大学

**五大王牌医学院**：北协和（北京协和医学院）、南湘雅（中南大学湘雅医学院）、西华西（四川大学华西医学中心）、东齐鲁（山东大学齐鲁医学院）、中同济（华中科技大学同济医学院）

**医学十一大金刚**：上海第二医科大学（并入上海交通大学）、浙江医科大学（并入浙江大学）、西安医科大学（并入西安交通大学）、白求恩医科大学（并入吉林大学）、山东医科大学（并入山东大学）、天津医科大学、首都医科大学、中国医科大学、哈尔滨医科大学、南京医科大学、重庆医科大学

**北京协和医学院**：985，211，"双一流"，保研率约55%。隶属中国医学科学院，拥有中国最强直属附属医院北京协和医院。

**上海交通大学**：985，211，"双一流"，保研率约35%。学校拥有瑞金医院、仁济医院、新华医院等12所附属医院。

**华中科技大学**：985，211，"双一流"，保研率约28%。学校拥有协和医院、同济医院、金银潭医院等11所附属医院。

### 编者说

临床医学一直都是医学大类中的明星顶流，每年都有大量的考生涌向本学科，而临床医学各专业的分数也节节攀升。高分的背后，代表着激烈的竞争，而激烈的竞争，意味着极致的"内卷"。院校层次也好，医院等级也罢，上到协和、同济、湘雅、华西顶级三甲，下到三四五线城市乡镇卫生院，医生的职业上下限差距非常之大。为了能够拥有更理想的就业和更光明的发展前景，临床医学的同学们无一不是万里挑一的"卷王之王"。

# 口腔医学——病从口入，疾从口出

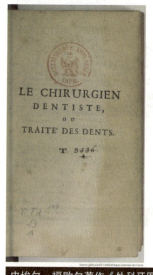

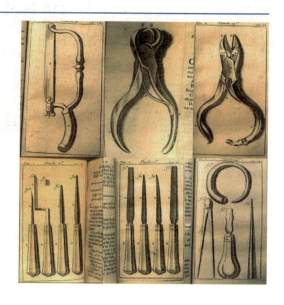

皮埃尔·福歇尔著作《外科牙医》扉页和插图

1723年，当45岁的皮埃尔·福歇尔终于写完《外科牙医》的时候，一定会回想起，30年前那个为了生计加入法国海军当学徒的贫穷小伙最初的理想。

## 一、专业起源

现代口腔医学的学科起源一般认为是皮埃尔·福歇尔的《外科牙医》。他年轻时在法国海军当医学学徒，当时恶劣航海环境导致的坏血病在船上泛滥，导致船员们牙痛难忍。在那个还没有发现维生素C的年代，福歇尔认为可以用口腔外科手术解除病人的痛苦。他用珠宝匠人一般的精巧手工，制作工具、绘制插图、编写教材，将牙科从医学中独立出来，形成了现代口腔医学的雏形。

"近代牙科之父"
皮埃尔·福歇尔

随着现代材料学、生物学、医学和科技的飞速发展，现代口腔医学已经形成了一个包含清洁、保养、预防、矫正、疾病治疗在内的，涵盖牙科、神经科、肿瘤科、外科、整形科等多学科的复杂交叉学科。

## 二、专业介绍

看牙医

你躺在牙科椅上等待补牙时，发现医生正一脸"和善"地看着你。你惊恐地看着工具台上摆放整齐的"刑具"——检查用的口镜、探测用的探针、滋滋作响的高低速手钻、看着就疼的牙挺、丑陋的牙锤、闪着诡异光芒的固化灯……你吞了口口水，仿佛即将受刑的囚犯。你煎熬着度日如年，然而这只不过是口腔医学中稀松平常的一天。

口腔医学是研究鼻子以下、脖子以上，口腔和面部软、硬组织的发生、发育，及其疾病的病因、发病机理、诊断与治疗等的实践性、综合性、交叉性很强的临床医学科学。

虽然大部分病人到口腔科都是为了看牙，但牙齿只是口腔医学研究的一部分，有相当一部分疾病和牙齿一点儿关系也没有。

### 哪些学生适合学习口腔医学专业？

口腔医学专业是一门实践性很强的应用科学专业，不仅要掌握基础医学知识、医学文献检索、资料调查等理论知识，还需要做大量的实践。不过，口腔医学相较于临床医学，在解剖、临床技能等课程中没有那么"血腥"。

温馨提醒：在口腔医学专业中，由于治疗椅及绝大部分的医疗器械多为右手使用而设计，个别院校对于左利手（左撇子）考生有一些限制要求。

## 三、本科阶段的学习

### 01　大学学习课程有哪些？

| 口腔医学专业本科课程目录（以复旦大学口腔医学 2+X 为例） | | | |
|---|---|---|---|
| 通识教育课 | | | |
| 思想道德与法治 | 中国近现代史纲要 | 马克思主义基本原理 | 形势与政策 |
| 大学英语 | 大学体育 | 计算机应用基础 | 心理健康教育 |
| 专业必修课 | | | |
| 高等数学 | 普通物理 | 普通化学 | 有机化学 |
| 现代生物科学导论 | 人体分子与细胞 | 人体解剖学 | 头颈部局部解剖学 |
| 专业核心课 | | | |
| 口腔组织病理学 | 口腔解剖生理学 | 口腔外科学 | 口腔修复学 |
| 口腔黏膜病学 | 牙体牙髓病学 | 牙周病学 | 口腔正畸学 |
| 专业选修课 | | | |
| 卫生法 | 传染病学 | 医学伦理学 | 医学心理学 |
| 口腔材料学 | 口腔设备学 | 口腔急诊学 | 口腔专业英语 |

（篇幅有限，表中仅列举部分主要课程）

### 02　核心课程介绍

**牙体牙髓病学**

牙体牙髓病学是研究牙体硬组织和牙髓组织疾病发病机制、病理变化、病理和临床表现、治疗及转归的一门学科，也就是研究"蛀牙"相关问题的学科。

**口腔外科学**

口腔外科学不光研究牙齿，这是一门以外科治疗为主，研究口腔器官（鼻子以下脖子以上）、面部软组织、颌面诸骨（上颌骨、下颌骨、颧骨等）、颞下颌关节、唾液腺以及颈部某些疾病的防治为主要内容的学科。

**口腔修复学**

口腔修复学研究的就是俗称的"补牙"，是一门应用口腔生理和生物力学的方法，采用人工装置修复口腔及颌面部各种缺损并恢复其生理功能，预防或治疗口颌系统疾病的一门口腔临床学科。

## 四、升学与就业

全国普通高校毕业生规模 10 000~12 000 人，2023 年全国约有 121 所院校开设口腔医学专业。

### 01　考研方向

**学术型硕士：** 口腔医学（口腔基础医学、口腔临床医学等）

**专业型硕士：** 口腔医学

### 02　就业展望

口腔医学毕业生的就业主要有两大去向，一是公立医疗机构，二是民营医疗机构。因为口腔医学中牙科的设施设备相较于其他科室而言较为独立，所以民营医院又可以分为口腔医院和独立牙科诊所。

公立口腔医院

民营口腔医院
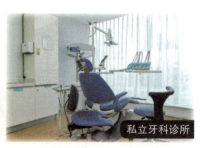
私立牙科诊所

优势：医疗资源丰富，科室分工明确，社会认可度高
劣势：工作辛苦，薪资较低，编制难求

优势：薪资待遇好，工作环境较好
劣势：商业压力较大，不同级别民营口腔医院收入差距巨大

优势：工作相对轻松，比较自由
劣势：自负盈亏，规模较小，受经济环境影响较大

## 03  专业相关证书

| 证书名称 | 难度 | 报名条件 | 含金量 |
| --- | --- | --- | --- |
| 执业医师资格证 | 很难 | 本科学历+1年工作 | 必备 |
| 住院医师规范化培训合格证书 | 较难 | 医学类本科学历 | 必备 |

## 五、重点关注院校

口腔医学专业对应的硕士一级学科为口腔医学，部分重点院校列举如下：

**世界一流学科**（口腔医学）
北京大学、上海交通大学、武汉大学、四川大学

**第四轮学科评估**（口腔医学）
A+：北京大学、四川大学、空军军医大学
B+：上海交通大学、南京医科大学、武汉大学、中山大学

**复旦大学医院管理研究所2021年度中国最佳医院专科排行榜：**

北京大学口腔医院、四川大学华西口腔医院、上海交通大学医学院附属第九人民医院、空军军医大学第三附属医院、武汉大学口腔医院、中山大学光华口腔医学院附属口腔医院、首都医科大学附属北京口腔医院、南京医科大学附属口腔医院、中国医科大学附属口腔医院、南京市口腔医院（排名分先后）。

**上海交通大学**：985，211，"双一流"，保研率约35%。学校拥有口腔科排名第三的上海交通大学医学院附属第九人民医院。

**武汉大学**：985，211，"双一流"，保研率约26%。学校拥有口腔科排名第五的武汉大学口腔医院。

**四川大学**：985，211，"双一流"，保研率约24%。学校拥有口腔科排名第二的四川大学华西口腔医院。

### 编者说

口腔医学是医学大类中的新晋热门专业，也是医学大类中编者最推荐的专业之一。从传统的拔牙补牙、口腔正畸，到专业的颌面部整形、口腔疾病治疗，口腔医学的应用领域十分广泛。与临床医学相比，口腔医学的学习内容专一，研究领域精深，就业方面更加对口。虽然公立医院的口腔科编制相对较少，收入待遇也略有不足，但是不断开拓的新兴市场和蓬勃发展的众多民营口腔医院也为口腔医学专业的毕业生提供了广阔的舞台，让毕业生们能够一展所长。

# 预防医学——万众一心，众志成城

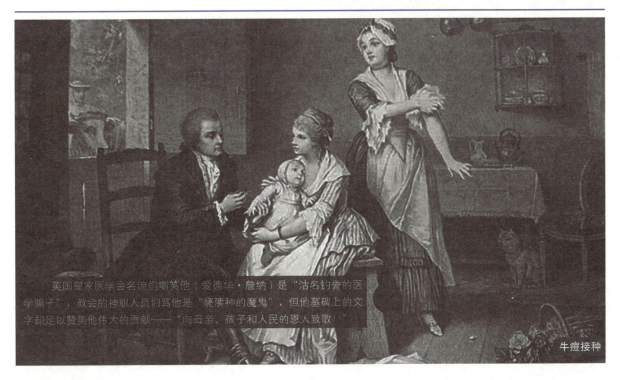

英国皇家医学会名流们嘲笑他（爱德华·詹纳）是"沽名钓誉的医学骗子"，教会的神职人员们骂他是"亵渎神的魔鬼"，但他墓碑上的文字却足以赞美他伟大的贡献——"向母亲、孩子和人民的恩人致敬！"

牛痘接种

## 一、专业起源

现代预防医学最早可以追溯到爱德华·詹纳的牛痘接种法，他在《种牛痘的原因与效果的探讨》中写道："牛痘和天花的脓疱相似，所不同的是牛痘比天花的症状要轻得多，牛痘不会引起牛的死亡，患牛痘的人也不会死亡。"从那以后，重大疾病的预防逐渐走上正轨。

1848年英国颁布了《公众健康法案》，它把医学、流行病学、生物统计学、管理学相结合，形成了现代公共卫生和预防医学的雏形。20世纪以后，随着生理学、药物化学、免疫学的逐步完善，预防医学、劳动卫生学、营养与食品卫生学相继加入公共卫生范畴。21世纪后，现代制药和各种医学检测手段，让预防医学得以覆盖更多受众。

"免疫学之父"爱德华·詹纳

我国的现代公共卫生事业发源自1950年的"秋季种痘运动"，70多年来，先后消灭了天花、血吸虫病、丝虫病、脊髓灰质炎、疟疾等公共卫生问题。

## 二、专业介绍

消毒

自从2019年底新冠病毒流行以来，各种预防手段更新迭代层出不穷。从2020年初第一版的老年人儿童重点防控、公众场合不聚集、戴口罩勤洗手，到2023年第十版毒株变异检测、乙醚/75%乙醇/含氯消毒剂/过氧乙酸和氯仿灭活、抗原检测和城市污水监控，这些不断细化优化的防控手段，既体现出了全社会对于新冠病毒防护的重视，也体现出现代预防医学对流行病学防治作出的重大贡献。

预防医学，是一门以人群为研究对象，以流行病学思维、毒理学实验、卫生统计学方法为研究手段，以疾病的人群、时间、空间"三间分布"和疾病影响因素为研究内容，以疾病预防与健康促进为愿景目标的医学类专业。

### 哪些学生适合学习预防医学专业？

预防医学专业是一门社会性很强的医学专业。首先需要掌握所有医学专业都通用的基础医学和临床医学理论知识与技能，其次需要有较强的数据处理与分析能力，然后还需要较强的动手能力以应对多种多样的实验。尤其是流行病学调查、卫生统计学应用、环境职业卫生学等学科，需要做大量的数据计算和生化实验。所以学习本专业的同学不但要有扎根科研和临床调研一线的毅力，还要对自己的理科学习水平尤其是数学、化学、生物水平有一个准确的评估。

## 三、本科阶段的学习

### 01 大学学习课程有哪些？

| 预防医学专业本科课程目录（以复旦大学预防医学 2+X 为例） | | | |
|---|---|---|---|
| 通识教育课 | | | |
| 思想道德与法治 | 中国近现代史纲要 | 马克思主义基本原理 | 形势与政策 |
| 大学英语 | 大学体育 | 计算机应用基础 | 心理健康教育 |
| 专业必修课 | | | |
| 高等数学 | 普通物理 | 普通化学 | 有机化学 |
| 现代生物科学导论 | 医学细胞与遗传学 | 生物化学 | 公共卫生导论 |
| 专业核心课 | | | |
| 免疫学 | 传染病学 | 流行病学 | 职业卫生与职业医学 |
| 环境卫生学 | 卫生统计学 | 内科学 | 医学微生物学 |
| 专业选修课 | | | |
| 食品免疫学 | 卫生微生物 | 卫生管理预测与决策分析 | 卫生经济学概论 |
| 医学人口统计学 | 公共卫生监督学 | 放射卫生学与放射防护 | 健康心理学 |

（篇幅有限，表中仅列举部分主要课程）

### 02 核心课程介绍

**传染病学**

人们总是畏惧乙肝、艾滋病，因为它们是非常可怕的传染病。了解和防治传染病，就是本学科的工作重点。

传染病学是一门研究各种传染病的临床表现、诊断依据、鉴别诊断、治疗方法和预防措施的学科。

**流行病学**

每到换季，全国各地都会有流感发生，这种我们司空见惯的疾病，正是流行病学的研究对象。

流行病学是研究人群中疾病与健康状况的分布及其影响因素，以及防治疾病及促进健康的策略和措施的科学。

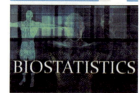

**卫生统计学**

如何精准地定位疾病人群，如何科学地预防疾病，如何准确地施放药物，这些都需要卫生统计学的帮助。

卫生统计学是基于概率论和数理统计的基本原理和方法，研究医疗卫生领域中数据的收集、整理、分析和结果解释的一门学科。

## 四、升学与就业

全国普通高校毕业生规模 8 000~9 000 人，2023 年全国约有 129 所院校开设预防医学专业。

### 01 考研方向

**学术型硕士**：公共卫生与预防医学（流行病与卫生统计学、劳动卫生与环境卫生学、营养与食品卫生学、卫生毒理学等）、社会医学与卫生事业管理

**专业型硕士**：公共卫生

## 02 就业展望

预防医学在医学大类中不算热门，很多同学都是被调剂进本专业的。本科阶段的公卫预防专业并没有太多的深度，同时公共卫生医师并没有临床处方权，因此在就业方面处于劣势，比较对口的就业岗位是公务员和事业单位相关岗位，比如街道公共卫生管理岗位、传染病防治和疫情防控流调等卫健委岗位、食药卫生执法监督等食药监局和市场监督管理局岗位、海关的检验检疫岗位等。

传染病研究和防治

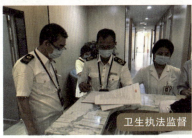
卫生执法监督

检验检疫

## 03 专业相关证书

| 证书名称 | 难度 | 报名条件 | 含金量 |
|---|---|---|---|
| 公共卫生执业医师资格证 | 很难 | 本科学历 +1 年工作 | 很高（必备） |

## 五、重点关注院校

预防医学专业对应的硕士一级学科为公共卫生与预防医学，部分重点院校列举如下：

**世界一流学科**（公共卫生与预防医学）
北京大学、北京协和医学院、复旦大学、
南京医科大学、华中科技大学

**第四轮学科评估**（公共卫生与预防医学）
A+：南京医科大学、华中科技大学
A-：北京大学、哈尔滨医科大学、复旦大学

**北京大学**：985，211，"双一流"，保研率约 58%。学校拥有公众健康与重大疫情防控战略研究中心、中国卫生发展研究中心等国家重点科研机构。

**华中科技大学**：985，211，"双一流"，保研率约 28%。学校拥有国家重大公共卫生事件医学中心、国家卫生健康委员会呼吸系统疾病重点实验室等国家重点科研机构。

**南京医科大学**：公共卫生与预防医学全国第一（世界一流学科），保研率约 14%。学校拥有生殖医学与子代健康全国重点实验室、环境与人类健康国际联合研究中心、现代毒理学重点实验室等国家重点科研机构。

### 编者说

公共卫生（简称"公卫"）大类的性价比可以说在所有需要考执业医师资格证的医学专业中是相对较低的一类，毕竟，没有临床处方权和临床资质的公卫医师们，并不能向临床医学毕业生那样在常规医院中就业。不过对于国家和社会来说，公共卫生是十分重要的学科，因为大到流行病、传染病预防控制，小到基层检疫流调，公共卫生的足迹遍布卫生系统的各个角落。所以公卫大类的毕业生，在疾控中心、科研单位、防疫站点、食安药监机关、街道社区等单位，一样可以为国家的卫生事业发光发热。

# 中医学——大慈恻隐，普救含灵

论道

古松树下，黄帝与岐伯坐而论道。他们从日月天地，说到阴阳五行，从四时五气，说到五脏七情。论出了"阴阳者，天地之道"，论出了"圣人不治已病"，也论出了中医学的上下五千年……

## 一、专业起源

中医学的历史可以追溯至先秦时期，《黄帝内经》的成书，标志着中医学从单纯的临床经验积累发展到了系统理论总结阶段，形成了最基本的中医药理论体系框架。

两汉时期，张仲景的《伤寒论》和《金匮要略》，确立了中医辨证论治的理论和方法体系。同时期的《神农本草经》，概括论述了药物配伍和药性理论，为中药学理论体系的形成与发展奠定了基础。

中医鼻祖黄帝

到了隋代，巢元方的《诸病源候论》论述了中医的病因证候学。唐代的孙思邈提出的"大医精诚"，体现了中医对医道精微、心怀至诚、言行诚谨的医德追求。

汉代医学家张仲景

明代李时珍的《本草纲目》，在世界上首次对药用植物进行了科学分类。清代，叶天士的《温热论》，提出了中医防治温疫的理论和实践体系。清代中期以来，特别是民国时期，随着西方医学的传入，中西医学开始汇通、融合，最终形成了现代中医学。

## 二、专业介绍

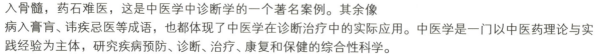
扁鹊见蔡桓公

扁鹊见蔡桓公，立有间。扁鹊曰："君有疾在腠理，不治将恐深。"桓侯曰："寡人无疾。"扁鹊出，桓侯曰："医之好治不病以为功。"居十日，扁鹊复见，曰："君之病在肌肤，不治将益深。"桓侯不应。扁鹊出，桓侯又不悦。居十日，扁鹊复见，曰："君之病在肠胃，不治将益深。"桓侯又不应。扁鹊出，桓侯又不悦。居十日，扁鹊望桓侯而还走。

为何扁鹊会望而还走？因为他通过望诊的方法，发现蔡桓公病入骨髓，药石难医，这是中医学中诊断学的一个著名案例。其余像病入膏肓、讳疾忌医等成语，也都体现了中医学在诊断治疗中的实际应用。中医学是一门以中医药理论与实践经验为主体，研究疾病预防、诊断、治疗、康复和保健的综合性科学。

#### 哪些学生适合学习中医学专业？

中医学专业是一个文理科复合的医学专业，除了要掌握与临床医学相同的基础医学知识、医学文献检索和临床实践能力，还需要学习中医学特有的医古文、黄帝内经、方剂学等偏重文科方向的学科知识。所以中医学学生既要有理科思维、物化生基础，又要有文科功底，尤其是古文阅读能力，再加上所有医学学科都需要的心理素质和学习毅力。可以说这个专业非常考验同学的综合素质。

## 三、本科阶段的学习

### 01　大学学习课程有哪些？

| 中医学专业本科课程目录（以上海中医药大学中医学 5+3 为例） | | | |
|---|---|---|---|
| 通识教育课 | | | |
| 思想道德与法治 | 中国近现代史纲要 | 马克思主义基本原理 | 形势与政策 |
| 大学英语 | 高等数学 | 有机化学 | 医学伦理学 |
| 专业必修课 | | | |
| 中医基础理论 | 免疫学 | 微生物学 | 细胞生物学 |
| 正常人体解剖学 | 生理学 | 病理学 | 中医经典课类 |
| 专业核心课 | | | |
| 中医诊断学 | 西医内科学 | 方剂学 | 针灸学 |
| 中医内科学 | 中医外科学 | 中医妇科学 | 中医儿科学 |
| 专业选修课 | | | |
| 推拿学 | 中医急诊学 | 中医耳鼻喉科学 | 中医眼科学 |
| 心身医学概论 | 医用电子学 | 卫生法学 | 医学心理学 |

（篇幅有限，表中仅列举部分主要课程）

### 02　核心课程介绍

**中医内科学**

对于中医而言，无论疾病如何变化，都包含在内科这个大范畴内。当你在医院挂号时，不管是感冒咳嗽还是胸闷腹胀，挂内科绝对没问题。

中医内科学是以中医理论阐述内科疾病的病因病理、证候特征、辨证论治的临床学科。

**中医诊断学**

不借助仪器设备的诊断报告，凭自己的眼耳手鼻，通过望闻问切来判断人的疾病，是中医诊断学的金科玉律。

中医诊断学是根据中医学的基本理论，研究诊察病情、判断疾病、辨别证候的学科。

**方剂学**

无药不成医。某种疾病该吃哪些药？如何配伍？有何疗效？这些问题都是方剂学学习中的基础。

方剂学是研究方药治法、组方原理、方剂配伍规律及其临床运用的学科。

## 四、升学与就业

全国普通高校毕业生规模 18 000~20 000 人，2023 年全国约有 66 所院校开设中医学专业。

### 01　考研方向

**学术型硕士：** 中医学（中医基础理论、中医临床基础、中医医史文献、方剂学、中医诊断学、中医内科学、中医外科学等）

**专业型硕士：** 中医（中医内科学、中医外科学、中医骨伤科学、中医妇科学、中医儿科学、中医五官科学、针灸推拿学等）

## 02　就业展望

与临床医学类似，除了少部分在科研院所从事理论文献研究工作的学生，大部分中医学毕业生的主要就业方向是医院。根据医院类型，可以分为公立专门医院、民营医疗机构、个体诊所三大类。其中，大型三甲医院的中医科和名老中医传承工作室是行业内的顶点，各级中医院是主要就业单位，而民营机构的就业质量就良莠不齐了。

公立医院
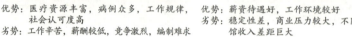
民营医院

个体诊所

优势：医疗资源丰富，病例众多，工作规律，社会认可度高
劣势：工作辛苦，薪酬较低，竞争激烈，编制难求

优势：薪资待遇好，工作环境较好
劣势：稳定性差，商业压力较大，不同民营中医馆收入差距巨大

优势：工作相对轻松，时间比较自由
劣势：全科医生杂病多，自负盈亏，规模较小，受经济环境影响较大

## 03　专业相关证书

| 证书名称 | 难度 | 报名条件 | 含金量 |
| --- | --- | --- | --- |
| 执业医师资格证 | 很难 | 本科学历+1年工作 | 必备 |
| 住院医师规范化培训合格证书 | 较难 | 医学类本科学历 | 必备 |

## 五、重点关注院校

中医学专业对应的硕士一级学科为中医学，部分重点院校列举如下：

**世界一流学科（中医学）**
北京中医药大学、上海中医药大学、广州中医药大学

**第四轮学科评估（中医学）**
A+：北京中医药大学、上海中医药大学
A-：南京中医药大学
B+：天津中医药大学、黑龙江中医药大学、广州中医药大学、成都中医药大学

**中管院行业发展研究所2021中国中医院综合实力排行榜：**

江苏省中医院、广东省中医院、广安门医院、上海中医药大学附属曙光医院、北京中医医院、天津中医药大学第一附属医院、东直门医院、河南中医药大学第一附属医院、西苑医院、广西中医药大学第一附属医院（排名分先后）。

**北京中医药大学**：中医药大学唯一211，世界一流学科，保研率约15%。代表医院：东直门医院、东方医院、第三附属医院、房山医院。

**上海中医药大学**：世界一流学科，保研率约14%。代表医院：附属龙华医院、附属曙光医院、上海市中医医院。

**广州中医药大学**：世界一流学科，保研率约9%。代表医院：第一附属医院、广东省中医院、第三附属医院（骨伤）。

### 编者说

中医学是医学大类的重要组成部分，虽然总体来说热度和分数都不急临床与口腔，但在近些年越来越受到广大考生的青睐。中医学是我国的传统医学，既承载了深厚的历史积淀和文化底蕴，也在新时代的医药卫生领域中也发挥了举足轻重的作用，遍布全国各地的中医院和诊所更是医疗网络的重要基石。在国家的发展规划中，中医药产业的投入巨大，越来越多的综合性医院开设中医科，越来越多的中医专科机构正在兴建，中医学的未来一定会更加光明。

# 中西医临床医学——学贯中西，博古通今

随着1955年中国中医研究院（现中国中医科学院）第一届"西学中"研究班的结业，一代又一代的医学人走上了东西方医学优势融合互补，建立具有中国特色的新医药学的征程……

## 一、专业起源

自清末西学东渐开始，中医学界就逐渐开始接纳和融合西方临床医学。新中国成立后，面对日益严峻的医疗卫生现状，毛泽东在第一届全国卫生工作会议上提出了"团结新老中西医药工作人员"的观点，我国中西医结合临床的发展进入新阶段。

进入21世纪后，随着现代医药技术的进步，现代中西医临床医学继承发扬中医药优势特色，充分利用现代科学技术，促进东西方医学优势互补、相互融合，逐渐走出了一条新的道路。

## 二、专业介绍

1965年6月26日，毛泽东针对农村医疗卫生现状，指示卫生部"把医疗卫生工作的重点放到农村去"，于是中西医护专业短期培训的学员纷纷走向农村。1968年夏天，上海《文汇报》刊登的《从"赤脚医生"的成长看医学教育革命的方向》一文，介绍了王桂珍、黄钰祥的事迹，"赤脚医生"的名号就此诞生。

这些学习中西医基础理论，运用简单中医药物进行治疗的基层医生，正是中西医临床医学在发展早期最真实的写照。

中西医临床医学专业是一门在传授传统中医学理论的同时，加强对西方现代医学新成就、新技术的传授的新型医学学科，旨在培养掌握坚实宽厚的中医学与西医学知识和临床诊疗技能，能够从事临床医疗的中西医临床医学复合型人才。

### 哪些学生适合学习中西医临床医学专业？

中西医临床医学专业是一门学习强度非常大的专业，它同时具备中医学的理论强度和临床医学的实践强度，相当于在大学5年学习中医学和临床医学8年的内容（前两年的通识课和基础课比较相似）。中医学需要有理科思维、物化生基础，又有文科功底，尤其是古文阅读能力的学生；临床医学需要物化生基础扎实、心理素质过硬、动手能力优秀、意志坚定、能吃苦耐劳的学生；而中西医临床医学需要的学生，就是这两者的结合。

## 三、本科阶段的学习

### 01　大学学习课程有哪些？

| 中西医临床医学专业本科课程目录（以上海中医药大学中西医临床医学五年制为例） | | | |
|---|---|---|---|
| 通识教育课 | | | |
| 思想道德与法治 | 中国近现代史纲要 | 马克思主义基本原理 | 形势与政策 |
| 大学英语 | 计算机应用基础 | 文书写作与普通话艺术 | 医学伦理学 |
| 专业必修课 | | | |
| 中医基础理论 | 中医诊断学 | 中药学 | 方剂学 |
| 正常人体解剖学 | 生理学 | 病理学 | 药理学 |
| 专业核心课 | | | |
| 中西医结合导论 | 中医内科学 | 中医外科学 | 西医内科学 |
| 西医外科学 | 中西医结合妇产科学 | 中西医结合儿科学 | 中西医结合临床 |
| 专业选修课 | | | |
| 普通心理学 | 中国医学史 | 医古文 | 医学统计学 |
| 推拿学 | 康复医学 | 医学心理学 | 医学遗传学 |

（篇幅有限，表中仅列举部分主要课程）

### 02　核心课程介绍

**中西医结合导论**

中西医结合导论是中西医临床医学特有的一门引导课程，承担着衔接中西医基础必修课和中西医专业课程学习的任务，包括中西医比对、中西医结合发展简史、中西医结合研究进展等内容。

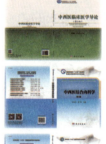

**中西医结合内科学**

中西医结合内科学是中医西医结合课程，包括中医内科学和西医内科学，如呼吸、循环、消化、泌尿、血液系统疾病，以及内分泌及代谢疾病、风湿性疾病、肿瘤疾病与传染病等内容。

**中西医结合外科学**

中西医结合外科学是中医西医结合课程，包括中医外科学和西医外科学，如外科证治概论、无菌术、麻醉、感染、创伤、烧伤、冷伤等外科知识和常见病、多发病等内容。

## 四、升学与就业

全国普通高校毕业生规模 8 000~9 000 人，2023 年全国约有 51 所院校开设中西医临床医学专业。

### 01　考研方向

**学术型硕士**：中西医结合（中西医结合基础、中西医结合临床）

**专业型硕士**：中医（中西医结合临床）

### 02　就业展望

与中医学类似，除了少部分在科研院所从事疾病理论的学生，大部分中西医临床医学毕业生的主要就业方向是医院。比较特殊的是，本专业的对口医院比较少，除了每个设区市都有的一所中西医结合医院，就只有综合三甲医院或中医院的中西医结合科室，总体就业面很窄。相对的，在民营医院方面，中西医结合的岗位也比较少。

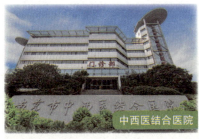
中西医结合医院
优势：专业对口，科室分工明确，病例众多，科研项目多
劣势：医院较少，薪酬较低，竞争激烈，编制难求

综合三甲医院
优势：综合实力更强，病例众多，薪资待遇好，社会认可度高
劣势：科室稀少，竞争激烈，编制难求

民营医院
优势：薪资待遇好，工作环境较好
劣势：医院很少，商业压力较大，不同民营医院收入差距巨大

## 03 专业相关证书

| 证书名称 | 难度 | 报名条件 | 含金量 |
|---|---|---|---|
| 执业医师资格证 | 很难 | 本科学历+1年工作 | 必备 |
| 住院医师规范化培训合格证书 | 较难 | 医学类本科学历 | 必备 |

## 五、重点关注院校

中西医临床医学专业对应的硕士一级学科为中西医结合，部分重点院校列举如下：

**世界一流学科（中西医结合）**

北京中医药大学、复旦大学

**第四轮学科评估（中西医结合）**
A+：北京中医药大学、上海中医药大学
A-：复旦大学、南京中医药大学、广州中医药大学
B+：天津中医药大学、大连医科大学、辽宁中医药大学、四川大学、南方医科大学

**北京中医药大学**：中医药大学唯一211，世界一流学科，保研率约15%。代表医院：东直门医院、东方医院、第三附属医院、房山医院。

**上海中医药大学**：世界一流学科，保研率约14%。代表医院：附属龙华医院、附属曙光医院、上海市中医医院。

**复旦大学**：985，211，"双一流"，保研率约38%。代表医院：附属中山医院、附属华山医院、附属肿瘤医院。

### 编者说

有一句俗话说得好，叫"中西结合疗效好"，中西医临床医学专业正是"中西结合"的最佳例证。在本科阶段，学生们既要融会贯通中医药相关知识，也要学习掌握临床医学相关能力，可以说要学贯中西，能文能武。需要注意的是，中西医临床医学毕业生在参加执业医师资格考试的时候，是归属于中医类的类别中的，所以从就业情况上来说，中西医临床医学毕业生与中医学毕业生比较相似，都可以在各级中医医疗机构中工作。同时，各地市的中西医结合医院，也是专为本专业打造的最对口的就业单位。

# 药学——医人之药，卫人之兵

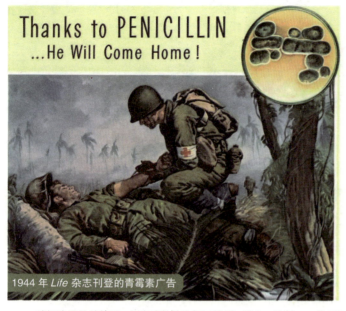

1944年 Life 杂志刊登的青霉素广告

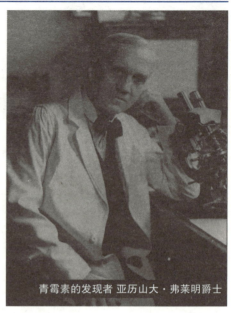

青霉素的发现者 亚历山大·弗莱明爵士

硝烟弥漫的战壕里，医疗兵熟练地打开粉剂，兑水，注射……饱受细菌感染之苦的伤员舒展了眉头——在救治战友的时候，他一定会感谢那个在实验室里与黄金葡萄球菌斗智斗勇的生物学家……

## 一、专业起源

现代药学的起源可以追溯到19世纪，药理学家奥斯瓦尔德·施米德贝格在担任斯特拉斯堡大学的药理学教授期间，发表了200多篇文章，并在1883年出版的《药理学概述》中首次定义了药学。

从19世纪至今，药学发展主要经历了三个阶段：化学时代、生物时代和人本时代。

**化学时代**：19~20世纪，通过自然提取和化学合成化合物的方式制药，先有药，后治病。

**生物时代**：20世纪中后期，先寻找致病"靶点"，再根据"靶点"通过生物技术合成靶向药物。

**人本时代**：21世纪，针对病人的某种基因缺陷，设计和合成特效药物。

奥斯瓦尔德·施米德贝格

药学之父

## 二、专业介绍

在电影《我不是药神》中，徐峥所饰演的程勇是个困顿的保健品商贩，他因为各种原因，铤而走险，代理了印度仿制药"格列宁"，成为很多白血病患者的"药神"。片中的"格列宁"就是现实中治疗慢性髓性白血病的特效药"伊马替尼"（商品名"格列卫"），它是通过生物合成技术生产的靶向药物，也是药学研究的一大应用方向。

药学是人类认识自然、改造自然，进而呵护人类生命健康的一门学问，包括药物的发现和发明、生产加工、流通和临床使用，等等。药学专业的目标是培养在医药领域从事鉴定、药物设计、药物制剂及临床用药等方面工作的高级科学技术人才。

### 哪些学生适合学习药学专业？

药学专业是一门跨学科的专业，是一门交叉学科和桥梁学科，连接医学、化学、物理和生物等，人工智能和大数据等现代科学知识在药学中也有广泛应用。所以学习药学专业需要有比较好的生物、化学基础，同时英语也不能差。药学细分领域多，内容复杂深奥，学业压力、竞争压力都很大，考研也是热门方向。报考药学专业前，不妨先去看看图书馆或书店里的《中华人民共和国药典》，它基本就代表了药学的学习难度。

## 三、本科阶段的学习

### 01　大学学习课程有哪些？

| 药学专业本科课程目录（以复旦大学药学专业 2+X 为例） | | | |
|---|---|---|---|
| 通识教育课 | | | |
| 思想道德与法治 | 中国近现代史纲要 | 马克思主义基本原理 | 形势与政策 |
| 大学英语 | 大学体育 | 计算机应用基础 | 心理健康教育 |
| 专业必修课 | | | |
| 高等数学 | 普通物理 | 普通化学 | 有机化学 |
| 细胞生物学 | 分子生物学 | 生物化学 | 化学分析 |
| 专业核心课 | | | |
| 药理学 | 药剂学 | 药物化学 | 物理化学 |
| 医学基础 | 药物分析 | 生药学 | 药事管理学 |
| 专业选修课 | | | |
| 药学专业英语 | 药用微生物学 | 临床药学概论 | 物理药学 |
| 药用植物学 | 药用高分子材料学 | 药物合成设计 | 药物经济学 |

（篇幅有限，表中仅列举部分主要课程）

### 02　核心课程介绍

**药理学**

药理学是研究药品与有机体（含病原体）相互作用及作用规律的学科，是医学及药学相关专业学生的核心必修课程，同时也是医药执业资格考试的必考课程。

**药剂学**

药剂学是研究药物制剂的基本理论、处方设计、制备工艺、质量控制及合理用药的综合性应用技术科学。目标是让学生掌握制备安全、有效、稳定、使用方便的药物制剂的能力。

**药物化学**

药物化学是关于药物的发现、发展和确证，并在分子水平上研究药物作用方式的一门学科。药物化学学科建立在化学和生物学基础上，涉及医学和药学等多个学科的内容，是药学领域中重要的带头学科。

## 四、升学与就业

全国普通高校毕业生规模 26 000~28 000 人，2023 年全国约有 255 所院校开设药学专业。

### 01　考研方向

**学术型硕士**：药学（药物化学、药剂学、生药学、药物分析学、微生物与生化药、药理学等）

**专业型硕士**：药学

### 02　就业展望

**执业药师**

药学专业最基础的岗位，就职于各大药店药房

**临床药师**

临床药学就业岗位，就职于医院的药房，也要审核临床用药

**药品生产研发**

在各大药企研究、分析、开发新药或仿制药，或担任质检专员

**药物临床试验**

在药企或科研机构担任临床监察员（CRA）和临床协调员（CRC）

**药品销售**

最普遍的就业岗位，帮助药企推广销售药品

药学专业的毕业生就业面相当广泛,但在医药行业想找到对口的岗位也有一定的难度。医药行业,尤其是药企相关工作的收入差距非常大,十分考验学历和能力。

## 03 专业相关证书

| 证书名称 | 难度 | 报名条件 | 含金量 |
|---|---|---|---|
| 执业药师资格证 | 较难 | 本科学历+1年工作 | 较高 |
| 临床药师证 | 较难 | 医院推荐 | 很高(仅临床药学) |
| GCP证书 | 见下图 | 见下图 | 见下图 |

注:GCP(药品临床试验质量管理规范证书)是从事药物临床试验行业的转入门槛,适用于从事临床试验工作的相关人员。

**NMPA 颁发的国家级 GCP 证书**
颁发机构:国家药品监督管理局高级研修学院
培训费用:1 000 元/人
难度系数:简单,有全套培训课程和资料

**NIDA 颁发的 ICH-GCP 证书**
颁发机构:美国国家药物滥用研究所
培训费用:免费
难度系数:一般,适合刚入行的新人

**NIH 颁发的 ICH-GCP 证书**
颁发机构:美国国立卫生研究院
培训费用:免费
难度系数:较难,但是含金量最高

## 五、重点关注院校

药学专业对应的硕士一级学科为药学,部分重点院校列举如下:

**世界一流学科(药学)**
北京大学、北京协和医学院、浙江大学、复旦大学、上海交通大学、中山大学

**第四轮学科评估(药学)**
A+:北京协和医学院、中国药科大学
A :北京大学、沈阳药科大学、浙江大学
A−:复旦大学、上海交通大学、山东大学、中山大学、四川大学、海军军医大学

**北京协和医学院**:世界一流学科,保研率约55%。重点科研机构:中国医学科学院药物研究所。

**中国药科大学**:"南北双药"之一,211,"双一流",保研率约19%。重点科研机构:天然药物活性组分与药效国家重点实验室。

**沈阳药科大学**:"南北双药"之一,保研率约8%。重点科研机构:基于靶点的药物设计与研究教育部重点实验室。

### 编者说

医药行业是我国大力发展的新兴产业,各大药企和科研机构每天都在研究、设计和生产新药、仿制药、原料药、药物中间体。药学作为医药行业的核心专业之一,同生物制药、生物工程等专业一样,都是药物分析、检验、研发的重要支撑。除了药企的研发岗以外,负责质量监管的质量保证工程师(QA)和品管员(QC)、负责临床试验协调的CRA和CRC,以及广大药店药房的相关岗位,药学专业毕业生都可选择。药学专业的必考证书是执业药师资格证,它在提升就业质量和拓展职业前景方面很有帮助。

# 中药学——君臣佐使，治病救人

采药

传说，中药起源于神农尝百草。他见人们多生疾病，便四处寻找能够治疗疾病的草药，一路从都广之野走到烈山，最后尝断肠草而去世。《淮南子》记载"神农尝百草之滋味，水泉之甘苦"。

## 一、专业起源

传说，中药学的起源可追溯到神农尝百草。从考古发现来看，事实上早在夏商之前，中国就已经有了中医药的雏形。

中药学发展主要经历了三个大阶段：师法自然的先秦时代、研究药理的本草时代、中西合璧的科技时代。

先秦时代：从自然中取材，集大成者是中国第一部药典《神农本草经》。

本草时代：历朝历代都根据时代特色对《神农本草经》进行修订和增补，明朝李时珍的《本草纲目》被誉为"中国古代的百科全书"。

科技时代：20世纪中后期，现代化学和生物技术的进步推动了中药的发展，越来越多的中药材和中成药开始走向标准化和现代化。

《本草纲目》作者李时珍

神农氏画像

## 二、专业介绍

自从2015年屠呦呦女士凭借"青蒿素"获得诺贝尔生理学或医学奖后，大家对青蒿这种植物便有了认识。这种从晋朝葛洪的《肘后备急方》开始就用于治疗疟疾的药材，经历千年，终于在我国中药学者的手中，凭借现代生物化学技术，重新焕发出济世的光彩。

中药学是研究中药的基本理论和临床应用的专业，旨在培养具备中医药思维、知识和技能，能从事中药鉴定、炮制、临床合理用药、药品经营管理及中药研究与开发等方面工作的高素质应用型、复合型高级专门人才。

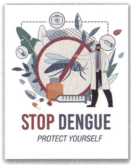

### 哪些学生适合学习中药学专业？

中药学专业和药学专业类似，也是一门跨学科的交叉学科和桥梁学科，连接医学、化学、物理和生物等。中药学细分领域多，内容复杂深奥，学业压力、竞争压力都很大，考研是热门方向。学习中药学除了需要有比较好的生物、化学基础，同时英语也不能差。另外，医古文和方剂学都对语文功底的要求比较高。也就是说，文科、理科都很扎实的学生才能比较好地适应中药学学习。

## 三、本科阶段的学习

### 01　大学学习课程有哪些？

| 中药学专业本科课程目录（以上海中医药大学中药学专业为例） | | | |
|---|---|---|---|
| 通识教育课 | | | |
| 思想道德与法治 | 中国近现代史纲要 | 马克思主义基本原理 | 形势与政策 |
| 大学英语 | 计算机应用基础 | 文书写作与普通话艺术 | 医学伦理学 |
| 专业必修课 | | | |
| 高等数学 | 大学物理 | 无机化学 | 有机化学 |
| 中医基础理论 | 中医诊断学 | 药用植物学 | 分析化学 |
| 专业核心课 | | | |
| 中药学 | 中药药理学 | 中药化学 | 中药鉴定学 |
| 中药药剂学 | 中药炮制学 | 中药分析学 | 药事管理学 |
| 专业选修课 | | | |
| 普通心理学 | 中国医学史 | 医古文 | 医学统计学 |
| 推拿学 | 康复医学 | 医学心理学 | 医学遗传学 |

（篇幅有限，表中仅列举部分主要课程）

### 02　核心课程介绍

**中药药理学**

中药药理学是在中医药理论指导下，研究中药与机体相互作用及作用规律的学科，主要学习常用中药与功效主治相关的药理作用、作用机制和物质基础、现代应用和主要不良反应，是中药学专业的核心课程。

**中药药剂学**

中药药剂学是以中医理论为指导，研究中药药剂的配制理论、生产技术、质量控制、合理应用的一门综合性应用技术学科，主要学习中药制剂的发展历史、理论知识和制备工艺等。

**中药鉴定学**

中药鉴定学是鉴定和研究中药品种和质量，制定中药标准，寻找和扩大新资源的应用学科，主要研究中药的来源、性状、显微特征、理化鉴别、质量标准等。

## 四、升学与就业

全国普通高校毕业生规模 10 000~12 000 人，2023 年全国约有 123 所院校开设中药学专业。

### 01　考研方向

**学术型硕士**：中药学（中药化学、中药药理学、中药药剂学、中药炮制学、中药鉴定学等）

**专业型硕士**：中药

### 02　就业展望

与药学类似，中药学专业的就业面比较宽，但在医药行业想找到对口的岗位有一定的难度。药企相关岗位的收入差距非常大，十分考验学历和能力。

**执业中药师**

中药学专业最基础的岗位，就职于各大药店药房

**临床中药师**

就职于医院的中药房，包括配伍、煎药等工作

**药品生产研发**

在各大药企研究、分析、开发新药或仿制药，或担任质检专员

**药物临床试验**

在药企或科研机构担任CRA和CRC

**药品销售**

最普遍的就业岗位，帮助药企推广销售药品

## 03 专业相关证书

| 证书名称 | 难度 | 报名条件 | 含金量 |
|---|---|---|---|
| 执业药师资格证 | 较难 | 本科学历 +1 年工作 | 较高 |
| 卫生专业技能资格证书（中级职称） | 很难 | 本科 +4 年工作 | 很高 |
| GCP 证书 | 见下图 | 见下图 | 见下图 |

注：GCP（药品临床试验质量管理规范证书）是从事药物临床试验行业的转入门槛，适用于从事临床试验工作的相关人员。

**NMPA 颁发的国家级 GCP 证书**
颁发机构：国家药品监督管理局高级研修学院
培训费用：1 000 元 / 人
难度系数：简单，有全套培训课程和资料

**NIDA 颁发的 ICH-GCP 证书**
颁发机构：美国国家药物滥用研究所
培训费用：免费
难度系数：一般，适合刚入行的新人

**NIH 颁发的 ICH-GCP 证书**
颁发机构：美国国立卫生研究院
培训费用：免费
难度系数：较难，但是含金量最高

## 五、重点关注院校

中药学专业对应的硕士一级学科为中药学，部分重点院校列举如下：

**世界一流学科**（中药学）
上海中医药大学、天津中医药大学、南京中医药大学、北京中医药大学、中国药科大学、成都中医药大学

**第四轮学科评估**（中药学）
A+：黑龙江中医药大学、上海中医药大学
A−：天津中医药大学、南京中医药大学
B+：北京中医药大学、中国药科大学、江西中医药大学、成都中医药大学

**黑龙江中医药大学**：第四轮学科评估中药学全国第一，保研率 3.13%。重点科研机构：北药基础与应用研究重点实验室、中药化学重点实验室。

**南京中医药大学**：世界一流学科，保研率 17.93%。重点科研机构：中药制药过程控制与智能制造技术全国重点实验室、中药资源产业化与方剂创新药物国家地方联合工程研究中心。

**中国药科大学**："南北双药"之一，211，世界一流学科，保研率 18.91%。重点科研机构：多靶标天然药物全国重点实验室。

### 编者说

在国家的发展规划中，中医药产业是卫生领域发展的关键一环。作为中医药产业的重要组成部分，中药学在整个产业中的应用十分广泛，除了研究成品中成药，在中草药种植、中药材加工炮制、原料药分析等方面也都有中药学的身影。与药学类似，药企的研发岗、质量监管岗，临床协调岗都是相当对口的岗位，而中草药种植基地、药材加工厂等中医药独有的上游产业也是中药学的重点就业方向。中药学的必考证书也是执业药师资格证，医院、诊所、药房等的相关岗位都需要这本证书的加持。

# 法医学 ——死生权舆，存乎一心

"狱事莫重于大辟，大辟莫重于初情，初情莫重于检验。盖死生出入之权舆，幽枉屈伸之机括，于是乎决。法中所以通差今佐理掾者，谨之至也。"
——宋慈《洗冤集录》

县衙

## 一、专业起源

法医学的源头可以追溯到宋代宋慈的《洗冤集录》，它是世界上最早的一部系统法医学著作，曾被译成多种文字在许多国家出版。

随着解剖学、病理学和临床医学的发展，西方法医学在17~18世纪开始发展。例如：1642年，德国莱比锡大学首先开设系统的法医学讲座；1782年，柏林创办了第一份法医学杂志等。

法医学鼻祖宋慈

北医大法医学教授林几

1931年，我国医学院校中第一个法医学教室在北平大学医学院（北京大学医学部前身）落成，林几教授担任主任。我国法医学完成了从古典法医学到现代法医学的转化。

随着现代科技的发展，更多分析仪器和新技术如血型检测、指纹比对、DNA检测、Y染色体家系测序等在法医学中得到应用，标志着现代法医学体系走向成熟。

## 二、专业介绍

法医出现场

脱离了电影电视剧的滤镜，真实的法医到底是什么样的？以我们最熟悉的"法医秦明"为例，首先，他本人真的是法医，一直在安徽省公安厅工作。和影视剧里那些高冷的法医不同，真实的他喜欢插科打诨、性格开朗。

说起写小说的起源，秦明讲道："法医有较高的学历，掌握大量的专业知识，接触大家都忌讳的死亡，面对着血腥残忍的现场和恶臭难忍的尸体，拿着普通公务员的工资，这么一份付出多、回报少的神圣工作应该受到大家的尊重才对。"

他希望改变人们的偏见，让大家了解、关注法医这个职业："我更多的是想描述这个职业，而不是想通过新奇的作案手法来吸引读者猎奇的眼球。法医的职业价值是为生者权，为死者言，是守护生命尊严的最后关卡。"

法医学是研究并解决与法律有关的人身损害、死亡、身份鉴识等问题，为刑事侦查提供线索，为审判提供证据的医学学科。在司法实践中，法医学主要工作范围为医疗纠纷、刑事侦查、司法审判以及灾害事故鉴定等。

### 哪些学生适合学习预防医学专业？

法医学的应用领域十分特殊，它是以医学为基础的自然学科，也是医学与法学交叉的边缘学科。法医学学生不仅要和其他医学专业学生一样有扎实的医学基础，还需要具备公平公正科学守信的人文情怀、完备的法律理论、缜密的逻辑思维能力，以及高度抗压的心理素质。所以，除了和医学生一样需要有扎实的理科基础和动手能力，还需要有远超常人的毅力和吃苦的准备，否则很难学好法医学。

## 三、本科阶段的学习

### 01 大学学习课程有哪些？

| 法医学专业本科课程目录（以复旦大学法医学 2+X 为例） | | | |
|---|---|---|---|
| 通识教育课 | | | |
| 思想道德与法治 | 中国近现代史纲要 | 马克思主义基本原理 | 形势与政策 |
| 大学英语 | 大学体育 | 计算机应用基础 | 心理健康教育 |
| 专业必修课 | | | |
| 高等数学 | 普通物理 | 普通化学 | 有机化学 |
| 现代生物科学导论 | 人体细胞与分子 | 人体解剖学 | 局部解剖学 |
| 专业核心课 | | | |
| 法医病理学 | 法医毒理学 | 法医物证学 | 法医人类学 |
| 法医临床学 | 司法精神医学 | 刑事科学技术 | 法医毒物分析 |
| 专业选修课 | | | |
| 寄生虫感染原理 | 医疗纠纷防范与应对 | 刑事诉讼法 | 代谢分子医学与疾病 |
| 免疫学进阶 | 生物医学信息学 | 脑科学前沿 | 口腔医学 |

（篇幅有限，表中仅列举部分主要课程）

### 02 核心课程介绍

**法医病理学**

法医病理学是研究与法律有关的伤、残、病、死及死后变化的发生发展规律的一门学科。其主要应用就是法医最广为人知的工作——尸检。

**法医临床学**

法医临床学是研究并解决法律上有关活体医学的证据问题的学科。本学科的知识被广泛应用于对人身伤害、残疾、劳动能力等的司法鉴定工作中。

**法医物证学**

法医物证学是法医学专业的主干必修课程。其内容涵盖遗传学、DNA 检验技术、血型检验理论和技术、生物检材的提取和检验技术、法医生物统计理论以及法医物证鉴定书等。

## 四、升学与就业

全国普通高校毕业生规模 1 000~1 500 人，2023 年全国约有 32 所院校开设法医学专业。

### 01 考研方向

**学术型硕士**：法医学（基础医学之下的二级学科）

**专业型硕士**：无

### 02 就业展望

法医学因为其专业特殊性以及影视媒体的宣传，经常给人一种"法医＝尸检"的错觉。实际上法医的日常工作并不单纯局限在法医病理学方面，比较对口的就业方向有公安、检察院和社会鉴定机构。

公安系统的法医也就是传统意义上大众所认识的法医，有需要的时候是要到现场配合痕检以及进行尸检的。但实际在日常工作中，法医承担的更多是伤情鉴定、物证鉴定比对、毒物分析等工作，这些一般都是在办公室或实验室进行的。

检察院系统的法医工作更偏向文书工作，一般是对公安系统法医工作的补充，例如对公安系统提交的痕迹物证进行审查。同时，监狱、看守所如果需要法医进行检查或鉴定，也需要检察院系统的法医介入。

社会司法鉴定机构属于企业性质（包括大学里的司法鉴定中心），从事的更多是与民事相关的工作，比如法医临床中的伤残鉴定、工伤鉴定、物证中的亲子鉴定等。在这里工作一般需要司法鉴定人资格证书。

### 03　专业相关证书

| 证书名称 | 难度 | 报名条件 | 含金量 |
|---|---|---|---|
| 司法鉴定人资格 | 申请 | 本科学历+5年工作 | 很高 |

## 五、重点关注院校

法医学专业无对应的硕士一级学科，我们关注一下国家特色专业和软科专业排名：

| 国家重点学科和国家特色专业 | 2023年软科专业排名 |
|---|---|
| 四川大学、西安交通大学、山西医科大学、中国医科大学 | A+：复旦大学、四川大学<br>A：中山大学<br>B+：华中科技大学、中国医科大学、西安交通大学 |

**复旦大学**：985，211，"双一流"，法医学软科排名全国第一，保研率约38%。鉴定机构：上海医学院司法鉴定中心。

**四川大学**：985，211，"双一流"，国家重点学科，国家特色专业，保研率约24%。鉴定机构：华西法医学司法鉴定中心。

**西安交通大学**：985，211，"双一流"，国家重点学科，保研率约33%。鉴定机构：西安交通大学法医学司法鉴定中心。培训机构：全国法医干部培训中心。

### 编者说

你真的了解法医吗？抛开影视剧中的滤镜，真正的法医与我们想象中的法医可以说是完全不同的。没有镁光灯下的光鲜亮丽，没有紧张刺激的命案追凶，没有绞尽脑汁的刑侦推理，有的是检材提取、物证分析、伤情鉴定、指纹比对、亲子鉴定这些庞杂而烦琐的工作，这些琐碎的日常才是法医学专业的真实写照。而这些司法系统前沿的平凡岗位，与广大的司法鉴定中心、第三方鉴定机构一起，构成我国法治社会的公平正义重要保障。

# 医学检验技术——科技是第一生产力

1675年9月的一天，列文虎克从花园的水池里取出几天前下雨时积蓄的雨水，放到显微镜下观察，他看到一滴水中有大量的微小生物。接着，列文虎克又在河水、井水、脏水等处，以及肠道中发现了微生物……

## 一、专业起源

医学检验技术这门学科的发展与科技本身的进步息息相关。1676年，列文虎克发明了复式显微镜后，人类第一次观测到了平常肉眼不可见的微生物。之后高倍显微镜的进步和1887年血细胞计数板的发明，促成了医学检验中血细胞技术和形态学的发展。

1919年，我国生物化学家吴宪和他的导师美国著名生物化学家奥托·福林一同发明了钨酸血滤法，利用钨酸沉淀血液中的蛋白质，制备无蛋白血滤液测定血糖，而后该方法被广泛应用于临床化学检验，这也可以说是我国医学检验技术的发端。

吴宪　奥托·福林

列文虎克时代的显微镜

20世纪70年代起，各种自动化的检测仪器以及实验诊断试剂不断推出，医学检验技术进入了自动化和信息化的新时代，在疾病的治疗、预防和对人类健康的促进等方面发挥了重要作用。

## 二、专业介绍

新冠疫情防控期间，我们都经历过核酸检验。医护人员采集咽拭子后会将其放在收集容器中进行保管。采集后的咽拭子要先溶解到试剂中，再经过核酸提取仪提取、荧光定量PCR仪分析，最后才能得出阴性或阳性。这些后续的处理和分析工作，就得提到一个经常被忽略的医学学科专业——医学检验技术专业。

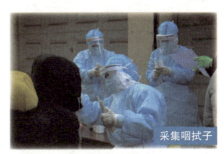

采集咽拭子

医学检验技术就是俗称的"化验"。我们在医院的检验窗口采集的那些生物检材，最后变成一张一张的报告，其中的过程就是医学检验技术人员的工作。我们所熟知的肝功能、肾功能、血糖血脂相关指标，都需要医检人员通过各种仪器设备提取和分析出来。没有这些分析报告，再高明的医生也没法判断出病人身体的具体状况。

#### 哪些学生适合学习医学检验技术专业？

医学检验技术是一门应用学科，和一般人认知中的医学有很大区别。它更像生物学和化学，也就是需要长时间泡在实验室里做实验的学科。除了医学类都要学习的基础医学，医学检验技术的学习重心要放在数学、物理、化学、生物学、检验学上。所以有一定理科基础，尤其是物化生优秀的同学，更适合学习医学检验技术。

## 三、本科阶段的学习

### 01 大学学习课程有哪些？

| 医学检验技术专业本科课程目录（以上海交通大学医学检验技术法语班为例） | | | |
|---|---|---|---|
| 通识教育课 | | | |
| 思想道德与法治 | 中国近现代史纲要 | 马克思主义基本原理 | 形势与政策 |
| 法语 | 大学体育 | 计算机应用基础 | 心理健康教育 |
| 专业必修课 | | | |
| 微积分基础 | 医用物理性 | 医用基础化学 | 医用有机化学 |
| 正常人体学（检验） | 疾病学基础（检验） | 卫生统计学 | 实验动物学 |
| 专业核心课 | | | |
| 临床检验基础 | 分子生物学 | 临床生化和生化检验 | 临床免疫学检验 |
| 临床输血学和输血学检验 | 临床微生物学检验技术 | 临床血液学和血液学检验 | 检验仪器分析技术与应用 |
| 专业选修课 | | | |
| 寄生虫感染原理 | 医疗纠纷防范与应对 | 刑事诉讼法 | 代谢分子医学与疾病 |
| 免疫学进阶 | 生物医学信息学 | 脑科学前沿 | 口腔医学 |

（篇幅有限，表中仅列举部分主要课程）

### 02 核心课程介绍

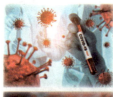

**临床免疫学检验**

疫情防控期间，社区经常会发抗原检测的试剂和试纸，你知道这些试剂和试纸是如何制备的吗？

临床免疫学检验是以医学免疫学为基础，研究抗原抗体反应、标记免疫技术、检测免疫细胞分子等的学科。

**临床血液学和血液学检验**

如何判断病人是否得了血液疾病？在医院抽血之后，里面的医生在忙些什么？

临床血液学主要研究各种血液系统疾病的致病原因、发病机制、临床表现和诊治措施等。

**临床生化和生化检验**

验血报告上的上下箭头代表什么？血糖、甘油三酯、胆固醇、低密度脂蛋白、高密度脂蛋白这些指标是如何测出来的？临床生物化学检验是用化学和生物化学技术检测人体标本，了解人体生理、病理状态下物质组成和代谢，为临床疾病的预防、诊断、治疗和预后提供依据的学科。

## 四、升学与就业

全国普通高校毕业生规模 16 000~18 000 人，2023 年全国约有 171 所院校开设医学检验技术专业。

### 01 考研方向

**学术型硕士**：2024 年已停招
**专业型硕士**：医学技术

## 02 就业展望

医学检验技术是一门强应用的学科,大部分毕业生的对口就业方向都是医院或第三方医学检验机构。因为不是医生而是技师,所以整个医学技术类的平均薪酬都不算很高。

医院检验科

第三方检验机构

## 03 专业相关证书

| 证书名称 | 难度 | 报名条件 | 含金量 |
|---|---|---|---|
| 卫生专业技术资格(初级) | 较难 | 本科学历+1年工作 | 较高(必备) |
| 医用设备使用人员业务能力考评合格证 | 较难 | 本科学历+初级职称+4年工作 | 很高(大型医疗设备上岗证) |

## 五、重点关注院校

医学检验技术专业无对应的硕士一级学科,我们关注一下国家特色专业和软科专业排名:

**国家特色专业**
上海交通大学、广州医科大学、大连医科大学、重庆医科大学、温州医科大学、蚌埠医学院、新乡医学院

**2023软科专业排名**
A+:上海交通大学、北京大学、广州医科大学
A :四川大学、华中科技大学、中南大学、天津医科大学、南方医科大学、温州医科大学、首都医科大学

**上海交通大学**:985,211,"双一流",医学检验技术软科排名全国第一,保研率约35%。特色专业:医学检验技术、医学影像技术、听力语言与康复学。

**天津医科大学**:211,"双一流",保研率约31%。特色专业:医学检验技术、医学影像技术、眼视光学、康复治疗学。

**广州医科大学**:"双一流",国家特色专业,保研率约4%。特色专业:医学检验技术、医学影像技术、康复治疗作业。

### 编者说

医学技术类的专业非常多,涵盖的领域包括医疗卫生行业的方方面面。每年都会有很多考生因为各种原因进入医技相关专业。与医生、护士等常规医疗岗位相比,医学技术类岗位确实显得有点平凡和普通,然而平凡并不意味着渺小。化验科的医学检验技术、研究所的医学实验技术、影像科的医学影像技术、眼视光学的验光配镜、口腔医学技术的正畸器械、卫生检验检疫的理化检测,都是医疗体系的重要基石。

# 护理学——提灯天使，守护希望

A Lady with a lamp shall stand.
In the great history of the land,
A noble type of good,
Heroic Womanhood.

——亨利·华兹华斯·朗费罗《圣菲洛梅娜》

战地医院里的南丁格尔

## 一、专业起源

现代护理学公认的源头是"提灯女士"南丁格尔。南丁格尔坚信护理是高尚的科学事业，护士必须接受严格正规的科学训练。她总结护理一线的工作经验，并系统性地将卫生、医学、伦理学等相关学科统合，开办了世界上第一所护士学校，逐渐形成了现代护理学的雏形。

"护理学之母"南丁格尔

1914年中华护士会合影

1912年中华护士会成立护士教育委员会，首次将"nurse"创译为"护士"。1921年，北京协和医院联合燕京、金陵、东吴、岭南大学创办高等护理教育，这是中国护理学专业的开端。

新中国成立后，我国护理事业进入快速发展阶段，并在之后逐步发展出"三级护理""查对制度"等具有我国特色的护理规范。随着科技和社会的发展，现代护理学在心理护理、重症监护、器官移植、老年护理等领域取得了长足的进步。

## 二、专业介绍

每年的5月12日是"国际护士节"。在南丁格尔1910年逝世后，国际护士理事会为纪念南丁格尔为护理事业作出的贡献，于1912年将她的生日5月12日定为"国际护士节"。国际护士节旨在激励广大护士继承和发扬护理事业的光荣传统，倡导、继承和弘扬南丁格尔不畏艰险、甘于奉献、救死扶伤、勇于献身的人道主义精神。每逢5月12日国际护士节到来之际，医院、护士学校等都会举行庄严的护士授帽仪式，授帽仪式是正式成为护士的重要仪式，也象征着从前辈手中接过"燃烧自己，照亮他人"的重任。

护士节

护理学是一门研究疾病预防保健的医学相关专业，注重实践，目的是培养适应社会，具有良好职业道德，较坚实的护理学基础理论、基本知识和临床基本技能，较强的实践能力，全面发展的高层次护理人才。

### 哪些学生适合学习护理学专业？

护理学专业是一门应用型很强的学科，所有的知识学习最后都要落实到实际护理实操上，几乎所有学校的大四学生都会被安排到定点教学医院实习，任务繁重。再加上本身理论课程中也有很多医学药学基础课程，所以除了要动手能力强、学习刻苦，还需要有一定的化学、生物基础。

## 三、本科阶段的学习

### 01 大学学习课程有哪些？

| 护理学专业本科课程目录（以复旦大学护理学 2+X 为例） | | | |
|---|---|---|---|
| 通识教育课 | | | |
| 思想道德与法治 | 中国近现代史纲要 | 马克思主义基本原理 | 形势与政策 |
| 大学英语 | 大学体育 | 计算机应用基础 | 心理健康教育 |
| 专业必修课 | | | |
| 高等数学 | 现代生物科学导论 | 有机化学 | 心理学导论 |
| 卫生统计学 | 药理学 | 护理学基础 | 正常人体形态和功能学 |
| 专业核心课 | | | |
| 内科护理学 | 外科护理学 | 儿科护理学 | 急救护理学 |
| 护理伦理学 | 健康评估 | 妇产科护理学 | 护理教育学 |
| 专业选修课 | | | |
| 医学营养学 | 传染病护理学 | 老年护理 | 中医护理学 |
| 社会医学 | 全球卫生导论 | 针灸推拿学 | 心理护理学 |

（篇幅有限，表中仅列举部分主要课程）

### 02 核心课程介绍

**健康评估**

它是研究评估个体、家庭、社区现存或潜在的健康问题的学科，主要研究病史采集、各个系统的体格检查、实验室检查、影像学检查、心电图检查、护理病历书写等，是护理学的核心课程。

**内科护理学**

它主要应用在内科科室，是护理学的核心临床专业课，包含内科常见病、多发病及其防治和护理的基本理论、基本知识和基本技能，是临床护理学的理论与实践完美结合且最具广泛性的课程。

**外科护理学**

它主要应用在外科手术中，是研究外科领域疾病患者护理的一门学科，也是护理学专业的一个重要分支，主要包含外科领域常见病、多发病、急危重症的发病机理、临床表现、治疗原则及护理。

## 四、升学与就业

全国普通高校毕业生规模 70 000~75 000 人，2023 年全国约有 305 所院校开设护理专业。

### 01 考研方向

**学术型硕士**：护理学（基础护理学、临床护理学、社区护理学等）
**专业型硕士**：护理

## 02 就业展望

护理学专业的就业对口率相当高,主要就是在各类医疗机构担任护士。后续的发展方向主要有临床、管理、教学、保健等。

| 临床 | 管理 | 教学 | 保健 | 海外 |
|---|---|---|---|---|
| 一线各科室临床护理工作 | 考取中级职称主管护师,俗称"护士长" | 在卫校等护理专业院校教学 | 从事疾病临床以外的保健、康养等工作 | 前往海外从事护理工作 |

## 03 专业相关证书

| 证书名称 | 难度 | 报名条件 | 含金量 |
|---|---|---|---|
| 护士执业资格证 | 较难 | 本科学历 | 较高(必备) |
| 助产士资格证 | 较难 | 1年工作+医院推荐 | 很高(妇产科) |

> **高级执业护师**
>
> 在美英等国,高级执业护师(NP)可以开具处方,担任医生的部分职责,例如订购药品和评估医疗测试结果、将患者转诊给专家以及诊断和治疗疾病等。从2017年起,北京大学开始招收NP方向护理硕士专业学位研究生,该专业毕业生将成为我国护理领域最早一批具有有限处方权、参与慢性病管理和基层医疗服务、研究生层次的专业医务人员。

## 五、重点关注院校

护理学专业对应的硕士一级学科为护理学,部分重点院校列举如下:

**世界一流学科(护理学)**

四川大学、北京大学

**第四轮学科评估(护理学)**
- A+:中南大学、海军军医大学
- A-:北京协和医学院、首都医科大学、四川大学
- B+:北京大学、上海交通大学、南京医科大学、南京中医药大学、浙江大学、山东大学

**北京大学**:985,211,"双一流",保研率约58%。二级学院:北京大学护理学院。
**四川大学**:985,211,"双一流",保研率约24%。二级学院:华西护理学院。
**中南大学**:985,211,"双一流",第四轮学科评估护理学全国第一,保研率约21%。二级学院:湘雅护理学院。

### 编者说

护理学是医学大类中最特殊的一个专业,因为它的对口就业十分专一,也就是护士。被称为"白衣天使"的他们,每天都走在救死扶伤的第一线。不论是在内科体检、打针、挂吊瓶,还是在外科清创、敷药、递剪刀,抑或是在护士站值班、在住院楼查房,都是十分辛苦的"苦力活"。所以想要报考护理学的考生,除了要有学习枯燥医疗知识的恒心,还要有吃苦耐劳的毅力,以及最重要的、南丁格尔誓言中的对病患的爱心,这几项品格是缺一不可的。

# 管理科学——有我是你们的福气

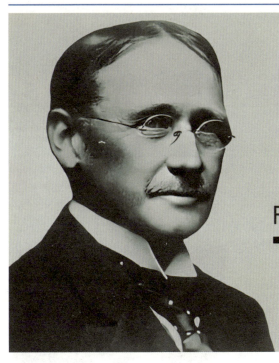

我叫弗雷德里克·温斯洛·泰勒，
大家都叫我"科学管理之父"。
今天要讲的这个专业就是基于我提出的理论创立的。
你说这个专业很冷门？
不知道学些什么？
先和大家讲讲我的故事吧。

Frederick Winslow Taylor

弗雷德里克·温斯洛·泰勒

## 一、专业起源

我是典型的"高富帅"，不仅出生在富裕的律师家庭，而且聪明又努力，十八岁就考上了哈佛大学法律系。但不知是不想子承父业的叛逆还是我真不是那块料，我就是对法学提不起兴趣，于是没多久我就以患有眼疾为借口辍学了。

在当时，美国工业发展迅猛，出现了前所未有的资本积累和工业技术进步，我也进入钢铁厂打工。虽然我刚进去只是个最底层的机械工人，但相比较那些拗口难背的法律条文，我更喜欢听车间发出的机器轰鸣声和工人们敲敲打打发出的十分富有节奏感且清脆的声音。我很有干劲，一路从"搬砖"工人升职成为车间管理员、小组长、工长、技师，最后成了总工程师，我还通过业余学习获得了机械工程学位。

费城米德维尔钢铁公司

随着职位晋升到管理层，我发现了工作中存在着许多的管理问题——以前的管理没有框架系统，靠的是过去的经验，有很大的随机性和不确定性。比如说工人的工资都是管理层根据过去的经验和心情来定的，没有一个合理的理由和科学的计算方法来让人信服。员工对此怨声载道，不仅生产效率上不去，工人和资本家之间的关系也严重恶化，如此往复恶性循环，工人们以罢工上街游行来控诉自己被压榨被侵犯人权。我意识到是时候改变这个职场生存模式了。我通过观察研究和计算实践，提出了以下观点：管理要科学化、标准化；要倡导精神革命、劳资双方利益一致。我认为实施我这套科学化和标准化的管理方式会大大提高工人的生产效率，而高效率是雇员和雇主实现共同富裕的基础。我觉得我实

1886年美国爆发游行

在是太有才了，但是其他人却不理解我！我提出的观点受到了资本家、工会和公民的反对，但我仍然相信真理是掌握在少数人手中的！

很快转机就来了，美国国会举行了针对我提出的管理制度的听证会，大多数国会议员来者不善，言辞激烈地批判着我的观点，而我也誓死捍卫着自己的观点，发表了不卑不亢的精彩证词。没想到我的证词反

而成为宣传我的科学管理原理及其具体的方法、技术的最好说明，在美国和欧洲引起了巨大轰动，大家逐渐开始认可并接受我的观点，各个工厂和公司也开始采用我的管理理念。

时至今日我的思想仍然发挥着巨大作用，为现代管理理念提供了理论基础，不仅能帮公司提高工作效率，实现利益最大化，也能保护雇员的权利不受侵犯，更好地实现个人价值，所以说"有我是你们的福气"。

美国国会

# 二、专业介绍

老师管理一个班级想要因材施教，就可以对所有学生的信息和成绩等数据进行收集，分析和总结学生的性格、学习习惯、擅长科目和成绩波动的变化规律，然后给每一个学生制定一套教育方案，避免用单一、标准式的简单教学模式来培养学生。

这是生活中运用到管理科学原理的简单例子，而本科学习的管理科学更为复杂。

管理科学是一门结合管理学、数学、经济学和工学等多种学科的交叉学科，旨在用管理学的方式和方法来研究解决社会、经济与工程等方面的管理问题，实现资源分配最优化，从而提高工作效率。它是一门研究性很强且涵盖面很广的学科。

管理科学并不是偏理论的一门学科，它通过研究和计算大量的数据，运用数学原理以及计算机科学技术及应用工具，建立数学模型来进行模拟，从而为管理提供科学和准确的依据。

教师和小学生在教室里

### 哪些学生适合学习管理科学专业？

1. 擅长理科的学生。管理科学这门学科的学习涉及工科和数学内容，所以它虽然是管理专业，但是对理科能力的要求也很高，理科好的学生学起来会比较轻松。

2. 有较强融会贯通能力的学生。因为管理科学专业是涉及多个专业的交叉学科，学生要将所学内容融会贯通，将其他专业知识运用到管理中。

3. 逻辑思维能力较强的学生。管理科学专业需要学习应用数学、统计学和运筹学，还要运用数学建模的一些软件进行计算，需要一定的逻辑思维能力。

### 相关专业

通常院校招生时以管理科学与工程大类招生，以下是管理科学与工程类涵盖的两个主要专业：

#### 信息管理与信息系统

依靠计算机技术与信息计算技术，将大量的数据进行收集、整合和管理，从中提取出有用的信息加以应用。该专业在生活中的运用广泛，比如说我们出差或者旅游时购买火车票或者飞机票的订票系统，就是在庞大的数据中，根据购票人的出行地和目的地、时间、车型和选座等条件，筛选出符合购票人需求的班次。

#### 工程管理

工程管理也叫工程项目管理，其中的工程指的是土木建筑类工程，所以该专业是管理学与土木类和建筑类专业的交叉学科。在现实生活中，小到排水系统，大到高楼建筑，整个项目的建设过程都有工程管理的参与与规划，如工程施工筹备（工期时长、雇佣人数等）、施工图纸审核和现场监工，等等。

## 三、本科阶段的学习

### 01  大学学习课程有哪些？

| 管理科学与工程类专业本科课程目录（以北京航空航天大学为例） | | | |
|---|---|---|---|
| 通识教育课 | | | |
| 理科数学分析 | 物理学 | 基础化学 | 概率论 |
| 大学英语 | C语言程序设计 | 马克思主义基本原理概论 | |
| 专业必修课 | | | |
| 生产与运作管理 | 微观经济学 | 宏观经济学 | 会计学 |
| 应用统计学 | 公司财务 | 管理信息系统 | 运筹学 |
| 现代程序设计技术 | 数据结构 | 信息经济学 | |
| 专业核心课（工程管理方向） | | | |
| 管理学 | 项目管理概论 | 工程经济学 | 质量管理学 |
| 工程进度管理 | 工程合同管理 | 工程项目风险管理 | |
| 专业核心课（信息管理与信息系统方向） | | | |
| 管理学 | 人工智能和深度学习 | 数据库原理与应用 | 数据通信与网络技术 |
| 计量经济学 | 信息系统分析与设计 | 决策与商务智能系统 | |
| 专业选修课 | | | |
| 应用随机过程 | R语言编程及应用 | 战略管理 | 组织行为学深度报道 |
| 社会科学研究方法 | 物流管理 | | |

（篇幅有限，表中仅列举部分主要课程）

### 02  核心课程介绍

**管理学**

管理学就是在一定的资源和环境中，通过人的行为和努力去实现一定的目标，其对组织的发展和个人的成长都有很大的帮助。学习管理学不仅要学习专业知识，更要学习一种观念和思维——管理的思维，这个思维能帮我们提高应对复杂环境的能力。

该课程围绕着"如何进行有效的管理"这一主题，主要介绍了管理的基本知识、组织及其功能、管理者职责与素质要求、管理基本思维方式、管理思想演变以及有效管理的方法（包括科学决策、目标确定、计划制订、分工协作、领导、沟通、激励、控制等）。对这门课的学习会帮助同学了解管理、了解组织、了解管理者。

领导力和管理

项目管理

**项目管理概论**

一个公司的管理大致可分为运营管理和项目管理，运营管理是指对日常经营活动的管理，而这门课所学的项目管理则是面向具有一次性、独特性和不确定性的例外活动的管理，所使用的管理方法自然也要区别于日常团队的管理方法。就像找不到完全一样的两片叶子一样，也没有两个项目是完全一样的，每个项目都要用不同的管理方法。

我国目前大力推动建设创新型国家，现已进入二次现代化社会。在这样的背景下，创新、创业成为社会主要活动，而任何一个创新和创业活动都是一个项目。一个项目的计划、启动、实施、控制和收尾阶段都需要相应的项目管理。该课程主要讲述现代项目管理知识体系和现代项目管理专门知识领域的基本原理和方法。

**数据库原理与应用**

随着网络科技的发展，我们生活、工作和学习都产生了大量的数据，比如网购记录、网页浏览记录、出行记录以及发出和收到的消息，这些数据除了文本形式，还有图像、语音等，而数据库就是储存和管理这些数据的仓库。每一个数据库的储存空间都是巨大的，可以存放百万条、千万条，甚至上亿条数据。如何去管理并且让如此巨大的数据为我们所用，就是这门课程所要学习的内容。

该课程主要介绍数据库的发展史、基本概念、基本原理和它的基本使用方法，其中就涉及了 SQL 编程语言的运用，所以这门课不光要学习理论知识，也要学习计算机语言编程类知识。

## 四、升学与就业

依据数据进行管理判断

全国普通高校毕业生规模 2 000~2 500 人，2023 年全国约有 48 所本科院校开设管理科学专业。

### 01 考研方向

**学术型硕士：** 管理科学与工程（物流管理与工程、电子商务、信息管理、金融管理等）

**专业型硕士：** 工程管理（项目管理、工业工程与管理、物流工程与管理等）

### 02 就业展望

该专业是管理学与经济学和工科的交叉学科，毕业生不仅具备管理学知识，还熟悉了解一些工科知识。这方面人才社会需求量大，各个企事业单位都对该领域高端人才有所需求，所以建议考研来提高竞争力。如果学习的是数据管理方向，就业方向一般分为纯技术的管理软件开发工程师、ERP 实施顾问以及企业的数据管理岗位。如果学习的是工程管理方向，因为学习内容涉及土木，所以很多土木类的岗位，该专业毕业生也可去。

**企业信息化管理**

企业信息化管理指的是通过大数据等技术性手段去帮助企业进行管理，从而降低成本、提高效率。ERP 指的是企业咨询计划，是一个建立在信息技术基础上，以系统化的管理思想，为企业决策层及员工提供决策运行手段的管理平台，同时也是全球范围内应用最广泛的现代企业管理工具，现已逐步被越来越多企业认可和接纳。

与 ERP 相关的工作岗位，包括但不仅限于咨询、实施顾问和信息管理员等。该职业在大城市岗位更多，薪资也较为丰厚，但该工作入门门槛较高，且经常出差驻场，也比较考验与人打交道的能力。

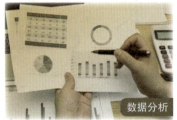
数据分析

**数据分析师**

面对庞大的数据，如何分析并且从中提取出有用的信息，正是数据分析师需要做的。现在是信息化时代，许多的公司都需要针对社交数据、电商数据和广告投放数据进行社媒分析，从而赋予数据价值，洞察到更多的商机。

这类工作岗位一般开设在互联网电商公司，不仅需要负责数据的分析和挖掘，同时也要负责日常和同事的交流与对接，及时沟通项目进展情况、数据分析结果和讨论解决方案是工作必须的内容。某些行业在对营销基本手段和公司项目的了解程度方面也有要求，比如快时尚、美妆等。

**工程项目管理**

工程管理

工作内容包括但不止于：按照需求制订项目计划、预算成本，时刻把控项目过程，预测和管理项目风险问题以及项目成果验收。这类工作大概分为两类，一类面向的是公司为了盈利而进行的创新型项目，一类面向的是需要动土施工的土木类工程。先说项目管理，无论大中小企业都需要项目管理人才，许多大中型公司都设置项目管理办公室（PMO），这类工作薪酬上限和下限差距很大，薪资越高对员工的能力要求也就越高（如有些岗位需要熟练操作计算机或通过 PMP 认证）。另外，随着自媒体的发展，最近也出现可全职在家居家办公，负责自媒体项目跟进的项目管理工作。

再说工程管理，因为从事工程管理工作接触的都是土木类工程，所以除了监控管理工程全过程外，还需要负责土建图纸的审核，优化工程设计，督促设计单位改进方案，施工过程中对土建项目的质量、进度和成本进行严格控制等。从事该工作需要熟练掌握 CAD 等专业办公软件，工作需要下工地，比较辛苦，工资上限不会太高。

## 五、重点关注院校

管理科学专业对应的硕士一级学科为管理科学与工程，部分重点院校列举如下：

**世界一流学科**（管理科学与工程）
清华大学、国防科技大学、合肥工业大学、天津大学、西安交通大学、浙江大学

**第四轮学科评估**（管理科学与工程）
A+：清华大学、同济大学、国防科技大学
A ：北京航空航天大学、天津大学、哈尔滨工业大学、上海交通大学、浙江大学、合肥工业大学

**哈尔滨工业大学**：985，211，"双一流"，保研率约 30%。哈尔滨工业大学信息管理方向融入了大数据及"互联网+"的相关内容，主要研究方向包括数据分析、数据挖掘理论与方法、商务智能、电子健康、信息系统开发与管理、基于信息技术的业务流程优化等。而工程管理专业则与自身航天航空特色相结合，建设具有鲜明国防特色的基础建设项目工程管理。

**合肥工业大学**：211，"双一流"，保研率约 15%。合肥工业大学管理学院始于 1979 年成立的管理工程系，学院拥有管理科学与工程、工商管理两个一级学科博士点和博士后科研工作流动站，拥有公共管理一级学科硕士点，拥有工商管理、公共管理、工程管理、会计等专业硕士学位点。

**天津大学**：985，211，"双一流"，保研率约 24%。因为科学管理的特殊交叉学科属性，其专业强度也依赖院校的工科实力，而天津大学强大的工科实力，为管理科学与工程类专业添砖加瓦。

### 编者说

管理科学与工程类专业所学范围广，所以也被称为"万金油"专业，各个领域都略有涉猎，这也是它不同于其他管理专业的地方。学习该专业一定要在学校读书期间就对以后有清晰的职业规划，并努力朝着目标前进，如以后想从事偏计算机类、编程类工作，就在本科期间旁听或自学相关编程语言；想从事经济类工作，可以报考注册会计师等。学习不易，吾生也有涯，而知也无涯。

# 会计学——你强任你强，我是财大强

随着时代的变迁，社会的发展，许多专业崛起，你方唱罢我方登场。也有些专业没落，跌入谷底。但不管局势变幻如何波诡云谲，财会类专业一直是热门，而会计又是其中最主流最热门的"老大哥"专业，正所谓"你强任你强，我是财大强"。

发明算盘的人真是个天才

## 一、专业起源

会计是当今社会普遍需要的职业之一，也是这个世界上最古老的职业之一。大家认为最早出现的会计行为是什么？是结绳记事，还是刻契记事？事实上，这些都属于萌芽阶段的会计行为。我们能追溯到的，用文字进行正式的会计记录出自苏美尔人，就像周杰伦歌中唱的那样："用楔形文字刻下了永远……"

人类早期结绳计数

1929年，德国考古学家在伊拉克境内挖掘出一大批刻着符号的泥板，距今5 000年之久，震动世界。研究发现，众多石板中有记录着进出账数的"账本"，其中一个石板上的文字被翻译过来，写着"37个月内收到29 086单位的大麦——库辛"。这里的库辛尚不清楚是人名还是职位名，如果是人名的话，人类历史上第一个被知晓的名字，不是什么伟人、学者或者统治者，而是一个会计师。

古代象形文字甲骨文

历史的发展总是相似的，在遥远的东方也有着相似的会计记录方式，那就是殷商时期刻在龟背上的甲骨文。在殷墟出土的其中一块甲骨文上，经翻译写着"雀入二百五十"，意思是名叫"雀"的诸侯国向商王上贡二百五十块占卜用的龟甲。随着文字的产生，中国从秦朝起就慢慢地出现了用于记账的簿记，比如宋朝时期"四柱清册"和明末清初的"龙门账、四脚账"，都是在当时十分先进科学的簿记。

被世界普遍认可的最为科学的簿记产生于意大利，经过流传和多方改良后统称为"复式簿记"。作为现代会计的基础，复式簿记的科学原理不仅适用于手工会计数据处理，而且适用于计算机会计数据处理。

清末西方的复式簿记进入我国，1905年我国第一部介绍西式簿记的著作《连环账谱》诞生了。几年后，谢霖与孟森在1907年合作编撰了《银行簿记学》。说到这不得不着重介绍一下谢霖，因为他是我国第一位注册会计师，十分热心于中国会计教育事业，曾担任光华大学（西南财经大学前身）校长，为中国培养了第一批新式会计人才，而且他还于1918年创办了谢霖会计师事务所，这是中国第一个会计师事务所，也是民国四大会计师事务所之一的正则会计师事务所的前身。时间来到了20世纪30年代，徐永祚于1921年获得会计师证书并在上海创办徐永祚会计师事务所，后改名为正明会计师事务所。如今，会计的工作已经完全可以在计算机上进行,但会计事业能发展到如今的地步,离不开历史上每个会计学家的认真思考、不断尝试、深入研究和不断改进,是他们促成了如今这一套完整、成熟、科学的会计培养体系。

## 二、专业介绍

了解产生会计活动的原因能帮我们很好地了解会计到底是干什么的。会计活动的产生是因为随着社会和人类文明的发展,出现了部落、城市、国家和公共权力,不仅有了金钱交易活动,也产生了缴税纳税的行为,所以催发了记账和财务管理。

会计用财务分析图计算利润

出现记账主要有以下两个核心原因:一是记录资金进出可以更好地实现内部管理,上到国家、政府机关、大型企业,下到每个家庭都需要。举个最简单的例子,家庭需要通过记账来平衡收支和培养良好的消费习惯,减少非理性的消费,避免当"月光族"。二是可以通过向外公布准确的资金收支来获取他人的信任,如政府每个月都会向外公布资金预算执行情况和专项的财政资金收支信息,实时接受公众的监督、询问和建议。

所以,会计学是把各种有用的经济业务统一成以货币为计量单位,通过记账、算账、报账等一系列程序来提供反映企业财务状况和经营成果的经济信息。它是一门应用性较强的专业,该专业会在本科阶段教授会计的理论知识,以及财务部门的工作原理和方法,比如如何做出一张张合法合规的财务报表。

作为一个天天和钱打交道的工作,虽然可以简单粗暴地把会计理解为"算账的",但会计所发挥的职能却远不止于此,会计兼具反映真实经济活动情况、监督和参与经营决策的职能。可不要小瞧了这个"烂大街"的专业哦。

### 哪些学生适合学习会计学专业?

1. 做事有恒心、有毅力的学生。会计的学习需要大量地背诵枯燥的专业知识,并且在学习和从事会计的生涯中,不可避免的就是考各种证,如果没有恒心和毅力,将如何面对未来的重重大山?

2. 做事细腻、谨慎的学生。会计天天和数据打交道,一不小心就会出错,即使是微小的错误也是致命的,所以在学习和工作过程中一定要避免粗心大意。

3. 逻辑能力较强的学生。在会计专业的学习中有一个关键词叫"勾稽关系",指各个账簿和会计报表中的相关数据必须得一一对应,以此来确保数据的准确性,这就对做事时的逻辑性有要求。

4. 自主学习能力强的学生。从事会计工作意味着持续学习,因为每年的会计准则还有相关的一些法律法规都会随着社会经济的变化进行调整,所以要随时关注时事和政策变化。

需要说明的是,会计学不对数学能力有过多要求,在会计的学习和日后的工作中用到数学知识的情况比较少,并且有Excel等计算机软件的辅助,所以数学不好又对会计感兴趣的学生不要有太多顾虑。

## 三、本科阶段的学习

### 01 大学学习课程有哪些?

| 会计学专业本科课程目录(以浙江工商大学为例) | | | |
|---|---|---|---|
| 普通共同课 | | | |
| 思想道德修养与法律基础 | 中国近现代史纲要 | 马克思主义基本原理概论 | 办公软件高级应用 |
| 形势与政策教育 | 大学英语 | | |
| 学科共同课 | | | |
| 基础会计 | 微积分Ⅱ | 管理学原理 | 微观经济学 |
| 宏观经济学 | 线性代数Ⅱ | 财务管理(CPA) | 初级计量经济学 |
| 概率论与数理统计Ⅱ | 会计信息系统 | 经济法(CPA) | |
| 专业核心课 | | | |
| 中级财务会计 | 成本会计 | 高级财务会计 | 管理会计 |
| 审计学 | 基础会计模拟实验 | | |
| 专业选修课 | | | |
| 税法 | 高级财务管理 | 资产评估 | 公司战略与风险管理 |
| 财务报告分析 | 公司治理 | 会计案例研究 | |

(篇幅有限,表中仅列举部分主要课程)

## 02 核心课程介绍

### 中级财务会计

该课程是会计专业最核心的课程，它以企业的资金运动为研究对象，以确认、计量、列报为核心，以企业经常发生的交易或事项为重点，全面阐述了企业财务会计的基本理论和方法。该课程主要介绍了财务会计的特征、计量原则及其目标和从事会计工作会遇到和处理的业务操作方法及其注意事项，如存货发出的核算、长期股权投资的核算范围、无形资产的确认和计量方法、利润的转结与分配等，从理论出发落实到操作中，使同学们熟悉会计事务及其处理方法。

### 管理会计

管理会计是成本管理会计的简称，与财务会计是并列关系，两者的职能是不一样的。管理会计属于管理层，主要是旨在通过会计行为为企业在运营时提供最优决策建议，改善经营管理模式，从而提高经济效益服务。本课程主要讲解两大部分的内容，一是计划与决策会计，二是控制与评价会计。前者包括概述、成本分类与成本习性、本量利分析、变动成本法、作业成本法、短期经营决策，后者包括全面预算管理、责任会计与业绩评价。

### 审计学

审计学是一门专门研究审计理论和方法，探索审计发展规律，对经济活动进行有效监督的社会学科。审计学是在审计实践的基础上产生的，经过了实践检验和证明，是对客观事物本质及其规律的正确反映。审计理论必须用来指导审计实践，否则就成为脱离实际的理论。

审计产生的原因是两权分离，即所有权与经营权的分离。假如你是个人老板，想知道自己手底下的分公司的经营情况是否属实，你就可以以委托方的身份向审计第三方提出工作要求，去审核手下的人工作是否属实得当。课程内容：审计发展与审计功能、审计准则体系、审计职业道德、审计的法律责任、认定与审计目标、承接业务与计划审计工作、审计证据与审计工作底稿、审计测试中的抽样技术、风险评估、风险应对、财务报表审计中对舞弊的考虑、审计报告及其沟通。

## 四、升学与就业

全国普通高校毕业生规模 100 000 人以上，2023 年全国约有 685 所本科院校开设会计学专业。

### 01 考研方向

**学术型硕士：** 工商管理学（会计学、财务管理、企业管理、旅游管理等）

**专业型硕士：** 会计；工商管理

### 02 就业展望

每年会有大量的会计专业毕业生涌入市场，近年来也有不少学生反映学习会计的人越来越多，感觉会计从业人员已趋向饱和，并且普通的出纳/成本会计人员找工作越来越难，或者薪资待遇普遍不高。以上确实是客观存在的现象：一方面，普通会计和出纳已较为饱和，且会计初级岗位每天在做的都是简单且重复的工作，很容易被 AI 代替（四大会计师事务所包括部分央企都相继开始使用财务机器人）；另一方面，很多小公司由于财务工作量不大，都选择了外包给代理记账的事务所。

根据国家统计局的数据，截至 2021 年底，中国的会计人员数量已经超过了 2 000 万人。另据统计，目前我国约有 750 万的初级会计证持证人员，220 万中级会计证持证人员，但高级会计证持证人员仅有约 22 万人，注册会计师持证人员仅约 33 万人。由此可见，中高端会计从业岗位仍未饱和。

### 企业出纳、会计

中小型民营企业对会计的需求量不是很大且薪资待遇水平一般，从事的也大多为最基础的会计、出纳工作，但大中型企业对会计的要求就会相对较高，同时对能力要求也普遍较高，也会招聘等级较高的职位，如财务主管、财务经理、财务总监和首席财务官（CFO）等，这些高级岗位薪资待遇优越，属于公司管理层，但普遍需要多年从业经验，且最好具备相关行业经验，有的还会对外语水平有要求。

**会计师事务所**

一般的会计师事务所都会在秋招期间到校园进行校招，学生可以在网上查看事务所的招聘条件，投递简历，后续会有笔试、面试等。好一点的会计师事务所会对能力有比较高的要求，如注册会计师证（CPA）过一门及以上，除此之外实习经验也是很被看重的。在事务所工作，取得的证越多、工作经验越多，待遇和职位等级也就越高，但是工作量也相对较大，从事审计还会经常面临着加班。

普华永道事务所

国际四大会计师事务所：普华永道（PwC）、德勤（DTT）、毕马威（KPMG）、安永（EY）。

本土知名会计师事务所：瑞华会计师事务所、立信会计师事务所、天健会计师事务所、信永中和会计师事务所、大华会计师事务所、大信会计师事务所、致同会计师事务所、天职国际会计师事务所等。

**考公考编**

除了财政局、审计局、金管局、统计局和银保监会等财政机构，一般的政府机关和单位也都会设有财务科，所以每年考公考编还有单招放出的会计岗位数量还是不少的。会计财政类岗位一般属于技术岗，考试时会考查专业知识。在体制内工作稳定、压力小，但财务岗位在公务员和事业单位系统晋升上限低，一般晋升路径是普通科员→副科主任→正科干部，要想再往上走难度很大。

## 03 相关证书

| 证书 | 说明 |
| --- | --- |
| 初级会计资格证 | 含金量一般，入门证书，通过率约20%。<br>高中毕业（含高中、中专、职高和技校）及以上学历就可报考。 |
| 中级会计资格证 | 含金量较高，一次性通过率约9%。<br>报名条件满足以下其中一条即可：<br>1. 大专，从事会计工作满5年；<br>2. 本科，从事会计工作满4年；<br>3. 第二学士学位/研究生班毕业，从事会计工作满2年；<br>4. 硕士，从事会计工作满1年；<br>5. 博士学位，不要求工作年限；<br>6. 通过全国统一考试，取得经济、统计、审计专业技术中级资格。 |
| 高级会计资格证 | 含金量极高，通过率约30%。<br>报名条件满足以下其中一条即可：<br>1. 大专，取得会计师职称后，从事会计相关工作满10年。<br>2. 研究生班/本科/硕士，取得会计师职称后，从事会计相关工作满5年。<br>3. 博士，取得会计师职称后，从事会计相关工作满2年。 |
| 初、中级管理会计师（MAT） | 含金量一般，和初级会计资格证差不多，通过率70%以上，但MAT属于考培一体证书，通过率自然更高。<br>报名条件满足以下其中一条即可：<br>1. 大专及以上学历（含在校生）；<br>2. 中专，3年以上企业或行政事业单位财务管理等相关工作；<br>3. 获得会计、审计、统计、计算机、工程类等经济类、管理类上岗证的人员。 |
| 注册会计师证（CPA） | 含金量很高；6门考试，全通过拿证，单科通过率20%左右。<br>报名条件满足以下其中一条即可：<br>1. 高等专科以上学校毕业；<br>2. 具有会计或者相关专业中级以上技术职称。 |
| 国际注册会计师证（ACCA） | 含金量很高；15门考试，13门通过拿证，单科通过率35%左右，但英语要求高。<br>报名条件满足以下其中一条即可：<br>1. 本科在校生，顺利完成大一课程考试者；<br>2. 大专以上学历者；<br>3. 年满16周岁且通过FIA基础财务资格考试者，豁免ACCA F1-F3三门课程的考试，直接进入ACCA技能课程的考试。 |
| 美国注册管理会计师（CMA） | 含金量很高；认可度高且宽泛，综合难度较高但低于ACCA，通过率约40%。<br>报名条件满足以下其中一条即可：<br>1. 大专以上学历；<br>2. 拥有注册会计师证书/中高级会计职称证书；<br>3. 是ACCA的全面合格会员。 |

## 五、重点关注院校

会计学专业对应的硕士一级学科为工商管理，部分重点院校列举如下：

> **世界一流学科（工商管理）**
> 清华大学、上海交通大学、西安交通大学、中国人民大学、中山大学

> **第四轮学科评估（工商管理）**
> A+：中国人民大学、清华大学、上海交通大学、中山大学
> A ：北京大学、对外经济贸易大学、南开大学、复旦大学、上海财经大学、南京大学、厦门大学、西安交通大学

**"两财一贸"**：中央财经大学、上海财经大学、对外经济贸易大学。

**"六星财大"**：中央财经大学、上海财经大学、对外经济贸易大学、西南财经大学、中南财经政法大学、东北财经大学。

**上海财经大学**：211，"双一流"，保研率约19%。学校是国内财经类顶级高校，会计学为国家重点学科，不仅有会计学普通专业，还有中外合作开设的会计学院ACCA教育中心，该中心使用外文原版教材，把ACCA专业资格考试中的12门课程融入整个教学计划，并且拥有ACCA全球考9门豁免权。

**江西财经大学**：财经特色院校，保研率约5%，性价比很高的一所财经类院校。该院校会计学细分了专业方向，分别是ACCA方向、全球特许管理会计师（CIMA）方向、会计学（智能会计）方向、CPA方向，致力于培养复合型会计人才。

**南京审计大学**：财经特色院校,全国唯一一家以审计命名的全日制本科院校,被国际内部审计师协会（IIA）认证为中国唯一的"内部审计教育伙伴"（IAEP）合作级高校,被英国特许公认会计师公会（ACCA）评为"全球培养ACCA人才最多大学""白金级培训机构"。

---

### 编者说

对于会计专业的毕业生来说，找工作的优先级是工作经验＞考证＞考研，因为会计是十分看重操作经验和能力的工作，所以有条件的学生一定要在寒暑假和大四期间去相关岗位实习。除此之外考证也是十分重要的，争取在大三前就通过初级会计资格证考试，这样后两年才能集中精力在考公、考研和找工作上。最后要说的是，会计专业考研并不是必需的，学硕需要考数学，专硕报考人数很多，竞争激烈，所以建议考研考公、找工作两手抓。

---

# 工商管理类专业拓展：审计学

> "在强国建设、民族复兴新征程上，审计担负重要使命，要立足经济监督定位，聚焦主责主业，更好发挥审计在推进党的自我革命中的独特作用。"
> ——习近平

### 审计学专业是什么？

审计是指专门的审计机关或者机构，对国家各级政府和大小企业的财政和财务收支等经济活动进行审查，核对其数据是否准确、真实、合法的一种监督机制。由此可见审计必须是铁面无私、公正的第三方。

我国是世界上最早建立审计制度的国家，早在西周时期就有了审计制度，宋朝时设立了世界上第一个以审计命名的国家审计机构。新中国成立后，1983年成立了审计署，1996年审计署依据《审计法》制定、

修订了一系列审计准则，中国审计工作步入正轨，进入振兴时期。

可以简单粗暴地把审计理解为查账，审计学专业就是为社会培养专业的查账人员。其本科学习内容涉及金融、法学、经济和管理学，可考证书和会计专业一致，并且有些院校会计和审计所开设的课程也几乎一致，学生可根据本科期间自己的兴趣选择会计还是审计工作。

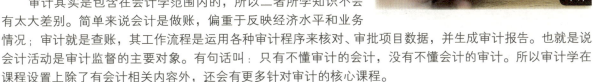
审计

### 和会计学专业相比有何不同？

审计其实是包含在会计学范围内的，所以二者所学知识不会有太大差别。简单来说会计是做账，偏重于反映经济水平和业务情况；审计就是查账，其工作流程是运用各种审计程序来核对、审批项目数据，并生成审计报告。也就是说会计活动是审计监督的主要对象。有句话叫：只有不懂审计的会计，没有不懂会计的审计。所以审计学在课程设置上除了有会计相关内容外，还会有更多针对审计的核心课程。

虽然说两者在本科阶段没有太大差别，但工作内容是截然不同的。如果从业后选择审计工作，大概率后面不会再从事会计方面的工作，所以同学们在选择工作时要考虑清楚。

### 审计学专业学什么？

审计学专业课程和会计学没有太大差别，除了会计学需要学习的基本内容和金融、经济学相关知识外，还会专门开设一些针对审计的课程，如内部审计、政府审计等。一些院校还会设置不同的方向，如南京审计大学的审计学专业就分为了 IAEP 方向、政府审计方向、内部审计方向和政府审计大数据方向。

### 审计学专业就业前景怎么样？

学会计的去审计单位、学审计的去做会计工作的现象都是普遍存在的。但就对口性来说，每个单位都要会计，仅有规模较大的单位才需要内部审计，所以社会对审计岗位的需求量远小于会计，但审计的就业层次往往更高。

审计毕业生除了可以考公考编，还可去企业、会计师事务所和银行工作，进入投行和大型会计师事务所（如四大）门槛很高，非常看重院校档次和证书通过情况。

和会计不同的是，审计在工作过程中会接触到各行各业，也需要学习了解其他行业的相关知识和业务流程，也会因为项目分布地的不同经常出差。

从事审计的一般晋升途径为：审计员、高级审计员、项目主管、高级项目主管、项目经理、高级项目经理、高级经理、业务合伙人。

# 工商管理类专业拓展：**财务管理**

财务管理能力评价体系，是支撑企业财务管理职能落地、实现财务管理体系有效运行的根本保障之一。《关于中央企业加快建设世界一流财务管理体系的指导意见》（简称《指导意见》）对推动中央企业进一步提升财务管理能力水平，加快建设世界一流财务管理体系提出了明确意见。《指导意见》中明确"完善系统科学的财务管理能力评价体系"是持续完善五大体系中的重要内容之一，并提出具体建设思路。

### 财务管理专业是什么？

企业的经营过程必定会产生财务活动。近年来，随着市场经济的发展，财务管理工作在企业生产经营活动中发挥的作用越来越重要。如果把企业比作人体，那么资金就是血液，而财务管理就相当于企业

财务管理

的心脏。

财务管理即是对财务活动进行计划、决策、控制、监督等管理活动，对资金运动进行管理规划、融资、投资及资本运营，并对亏损、破产等财务危机进行预测、防范和化解等，是企业管理的核心组成部分，简单来说就是如何通过财政手段和方法来优化企业的利率最大化。

### 和会计与审计相比有何不同？

山东某高校老师举了个通俗易懂的例子来介绍会计、财务管理与审计三个相近专业的区别：首先，小朋友向爸爸要钱去买望远镜，产生会计账目；然后，拿钱买完望远镜后，回家报账退回余款，这就像财务管理；最后，妈妈很细心，根据发票审核退回余款是否合理，就是完成审计流程。区别于会计和审计这种具体的财务行为，财务管理是一项需要全盘考虑、统一目标、使企业上下协调一致的工作。换言之，需要站在宏观角度和高维度来进行企业资金的管理，从而使资金的利用率达到最高。简单来说，会计偏实务，财务管理偏理论、宏观一点。

### 财务管理专业学什么？

财务管理和会计在本科阶段学习内容几乎相同，如果要说不同的地方，那就是财务管理的学习重在"管理"二字，除了要学习会计学原理等会计相关课程外，还要学习经济管理和财务分析相关内容。到研究生阶段以及工作中，两者区别就显现出来了。相较来说，财务管理专业的会计课程比例会减少，金融方面课程占比会增多，因为财务管理涉及很多金融方面的知识（如对资金的筹集、投放、使用和分配），也可以说财务管理是综合性更强的一门学科。

### 财务管理专业就业前景怎么样？

财务管理在就业时和会计一样，上限高，下限低，上至自己开办记账公司、当CFO，下至出纳和基础会计。但是好在各个行业都需要财务管理这一职能，所以市场需求量还是很大的。

很多人认为学习财务管理出来就能从事领导管理工作，这样的认知是错误的。财务领导岗位对技术的掌握程度、个人的素质高低还有工作经验的积累都有很高的要求，所以应届毕业生出来工作还是要从基层出纳和会计做起。可以这样说，你有能力不一定能当上CFO，但你没有能力一定当不上CFO。在实际操作中财务管理非常依赖行业经验和商业天赋，所以天生就具有商业头脑和前瞻思维的人更适合从事财务管理工作。